“十四五”普通高等教育本科部委级规划教材
上海市精品课程教材
上海市重点课程教材

U0747239

# 会计学

（第2版）

主　编◎曾月明　刘长奎
副主编◎陈凌云　施徐景　高　芳

中国纺织出版社有限公司

## 内 容 提 要

本书是专为我国高校非会计学专业的学生学习会计学课程而编写的教材。全书共四篇16章，循序渐进地介绍了会计学的知识构架。第一篇会计基础篇，由4章组成。第1章明确指出会计是用于决策的信息，第2、第3、第4章通俗易懂地介绍了会计循环的主要内容。第二篇资产权益篇，由8章组成，全面介绍了资产、负债、所有者权益的确认、计量和记录。第三篇收入费用利润篇，由2章组成，着重介绍了收入费用的确认、计量和记录以及利润的形成。第四篇财务报表与分析篇，由2章组成，重点介绍了基本财务报表的构成、编制及比率分析法。本书适用于高校经济管理类专业的学生，也适合于企业管理人员阅读。

**图书在版编目（CIP）数据**

会计学 / 曾月明，刘长奎主编. -- 2版. -- 北京：中国纺织出版社有限公司，2021.9

"十四五"普通高等教育本科部委级规划教材

ISBN 978-7-5180-8790-7

Ⅰ. ①会… Ⅱ. ①曾… ②刘… Ⅲ. ①会计学－高等学校－教材 Ⅳ. ①F230

中国版本图书馆CIP数据核字（2021）第164838号

---

策划编辑：史　岩　　　责任编辑：曹炳镝
责任校对：王花妮　　　责任印制：储志伟

---

中国纺织出版社有限公司出版发行
地址：北京市朝阳区百子湾东里A407号楼　邮政编码：100124
销售电话：010—67004422　传真：010—87155801
http://www.c-textilep.com
中国纺织出版社天猫旗舰店
官方微博 http://weibo.com/2119887771
三河市宏盛印务有限公司印刷　各地新华书店经销
2021年9月第1版第1次印刷
开本：787×1092　1/16　印张：32.5
字数：612千字　定价：68.00元

---

# 高等院校“十四五”部委级规划教材

## 经济管理类委员会


**主　任：**

倪阳生：中国纺织服装教育学会常务副会长

郑伟良：中国纺织出版社有限公司董事长

李炳华：中国纺织出版社有限公司总编辑

王进富：西安工程大学副校长

赵晓康：东华大学旭日工商管理学院教授、博导

**编　委：（按姓氏音序排列）**

程　华：浙江理工大学经管学院教授、博导

王保忠：西安工程大学管理学院副院长

王济平：武汉纺织大学管理学院院长

徐寅峰：东华大学旭日工商管理学院院长

杨卫华：大连工业大学管理学院院长

张健东：大连工业大学教务处处长

张科静：东华大学人文学院院长

赵洪珊：北京服装学院教务处处长

赵志泉：中原工学院经济管理学院院长

朱春红：天津工业大学经管学院院长

# 前言

会计是商业语言。运作企业不懂会计知识好比参加体育比赛不懂规则。现代社会不善于利用会计信息将很难从事经济管理工作。因此，对于经济管理类专业的学生来说，理解和掌握会计的基本术语、基本理论、基本方法、基本技能以及会计信息的产生过程是在为他们今后的工作储备知识。

本书是专为我国高等院校非会计学专业的学生学习会计学课程而编写的教材。非会计学专业的学生学习会计的角度不同于会计学专业的学生。非会计学专业的学生是站在管理的角度去学会计，他们学习会计的目的是通过正确合理地利用会计信息更好地服务于经济管理工作。本教材力争让学习者深入了解会计信息的产生过程，以及其产生过程中所采用的各种确认、计量、记录和报告方法，了解会计的技术、方法是如何提供会计信息的，会计信息又是如何反映企业的生产经营过程，管理者如何通过会计信息进行相应的管理决策的。

教材编写过程中，我们始终秉承会计学专业所倡导的严谨作风，遵循“教材内容与会计改革同步、理论与实务紧密结合，案例选取与知识点融合”的原则，尊重教学规律，在形式和内容上实现了诸多创新，概括如下。

第一，及时反映会计准则的变化。按照2006年以来的企业会计准则的修订增补更新相关知识点，尤其是将2014～2020年间财政部先后发布的准则修订或增补版，比如修订的长期股权投资、职工薪酬、财务报表列报、金融工具列报、收入新准则、增补的公允价值计量准则的内容融入相关章节，与企业会计准则体系实现全面对接。

第二，各章结构安排上贯彻教学法，帮助学习者认识、理解、训练、掌握相关知识点。每章开始提出本章学习目标，章尾是学习目标小结，并辅以中英文对照的关键术语，包含简答题、业务题与案例题等练习题。

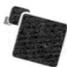

第三，每章开始通过引导案例引入本章关键知识点，章节中的小案例进一步强化关键知识点。引导案例和小案例素材均来自资源丰富的资本市场，将各章的会计术语、会计方法与现实工作紧密结合，再现真实场景，能够吸引学习者的注意力，并能激发

学习者进一步探索更多信息的求知欲望，拓宽视野。

第四，各章的延伸知识为有兴趣钻研的学习者提供引导。比如，重要性是会计的一项职业判断，但在审计准则（1221 号）中对重要性水平有百分比（量化）的参考，对重要性知识点这样延伸就可能激发学习者对审计的关注；在投入资本中引入 2016 年国务院 53 号文关于“五证合一、一照一码”登记制度以及 2014 年《公司法》关于放宽注册资本登记条件方面的内容，可能激发学习者对国家政策及《公司法》的关注等。

第五，在要求胜任能力的同时强调会计职业道德，全方位地向学习者呈现会计职业的全貌。

第六，充分利用权威可靠的网络资源和资本市场信息。教材中的引导案例、小案例、延伸知识、案例讨论等均来源于资本市场和互联网，为学习者提供了一个更加广阔的学习平台。

本书由曾月明、刘长奎主编，负责全书写作大纲的拟定、编写的组织工作以及全书定稿前的修改、补充和总纂。陈凌云、施徐景和高芳担任副主编，协助主编的有关工作。具体的写作分工如下：第一篇，曾月明；第 5、第 6、第 7 章，刘长奎；第 8、第 9、第 10 章，陈凌云；第 12、第 13、第 14 章，施徐景；第 11、第 15、第 16 章，高芳。

本书是高等教育本科“十四五”部委级规划教材，也是上海市精品课程《会计学》的配套教材，并受到上海市教育委员会的资助，在此深表感谢。

本教材在内容和编写思路方面都是一次尝试，加之作者水平有限，在内容安排和表述上可能存在不当之处，错误在所难免，恳请广大读者和同行批评指正。

曾月明

2021 年 6 月

目录

# 第一篇　会计基础篇

## 第二篇　资产权益篇

# 第三篇　收入费用利润篇

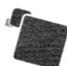

# 第四篇 财务报表与分析篇

# 第一篇

# 会计基础篇

# 第1章　会计信息：用于决策的信息

【学习目标】

1. 了解企业类型、企业组织形式。
2. 了解会计信息的类型。
3. 理解会计及会计信息在经济决策中的作用。
4. 了解会计系统及其基本功能。
5. 了解财务会计信息特征、管理会计信息特征。
6. 理解专业胜任能力、职业判断和道德行为对于会计职业的重要性。

【引导案例】

珠海格力电器股份有限公司的前身为珠海市海利冷气工程股份有限公司，1989 年经珠海市工业委员会、中国人民银行珠海分行批准设立，1994 年经珠海市体改委批准更名为珠海格力电器股份有限公司，1996 年 11 月 18 日经中国证券监督管理委员会证监发字（1996）321 号文批准于深圳证券交易所上市（简称“格力电器”，股票代码：000651），注册资本为 3 007 865 439.00 元。

格力电器是一家多元化、科技型的全球工业集团，旗下拥有格力、TOSOT、晶弘三大品牌，产业覆盖空调、生活电器、高端装备、通信设备四大领域。产品远销 160 多个国家及地区，为全球超过 4 亿用户提供满意的产品和服务，致力创造美好生活。

2019 年，格力电器上榜《财富》世界 500 强，位列榜单 414 位。在上榜的 129 家中国企业中，格力电器的净资产收益率（ROE）第一；根据《暖通空调资讯》发布的数据，格力中央空调以 14.7% 的市场占有率稳坐行业龙头地位，实现国内市场“八连冠”；根据奥维云网市场数据，2019 年度格力电器占据中国家用空调线下市场份额 TOP 1，零售额占比 36.83%；线下市场零售额 TOP20 家用空调机型中，格力电器产品有 12 个，占比达 60%；根据全球知名经济类媒体日本经济新闻社 2019 年发布的数据，格力电器以 20.6% 的全球市场占有率位列家用空调领域榜首。格力电器以“缔造全球先进工业集团，成就格力百年世界品牌”为企业愿景，以“弘扬工业精神，追求完美质量，提供专业服务，创造舒适环境”为使命，恪守“创新永无止境”的管理理念，专注于自主创新、自主发展，紧握时代脉搏，塑造世界品牌，创造具有中国特色的中国制造企业发展模式。

2019年，格力电器坚定不移地走“自主创新、科技制胜、双效驱动、全球引领”的发展道路，完善空调、生活电器、高端装备、通信设备为主要支柱的四大业务领域，以用户为中心，坚持技术创新，优化质控体系，加强线上及海外布局，推进企业转型升级，打造更具竞争力的多元化、科技型全球工业集团。公司2019年实现营业总收入2 005.08亿元，同比增长0.24%；实现归母净利润247亿元，同比下降5.75%。

资料来源：珠海格力电器股份有限公司2019年年度报告

我们日常决策需要各种会计信息。比如，当我们计划购买房屋时，需要根据自身的财务状况来判断自己是否有支付能力。同样，当我们决定进行股票投资时，被投资公司披露的财务报告将成为我们购买该公司股票的主要参考之一。事实上，即使我们将来不从事会计专业，会计也有可能影响我们的生活和工作。比如，我是一家餐馆老板，餐馆生意红火，若考虑是否开连锁店，有关餐馆的财务状况、现金流转情况等信息将成为我决定是否开连锁店，在什么地方开连锁店以及银行是否为我提供贷款的重要依据。

了解并运用会计信息对于任何一个企业管理者来说同样重要。在商务沟通中经常用到资产、负债、营业收入、净利润、成本、费用、毛利、利润分配、现金流量、投资和筹资等会计专业术语。虽然读者现在尚不了解这些术语的准确含义，但若要成为商界的积极参与者，必须对基本的会计术语有准确的理解。首先我们将讨论企业是什么，它是如何运营的，以及会计在企业中的作用。

## 1.1 企业的性质

每个人都可以列举许多自己熟悉的企业，这些企业可能是知名的大公司，比如可口可乐、联想控股、中国工商银行等；可能是一些小企业，如服装厂、杂货店等；也可能是餐馆、律师事务所或者宠物诊所等。这些企业有哪些共同点呢？

一般来说，企业（businesses）是将原材料和劳动力等基础资源（投入）进行组合、加工，以向顾客提供产品或服务（产出）的组织。从年营业额不足百万元的街边小店到年销售额上万亿元的大公司，企业规模各不相同。企业的顾客可以是个人也可以是其他企业，这些顾客用货币或其他价值形式向企业购买产品或服务。

大多数企业经营的目标是利润最大化。利润是企业为顾客提供产品或服务而向顾客收取的金额与企业为提供这些产品或服务投入的金额之差。有些组织的经营目标不是利润最大化，这些非营利组织的目标是为社会提供福利，如医学研究机构或者自然资源保护机构。此外，政府机构也是非营利组织。本书将主要讨论营利组织，而营利组织的很多概念和原理也适用于非营利组织。

### 1.1.1 企业的类型

营利组织有 3 种不同的类型：制造企业、商业企业和服务企业。每种类型的企业都有其独有的特征。

制造企业（manufacturing businesses）：将原始投入转化为可销售给消费者的产品。表 1-1 列举的是部分制造企业及其生产的产品。

表1-1 制造企业及其生产的产品

| 制造企业 | 生产的产品 |
| --- | --- |
| 格力电器股份有限公司 | 电线、电缆、光缆及电工器材，家用电力器具等 |
| 上海汽车集团股份有限公司 | 乘用车、商用车、汽车零部件等 |
| 联想集团有限公司 | 笔记本电脑、平板电脑、智能手机、台式机等 |
| 立讯精密工业股份有限公司 | 计算机连接器、汽车连接器、通信连接器和高端消费电子连接器等 |
| 江苏恒瑞医药股份有限公司 | 抗肿瘤药、手术用药、内分泌治疗药、心血管药及抗感染药等 |
| 三一重工股份有限公司 | 混凝土机械、挖掘机械、起重机械、桩工机械、筑路机械、建筑装配式预制结构构件等 |

商业企业（merchandising businesses）：也向顾客销售产品。然而，它们不生产产品，而是从其他企业（如制造企业）购买产品，再销售给顾客。这样，商业企业就将产品和顾客联系起来。表 1-2 列举的是部分商业企业及其所销售的产品。

表1-2 商业企业及其销售的产品

| 商业企业 | 销售的产品 |
| --- | --- |
| 沃尔玛百货有限公司 | 食品、日用产品等 |
| 苏宁云商集团股份有限公司 | 各类家用电器等 |
| 东方商厦有限公司 | 服装百货等 |
| 红星美凯龙集团 | 家具等 |
| 茂昌眼镜公司 | 各类眼镜 |
| 宜家（IKEA） | 居家用品 |

服务企业（service businesses）：向顾客提供的是服务而不是产品。表1-3列举的是部分服务企业及其所提供的服务内容。

表1-3 服务企业及其所提供的服务内容

| 服务企业 | 所提供的服务内容 |
| --- | --- |
| 普华永道会计师事务所（PWC） | 审计、业务咨询等 |
| 埃森哲（Accenture） | 管理咨询与技术服务等 |
| 新东方教育科技集团 | 课外培训、出国考试、留学咨询、国际游学等 |
| 中国工商银行 | 存贷款业务、客户理财服务等 |
| 国泰君安证券股份有限公司 | 证券的代理买卖、自营买卖等 |
| 一兆韦德 | 健身、形体训练等 |
| 阿里巴巴网络技术有限公司 | 电子商务、网上支付、B2B网上交易市场及云计算业务等 |

### 1.1.2 企业的组织形式

企业的组织形式通常有4种：独资、合伙、股份有限公司或者有限责任公司。下面简要介绍每种组织形式及各自的优缺点。

独资企业（proprietorship）是指个人出资经营、归个人所有和控制、由个人承担经营风险和享有全部经营收益的企业。以独资经营方式经营的独资企业有无限的经济责任，破产时债权人可以扣留业主的个人财产。独资企业组织简单、成本较低。小型地方性企业，如五金店、维修店、洗衣店、小餐馆和保姆服务所等，通常都是独资企业。

当企业逐渐发展壮大，需要更多的财务和管理资源时，独资企业就可能发展成为一个合伙企业。

合伙企业（partnership）是指自然人、法人和其他组织依照《中华人民共和国合伙企业法》在中国境内设立的，由两个或两个以上的自然人通过订立合伙协议，共同出资经营、共负盈亏、共担风险的企业组织形式。与独资企业一样，小型地方性企业，如汽车维修店、美容院、餐馆、服装店等，都可能是合伙企业。

公司（corporation）是企业法人，有独立的法人财产，享有法人财产权。公司以其全部财产对公司的债务承担责任。根据我国《公司法》（2018年修订），公司的两种主要形式为股份有限公司与有限责任公司。两类公司均为法人，有限责任公司的股东以其认缴的出资额为限对公司承担责任；股份有限公司的股东以其认购的股份为限对公司承担责任。

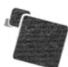

股份有限公司的所有权被划分为等额的股份。一个公司向个人或其他企业发行股

份，股份购买者就成为该公司的所有者或者股东。公司这种形式的主要优点是可以通过发行股份获得大量资源。因此，大多数需要对机器设备进行大量投资或扩大规模的企业都以股份有限公司的形式存在。比如，成立于 2005 年 3 月的浙江向日葵光能科技有限公司经过整体变更设立，于 2010 年 8 月 16 日发行上市，发行总股本为 111 980 万股，上市后公司名称更改为浙江向日葵光能科技有限公司（证券简称：向日葵，证券代码：300111）。其他股份有限公司的例子还有：万科企业股份有限公司、中国平安保险（集团）股份有限公司、特变电工股份有限公司、格力电器、美的集团等。

有限责任公司集合了合伙企业与股份有限公司的特征。它与股份有限公司的主要不同在于：①两种公司在成立条件和募集资金方面有所不同。有限责任公司的成立条件比较宽松一点，股份有限公司的成立条件更加严格；有限责任公司只能由发起人集资，不能向社会公开募集资金，股份有限公司可以公开募集资金。②两种公司的股份转让难易程度不同。有限责任公司股东转让自己的出资有严格的要求，受到的限制较多；股份有限公司股东转让自己的股份比较自由。③两种公司的股权证明形式不同。有限责任公司股东的股权证明是出资证明书，出资证明书不能转让、流通；股份有限公司股东的股权证明是股票，股票是公司签发的、证明股东所持股份的凭证，股票可以转让、流通。④两种公司的财务状况的公开程度不同。在有限责任公司，财务报表只要按照规定期限送交各股东；在股份有限公司，财务报表必须经过注册会计师的审计并出具报告，还要存档以便股东查阅，其中以募集设立方式成立的股份有限公司，还必须公告其财务报告。

前面讨论的 3 种企业类型——制造企业、商业企业和服务企业，都可能具有独资、合伙、股份有限公司或有限责任公司的任一形式。然而，因为经营一个制造企业需要大量资源，大多数制造企业采用公司的形式。同样，大多数大型零售商如沃尔玛、家乐福、乐购、世纪联华等也都是公司组织形式。

### 1.1.3 企业的利益相关者

企业的利益相关者（business stakeholder）是其利益与企业经营业绩相关的个人或实体。企业的利益相关者通常包括企业所有者、管理者、员工、顾客、债权人和政府等。

所有者（owners）将资源投入企业，其利益与企业经营的好坏密切相关。大多数所有者希望从他们的投资中获得尽可能多的经济利益。如果企业盈利，所有者就希望分享企业的利润。如果所有者最终决定出售他们的企业，他们的利益也与企业总体经济价值密切相关。这一经济价值既反映了企业过去的利润，也反映了对企业未来利润的预期。

管理者（managers）是所有者授权其经营企业的个人。通常根据企业经营业绩对管理者进行评价，业绩差企业的管理者通常会被解雇。因此，管理者就有动力最大化企业的经济价值。所有者可能与管理者签订薪酬合同，使管理者的薪酬与企业业绩直接联系起来。比如，管理者可能会得到利润或利润增长的一定百分比。这样的薪酬合同通常被称为利润分享计划。表1-4展示的是部分成功企业家的情况。

表1-4 成功企业家特征

<table>
<tr><th>成功企业家特征</th><th>企业家</th><th>公司简称</th></tr>
<tr><td rowspan="10">一个成功创办并管理企业的企业家具有什么样的特征呢？首先，企业家必须对本企业的技术十分了解。比如，一个成功的汽车顾问必须对汽车非常熟悉。另外，企业家还必须具备基本的管理技巧，如组织协调能力和沟通能力等。以下是经常用来描述企业家的一些术语：<br>预见性、创新精神、毅力、独立性、自信、敢于承担风险、精力充沛、积极、自我驱动、冒险精神、追求成功、主动、诚信、自我牺牲精神、沟通技巧、善于学习等</td><td>曹德旺</td><td>福耀玻璃</td></tr>
<tr><td>董明珠</td><td>格力电器</td></tr>
<tr><td>柳传志</td><td>联想控股</td></tr>
<tr><td>雷军</td><td>小米科技</td></tr>
<tr><td>张瑞敏</td><td>海尔集团</td></tr>
<tr><td>王石</td><td>万科集团</td></tr>
<tr><td>Steven Jobs</td><td>Apple Inc.</td></tr>
<tr><td>Bill Gates</td><td>Microsoft</td></tr>
<tr><td>Sam Walton</td><td>Wal-Mart Inc.</td></tr>
<tr><td colspan="2">社区餐馆、小杂货店、健身房等小企业老板也是企业家</td></tr>
</table>

员工（employees）为企业提供服务从而获得劳动报酬。员工利益与企业经营业绩息息相关。当企业处于衰退期时，部分员工将面临被裁减的风险；而当企业破产时，员工会彻底失去工作。

顾客（customers）也会与企业的持续经营利益相关。比如，如果联想电脑公司破产了，它的顾客就再也不会得到公司提供的硬件和软件服务。同样，预订了中国国旅旅行线路的顾客与公司是否持续经营下去有直接的利益关系。如果东方航空公司破产，经常乘坐东方航空的旅客就失去了他们的累计飞行积分。

债权人（creditors）通过信贷（如贷款）的方式将资源投入企业，他们的利益也与企业业绩好坏相关。为了使债权人能够收回债权，企业必须产生足够的现金来偿还债务。另外，债权人也把企业看作他们的顾客，因此也与企业的持续成功利益相关。

各级政府（governments）也与企业经营业绩利益相关。县、市、省和中央政府都在其权限内从企业获得税收。企业经营得越好，政府获得的税收就越多。而且，员工也要为他们的薪酬纳税。为了鼓励企业在本地有更好的发展，各地政府会给本地企业提供一些优惠政策，如税收方面的优惠等。

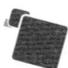

## 1.2 会计在企业中的作用

在开始学习财务会计时，请记住企业的存在不只是给那些为公司提供财务资源的投资者或债权人赚取回报。企业有义务采取对社会负责的经营方式，并且应该在更为宽泛的社会责任范围内权衡其对财务成功的追求。在本章一开始就引入这种理念，而且将这一理念贯穿本书的始终。

### 1.2.1 会计信息：达到目的的手段

会计在企业中的作用是什么？最简单的回答是，会计为管理者经营企业提供信息。此外，会计还为企业的其他利益相关者提供评价企业经营业绩和财务状况的信息。需要强调的是，会计信息不是目的而是达到目的之手段。无论决策者是所有者、管理层、债权人、政府监管机构，还是与企业财务业绩利益相关的其他许多团体，其决策的有效性都会因使用会计信息而得到加强。

#### 1.2.1.1 基于用户视角的会计

通常人们把会计简单地看成仅由专业会计师执业的高技术领域。事实上，每个人几乎每天都在使用会计信息。会计信息是计量和沟通经济事项的手段。无论是企业管理还是对外投资，或是监控资金的收取和使用，实际上都在与会计术语及会计信息打交道。

本书的主要目的是培养在经济决策中理解和运用会计信息的能力。因此，需要了解：①会计信息所反映的是企业经济活动的实质；②会计信息的形成需要利用假设和计量方法；③会计信息的形成需要遵循一定的规范；④会计信息应与各种决策密切相关。

图1-1描述了会计是如何反映经济活动的。会计过程是将企业发生的交易或事项通过会计程序和方法加工成会计信息，决策者根据这些会计信息进行经济决策并采取具体行动，决策者的决策和实施又形成新的交易或事项，如此循环。

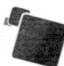

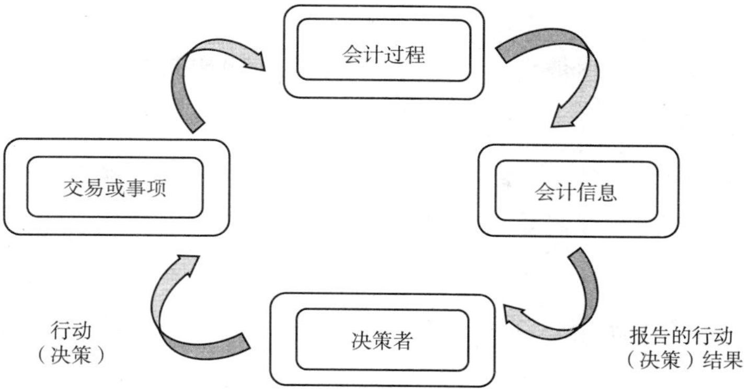


图1-1　交易或事项、会计过程、会计信息与决策者的相互关系

### 1.2.1.2　会计信息的类型

正如决策有多种类型一样，会计信息也有不同的类型。财务会计、管理会计和税务会计通常被用来描述企业界广泛使用的 3 种会计信息。

（1）财务会计

财务会计（financial accounting）是以会计规范为依据，对企业已经发生的交易或事项，通过确认、计量、记录和报告等主要程序进行加工处理，并借助以报表为主的财务报告形式，向企业的利益相关者（包括外部与内部）提供以财务信息为主的经济信息。财务信息是反映某个经营主体（组织或个人）财务资源、责任和经营活动的信息。常用“财务状况”来描述经营主体在某个时点的财务资源和责任，用“经营成果”来描述经营主体某一期间的财务活动。

**【小案例】**

由格力电器公开披露的 2019 年度财务报告可知，公司的财务状况如下：资产（包括货币资金、金融资产、应收债权、存货、长期投资、固定资产、无形资产等）2 829 亿元人民币，与资产相对应的负债为 1 709 亿元人民币，所有者权益为 1 120 亿元人民币。由同一财务报告可知，在截至 2019 年 12 月 31 日的会计年度，格力电器实现营业收入 2 005.08 亿元人民币，创造 247 亿元人民币净利润。

资料来源：珠海格力电器股份有限公司 2019 年年度报告

财务会计信息主要用于帮助投资者和债权人决定如何安排其稀缺的投资资源。这些决定对社会非常重要，因为它们决定了哪些公司和行业可获得增长所需的财务资源。

企业经理也经常使用财务会计信息进行决策，财务会计信息也被用于企业纳税申报。事实上，财务会计信息可用于多种目的，经常被称为“一般用途”的会计信息。

实际工作中，财务会计既需要取得和填制原始凭证，登记账簿（或输入计算机），编制（或打印出）报表，又需要分析报表，发现企业经营过程中出现的问题，寻找解决问题的对策。此外，还应结合企业的资金需要，筹措资金，安排资金的使用等。财务会计是所有会计分支的基础，也是会计的主要内容，又被称为传统会计。

（2）管理会计

管理会计（management accounting）是从传统的会计系统中分离出来，与财务会计并列，着重为企业进行最优决策、改善经营管理、提高经济效益服务的一个企业会计分支。因此，管理会计需要针对企业管理部门制订计划、作出决策、控制经济活动的需要，记录和分析经济业务，“捕捉”并呈报管理所需的信息。借助这些信息，管理人员就可以制定公司的总体目标，评价部门和个人的业绩，决定是否引入新的生产线等，做出各种类型的管理决策。

虽然在一些国家有专门从事管理会计工作的管理会计师，但实际工作中，管理会计和财务会计并不存在明显的界限。比如，成本费用的归集和分配过程看似是管理会计的范畴，但与财务会计中的资产计量和利润确定又存在着密切的关系；资金的筹措和使用属于财务会计的范畴，但也可以成为管理会计决策和控制的对象。但是，财务会计与管理会计也存在一些差异。财务会计所提供的财务报告虽也面向企业内部使用者，但主要服务于企业外部使用者；而管理会计所提供的报告基本上是为了满足企业管理人员的需要。因此，财务会计工作要遵循政府或权威机构颁布的会计准则或会计制度，提供的信息以历史数据为主，信息的产生过程有统一的要求；而管理会计一般不受会计准则和会计制度的制约，信息提供的内容、形式、格式等视企业内部管理的需要而定。

（3）税务会计

编制纳税申报表要以财务会计信息为基础，通常需要对财务会计信息进行调整或重新组织以符合税务报告的要求。引入税务会计信息概念的目的是便于与财务会计和管理会计信息进行对比。虽然税务信息对公司成功经营至关重要且与财务会计和管理会计信息相关，但它来自不同的系统，且必须符合税法规定。税法不同于财务会计和管理会计信息的编制规定，由此将产生不同的信息内容。鉴于本书的重点是财务会计，有关管理会计与税务会计的内容不再赘述。

### 1.2.2 满足企业利益相关者需求的会计信息

一般来说，会计（accounting）可以被定义为向企业利益相关者提供有关企业经营活动和状况信息的信息系统，正如本章前文已指明的，我们将主要讨论企业会计及其在企业中的作用。

会计被认为是一种“企业语言（或商业语言）”。这是因为会计是企业向利益相关者传递信息的手段。比如，一份描述新产品盈利能力的财务报告能够帮助伊利股份公司的管理者做出是否继续销售该产品的决策；同样，财务分析师也利用财务报告来决定是否应继续购买伊利股份公司的股票；银行则使用财务报告来决定向伊利股份公司提供信贷的金额；供应商则根据财务报告决定是否认可伊利股份公司的信用以供应原材料；税务机构以财务报告为基础确定伊利股份公司应缴纳的税额。

会计向企业利益相关者提供信息的过程如图 1-2 所示。企业必须首先识别它的利益相关者；然后评价不同利益相关者的信息需求，并设计会计系统来满足这些需求；最后，会计系统记录有关企业活动和事项的经济数据，并根据利益相关者的信息需求向他们提供企业报告。

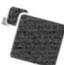

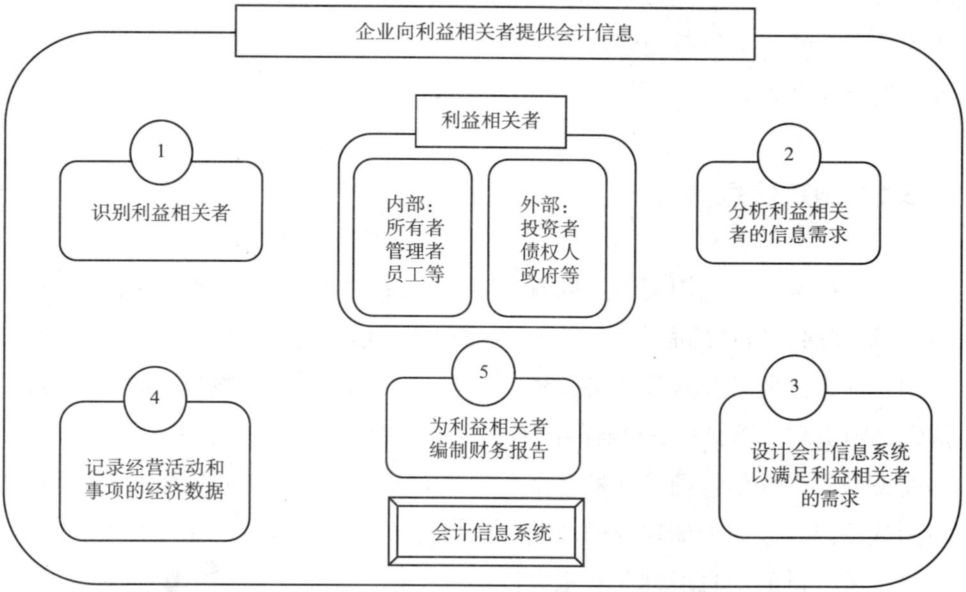


图1-2 企业向利益相关者提供会计信息的过程

利益相关者将财务报告作为他们决策的主要信息来源，当然他们也使用其他信息。

比如，银行在决定是否向一家房地产开发企业提供贷款时，可能会运用经济预测数据来评价未来市场对商品房的需求，在经济萧条时期，对商品房的需求相对会减少；银行也会对开发商的能力和声誉进行调查；对小型企业，银行还会要求其主要股东以个人名义对企业的贷款进行担保；最后，银行也可能参考该行业数据，这些数据可能是根据企业开发产品质量、顾客满意度、年营业额及企业成长能力等对同行业企业进行的排名等。

## 1.3　会计系统

会计系统（accounting system）包括被组织用于形成会计信息并将这些信息传递给决策制定者的人员、程序、设备和记录。这些系统的设计和功能在不同的组织差别很大。对于小企业，会计系统可能只包括收银机、支票簿、收支流水账以及纳税申报表；对于大企业，会计系统则包括计算机服务器、会计软件、经验丰富的专业人员以及反映各部门日常经营的财务报告。不管怎样，会计系统的基本目的相同，即尽可能有效地满足组织对信息的需求。

影响特定组织会计系统结构的因素有很多，其中最主要的因素有：①公司对会计信息的需求；②系统运作所能获得的资源及耗费的资源的比较。

作为信息系统，会计系统强调的是会计提供的信息、信息的使用者以及这些信息对财务决策所提供的支持。

### 1.3.1　确定信息需求

会计信息种类因以下因素的不同有所不同：组织的规模、是否为公众公司（即上市公司）、管理层对信息的需求等。对有些类型会计信息的需求很可能是由法律所规定的。比如，证券法要求公众公司必须依照《企业会计准则》等规范编制财务报告，且财务报告必须提交证券交易委员会并向股东公布，同时要便于公众获取。

其他类型的会计信息则必须根据企业实际需要来提供。比如，企业需要知道客户欠公司的款项以及公司欠债权人的款项。虽然许多会计信息对企业经营十分重要，但管理层对于所提供的信息类型与数量有许多选择权。比如，百联集团的会计系统是否需要单独衡量所属各公司、各业务板块、不同种类商品的销售情况，则取决于管理层对信息的需求以及取得信息的成本。

### 1.3.2 产生会计信息的成本

会计系统必须遵循成本效益原则，即所产生信息的价值应超过其产生的成本。当然，管理层必须无条件地提供法律或合同规定的各种财务报告。其他情况下管理层可能按成本效益原则来决定是否产生某类信息。

计算机信息系统的开发和应用大幅降低了会计信息的生产成本。

### 1.3.3 会计系统的基本功能

在形成有关企业活动的信息时，会计系统应具有以下基本功能：①解释并记录企业日常发生的交易；②归类同类交易，形成对管理层有用并可用于财务报告的项目及金额；③汇总并向决策者传递会计系统所包含的信息。

会计系统的差异主要取决于实现这些功能的方式、频率和速度。

本书分析时常假设采用的是简单的手工会计系统。这种系统对于阐述基本会计概念，尤其对于初学者很有帮助，但对于满足大多数企业组织的需求而言，手工会计系统速度太慢。许多大型企业，每小时可能会发生几百或上千笔交易，为了与如此快速的信息流保持同步，这类企业必须采用计算机会计系统。计算机会计系统的内在原理总体上与本书所提到的手工会计系统一致。因此，了解手工会计系统便于使用者理解计算机会计系统的运行原理。

### 1.3.4 会计系统的设计和安装

大型会计系统的设计和安装由专业软件公司负责，如用友集团的用友财务软件、金蝶集团的金蝶财务软件、SAP 公司的综合业务流程解决方案、数据库及技术平台解决方案、客户关系解决方案、信息化解决方案等。这些财务（或综合）软件不仅涉及会计，而且涉及管理、信息系统、营销甚至计算机编程等专业知识。因此，会计系统一般是由许多专业人才组成的团队进行设计和安装。

大型企业有专门负责设计和改善会计系统的系统分析师、内部审计师和其他专业人员。中型企业经常聘请咨询公司设计和更新系统。资源有限的小企业通常购买专为各行业小企业设计的成套会计系统。

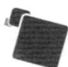

## 1.4 财务会计信息

无论是那些仅仅需要初步了解会计的学生，还是需要学习更多会计课程的会计专业学生，财务会计都是一门重要的课程。财务会计提供的是有关企业财务资源、责任和经营活动的信息，这些信息主要为外部决策者（投资者和债权人）所使用。

### 1.4.1 会计信息的外部使用者

会计信息的外部使用者（external users）包括：企业所有者（有时也将其作为内部使用者）、供应商、债权人、客户、潜在投资者、公众、政府机构等。这些外部决策制定者各有独特的信息需求，以便对报告企业进行有关决策。比如，从报告企业采购的客户需要根据信息来评价所购产品的质量及企业履行保修义务的可信度；政府机构会关注报告企业是否遵循了某些相关的政府规定；公众可能感兴趣报告企业履行社会责任的程度（如是否会污染环境等）。

用一套财务信息满足如此众多使用者的信息需求，尽管有可能实现，但也相当困难。因此，对外财务报告主要供两类人——投资者和债权人使用。这里需要假定的是，企业在满足投资者和债权人的财务信息需求的同时，这些信息也可为其他财务信息使用者所用。

所以，我们有时将投资者和债权人统称为主要的财务信息外部使用者，既包括当前的投资者和债权人，也包括潜在的投资者和债权人。

### 1.4.2 对外财务报告的目标

如果你投资或贷款给一家公司，你可能会关心两件事：第一，投资或贷款在未来某一天的回收情况，即所谓的投资收回（return of investment）；第二，因投资或贷款所获得的回报，即投资报酬（return on investment）。

债权人

假设你是某银行的信贷工作人员，负责为购买汽车的个人提供小额贷款融资。现正收到某位需要购买新汽车的客户的贷款申请。该客户想申请一笔 300 000 元人民币的贷款。关于这笔贷款的偿还，你有什么要求？哪些信息可以帮助你确定该贷款对银行是否有信贷风险？

假设你的朋友想开办一家企业并需要筹措一笔资金来租借场地、购买企业运营所需的资产（如原料、机器设备、运输设备等），在公司正式营业前支付员工薪酬。你目前的财务状况很好，同意借给朋友 200 000 元。不过，你并不打算进行长期投资或成为这家企业的共同所有者，只是想帮助朋友开办这家公司并赚取利息，你同意朋友使用资金一年。如果你不借款给朋友，而投资另一项目可赚取 10% 的收益。

除了想帮助朋友外，你还需要评估这笔 200 000 元贷款的风险有多大。你预期朋友会偿还 200 000 元本金，同时支付你 20 000（200 000 × 10%）元资金报酬。

从本质上讲，财务会计报告（也称财务报告）所提供的信息可以帮助你评估你朋友的偿还能力。你需要根据财务信息来评估你承担的风险以及你朋友一年后偿还 220 000 元的可能性。这个简单的例子有助于理解各种投资决策所需的财务信息。

对外财务报告一般性的目标是提供用于制定投资和信贷决策的信息。具体的目标是提供关于经济资源、对资源的要求权以及资源与要求权如何随时间变化的信息。企业的资源常被称为资产，对那些资源的主要要求权来自债权人和所有者，即企业的负债和所有者权益。

投资者和债权人评价公司是否能够进行未来现金支付的主要方法之一就是检查和分析该公司的财务报表（financial statement）。编制时期短于一年的财务报表（如半年、季度或月份）被称为中期财务报表。本书中，我们同时使用年度财务报表和中期财务报表。无论是使用者还是编制者，阅读或编制公司财务报表时首先要明确这些报表所反映的时期。

财务报告与财务报表是不同的概念。财务报告是指企业对外提供的反映企业某一特定日期财务状况和某一会计期间的经营成果、现金流量等会计信息的文件。财务报告包括会计报表（也称财务报表，以下同）、会计报表附注和其他应当在财务报告中披露的相关信息和资料。会计报表至少应当包括资产负债表、利润表、现金流量表等基本报表。会计报表附注是对在会计报表中列示项目所作的进一步说明，以及未能在这些报表中列示项目的说明等。目的是便于使用者理解会计报表的内容而对会计报表的编制基础、编制依据、编制原则和方法及主要项目等所作的解释。

由于本书中有专门章节介绍财务报表具体内容，这里仅介绍基本财务报表的概念。①资产负债表（balance sheet），也称财务状况表，是指反映企业某一特定日期的财务状态的会计报表。②利润表（income statement）是指反映企业在一定会计期间（如月份、季度、半年或年度）的经营成果的会计报表。③现金流量表（statement of cash flows）是指反映企业在一定会计期间现金和现金等价物流入和流出的会计报表。

三大基本财务报表的名称就是对报表内容的描述。比如，财务状况表（statement of financial position），即资产负债表，有时被描述为基于财务或货币角度的企业快照（即企业在特定日期的财务状况）；利润表则是描述企业在特定时期获利能力的报表；现金流量表描述的是企业在特定时期现金变化的方式。投资者和债权人关心的是流向自己而不是流向企业的现金流量，所以企业现金活动信息对投资者和债权人而言属于重要信息。

在会计学习的初始阶段，你不一定能看懂这些财务报表，可能不知道如何通过这些报表来准确预测某家公司的现金流量情况。后面章节将对财务状况表（资产负债表）、利润表和现金流量表进行详细介绍。

### 1.4.3 对外报告信息的特征

为最大化信息的有用性，报告给投资者、债权人及其他外部人员的财务信息应具有以下特征。

（1）制度特征

财务会计的服务对象主要是企业外部使用者，他们与企业内部管理有着不同的利益和信息要求，而且不同的外部信息使用者也存在不同的利益和要求。为了维护企业所有利益相关者的利益，便于信息的对比，财务会计信息的处理过程和财务报表的编制均要严格遵循统一的会计规范。

（2）历史性特征

对外报告的财务信息本质上大多属于历史信息，是对过去的描述，报告的是已经发生的事项和交易结果。

（3）计量具有近似性非精确性

对外报告财务信息表面上看似高度精确，但实际上很多信息都是基于对过去和未来所必须进行的估计、判断和假设。比如，假设某家公司购买了一台经营设备，为了对该项资产进行会计处理并把其影响反映在公司对外报告的财务信息中，公司必须对这台设备的使用时间进行假设，如使用寿命多长、机器生产工时多长等。绝大多数会计信息要依赖大量的判断。

（4）通用目的假设

如前所述，假设通过提供满足投资者和债权人需要的信息，我们同时也满足了其他外部相关人员的信息需求。如果企业能对每一个潜在外部使用者分别编制不同信息，那么企业就能提供更高质量的信息。不过，这既无必要也不现实。相反，企业更多地倾向于编制对绝大多数使用者有用的信息，这种信息被称为通用信息（general-purpose information）。

（5）通过解释可增加有用性

会计职业界认为，对外报告财务信息的价值因增加管理层的解释而得到提升。这些非量化信息通常有助于解释所列示的财务数据。正因如此，包括财务报表在内的财务信息往往带有很多附注及其他解释，用于帮助说明和解释数字信息。

## 1.5 管理会计信息

企业的内部决策制定者经常被称为管理层。管理层提供并使用的内部会计信息不仅包括内部专用的信息，也包括可以供外部决策者共享的信息。比如，为了完成某一生产进度，生产商可能为供应商设计会计信息系统，详细描述其生产计划。生产商与供应商会共享这些信息，以帮助生产商实现目标。不过，其他类型会计信息并不向外部决策者提供。比如，公司长期计划、研发成果、生产成本、资本预算详情以及竞争战略等属于典型的公司机密，必须严格保密。

### 1.5.1 内部会计信息的使用者

企业的每位员工都会使用内部会计信息。从基层员工到首席执行官，公司要支付所有员工的薪酬，员工薪酬就是通过会计信息系统生成的。然而，就会计信息系统的使用量（特别是对会计信息系统设计的参与程度）而言，往往存在很大的差异。会计信息系统的内部使用者（internal users）包括董事会、首席执行官、首席财务官、副总裁（分别负责信息服务、人力资源等）、业务部门经理、分厂经理、商店经理和生产线主管等。

与主要对外报告的财务会计信息不同，对内报告为主的管理会计信息没有统一规则，员工决策过程中产生和使用的会计信息呈现多样化特征。

### 1.5.2 管理会计信息的目标

每家企业都有自己的经营目的和目标。这些目标因企业的不同而存在差异：非营利性组织以服务特定群体为目的，而营利性组织以所有者目标最大化为目的。

企业通过设计和使用内部会计信息系统来帮助实现既定目标。公司经常定期编制并发布各种报告，有些属于常规报告，有些则属于专门性报告。为激励管理者实现组织目标，公司通过内部会计系统来评价经营业绩和奖励相关人员。用会计系统将一个期间的计划或预算与实际结果相比较，就可揭示负责该部分预算的员工的业绩。因此，很多企业都建立了与会计系统业绩计量相关的奖励系统。

一般会计系统目标的设定是以企业目标和任务为起点的，提供信息是为了帮助企业实现目标。

### 1.5.3 管理会计信息的特征

管理层形成并使用的会计信息主要服务于计划和控制决策，不同于对外报告的财务信息，因此管理会计信息具有与财务会计信息不同的特征。

（1）信息及时的重要性

为了对当前经营过程进行计划和控制，会计信息应当具有及时性。许多企业面临的竞争环境要求及时获取信息。针对这一需求，企业可以建立计算机数据库，便于与行业预测、供应商和购买者以及委托人相联系。随着新产品及服务的开发期和推广期的缩短，企业必须优先考虑快速获取信息这一问题。

除了计划需要及时信息外，企业总是需要监督和控制当前经营活动。如果某个过程或作业失控，企业可能遭受巨大损失。比如，产品召回对公司而言代价很高。如果公司能对所有环节进行监督，避免把质量低劣或有缺陷的产品卖给客户，公司就可避免因召回产品而不得不支付的大笔开支。

（2）决策者的权责要匹配

用于监控和控制过程的信息必须提供给有权力纠正问题的决策者。比如向一线生产工人报告废品和返工信息但不给予他们修正工序的责任显然是没有效果的。然而，对于拥有设备及工作相关活动决策权的自主团队而言，如果团队成员能控制引起问题的过程，那么团队会对返工和废品问题产生重大影响。

（3）面向未来

尽管与财务会计信息一样，有些管理会计信息本质上具有历史性，但提供这些信息的目的是影响未来。其目标是促使管理人员制定对企业最有利、与企业目的和目标相一致的未来决策。

（4）效率与效度衡量指标

管理会计信息衡量资源使用的效率和效度。通过比较企业与竞争者的资源投入与产出效度和效率的衡量指标，就可以评价管理人员完成组织使命的效果。管理会计系统以货币作为通用单位来进行此类比较。

（5）管理会计信息是一种手段

与财务会计信息一样，管理会计信息也是达到目的的一种手段，但其本身并不是目的。其最终目标是设计并运用可帮助管理人员实现企业目的和目标的会计系统。

## 1.6 会计信息的公允性

公允性（integrity）包含如下含义：全面、完整、正确、规范、诚实和可信。会计信息必须具备这些特征，正是因为财务会计信息具有公允性特征，才得到投资者和债权人的信赖。以下两点能够强化会计信息的公允性：第一，遵循会计规范（即制度特征）。这些规范包括编制会计信息的标准、内部控制结构以及财务报表审计等。第二，专业会计人员的胜任能力、判断能力和职业道德行为。这两个要素合力确保会计信息使用者（投资者、债权人、管理者和其他人）相信这些信息公正地表达了它应该表达的内容。

### 1.6.1 遵循会计规范（制度特征）

向外部投资者、债权人和其他使用者传递的会计信息必须遵循信息编制者和使用者都能理解的标准，这些标准称为会计规范。会计规范是国家机构或民间团体所制定的会计法规、准则和制度的总称。在西方国家，会计规范一般表现为会计原则，或称会计标准、会计准则。会计原则是会计规则和惯例的统称，是指会计工作中采纳或认可的规范，它们构成了会计实务的基础。会计原则是指导会计工作的通用规则，而不是对各类会计主体发生的零星、纷繁复杂的经济业务和会计事项应该如何确认、计量、记录和报告所作的具体规定。

自20世纪30年代美国率先制定会计原则以来，英国、加拿大、澳大利亚、新西兰等英语国家相继制定了会计原则；1973年国际会计准则委员会（IASC，现已改组为IASB）成立，共发布了41项国际会计准则；许多发展中国家（包括中国）也陆续加入了制定会计准则的行列；之后，一些大陆法系国家（如德国、法国等）也相继成立了会计准则制定机构，开始制定本国的会计原则。会计准则已成为适应市场经济和资本市场发展、促进国际资本流动的一种最有效的会计规范形式。

会计准则的具体名称在不同国家或地区有所差异。如我国称《企业会计准则》（Accounting Standards for Business Enterprises）（我国自 1992 年与国际会计接轨后开始正式使用会计准则名称）或《企业会计制度》等，美国称《一般公认会计原则》（Generally Accepted Accounting Principles，GAAP），香港特别行政区称《香港财务报告准则》（Hong Kong Financial Reporting Standards），国际会计准则理事会（IASB）制定的会计准则称《国际财务报告准则》（International Financial Reporting Standards，IFRS）等。各个国家或地区的会计准则为确定财务报表中应包括哪些信息以及这些信息如何编制和列示提供了通用框架，既有确认、计量、记录和披露的基本原则，也有职业会计师加工会计信息和披露报告时所使用的具体准则。

然而会计规范不同于物理法则：它们并不存在于自然界中等待人们去发现；相反，这些规范是专业人士根据人们所认为的财务报告的最重要目标而制定的。会计规范在许多方面类似于为一项有组织的运动（如足球或篮球）所制定的规则。会计规范和运动规则一样拥有如下特征：①源自传统、经验和官方法规的组合。②需要权威性的支持和某些执行措施。③有时是强制的。④可能因现行规则中存在的不足而随时间发生改变。⑤必须被该过程的所有参与者清晰理解和遵守。

### 1.6.2 胜任能力、判断能力和职业道德

编制和披露会计信息并不是一项能完全由计算机甚至训练有素的专业人员完成的机械化工作。对所有公众职业（包括医学、法律和会计）而言，一个共同的特点是要求能胜任的实务人员运用职业判断并遵循严格的职业道德标准来解决问题。某一职业实务遇到的问题经常很复杂，而且有其特定的环境。在很多情况下，他人的利益直接受职业人员工作的影响。

为了说明胜任能力、职业判断和道德行为在编制财务报表中的重要性，我们来看下面这些会计人员必须解决的复杂问题：①企业对持续很长时间的业务（如建造高速公路或飞机场的长期合同）应当在什么时点进行会计处理？②财务报表披露哪些信息才能使信息使用者认为比较充分？③公司面临的财务问题能否使公司持续经营下去？这一信息应何时传递给财务报表使用者？④管理人员粉饰财务报表的做法在什么情况下越过了道德界限，使得财务报表实际上对投资者和债权人产生误导？

当会计人员对这些复杂问题进行判断时就存在出差错的风险。判断中的有些失误是由财务信息编制者或使用该信息的决策者的粗心或经验不足导致的；有些错误的发

生是由于未来事项的不确定性，最终结果与编制信息时的预期不相同而导致的。

如果要公众信任职业会计师的判断，会计师首先必须表明他们具有胜任能力。会计职业界和各国政府都采取了措施向公众确保注册会计师（Certified Public Accountant，CPA）具有技术胜任能力。注册会计师，是指取得注册会计师证书并在会计师事务所执业的人员。在我国，取得注册会计师证书必须通过专业阶段6科考试科目：《会计》《审计》《财务成本管理》《经济法》《税法》《战略与风险管理》，以及综合阶段的《职业能力综合测试》，考试通过者由中国注册会计师协会统一颁发合格证书。

中国注册会计师协会（简称中注协）是我国注册会计师行业的管理机构，对于注册会计师的胜任能力，中注协于2007年10月11日发布了包含9章、62条细则的《中国注册会计师胜任能力指南》[以下简称《胜任能力指南》(会协〔2007〕66号)]，《胜任能力指南》从专业知识、职业技能、职业价值观、道德与态度、实务经历、职业继续教育等方面提出了详尽具体的要求。

会计的公允性要求会计从业人员诚实并严格遵循职业道德，即做正当的事。对职业会计师而言，道德行为和胜任能力同样重要。

许多职业组织或政府机构都制定了指导其成员活动的道德或职业行为规范。比如，财政部发布的《会计基础工作规范》(财会字〔1996〕19号）规定，会计人员职业道德的内容主要包括敬业爱岗、熟悉法规、依法办事、客观公正、搞好服务、保守秘密6个方面。中注协1997年1月1日颁发并实施的《中国注册会计师职业道德基本准则》(以下简称《基本准则》）指出职业道德是指注册会计师职业品德、职业纪律、专业胜任能力及职业责任等的总称。《胜任能力指南》第二十九条注册会计师应当遵循的基本职业价值观、道德与态度包括：①维护公众利益，在审计、审阅和其他鉴证业务中恪守独立、客观、公正的原则；②通过终身学习，培养、保持和提高胜任能力，并保持应有的职业谨慎；③对执业过程中获知的客户信息保密；④职业行为恰当，包括合理确定专业服务收费，不收取或不支付佣金，不从事与执行鉴证业务不相容的工作，保持与同行的良好工作关系，不对自身能力作广告，以恰当的方式进行业务招揽和宣传等。

### 职业会计师

假如你是某家会计师事务所的审计员，正遇到一个棘手问题。你在客户的账簿记录中发现了一些不规范的处理。你不能确定这些不当处理究竟是由公司员工的疏忽引起还是公司为掩盖问题的故意行为。你向经理反映了这个问题，经理指示你应当忽略这件事。经理的回答是："这种现象一直都有，我们完成这个合同的时间很紧，我们要关心的只是在月末之前完成工作目标。"你会怎么做呢？

会计信息的内部和外部使用者都认为信息的可靠性受会计人员胜任能力、职业判断和道德标准的影响，虽然前面所讨论的遵循会计规范是财务报告系统的重要部分，但是个人的胜任能力、职业判断和道德标准将最终保证会计信息的质量和可靠性。

## 1.7 会计职业

与建筑、工程、法律、医学、教师等一样，会计被视为一门职业。虽然关于职业没有统一的界定，但这些职业都有一些共同的特征。

首先，所有职业都有一个复杂并不断演进的知识体系。比如，会计涉及企业界的复杂性和变动性、财务报告的要求、对越来越复杂的信息的管理需求以及税法的不断变化。

其次，从业者必须运用他们的专业知识和职业判断解决许多问题和困难。其中最重要的是专业人员的独特责任：为公众的最大利益服务，甚至牺牲个人的利益。之所以产生这项责任，是由于公众几乎没有多少职业技术知识，但专业人员公正并且胜任地工作对公众的健康、安全和利益至关重要。比如，医学活动直接影响到公众健康，而工程影响公众安全。会计在很多方面对公众利益产生影响，因为会计信息被用于整个社会经济资源的分配。因此，会计师有一项基本的社会契约，即避免涉及误导性的信息。

会计师与其他职业的成员一样倾向于在特定领域提供专门服务。会计职业机会主要存在于 4 个领域：公共会计、企业会计、非营利组织会计、会计教育。

### 1.7.1 公共会计

公共会计以会计学（含审计学）理论和方法为基础，运用相关学科知识，向企业、事业、行政单位或社会公众提供会计、审计和咨询等服务。公共会计的载体有会计师事务所、会计服务公司、管理咨询公司等。公共会计师的工作主要包括审计财务报表、所得税服务、代理记账和管理咨询服务等。

提供管理咨询服务的领域已大幅超出了税务筹划和会计事务；公共会计师就会计、财务、税务、审计等各类专业问题向企业管理人员提供建议，如兼并重组、生产过程以及新产品引进等。几乎每项企业决策都要考虑财务方面的问题，所以注册会计师常常为管理层提供帮助。

### 1.7.2 企业会计

不同于为许多客户服务的公共会计师，企业会计仅服务于某一特定企业。服务于企业的会计人员，既包括主要负责日常程序性记录和计算工作的初级簿记人员，也包括主要负责交易和事项的分析、会计信息系统的设计和运行、财务报告的编制和解释、财务状况的分析、财务预测、成本控制与考核及内部控制等工作的中高级会计人员。如果按前文所述的会计信息的类别，则可将企业会计人员划分为财务会计人员、管理会计人员、税务会计人员，有些企业还有内部审计人员。内部审计的主要目的是查错防弊、改善管理，以提高经营管理的能力和资源利用效率，提高经济效益。内部审计的查核结果主要供企业内部使用。

### 1.7.3 非营利组织会计

会计还服务于政府行政机关和事业单位等非营利组织，如政府部门、学校、医院、科研机构、图书馆和慈善机构等。我国的非营利组织会计分为财政总预算会计、行政单位会计和事业单位会计 3 个部分。财政总预算会计是各级政府财政部门核算、反映和监督政府预算执行和各项财政性资金活动的会计。行政单位会计是核算、反映和监督行政单位（包括各级行政机关和实行行政财务管理的其他机关及党政组织）各项经济活动、资金变动和财产状况的会计。这些政府行政机关为了行使行政职能，需要有预算收入，这些单位的会计通过预算控制各种收支，并记录预算执行过程，所以，财政总预算会计和行政单位会计合称预算会计。事业单位除政府预算拨款之外，还能取得一定的创收收入，所以，除了记录预算资金的收支情况外，还要核算创收收入及其成本的发生。行政单位会计和事业单位会计在我国也笼统地合称为行政事业单位会计。

### 1.7.4 会计教育

有些会计师会选择从事会计教育工作。会计教育工作提供的机会有：教学、研究、咨询等。会计教育者在很多方面对会计职业做出了贡献。包括有效的教学、发表重要的研究成果、指导优秀的学生从事会计工作。

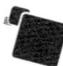

### 1.7.5 会计是职业晋升的基础

因为企业所有的职能部门都需要使用会计信息，因而拥有企业会计或公共会计工作经验将会为个人职业的发展提供一个坚实的基础。许多企业和政府的高级管理层都拥有会计背景。《商业周刊》（*Business Week*）杂志一篇题为《企业的精英》的文章报道了 1 000 家最大公众公司首席执行官（CEO）的职业生涯，31% 的 CEO 有会计背景，27% 的 CEO 有市场营销背景，22% 的 CEO 有工程技术背景。

### 1.7.6 经济管理决策需要会计知识

许多使用本书的学生不是会计或财务专业的，但是学习会计对你仍然很重要。无论是对于你的职业生涯还是个人生活的许多方面，你都需要理解会计概念。金融专业的学生如果想去投资银行、咨询公司或是在证券公司担任金融分析师，都需要掌握会计知识。企业管理专业的学生如果想做管理培训师，最终目标是经营一家公司或一个公司分部，也需要懂得会计知识，以便能够运营、控制和评价某一业务单元的业绩。会计是商业语言，运作企业不懂会计信息好比参加体育比赛不懂比赛规则。市场营销专业的学生通常从事销售工作，理解收入确认原则对正确考核收入至关重要。

**【延伸知识】**

会计师事务所从业人员的职业发展路径之一即是转行进入企业单位从事财会类工作，企业从会计师事务所挖财务高管人员也很普遍。

从 2014 年开始，中国会计视野对 A 股上市公司财务负责人（CFO）做职业背景统计分析。分析的目的在于用数据来描绘这些精英人群的身份特征、职业背景等特征，并希望通过这样的描绘，给读者带来一些职业发展的启发。

2015 年统计的相关公司数为 2 993 家，其中 2 575 家公司披露了 CFO 的姓名、2 569 家披露了 CFO 的性别、2 571 家披露了 CFO 的基本介绍。这些基本介绍大部分包括了 CFO 的出生年份、教育背景、工作履历、在公司任职情况、薪酬、持股等数据。

根据 A 股上市公司的公开信息披露，中国会计视野统计发现，有 342 人有会计师事务所工作背景，约占所有统计人数的 13%（考虑到只有部分上市公司 CFO 披露了工作履历，所以实际人数比重应该是远超过 13%）。比较上期，人数增加了 62 人，人数比重增加了 2 个百分点；按照 2014 年会计师事务所百家信息的口径看，有 271 人在这百家会计师事务所中的46家会计师事务所工作过。

资料来源：中国会计视野网站，2015年5月15日

【本章小结】

本章为读者学习会计建立了一个框架。主要介绍了以下内容：常见的3种企业类型、4种企业组织形式及企业的利益相关者；会计信息如何满足企业利益相关者需求，尤其是财务会计信息是如何提供给外部使用者（主要是投资者和债权人）、管理会计信息是如何提供给内部管理人员的；会计系统、影响特定组织会计系统结构的主要因素及会计系统的基本职能；对外报告及管理会计信息的特征；会计信息公允性的重要意义及如何保证信息的公允性；会计职业。

第2章会更加深入地介绍财务报表及我国会计规范体系，随后各章，将介绍更多财务报表所提供的重要信息，以及这些信息如何来帮助决策者制定重要的财务决策。

【学习目标小结】

1.了解企业类型、企业组织形式

企业分为制造企业、商业企业和服务企业3种类型。制造企业是将原始投入转化为可销售给消费者的产品；商业企业是从其他企业（如制造企业）购买产品，再销售给顾客；服务企业是向顾客提供服务而不是有形产品。

企业的组织形式通常有4种：独资、合伙、公司或者有限责任公司。独资企业：个人出资经营、归个人所有和控制、由个人承担经营风险和享有全部经营收益的企业；合伙企业：自然人、法人和其他组织依照《中华人民共和国合伙企业法》在中国境内设立的，由两个或两个以上的自然人通过订立合伙协议，共同出资经营、共负盈亏、共担风险的企业组织形式；公司：指依法设立的，有独立的法人财产和以营利为目的的企业法人。

2.了解会计信息的类型

会计信息包括3种类型：①财务会计信息，是以会计规范为依据，对企业已经发生的交易或事项，通过确认、计量、记录和报告等主要程序进行加工处理，并借助以报表为主的财务报告形式，向企业的利益相关者（包括外部与内部）提供以财务信息为主的经济信息；②管理会计信息，是从传统的会计系统中分离出来的与财务会计并列，着重为企业进行最优决策、改善经营管理、提高经济效益为目的提供的信息；

③税务会计信息，是以财务会计信息为基础，通常需要对财务会计信息进行调整或重新组织以符合税务报告要求的信息。

### 3.理解会计及会计信息在经济决策中的作用

会计为管理者经营企业提供信息。此外，会计还为企业的其他利益相关者提供评价企业经营业绩和财务状况的信息。无论决策者是所有者、管理层、债权人、政府监管机构或是与企业财务业绩利益相关的其他许多团体，其决策有效性都会因使用会计信息而得到加强。

### 4.了解会计系统及其基本功能

会计系统包括被组织用于形成会计信息并将这些信息传递给决策制定者的人员、程序、设备和记录。基本职能包括：①解释并记录企业日常发生的交易；②归类同类交易，形成对管理层有用并可用于财务报告的项目及金额；③汇总并向决策者沟通会计系统所包含的信息。

### 5.了解财务会计信息特征、管理会计信息特征

财务会计信息有以下特征：制度特征、历史性特征、计量具有近似性非精确性、通用目的假设、通过解释可增加有用性。

管理会计信息有以下特征：信息及时的重要性、决策者的权责要匹配、面向未来、效率与效度衡量指标、达到目的的一种手段。

### 6.理解胜任能力、职业判断和道德标准对于会计职业的重要性

会计信息的公允性要求诚实和严格遵循职业道德，即做正当的事。对职业会计师而言，道德行为和胜任能力同样重要。会计信息的内部和外部使用者都认为信息的可靠性受会计人员胜任能力、职业判断和道德标准的影响，个人的胜任能力、职业判断和道德标准将最终保证会计信息的质量和可靠性。

## 【关键术语】

财务会计（financial accounting）是以会计规范为依据，对企业已经发生的交易或事项，通过确认、计量、记录和报告等主要程序进行加工处理，并借助以报表为主的财务报告形式，向企业的利益相关者（包括外部与内部）提供以财务信息为主的经济信息。

管理会计（management accounting）是从传统的会计系统中分离出来，与财务会计并列，着重为企业进行最优决策、改善经营管理、提高经济效益服务的一个企业会计分支。

独资企业（proprietorship）是指个人出资经营、归个人所有和控制、由个人承担经营风险和享有全部经营收益的企业。

合伙企业（partnership）是指自然人、法人和其他组织依照《中华人民共和国合伙企业法》在中国境内设立的，由两个或两个以上的自然人通过订立合伙协议，共同出资经营、共负盈亏、共担风险的企业组织形式。

公司（corporation）是指依法设立的，有独立的法人财产和以盈利为目的的企业法人。

企业利益相关者（business stakeholder）是利益与企业经营业绩相关的个人或实体。企业的利益相关者通常包括企业所有者、管理者、员工、顾客、债权人和政府。

会计系统（accounting system）包括被组织用于形成会计信息并将这些信息传递给决策制定者的人员、程序、设备和记录。

资产负债表（balance sheet）是指反映企业某一特定日期的财务状态的会计报表。

利润表（income statement）是指反映企业在一定会计期间（如月份、季度、半年或年度）的经营成果的会计报表。

现金流量表（statement of cash flows）是指反映企业在一定会计期间现金和现金等价物流入和流出的会计报表。

公允性（integrity）包括全面、完整、正确、规范、诚实和可信。

注册会计师（Certified Public Accountant，CPA）是指取得注册会计师证书并在会计师事务所执业的人员。

## 练习题

**【简答题】**

1. 列举10个你所熟悉的企业，并判断它们的企业类型和组织形式。
2. 简述会计是如何反映经济活动的。
3. 为什么会计有时被称为是一种“企业（或商业）语言”？试举例说明。
4. 财务报告就是财务报表吗？
5. 企业基本的财务报表有哪些？试分别描述各报表反映的内容。
6. 会计规范有哪些特征？
7. 会计职业机会主要存在于哪几个领域中？各自的工作内容是什么？

【案例题】

1. 美国上市公司安然（Enron）曾在《财富》杂志全球500家大公司中排名第七，曾被华尔街的分析员强烈推荐“买入”的明星企业一夜之间轰然崩塌，于2001年12月2日向法院申请破产保护，创下美国历史上最大宗的公司破产案纪录。这样一家颇具国际影响的能源交易商陷入破产的消息震惊了国际金融市场。在此事件中，作为国际五大会计师事务所之一的安达信扮演了极不光彩的角色。请通过查阅资料了解安然公司会计造假的手段。

2. 访问互联网了解与会计师事务所、会计准则制定者和监管机构相关的信息。

（1）根据中注协编制的《2020中国十大会计师事务所排名对比》，我国排名前四的事务所分别为普华永道中天会计师事务所、德勤华永会计师事务所、安永华明会计师事务所、立信会计师事务所。请访问这四家会计师事务所网站并了解会计师事务所能提供哪些类型的服务。

（2）我国《企业会计准则》是由财政部制定和修订的。请访问财政部网站并查找2014年财政部第76号令，了解修改后的《企业会计准则——基本准则》包含哪些内容。

（3）中国注册会计师协会（简称中注协）是对我国注册会计师任职资格、职业情况进行检查，制定行业自律管理规范的法定组织。请访问中注协网站并了解中注协的背景及其主要活动。

# 第2章　基本财务报表与我国会计规范体系

【学习目标】

1. 了解企业战略及基本的企业战略类型。

2. 理解资产负债表如何描述企业的财务状况。

3. 理解利润表如何从收入和费用的关系角度报告企业在一定期间的经营成果。

4. 理解现金流量表如何从经营活动、投资活动和筹资活动的角度报告企业在一定期间的现金流变化。

5. 理解会计核算的基本假设。

6. 了解会计准则及我国《企业会计准则》的构成内容。

【引导案例】

根据格力电器2019年年报，公司财务报表的编制基础为：财务报表以持续经营假设为基础，根据实际发生的交易和事项，按照财政部发布的《企业会计准则——基本准则》（财政部令第33号发布、财政部令第76号修订）、于2006年2月15日及其后颁布和修订的各项具体会计准则、企业会计准则应用指南、企业会计准则解释及其他相关规定（以下合称“企业会计准则”），以及中国证券监督管理委员会《公开发行证券的公司信息披露编报规则第15号——财务报告的一般规定（2014年修订）》的披露规定编制。

遵循企业会计准则的声明：本公司编制的财务报表符合企业会计准则的要求，真实、完整地反映了本公司2019年12月31日的财务状况及2019年度的经营成果和现金流量等有关信息。此外，本公司的财务报表在所有重大方面符合中国证券监督管理委员会2014年修订的《公开发行证券的公司信息披露编报规则第15号——财务报告的一般规定》有关财务报表及其附注的披露要求。

本公司会计期间分为年度和中期。中期包括半年度、季度和月度。公司会计年度为每年1月1日起至12月31日止。

本公司以人民币为记账本位币，本公司的个别子公司采用人民币以外的货币作为记账本位币。

资料来源：珠海格力电器股份有限公司2019年年度报告

近年来，国内移动“互联网 +”、物联网、大数据等技术飞速发展，5G、Wi-Fi 等无线通信网络逐渐渗透，一个新兴的朝阳产业——智能家居开始呈现出爆发式增长潜力。诸如格力、美的、延华智能等公司在这一经营转型中扮演了主要角色。

假如你现在拥有充足的资金，想要投资于一家互联网时代前景良好的公司。那么，怎么知道投资格力或是美的或是其他公司是否明智？你需要寻找哪些信息来帮助自己决定投资哪家公司？公司财务报表是一个主要的来源，本章将初步介绍三大基本财务报表：资产负债表、利润表和现金流量表的结构及它们所提供的信息。

## 2.1 企业活动概述

财务报表综合反映了企业活动的相关经济信息，因此，要理解财务报表所反映的信息内容，首先需要了解企业的各种业务活动。

### 2.1.1 企业的目标与战略

企业向顾客提供何种产品或服务的决策受到很多因素的影响，但从根本上来说，这种决策的制定是基于其是否与企业的目标与总体战略相一致。

任何组织都有自己的使命和目标，企业也不例外。为了完成这些使命和目标，企业需要调动各种资源，并制订经营计划。在形成战略、确定目标时，企业需要考虑所处的社会、经济、制度、文化等环境以及行业竞争等情况。比如，企业可能设定下列目标：①企业所有者价值最大化或者是企业利润最大化；②为职员提供具有安全性、激励性、稳定性的工作环境；③企业经营遵循国家法规和行业政策，做负责任的企业公民。

围绕这些目标，管理层为企业确定总体战略。企业战略（business strategy）是企业设计的用于使企业获得竞争优势从而实现其目标的一整套计划和行动。低成本战略和差异化战略是两种基本的企业战略。

在低成本战略（low-cost strategy）下，企业以比竞争对手更低的成本设计和生产可接受质量的产品或服务。实行这一战略的企业包括沃尔玛公司、春秋航空公司、亚洲航空公司等。此类企业通常向普通消费者销售基本的标准化产品。实行这种战略，企业必须不断地关注如何降低成本，如廉价航空公司通常不提供免费餐点等附加服务，以减少一些不必要的开支。

实行低成本战略时需要注意的一个主要问题是，竞争者可能通过复制这种低成本或者通过技术上的进步来获得更低的成本。另外需要注意的是，竞争者可能向消费者提供非标准化的产品以使自身的产品与其他产品形成差异。比如，社区裁缝店经常在提供个性化服务而不是成本上与大服装公司竞争。

在差异化战略（differentiation strategy）下，企业为顾客设计和生产具有独特品质或特征的产品或服务，使顾客愿意为此支付额外的价格。差异化战略的成功，需要产品或服务必须真正是独特的，或者让顾客觉得其在质量、可靠性、形象或设计上是独特的。比如，成立于 2007 年 7 月的凡客诚品（北京）科技有限公司，借力于新兴的差异化销售渠道，以最小的投入，博得了最大的效益。2008 年销售额达到 3 亿元，2009 年销售额达到 6 亿多元；这样的成长速度在传统行业是天方夜谭，凡客诚品一举成为京东、亚马逊、当当之后的中国第四大 B2C 电商。2009 年，凡客诚品以 28% 的市场份额，在自产自销服装 B2C 中排名第一。在凡客诚品公司当年的经营中，处处体现了差异化策略：①“懒男人”的定义，给不愿逛商场而又想买衣服的男士解决了一种特殊的诉求。②女装的革命性产品，内衣外衣一体化，在产品差异化的革新上迈开大胆的一步。③衬衣定位快消品，一次买 5 件，打破了传统的消费观念，给衬衣定位于快消品，以这种引导性的宣传来增加衬衣的销售量。④货到试穿，提高竞争门槛，电子商务日趋完善，竞争也日趋激烈，以试穿的手段，给很多中小竞争对手设置了壁垒。

由于凡客诚品的品类扩张惊人，产品质量无法保证、库存更新不及时，导致库存大量积压，在 2011 年达到鼎盛时期后，逐渐淡出市场。

（资料来源：https：//www.xianjichina.com/news/details_180215.html）

差异化战略的实施途径有很多种：产品差异化、形象差异化、渠道差异化、服务差异化、人员差异化，甚至是一种销售理念差异化，等等。

企业也可以实行混合战略（combination strategy），它包括低成本战略和差异化战略两方面的要素。也就是说，企业可以以竞争性的低成本价格开发差异化的产品。

采用混合战略企业的风险在于它的产品可能无法充分满足任一（低成本和差异化）市场终端。也就是说，因为其产品是差异化的，它无法成为低成本的领导者；同时，其产品的差异化又不足以使顾客愿意支付额外的价格。换句话说，这种企业可能处于进退两难的困境。

企业也可以针对不同的市场实行不同的战略。比如，丰田汽车公司通过向关注形象和关注质量的购买者提供雷克萨斯（Lexus）汽车来划分汽车市场。为此，丰田汽车公司发展了一个独立的销售网络。同时，丰田汽车公司向价格敏感的购买者提供了一款低成本的汽车——雅酷（Echo）。

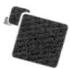

【小案例】

法国欧莱雅集团创立于 1907 年，历经一个多世纪的努力，从一个小型家庭企业跃居为世界化妆品行业的领头羊。欧莱雅集团在全球拥有 500 多个优质品牌，产品包括护肤防晒、护发染发、彩妆、香水、卫浴、药房专销化妆品和皮肤科疾病辅疗护肤品等。1996 年，欧莱雅正式进军中国市场，1997 年在上海设立中国总部。为了抢夺中国化妆品市场，在市场定位上针对不同的市场实行不同的战略。

欧莱雅集团在中国的品牌主要分为大众品牌（巴黎欧莱雅、美宝莲、卡尼尔）、高档品牌（兰蔻、赫莲娜）、专业美发产品（卡诗、欧莱雅）以及活性健康化妆品（薇姿、理肤泉）等。随着竞争的加剧，其大众品牌价格开始有意识地下调，使得大众品牌中又分为不同的档次，其最低价格已经接近国内品牌化妆品的价格，开始中低市场的争夺。而高档品牌则继续采取高品位策略，可谓无孔不入，不放过任何一个定位。

资料来源：MBA 智库 http：//wiki.mbalib.com/wiki/%E6%AC%A7%E6%9D%A5%E9%9B%85，经整理

### 2.1.2 筹资活动

企业确定战略目标以及实现战略的途径后，要先获得资金，才能开展经营活动。我们通常将获取资金的活动称为筹资活动。常见的筹资方式包括吸收投资、发行股票、发行债券和借款等。从筹资的性质看，分为权益筹资（即所有者的投资，包括吸收投资、发行股票等）和债务筹资（债权人的提供资金，包括发行债券和借款等）。

### 2.1.3 投资活动

企业从各种渠道获得资金后，需要通过使用这些资金形成企业的经营能力，对这些资金的使用通常称为投资活动，主要表现为获得各种经营所需的资产。投资活动获取的资产可能包括以下部分。

（1）土地、建筑物和设备

这些投资为企业提供了研发、制造和销售产品的能力。

（2）专利权、许可证与其他合同约定的权利

这些投资为企业提供了使用某种财产或知识产权的法律权利。

（3）存货

为了满足顾客需求，企业通常需要储备一定数量的商品存货以供出售，制造企业还需要储备各种材料，生产过程还有在产品和半成品，所以，必须将一部分资金投入到各类存货中。

（4）货币资金

企业还需要留存一定数量的现金和银行存款，以供日常交易和周转使用。

（5）其他公司的股票或债券

企业可能使用暂时富余的资金购买其他公司的股票或债券，可能出于获取短期收益的考虑，也可能出于长远考虑，比如，为了确保重要的原材料来源，对上游供应商进行投资；或为了获取销售渠道，对下游企业进行投资等。

此外，在企业经营过程中，还会产生各种债权，也构成企业资产的一部分，但这些资产并不是在企业设立时由投资活动而产生的资产。

### 2.1.4 生产经营活动

企业获得资金并通过资金的使用形成经营能力后，就要持续地开展各种经营活动，获取经营利润，承担经营亏损。企业的经营活动是指与企业销售商品、提供劳务等业务直接相关的活动，管理活动则为其提供支持服务。主要包括以下各项。

（1）采购

即采购企业生产经营需要的原材料、辅助材料、周转材料、办公用品、劳务等资源。

（2）生产

制造企业将固定资产、原材料、辅助材料、劳动力等资源组合起来，进行产品生产；服务型企业则组合各种人力资源，为顾客提供服务。

（3）营销

企业以恰当的方式和渠道尽快向顾客提供产品或劳务。

（4）管理

企业的管理活动为采购、生产、营销及其他营运部门提供支持，包括信息管理、数据处理、会计核算、财务管理、法律服务、人力资源管理及其他支持服务。

企业的生产经营活动可以分为主要生产经营活动和辅助生产经营活动。主要生产经营活动是直接与顾客价值创造相关的生产经营活动，如制造、销售和为顾客服务；辅助生产经营活动是为主要生产经营活动提供方便的生产经营活动，如采购和人事。

比如，对于春秋航空公司来说，主要生产经营活动包括飞机维护、行李托运、售票和飞行等；辅助生产经营活动包括会计和财务职能、燃料配送环节以及维护投资者关系等。

## 2.2 基本财务报表

### 2.2.1 财务报表概述

企业的各种业务活动经过会计信息系统加工所形成的会计信息，最终以财务报表的形式呈现出来。

企业不同的利益相关者关注的信息有所不同。对于企业的主要外部利益相关者投资者和债权人而言，他们最关心预期能够从企业收回的现金。比如，对提供贷款或赊销商品的债权人而言，他们最关心债务人偿付债务（包括支付利息）的能力。类似地，投资者关心所持股票的市场价值以及在持有股票期间企业能够支付的现金股利。

如第1章所述，为了评价企业进行未来现金支付的可能性，投资者和债权人所能采用的主要方法之一就是研究、分析该企业的财务报表。会计人员在编制财务报表时，运用会计语言描述企业的业务活动，形成的会计信息公允地反映了企业的业务活动。所以说，财务报表（financial statement）是企业业务活动信息的货币表现。

本节介绍三大基本财务报表：资产负债表、利润表和现金流量表。在介绍这些基本财务报表时，我们将采用公司制企业所有权形式。

三张报表的名称本身就描述了各自所包含的信息。比如，资产负债表（balance sheet），也称财务状况表（statement of financial position），是描述某一特定日期企业财务状况的财务报表，有时被称为用财务或货币语言表述的企业“快照”（即企业在某一特定日期的“相貌”）。

企业在经营过程中从事各种创造收入以及为赚取收入而发生必要费用的交易，这些交易均反映在利润表（income statement）中，所以说利润表是描述一定会计期间经营成果的报表。作为与客户交易活动的结果，收入是已经实现或预期可形成的未来现金流入。比如，快乐柠檬店以每杯20元的价格销售果汁，顾客当即支付现金，快乐柠檬店的这笔交易既实现了收入，也收到了现金，产生了现金流入。有些企业销售商品也可能采用以后收款的赊销交易方式，那么企业就会产生预期的未来现金流入。费用正好与之相反，它们导致企业立即的现金流出（如果是现金交易），或者导致企业预期的未来现金流出（如果是赊购交易）。比如，如果企业购买办公用品支付200元现金，企业就发生了即时的现金流出。如果付款被递延到未来某一天，该交易代表某项预期的未来现金流出。收入则产生过去、现在或未来的正现金流量（positive cash flows），即现金流入；而费用产生过去、现在或未来的负现金流量（negative cash flows），即现金流出，现金流入与现金流出的差额称为现金净流量（简称现金流量），正现金流量表示现金流入大于现金流出，负现金流量表示现金流入小于现金流出。而“净利润”（或“净亏损”）只是某一特定时期收入和费用的差额。由于有些收入并没有当即收到现金，有些费用也没有立即支付现金，企业的现金流入并非都是收入导致，比如向银行借款，是企业的负债而不是收入，企业的现金流出也并非都是为了支付费用，比如购买股票和债券，是企业的投资而不是费用。所以，同一时期的“现金净流量”与“净利润”在数量上不存在相等关系。

现金流量表（statement of cash flows）对于了解企业的投资和信贷决策尤为重要。顾名思义，现金流量表描述了一定会计期间现金的变化方式，即该期间从收入和其他交易中收到的现金，以及为某些费用和其他采购活动而支付的现金。虽然投资者和债权人主要关心的是流向他们自己的现金，但企业现金活动的信息仍被认为是对投资者和债权人预测流向他们的未来现金流量的重要信号。

虽然三张基本财务报表都包含重要信息，但每张报表所包含的信息并不相同。因此，理解三张报表以及它们之间的关系至关重要。三张报表的相互联系方式被称为勾稽关系（articulation）。

### 2.2.2 资产负债表

资产负债表是以会计语言描述企业在某一特定日期的状况。利润表和现金流量表与资产负债表相联系，反映公司财务状况的重要方面在一段时期如何发生变化。首先介绍资产负债表是便于了解基本会计原则和会计术语，这些原则和术语对于我们理解财务报表十分重要。

资产负债表列示了企业的资产、负债和所有者权益情况。一般来说，每个企业都会在月末编制资产负债表，有些企业也会在每日或每周末或在特殊日期（如合并日、清算日等）编制资产负债表。例如，张平是一个IT工程师，在工作10年积累了一些经验后，自己创业开办一家IT咨询公司，公司命名便民公司。张平将自己的积蓄230万元投入便民公司，便民公司20×1年2月10日注册成立，表2-1反映了便民公司注册成立日的财务状况。

表2-1 资产负债表

编制单位：便民公司 20×1 年 2 月 10 日 单位：元

| 资产 | 余额 | 负债与所有者权益 | 余额 |
|---|---|---|---|
| 货币资金 | 2 300 000 | 负债 | 0 |
| | | 张平资本 | 2 300 000 |
| 资产总计 | 2 300 000 | 负债与所有者权益总计 | 2 300 000 |

假定便民公司注册成立后在 2 月发生了以下交易：① 2 月 15 日在市中心一栋写字楼里按揭购买了一套价值 350 万元的办公用房屋，首付 180 万元，170 万元向工商银行申请 10 年期贷款；② 2 月 20 日购买价值 10 万元的计算机 5 台，已付款；③ 2 月 21 日购买价值 20 万元的设计软件 2 套，已付款；④ 2 月 25 日购买价值 6 万元的计算机耗材，其中 4 万元赊购。发生以上交易后，20×1 年 2 月 28 日便民公司的资产负债表如表 2-2 所示。

表2-2 资产负债表

编制单位：便民公司 20×1 年 2 月 28 日 单位：元

| 资产 | 期末余额 | 负债与所有者权益 | 期末余额 |
|---|---|---|---|
| 货币资金 | 180 000 | 应付账款 | 40 000 |
| 电脑耗材 | 60 000 | 长期借款 | 1 700 000 |
| 电脑 | 100 000 | 负债合计 | 1 740 000 |
| 办公用品房屋 | 3 500 000 | 张平资本（实收资本） | 2 300 000 |
| 设计软件 | 200 000 | 所有者权益合计 | 2 300 000 |
| 资产总计 | 4 040 000 | 负债与所有者权益合计 | 4 040 000 |

由于企业每天都在发生不同的交易或事项，导致企业的财务状况一直在发生变化，所以列示报表日期很重要，表 2-1 和表 2-2 表明便民公司在不同日期有不同的财务状况：在 20×1 年 2 月 10 日，共有资产 230 万元，所有者权益 230 万元，没有负债；在 20×1 年 2 月 28 日，共有资产 404 万元，负债 174 万元，所有者权益 230 万元。资产、负债、所有者权益反映了企业的财务状况。

以表 2-1 和表 2-2 为例简要说明资产负债表的一些特征。第一，表头部分包含 3 方面内容：企业名称（便民公司）、财务报表名称（资产负债表）和会计期（资产负债表为日期）（20×1 年 2 月 10 日，20×1 年 2 月 28 日）；第二，资产负债表内容也包括三个不同部分：资产、负债与所有者权益；第三，资产等于负债与所有者权益之和，这是重要的会计等式，留待第 3 章详解。

同时表2-1和表2-2引出了以下会计基本概念。

（1）会计主体

会计主体（enterprises entity）也称会计个体、会计核算单位等，是指会计所服务的特定单位。便民公司就是一个会计主体。会计核算的对象是企业的生产经营活动，而每一个企业的经营活动与其他企业、单位或个人的经济活动总是存在着千丝万缕的联系。因此，开展会计工作的前提条件就是要明确会计核算的范围，也就是要确定会计主体。企业应当对其本身发生的交易或者事项进行会计确认、计量和报告。只有正确界定会计主体，才能将特定主体的经济活动与其他主体的经济活动区分开来，同时也将特定主体的经济活动与该主体投资者个人及其家庭的经济活动区分开来，从而正确界定会计工作的空间范围，这样才能编制反映会计主体财务状况和经营成果的会计报表。比如，便民公司是一家从事IT咨询业务的企业组织。其所有者张平可能拥有个人银行账户、自住房屋、家用汽车，甚至拥有另一家企业，但这些资产并未参与便民公司IT咨询的经营，因此不能出现在便民公司的财务报表中。

如果所有者把个人及其家庭的活动与企业交易混淆在一起，那么这样编制的财务报表将无法清晰地描述企业的财务活动。企业经营活动与所有者个人及其家庭活动的区分可能需要借助会计师的判断。

（2）资产

资产（assets）是指过去的交易或事项形成的、由企业拥有或者控制的、预期会给企业带来未来经济利益的资源。资产在绝大多数情况下，使未来经营受益并体现为正现金流量。未来正现金流量可能在资产转换为现金时直接产生（如收回应收款项），也可能间接产生于用于企业经营以创造其他导致未来正现金流量的资产（如制造以供销售的产品）。资产可能具有明确的实物特征，如建筑、机器或商品存货。不过，有些资产并不是以物质或有形形态存在，而是以有价的法律要求权或权益的形式存在，如应收账款、政府债券、专利权非专利技术等。

（3）历史成本（historical cost）

很多资产（如房屋、商品和设备等）是企业经营必需的经济资源。会计准则要求这些资产取得时应以历史成本记录。一项资产在资产负债表中以历史成本列报时，指的是企业主体为获得该资产时而支付的初始金额，这一金额可能与今天采购相同资产的成本不同。在历史成本计量下，资产按照购置时支付的现金或现金等价物的金额，或者按照购置资产时所付出的对价的公允价值计量。

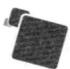

例如，便民公司购买了市中心写字楼里的办公用房屋，历史成本350万元，3年后该办公用房屋估计的市场价可能为450万元。虽然该办公用房屋的市场价格已大幅提

高，但在会计记录和资产负债表上列报的金额将保持不变，即历史成本350万元。

在阅读资产负债表时一定要记住，绝大多数资产所列报的金额并不表示资产可能销售或重置的价格。

（4）持续经营

企业会计确认、计量和报告应当以持续经营（going concern）为前提。为什么资产负债表上的资产金额不是按照这些资产不断变动的市价来记录呢？其中一个原因是，像房屋被用作企业的办公场所、企业购买房屋等资产的目的是使用，而不是再次出售。如果出售这些资产，企业的经营通常就会受影响。编制资产负债表是基于这样的假设：企业是持续经营的企业。因为房屋等资产不进行销售，所以其当前的市场价格就不太重要。

（5）可靠性

企业应当以实际发生的交易或者事项为依据进行会计确认、计量和报告，如实反映符合确认和计量要求的各项会计要素及其他相关信息，保证会计信息真实可靠（reliable）、内容完整。对资产按成本而不按现行市场价值进行会计处理的另一个原因是资产需要一个真实、可靠的计价基础。房屋及其他许多所购置资产在购买时均有发票等支付凭证，其成本可以明确确定。一方面，如果房屋价值在资产负债表上以成本列报，对企业进行审计的任何注册会计师都能找到客观证据，证明该房屋是以购置时发生的成本进行计量的；另一方面，房屋、办公设备、机器设备等资产的估计市场价值因为缺乏交易凭据，不具有真实可靠性。市场价值在不断变化，对资产市场价格的估计在很大程度上是一种判断。

**【小案例】**

### 如何提供房屋价值的有关信息

首先，假定公司拥有房屋10年，因为交纳房产税需要向当地税务部门报告房屋价值。公司将提供哪些信息？其次，假定公司正计划以房屋做抵押向银行申请贷款。公司将向贷款银行提供什么类型的信息呢？对于这两种情形，如果按客观性原则来处理，是否有道德问题？

在购置资产时，成本和市价是相同的。然而随着时间的推移，资产的现行市场价值可能与企业会计记录中的成本大相径庭。

（6）货币计量

货币计量（monetary measurement）是指企业在会计核算过程中采用货币为计量单位，记录、反映企业的经营情况。企业在日常经营活动中，有大量错综复杂的交易或事项。在企业生产经营活动中所涉及的交易或事项多表现为一定的实物形态，如厂房、机器设备、各种存货等。由于它们的实物形态不同，可采用的计量方式也多种多样。为了全面反映企业的生产经营活动，会计核算客观上需要一个统一的计量单位作为会计核算的计量尺度，将货币作为会计核算的计量尺度就成为必然选择，由此产生了货币计量这一会计假设。

货币本身也有价值，它是通过货币的购买力或物价水平表现出来的。在市场经济条件下，物价水平总在不断变动，通货膨胀（inflation）或通货紧缩（deflation）现象均可能发生。通货膨胀指货币单位价值下降，即货币购买力下降，意味着同等金额的现金现在比以前买到的商品少。通货紧缩则与之相反，即货币购买力上升，意味着同等金额的现金现在比以前买到的商品多。以历史成本计量资产的一个局限是货币单位的价值并不稳定，不稳定的货币就不可能准确地进行计量。因此，在货币计量这一假设基础上必须同时假定币值稳定，假定币值在今后不会有大的波动。

**【延伸知识】**

许多国家经历了长期而严重的通货膨胀。通货膨胀会影响币值稳定假设的合理性，因此有些国家已经设计了相关会计规则，以揭示通货膨胀对公司财务状况的影响。比如，墨西哥公司法要求公司使用政府发布的指数将资产负债表调整为现行购买力水平，以更透明地表述公司的财务状况。

西方一些经济发达国家，如美国、英国、加拿大、澳大利亚等国在通货膨胀严重的情况下，为了克服通货膨胀的消极影响，反映和消除通货膨胀对传统财务会计信息的不良影响，各会计专业团体不断发表通货膨胀会计的研究报告，政府也成立专门研究机构并不断发表相应的会计公告或报告，制定相应的会计准则，在建立和发展通货膨胀会计方面取得了重大成果。

（7）负债

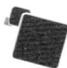

负债（liabilities）是企业过去的交易或者事项形成的、预期会导致经济利益流出企业的现时义务。负债与企业规模、企业类型、所有权形式、经营范围无关，几乎所有企业都有负债。企业经常以“赊账”的方式采购商品或服务，这些采购活动带来的负债称为应付账款。许多企业还通过借款扩张或采购高成本资产（如便民公司购买办公

用房屋）。借款通常需要支付利息，应付账款通常不需要支付利息。

便民公司 20×1 年 2 月 10 日注册成立时没有负债。因为购买计算机耗材和办公用房屋，2 月 28 日负债总额为 174 万元。

企业债务被欠付的个人或组织被称为债权人（creditor）。债权人对借款企业资产有要求权。同样，企业所有者对企业资产也有要求权。但从法律角度看，债权人的要求权优先于所有者的要求权。

（8）所有者权益

所有者权益（owners' equity）是指企业资产扣除负债后由所有者享有的剩余权益。由于负债或债权人的要求权在法律上优先所有者的要求权，因此所有者权益是一个剩余金额，即所有者是在债权人要求权全部满足后对剩余资产拥有权益。

所有者权益并不代表所有者对现金或任何其他特定资产的专门要求权；相反，它是所有者在整个公司的总体财务利益。

2 种类型的交易或事项能够增加企业所有者权益：①所有者的现金或其他资产投资；②企业经营所获得的盈利。

3 种类型的交易或事项会导致企业所有者权益的减少：①所有者撤资；②企业经营不善导致的亏损；③向所有者发放现金股利。

由于便民公司在 20×1 年 2 月 10 日至 2 月 28 日期间没有发生上述 5 种类型业务，两个日期的所有者权益总额是相等的，均为 230 万元。

### 2.2.3 利润表

利润表是反映企业在一定会计期间（如月份、季度、半年或年度）的经营成果的会计报表，是对公司一段期间收入和费用交易的总结。理解利润表对公司所有者、债权人和其他利益相关者来说特别重要。企业经营成功还是失败，取决于它获取能够弥补费用的收入能力。一旦公司购买了资产形成生产经营能力并开始经营，收入和费用是公司经营的重要方面。

收入（revenues）由企业营利性活动带来的资产增加或负债的减少，这些活动产生正的现金流量。费用（expenses）由企业营利性活动带来的资产减少或负债的增加，这些活动引起负的现金流量。净利润是企业一定会计期间收入与费用的差额。如果企业在一定会计期间收入大于费用，则该期间盈利；如果费用大于收入，则该期间亏损。

假定便民公司在 20×1 年 3 月发生了以下交易：① 3 月 15 日支付当月职工薪酬 6 万元；② 3 月 16 日购买办公用品 2 000 元；③ 3 月 18 日支付当月水电费 1 000 元；

④3月19日支付当月网络等通信费用2 000元；⑤3月31日估计当月计算机折旧费5 000元，当月办公用房屋折旧费5 800元；⑥3月31日当月设计软件摊销费2 600元；⑦为客户提供咨询服务，3月31日确认当月收入5万元，未收款。发生以上交易后，20×1年3月便民公司的利润表如表2-3所示。

表2-3　利润表

编制单位：便民公司　　20×1年3月　　单位：元

| 项目 | 本期金额 | 上期金额 |
|---|---|---|
| 营业收入 | 50 000 | 0 |
| 减：薪酬费用 | 60 000 | 0 |
| 办公费用 | 2 000 | 0 |
| 水电费 | 1 000 | 0 |
| 网络通信费 | 2 000 | 0 |
| 计算机折旧费 | 5 000 | 0 |
| 房屋折旧费 | 5 800 | 0 |
| 软件摊销费 | 2 600 | 0 |
| 净利润 | （28 400） | 0 |

从表2-3可知，便民公司20×1年3月实现收入5万元，共发生各类营业费用78 400元，当月费用大于当月收入，亏损28 400元。

请注意，资产负债表描述的是一个特定日期的资产、负债及所有者权益即财务状况，描述的时间是一个特定的日期（如2月10日，2月28日）；利润表描述的是一个时期实现的收入及发生的费用情况即经营情况，描述的时间是一个时期（如3月）。利润表报告了企业一个特定期间的财务成果，某种程度上解释了企业从期初到期末财务状况的变化。

利润表覆盖的期间用会计术语表达就是会计期间（或会计分期）（accounting period）。为了给财务报表使用者提供及时的信息，企业应当划分会计期间，分期结算账目和编制财务会计报告。通常企业应在相对较短的相等会计期间内计量收入与费用，具体会计期间的长短取决于管理者、投资者以及其他利益相关者要求获得企业业绩信息的频率。每个企业都会定期编制年度利润表，绝大多数企业也编制季度或月份利润表。按照信息披露要求，我国上市公司要定期报告季报、半年报和年报。

上述会计主体、持续经营、货币计量以及会计分期被称为会计核算的基本假设或基本前提。会计核算的基本假设，是对会计核算所处的空间、时间范围及计量尺度所做的合理设定。这些设定都是以合理推断或人为的规定而做出的。

会计假设规定了会计核算工作赖以存在的一些基本前提条件，是制定会计准则和会计核算制度的重要指导思想，也是企业设计和选择会计方法的重要依据。

### 2.2.4 现金流量表

现金流量表是反映企业在一定会计期间现金及现金等价物流入和流出的财务报表。前文已阐述了现金流量对投资者和债权人的重要性。现金流量是投资者和债权人评价企业时需要考虑的重要因素。因此，现金流量信息是反映企业财务状况在两个时点间变化的又一重要信息。

现金流量表把企业一定期间各种现金流量分为 3 类：经营活动、投资活动和筹资活动，并把这 3 个类别的现金流量与期初和期末现金余额相联系。经营活动（operating activities）现金流量是利润表中收入和费用交易对现金的影响。投资活动（investing activities）现金流量是购买和出售资产对现金的影响。筹资活动（financing activities）现金流量是所有者对公司投资、债权人向公司贷款以及公司对两者或其中之一进行偿付的现金影响。

这里，我们根据便民公司 20×1 年 2 月、3 月发生的交易，分别编制便民公司 20×1 年 2 月（发生的交易见 2.2.2 节）、20×1 年 3 月的现金流量表（发生的交易见 2.2.3 节），如表 2–4、表 2–5 所示。

表2–4 现金流量表

编制单位：便民公司　　　　20×1 年 2 月　　　　单位：元

| 项目 | 本期金额 | 上期金额 |
|---|---|---|
| 一、经营活动产生的现金流量 | | |
| 销售商品提供劳务收到的现金 | 0 | 0 |
| 购买商品、接受劳务支付的现金 | （20 000） | 0 |
| 经营活动产生的现金流量净额 | （20 000） | 0 |
| 二、投资活动产生的现金流量 | | |
| 购置办公用房屋 | （1 800 000） | 0 |
| 购置计算机 | （100 000） | 0 |
| 购置设计软件 | （200 000） | 0 |
| 投资活动产生的现金流量净额 | （2 100 000） | 0 |

续表

| 项目 | 本期金额 | 上期金额 |
|---|---|---|
| 三、筹资活动产生的现金流量 | | |
| 吸收投资收到的现金 | 2 300 000 | 0 |
| 筹资活动产生的现金流量净额 | 2 300 000 | 0 |
| 四、现金及现金等价物净增加额 | 180 000 | 0 |
| 加：期初现金及现金等价物余额 | 0 | 0 |
| 五、期末现金及现金等价物余额 | 180 000 | 0 |

表2-5　现金流量表

编制单位：便民公司　　　　20×1 年 3 月份　　　　单位：元

| 项目 | 本期金额 | 上期金额 |
|---|---|---|
| 一、经营活动产生的现金流量 | | |
| 销售商品提供劳务收到的现金 | 0 | 0 |
| 购买商品、接受劳务支付的现金 | 0 | （20 000） |
| 支付给职工以及为职工支付的现金 | （60 000） | 0 |
| 支付其他与经营活动有关的现金 | （5 000） | 0 |
| 经营活动产生的现金流量净额 | （65 000） | （20 000） |
| 二、投资活动产生的现金流量 | | |
| 购置办公用房屋 | 0 | （1 800 000） |
| 购置计算机 | 0 | （100 000） |
| 购置设计软件 | 0 | （200 000） |
| 投资活动产生的现金流量净额 | 0 | （2 100 000） |
| 三、筹资活动产生的现金流量 | | |
| 吸收投资收到的现金 | 0 | 2 300 000 |
| 筹资活动产生的现金流量净额 | 0 | 2 300 000 |
| 四、现金及现金等价物净增加额 | （65 000） | 180 000 |
| 加：期初现金及现金等价物余额 | 180 000 | 0 |
| 五、期末现金及现金等价物余额 | 115 000 | 180 000 |

表 2-4、表 2-5 给出了便民公司 20×1 年 2 月、3 月的现金流量变动情况。由于便民公司 3 月没有发生投资与筹资业务，所以投资与筹资活动产生的现金流量净额均为 0。

请注意：①经营活动、投资活动和筹资活动这 3 类现金流量既包括正现金流量，又包括负现金流量（括号表示负现金流量）。如表 2-4 中的经营活动与投资活动产生的现金流量净额均为负现金流量，筹资活动产生的现金流量净额为正现金流量；表2-5中经营活动产生的现金流量净额也为负现金流量。②表中3类现金流量的代数和（表2-4中现金及现金等价物净增加额18万元，表2-5中现金及现金等价物净增加额-65 000元）表示从期初到期末的总变化。2月初余额为0，是因为便民公司是2月新注册成立的公司。

某些交易或交易的一部分没有对现金产生影响，因此不包括在现金流量表中。例如，2月15日购买办公用房屋价值350万元，在2月份的现金流量表中只反映了支付的现金180万元，其余170万元因为没有支付现金，对现金并没有产生影响，没有反映在现金流量表中；类似地，2月25日购买价值6万元的计算机耗材，其中4万元赊购，当时并未支付现金，这笔交易在2月的现金流量表中仅反映2万元的现金流出，其余4万元对现金没有影响；3月的计算机折旧费5 000元，办公用房屋折旧费5 800元、设计软件摊销费2 600元，这3笔费用因为没有支付现金，对现金没有产生任何影响，所以3月的现金流量表中没有反映这3笔费用的现金流出；3月为客户提供咨询服务5万元收入未收款，没有引起现金的变化，所以没有记录在3月的现金流量表中。

通常将不影响现金的交易称为非现金交易。现金流量表不反映非现金交易事项。

**【小案例】**

格力电器2019年度合并现金流量表中报告的经营活动产生的现金流量净额为27 893 714 093.59元，投资活动产生的现金流量净额为-11 275 048 600.77元，筹资活动产生的现金流量净额为-19 221 976 120.93元。请查看格力电器2019年度年报，说明为什么投资活动与筹资活动产生了负的现金流量，经营活动产生了正的现金流量。

20×1年3月便民公司发生了前述6笔交易后，在当月月末的财务状况如表2-6所示。

表2-6　资产负债表

编制单位：便民公司　　　　20×1年3月31日　　　　单位：元

| 资产 | 期末余额 | 期初余额 | 负债与所有者权益 | 期末余额 | 期初余额 |
|---|---|---|---|---|---|
| 货币资金 | 115 000 | 180 000 | 应付账款 | 40 000 | 40 000 |
| 应收账款 | 50 000 | 0 | 长期借款 | 1 700 000 | 1 700 000 |
| 计算机耗材 | 60 000 | 60 000 | 负债合计 | 1 740 000 | 1 740 000 |
| 计算机 | 95 000 | 100 000 | 张平资本 | 2 300 000 | 2 300 000 |

续表

| 资产 | 期末余额 | 期初余额 | 负债与所有者权益 | 期末余额 | 期初余额 |
|---|---|---|---|---|---|
| 办公用房屋 | 3 494 200 | 3 500 000 | 未分配利润 | （28 400） | 0 |
| 设计软件 | 197 400 | 200 000 | 所有者权益合计 | 2 271 600 | 2 300 000 |
| 资产总计 | 4 011 600 | 4 040 000 | 负债与所有者权益总计 | 4 011 600 | 4 040 000 |

表 2-6 中，计算机、办公用房屋的期末余额分别扣除了 5 000 元、5 800 元的折旧；设计软件的期末余额扣除了 2 600 元的摊销。

是否提供贷款

假设你是银行负责贷款的信贷员。便民公司想从你所在的银行贷款 50 万元作为业务周转金。在决定是否向便民公司提供此笔贷款时，你会考虑哪些因素？

### 2.2.5 财务报表之间的关系

前文通过对便民公司的讨论我们发现，资产负债表、利润表和现金流量表都基于相同的交易，但反映公司状况的"视角"有所不同。3 张报表相互之间不可替代。就揭示公司主要财务信息而言，3 张报表都十分重要。

图 2-1 说明了 3 张财务报表与其所覆盖期间的联系。这里，水平线代表时间（如 1 个月、1 个季度或 1 年）。公司在期初和期末编制资产负债表，以会计语言对公司所处状态进行静态描述。另外两张报表（利润表和现金流量表）涵盖了介于两张资产负债表之间的连续会计期间，并帮助解释该期间所发生的重要变化。

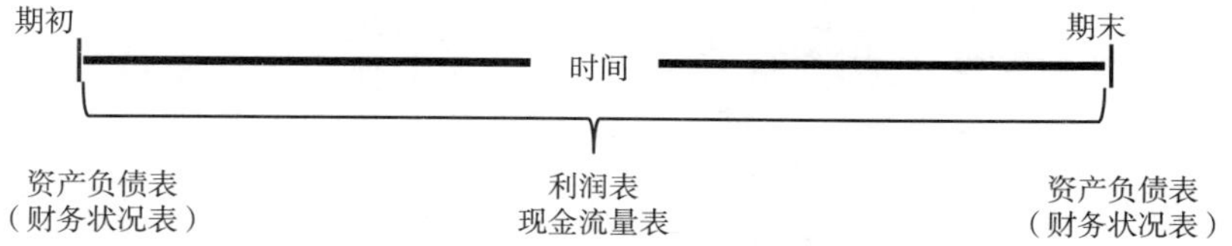


图2-1 财务报表的时间线

如果我们了解公司在两个时点的财务状况，并了解公司在此期间经营成果（利润表）和现金（现金流量表）所发生的变化，就获取了有助于评价该公司未来现金流（该信息对投资者、债权人、管理层及其他人均有用）的大量有价值信息。

由于资产负债表、利润表和现金流量表都源于相同的基础性财务信息，因此它们之间"相互勾稽"，即相互之间联系紧密。图 2-2 描述了本章讨论并介绍的 3 张财务报表之间的关系，数据取自本节前文介绍的便民公司 3 月末的资产负债表，3 月的利润表及现金流量表。在资产负债表中，软件、房屋与设备共计 3 786 600 元，包括计算机 95 000 元，设计软件 197 400 元，办公用房屋 3 494 200 元；利润表中费用共计 78 400 元，包括薪酬费用 60 000 元，办公费用 2 000 元，水电费 1 000 元，网络通信费用 2 000 元，计算机折旧费 5 000 元，办公用房屋折旧费 5 800 元、设计软件摊销费 2 600 元。

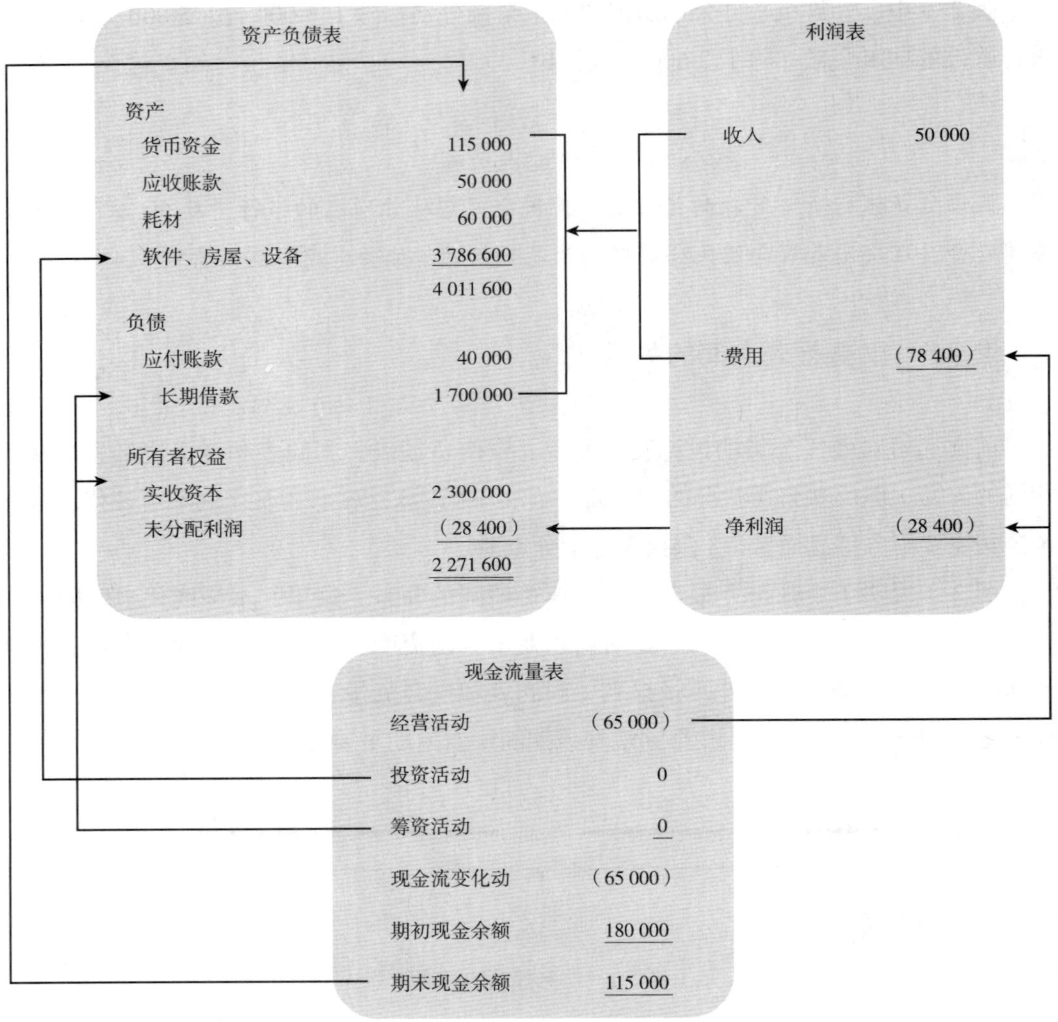


图2-2　财务报表之间的勾稽关系（金额单位：元）

图 2-2 显示的勾稽关系为：①资产负债表中的“现金”与现金流量表中的“期末现金余额”相等；②资产负债表中的“未分配利润”与利润表中的“净利润”相等（这里是一种特殊情况）；③资产负债表中的“软件、房屋、设备”与现金流量表中的

"投资活动"对应；④资产负债表中的"长期借款、实收资本"与现金流量表中的"筹资活动"对应；⑤利润表中的"收入、费用"与现金流量表中的"经营活动"对应。

资产负债表描述了各类资产、负债与所有者权益；利润表从收入和费用交易的角度解释了营利性交易导致的财务状况变化，得出的净利润（或净亏损）代表企业所有者权益的增加（或减少）。现金流量表从企业经营、投资和筹资活动角度说明了该期间现金增加和减少的方式。

需要说明的是，现金流量表中的投资活动是指企业长期资产的购建和不包括在现金等价物范围内的投资及其处置活动，这与2.1.3节企业活动中的投资活动范围不同，后者也包括流动资产等经营性资产的投资。

虽然3张基本财务报表都提供了重要的信息，但它们并没有包括公司可以披露的所有可能的信息。有关财务报表的更多详细信息我们将在本书的第四篇介绍。

## 2.3 我国会计规范体系

我国会计规范的发展经历了统一会计制度模式，改革开放以来，统一会计制度逐步为会计准则等会计规范所取代，但这种替代是一个过程，至今尚未完成。就目前的情况而言，我国会计规范体系由会计法律与法规、会计准则、会计制度、信息披露要求等内容构成。

### 2.3.1 会计法律与法规

会计法律是由全国人民代表大会制定的。我国基本的会计法律是《中华人民共和国会计法》(以下简称《会计法》)。中华人民共和国成立后，《会计法》于1985年首次颁布实施，1993年12月第一次修正，1999年10月修订，2017年11月第二次修正，2019年10月修订。在我国，《会计法》是一切会计工作最重要的根本大法。国家机关、社会团体、企事业单位、个体工商户和其他组织都必须遵守《会计法》，办理会计事务。拟定其他会计法规，制定会计准则和会计制度，均应以《会计法》为依据。

《会计法》全文共7章、52条，除了指出立法目的、规定适用范围、划分会计工作的管理权限以及国家统一会计制度的制定外，还分会计核算、会计监督、会计机构和会计人员、法律责任等方面，规定了会计工作应当达到的要求。1999年10月修订的《会计法》具有以下几个特点。

（1）强调了会计信息的真实、完整，严格禁止虚假信息

《会计法》多次要求各单位所提供的财务会计信息（资料、报告等）必须真实、完整，强调不得提供虚假的财务会计报告，或以虚假的经济业务或资料进行会计核算。此外，对伪造、变造会计凭证、会计账簿或者编制虚假财务会计报告，构成犯罪的，依法追究刑事责任，还对直接责任人增加了经济处罚办法。

（2）突出了单位负责人对会计信息真实性的责任

《会计法》第四条明确规定，单位负责人对本单位的会计工作和会计资料的真实性、完整性负责。

（3）特别关注公司、企业的会计核算

《会计法》增加了“公司、企业会计核算的特别规定”，强调在资产、负债、所有者权益、收入、费用、成本、利润的确认、计量、记录和报告方面的真实性以及利润分配的真实性。

（4）要求各单位强化会计监督

《会计法》要求各单位建立健全本单位的内部会计监督制度，并提出了内部会计监督制度的具体要求。对各单位而言，加强会计监督，建立、健全内部控制制度，有利于保护企事业单位财产的安全。

除《会计法》外，《证券法》《公司法》《税法》等相关法律对会计问题也有所涉及。此外，会计法规还包括国务院根据有关法律或全国人大及其常务委员会的授权制定的各种条例，如《企业财务会计报告条例》《总会计师条例》等。

### 2.3.2 会计准则

会计准则（Accounting Standards）是处理会计对象的标准，是会计核算的规范，也是评价会计工作质量的依据。从世界各国的情况看，会计准则既可以由民间机构制定，如美国由财务会计准则委员会（FASB）制定，英国由会计准则委员会（ASB）制定；也可以由政府机构制定，如我国由财政部制定，日本由大藏省（相当于我国的财政部）制定，德国则在商法中加以规定。

我国财政部2006年颁布的《企业会计准则》（Accounting Standards for Business Enterprises）由基本准则（Accounting Standards for Business Enterprises-Basic Standard）和具体准则（Accounting Standards for Business Enterprises-Specific Standards）组成。基本准则是关于会计业务处理的基本要求，是对会计核算的基本前提、确认基础、记账方法、一般原则和会计信息质量要求、会计要素以及财务报表的基本规定。具体准则

是对各会计要素和具体、特殊的经济业务或会计事项的会计处理所做的具体规定。基本准则是财务会计理论与实务发展的结晶，是制定具体准则的依据；反过来，具体准则应当体现基本准则的要求。两个层次的准则应当保持协调一致。

新中国成立以来，我国一直由财政部制定和颁布统一的会计制度，规范国有企业的会计事务。为了适应发展市场经济和改革开放的需要，财政部于 1992 年 11 月颁布了《企业会计准则》，并于 1993 年 7 月 1 日起实施。2006 年，财政部又对 1992 年颁布的《企业会计准则——基本准则》进行了修订，修订后的《企业会计准则——基本准则》全文共 11 章、50 条，就财务会计的目标、概念、财务报表要素、确认、计量和报告的原则等做了明确的规定，规范了我国会计工作最基本的各个方面。

自 1993 年起，财政部又开始起草、制定、修订具体会计准则，截至 2006 年 2 月 15 日，发布的具体会计准则共计 38 项。它们是：

第 1 号——存货（修订）

第 2 号——长期股权投资（修订）

第 3 号——投资性房地产

第 4 号——固定资产（修订）

第 5 号——生物资产

第 6 号——无形资产（修订）

第 7 号——非货币性资产交换（修订）

第 8 号——资产减值

第 9 号——职工薪酬

第 10 号——企业年金基金

第 11 号——股份支付

第 12 号——债务重组（修订）

第 13 号——或有事项（修订）

第 14 号——收入（修订）

第 15 号——建造合同（修订）

第 16 号——政府补助

第 17 号——借款费用（修订）

第 18 号——所得税

第 19 号——外币折算

第 20 号——企业合并

第 21 号——租赁（修订）

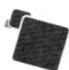

第 22 号——金融工具确认与计量

第 23 号——金融资产转移

第 24 号——套期保值

第 25 号——原保险合同

第 26 号——再保险合同

第 27 号——石油天然气开采

第 28 号——会计政策、会计估计变更和差错更正（修订）

第 29 号——资产负债表日后事项（修订）

第 30 号——财务报表列报

第 31 号——现金流量表（修订）

第 32 号——中期财务报告（修订）

第 33 号——合并财务报表

第 34 号——每股收益

第 35 号——分部报告

第 36 号——关联方披露（修订）

第 37 号——金融工具列报

第 38 号——首次执行企业会计准则

上述 38 项具体会计准则包括 3 大类，即①通用会计交易和事项的确认和计量准则（第 1 ～ 4 号，第 6 ～ 9 号，第 11 ～ 24 号，第 28 ～ 30 号，第 38 号）；②通用的财务报告和披露准则（第 31 ～ 37 号）；③特殊行业准则（第 5 号，第 10 号，第 25 ～ 27 号）。括号中有“修订”字样的（共 16 个），是指 2005 年年底之前已颁布，2006 年经过了修订，其他没有特殊说明的则是 2006 年新增的准则（共 22 个）。

1997 年 5 月，财政部制定了《事业单位会计准则（试行）》，要求全国非营利组织遵照执行。

2014 ～ 2020 年，财政部又先后对《企业会计准则》发布了多项准则的增补或修订版，2014 年修订 5 项（不含基本准则）准则、新增 3 项准则。此次准则的修订及增补使我国具体会计准则的数量达到 41 项。

2014 年修订的准则：

第 2 号——长期股权投资

第 9 号——职工薪酬

第 30 号——财务报表列报

第 33 号——合并财务报表

第37号——金融工具列报

2014年新增的准则：

第39号——公允价值计量

第40号——合营安排

第41号——在其他主体中权益的披露

2017年修订5项（不含基本准则）准则、新增1项准则。此次准则的修订及增补使我国具体会计准则的数量达到42项。

2017年修订的准则：

第14号——收入

第16号——政府补助

第23号—金融资产转移

第24号——套期保值

第37号——金融工具列报

2017年新增会计准则：

第42号——持有待售的非流动资产、处置组和终止经营

2018年修订1项准则：

第21号——租赁

2019年修订2项准则：

第7号——非货币性资产交换

第12号——债务重组

2020年修订1项准则：

第25号——原保险合同

我国《企业会计准则》尚在不断修订完善之中。

### 2.3.3 会计制度

会计制度是企事业单位进行会计工作所应遵循的规则、方法、程序的总称。新中国成立以来，我国财政部主要通过颁布会计制度来规范会计处理，没有成文的会计准则。会计制度一般按照所有制形式和行业制定，如《国营工业企业会计制度》《国营商业企业会计制度》《金融企业会计制度》《房地产开发企业会计制度》等。随着政府转变经济管理职能、企业所有制形式的多样化、企业经营方向的多元化以及市场经济条件下新经济业务的层出不穷，分行业和所有制的会计制度已不再适用，财政部在

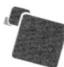

1992 年 11 月颁布了《企业会计准则》。同时，在具体会计准则尚未出台的情况下，从 1992 年年底起，陆续颁发了 14 个分行业的会计制度，同时保留《股份制试点企业会计制度》和《外商投资企业会计制度》，形成了具体会计准则与多种会计制度并存的格局。

1998 年，由于原有的《股份制试点企业会计制度》不能适应证券市场发展的需要，财政部对该会计制度进行了修订，改称为《股份有限公司会计制度》。2000 年 12 月，财政部又颁布了《企业会计制度》，于 2001 年 1 月 1 日起在股份有限公司范围内执行，《股份有限公司会计制度》同时废止。自 2002 年起，《企业会计制度》在除小规模企业和金融企业外的所有企业应用。随着 2006 年《企业会计准则》的颁布，执行 38 项具体准则的企业不再执行《企业会计制度》。

### 2.3.4　信息披露要求

为了加强对上市公司运作的监管，中国证监会陆续颁发了多项行政法规，其中包括对公开发行证券公司信息披露的内容和格式的规范以及编报规则。上市公司除了遵循《会计法》《公司法》中的会计法规以及财政部颁发的企业会计准则和有关会计制度之外，在信息披露上，还必须遵循中国证监会发布的信息披露内容与格式准则以及信息披露编报规则。

**【本章小结】**

没有企业活动就不会有会计记录。由于企业活动是会计记录的基础，本章一开始简要介绍企业活动，包括企业目标、企业战略类型、筹资活动、投资活动以及生产经营活动。由于本书始终强调会计信息如何成为企业决策的基础，为此本章介绍了资产负债表、利润表以及现金流量表这 3 张基本财务报表如何反映企业活动，分别提供的信息类别。这些财务报表向投资者、债权人和其他各方提供了有助于决策的相关信息。包括一些重要的会计术语。由于财务会计信息的制度特征，本章还介绍了我国会计规范体系。

本书第 3 章将介绍实际中如何记录企业活动，会计系统如何反映企业活动，企业活动如何影响企业财务状况、经营成果和现金流量。

【学习目标小结】

**1.了解企业战略及基本的企业战略类型**

企业战略是企业设计的用以使企业获得竞争优势从而实现其目标的一整套计划和行动。低成本战略和差异化战略是两种基本的企业战略。在低成本战略下，企业以比竞争对手更低的成本设计和生产可接受质量的产品或服务。在差异化战略下，企业为顾客设计和生产具有独特品质或特征的产品或服务，使顾客愿意为此支付额外的价格。企业也可以实行混合战略，它包括低成本战略和差异化战略两方面的要素。也就是说，企业可以以竞争性的低成本价格开发差异化的产品。

**2.理解资产负债表如何描述企业的财务状况**

资产负债表通过反映企业在某一特定日期的资产、负债和所有者权益情况来描述企业的财务状况。

**3.理解利润表怎样从收入和费用的关系角度报告企业在一定期间的财务业绩**

企业在向其顾客提供商品和服务时实现了收入。为了能提供这些商品和服务，必然发生许多费用。收入与费用之间的差额就是净利润或净亏损。

**4.理解现金流量表怎样从经营活动、投资活动和筹资活动的角度报告企业在一定期间的现金流变化**

现金是企业最重要的资产之一，现金流量表详细说明了企业现金余额在会计期初和期末之间的变动情况。经营活动与持续的收入和费用交易有关。投资活动与购买和销售各种类型的长期资产（如房屋和设备等）有关。筹资活动描述的是企业从何处获得负债和权益性融资。现金流量表把所有这些活动的信息综合成一张将现金期初余额调整为期末余额的简洁的现金变动表。

**5.理解会计核算的基本假设**

会计核算的基本假设也称会计核算的基本前提，是对会计核算所处的空间、时间范围及计量尺度所做的合理设定。这些设定都是以合理推断或人为的规定而做出的。会计核算的基本假设包括会计主体假设、持续经营假设、货币计量假设以及会计分期假设。

**6.了解会计准则及我国《企业会计准则》的构成内容**

会计准则是处理会计对象的标准，是会计核算的规范，也是评价会计工作质量的依据。

我国的《企业会计准则》由基本准则和具体准则组成。基本准则是关于会计业务处理的基本要求，是对会计核算的基本前提、确认基础、记账方法、一般原则和会计信息质量要求、会计要素以及财务报表的基本规定。具体准则是对各会计要素和具体、特殊的经济业务或会计事项的会计处理所做的具体规定。基本准则是制定具体准则的依据；具体准则应当体现基本准则的要求。两个层次的会计准则应当保持协调一致。

**【关键术语】**

企业战略（business strategy）是企业设计的用以使企业获得竞争优势从而实现其目标的一整套计划和行动。

低成本战略（low-cost strategy）也称成本领先战略，是指企业以比竞争对手更低的成本设计和生产可接受质量的产品或服务。

差异化战略（differentiation strategy）也称差异领先战略，是指企业为顾客设计和生产具有独特品质或特征的产品或服务，使顾客愿意为此支付额外的价格。

混合战略（combination strategy）它包括低成本战略和差异化战略两个方面的要素。也就是说，企业可以以竞争性的低成本价格开发差异化的产品。

现金流量（cash flows）现金流入与现金流出的差额称为现金净流量（简称现金流量）。

正现金流量（positive cash flows）现金流入量大于现金流出量的差额。

负现金流量（negative cash flows）现金流入量小于现金流出量的差额。

“净利润”（net profit）或“净亏损”（net loss）某一特定时期收入和费用的差额。

会计主体（enterprises entity）也称会计个体、会计核算单位等，是指会计所服务的特定单位。

资产（assets）过去的交易或事项形成的、由企业拥有或者控制的、预期会给企业带来未来经济利益的资源。包括各种财产、债权和其他权利。

历史成本（historical cost）也称实际成本，是指取得或制造某项财产、物资时所实际支付的现金或其他等价物。

持续经营（going concern）是指企业的生产经营活动将按照既定的目标持续下去，

在可以预见的将来，不会面临破产清算。这是绝大多数企业所处的正常状况。企业会计确认、计量和报告应当以持续经营为前提。

可靠性（reliable）企业应当以实际发生的交易或者事项为依据进行会计确认、计量和报告，如实反映符合确认和计量要求的各项会计要素及其他相关信息，保证会计信息真实可靠、内容完整。

货币计量（monetary measurement）企业在会计核算过程中采用货币为计量单位，记录、反映企业的经营情况。

负债（liabilities）企业过去的交易或者事项形成的、预期会导致经济利益流出企业的现时义务。

所有者权益（owners' equity）企业资产扣除负债后由所有者享有的剩余权益。

会计期间（或会计分期）（accounting period）企业应当划分会计期间，分期结算账目和编制财务会计报告。

勾稽关系（articulation）不同财务报表之间客观存在的相互关系被称为勾稽关系。

会计准则（Accounting Standards）是处理会计对象的标准，是会计核算的规范，也是评价会计工作质量的依据。

基本会计准则（Accounting Standards for Business Enterprises-Basic Standard）是关于会计业务处理的基本要求，是对会计核算的基本前提、确认基础、记账方法、一般原则和会计信息质量要求、会计要素以及财务报表的基本规定。

具体会计准则（Accounting Standards for Business Enterprises-Specific Standards）是对各会计要素和具体、特殊的经济业务或会计事项的会计处理所做的具体规定。

会计制度（Accounting Regulations）企事业单位进行会计工作所应遵循的规则、方法、程序的总称。

## 练习题

**【简答题】**

1. 企业的基本战略有几种？请举例说明采用低成本战略、差异化战略和混合战略的企业或品牌。

2. 什么是筹资活动？常见的筹资方式有哪些？这些筹资方式可以分为哪两类？

3. 资产负债表、利润表、现金流量表有哪些勾稽关系？

4. 什么是所有者权益？分别说明在什么情况下企业的所有者权益会增加或减少。

5. 现金流量表中的现金流量分为哪几类？分别是什么？

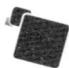

6. 会计核算有哪些基本假设或基本前提?

7. 我国《企业会计准则》包含哪两个层次?

8. 我国上市公司信息披露需要遵循哪些规范?

【案例讨论题】

1.企业战略分析

（1）格兰仕创建于 1978 年，其前身是一家乡镇羽绒制品厂。1991 年，格兰仕最高决策层普遍认为，羽绒服装及其他制品的出口前景不佳，并达成共识：从现行业转移到一个成长性更好的行业。最后确定微波炉为进入小家电行业的主导产品。格兰仕发展到今天，有一个鲜明不变的主旋律——价格战，1996 ～ 2000 年，格兰仕先后 5 次大幅度降价，每次降价幅度均在 20%以上，每次都使市场占有率总体提高 10%以上。玩真的、来实的、用狠的，格兰仕被公认为“家电大鳄”“价格杀手”，在微波炉行业，十年磨一剑，杀得竞争对手伤痕累累、尸横遍野，在过去 10 多年里，格兰仕微波炉从零开始，迅猛地从中国第一发展到世界第一。

（2）贝因美率先在国产婴儿奶粉中添加“DHA + AA”营养成分，与普通配方奶粉相比，构成明显的品质差异化。“DHA + AA”的合理配比，能更加促进宝宝智力和视力的发育，此营养配比是目标顾客购买奶粉的重要动机。同时，贝因美在奶粉包装形态上寻求新的突破，将有封口拉链的立袋作为袋装奶粉的包装，因为封口拉链包装卫生、安全，还能更防潮；立袋正面面积大，有利于终端陈列面的抢占，陈列醒目，有利于吸引顾客的眼球；更重要的是市场上竞品奶粉尚无一例采用立袋包装，能凸显产品包装的与众不同。

请问，格兰仕和贝因美分别采用的是什么战略?

2.会计术语

张晓是华夏公司的会计师，在编制 2014 年企业年度财务报表时，对公司现有的一栋办公楼的记录产生了疑惑。该楼是国华公司 2010 年自建而成，自建成本为 3 000 万元，2014 年 1 月华夏公司以 4 000 万元的价格向国华公司购买了这栋办公楼，2014 年 12 月 31 日，市场上同类的办公楼价值为 4 200 万元，假设不考虑折旧等其他因素。请问张晓在资产负债表上记录办公楼的金额应该是多少？说明理由。

3.财务报表

从网上查找知名企业（或教师指定公司）的财务报表。通过分析资产负债表、利润表、现金流量表以及财务报表附注，回答以下问题。

（1）资产负债表中最大的一项资产是什么？为什么该企业会有如此大的投资？

（2）分析公司的现金流量表：

①在投资活动中，主要的现金来源是什么？现金的主要用途是什么？

②投资活动导致公司现金流是增加还是减少？

③在经营活动中，主要的现金来源是什么？现金的主要用途是什么？

④经营活动导致公司现金流是增加还是减少？

（3）分析公司的利润表，公司在最近几年是盈利还是亏损？净利润或净亏损占总收入的比例是多少？

# 第3章 账户与复式记账

【学习目标】

1. 掌握会计要素的含义及构成。
2. 理解反映财务状况会计等式的经济意义。
3. 分析并总结交易或事项对会计等式的影响。
4. 掌握借贷记账法下各类账户的结构。
5. 掌握借贷复式记账规则。
6. 理解试算平衡表的用途及局限性。

【引导案例】

对于业务简单的企业，会计记录比较容易。比如，社区奶茶店、美甲店、美发店等小型店铺的业务活动比较单一，一本账本就可以记录下它的所有业务活动。

但是，要在一本账本上记录格力电器的业务活动几乎是不可能的。格力电器现在全球拥有十四大生产基地，分别坐落于中国珠海、重庆、合肥、郑州、武汉、石家庄、芜湖、长沙、杭州、洛阳、南京、成都以及巴西、巴基斯坦，产能规模位居全球首位。

2019 年，格力电器结合电商发展的新趋势、新需求，进一步完善了结构布局、产能布局、品种布局，推动销售物流服务升级。电商以平台中转仓就近配送为中心，布局武汉、合肥、郑州电商产品生产基地；同时加快长沙、成都、洛阳基地建设。另外，公司拥有长沙、郑州、石家庄、芜湖、天津 5 个再生资源基地，覆盖了上游生产到下游回收全产业链，实现了绿色、循环、可持续发展。

公司业务范围涵盖家用空调、暖通设备、生活电器、冰箱洗衣机等传统板块，以及智能装备、精密模具、半导体等高端装备及通信设备。

2019 年年末公司总资产达到 282 972 157 415.28 元，比 2018 年年末 251 234 157 276.81 元增长 12.63%。

资料来源：珠海格力电器股份有限公司 2019 年年度报告

会计主要提供对决策有用的财务信息。无论是社区业务单一的小店铺，还是像格力电器这样的大型跨国制造业，企业都必须快速并有效地记录业务活动，如商品采购、销售订单、催收欠债等。会计人员首先必须将企业所发生的各种业务活动用会计语言进行描述，才能进一步汇总成有价值的会计信息。会计记账方法就成为会计学习的起点。本章将详细阐述会计要素、会计等式、账户以及复式记账的基本理论与方法 。虽然目前绝大多数企业都利用会计信息系统来处理其业务活动，但仍然需要应用这些基本的记账原理。

第2章介绍了便民公司20×1年2月、3月发生的交易活动，以及基本财务报表如何反映这些交易活动，但没有说明公司会计系统如何记录这些交易活动。在会计实务中，会计系统并不是直接将发生的交易活动记录在财务报表中，在编制财务报表之前，需要将大量零星分散的交易或事项先分类记录在对应的账户中，汇总试算平衡后再编制财务报表。本章将主要介绍会计系统如何记录企业日常发生的各项交易或事项。

## 3.1　会计等式

### 3.1.1　会计要素

会计要素是对会计核算对象进行的基本分类，是会计核算对象的具体化，是会计用于反映会计主体财务状况、确定经营成果的基本单位。我国《企业会计准则》规定了资产、负债、所有者权益、收入、费用和利润6个会计要素。

#### 3.1.1.1　财务状况要素

财务状况要素是反映企业在某一日期经营资金的来源和分布情况的各项要素，一般通过资产负债表反映。资产、负债与所有者权益通常称为财务状况要素。

（1）资产

资产（assets）是指过去的交易或事项形成的、由企业拥有或者控制的、预期会给企业带来未来经济利益的资源。它包括各种财产、债权和其他权利。

这个定义强调了资产的3个特征：①资产是由过去的交易或事项所形成的。也就是说，资产是由于过去已经发生的交易或事项所产生的结果，至于未来交易或事项及其可能产生的结果，则不得作为资产确认。②资产是由企业拥有或控制的。一项资源要作为企业的资产予以确认，企业要拥有所有权。负债形成的资产，企业虽然不拥有所有权，但能够实际控制，也可作为企业资产予以确认。如便民公司贷款购买的办公用房屋。③资产预期会给企业带来经济利益。即资产是有望给企业带来现金流入的经济资源。资产必须具有交换价值和使用价值，可以用货币进行计量。

企业的资产按流动性可分为流动资产、长期投资、固定资产、无形资产和其他资产。一般来说，凡是在一年或者超过一年的一个营业周期内可以变现或者被耗用的资产，属于流动资产，包括库存现金、银行存款、应收账款、存货等。凡是为生产商品、提供劳务，出租或经营管理而持有的，使用寿命超过一个会计年度，并在使用过程中保持其原有实物形态的资产，称为固定资产，包括房屋及建筑物、机器设备、运输设备等。还有一些资产，可供企业长期使用而没有实物形态，如专利权、商标权、著作权、土地使用权等，此类资产称为无形资产。企业还有一些投资不可能或者不准备在一年内变现或收回，包括股票投资、债券投资和其他投资，此类资产称为长期投资。

（2）负债

负债（liabilities）是企业过去的交易或者事项形成的、预期会导致经济利益流出企业的现时义务。负债具有如下特点：①负债是企业的现时义务。负债作为企业承担的一种义务，是由企业过去的交易或事项形成的、现已承担的义务。如便民公司的长期借款是因为接受了银行170万元贷款形成的，如果没有发生这笔交易，就不存在170万元长期借款这项负债；应付账款是因为赊购了4万元的计算机耗材，在这项交易未发生之前，便民公司没有这4万元的应付账款。②负债的清偿预期会导致经济利益流出企业。无论负债以何种形式出现，其作为一种现时义务，最终的履行预期均会导致经济利益流出企业，可能表现为交付资产、提供劳务或将一部分股权转让给债权人等方式。

按照流动性，负债可分为流动负债和非流动负债。凡需在一年或者超过一年的一个营业周期内偿还的负债，称为流动负债，包括短期借款、应付账款、应付职工薪酬、预收账款等。凡是偿还期在一年或者超过一年的一个营业周期以上的负债，称为非流动负债，包括长期借款、应付债券、长期应付款等。

（3）所有者权益

所有者权益（owners' equity）是指企业资产扣除负债后由所有者享有的剩余权益，是投资人对企业净资产的所有权。

所有者权益是企业的主要资金来源，它等于全部资产减去全部负债后的净额。企业所有者拥有的权益最初以投入企业资产的形式取得，形成投入资本（如便民公司的张平资本）。投入资本包括股本（或实收资本）、资本公积。随着企业生产经营活动的开展，投入资本逐渐增值，增值的一部分形成企业留存收益，与投入资本一起构成企业的所有者权益，留存收益是企业从实现利润中提取或形成的留存于企业内部的积累，包括盈余公积和未分配利润。由于负债或债权人的要求权在法律上优先于所有者的要求权，因此所有者权益是一个剩余金额，即所有者是在债权人要求权全部满足后对剩余资产拥有的权益。

#### 3.1.1.2 经营成果要素

经营成果是指企业在一定时期内生产经营活动的结果。具体地说，它是指企业生产经营过程中取得的收入与发生的费用相比较的差额。经营成果要素一般通过利润表来反映，由收入、费用和利润 3 个要素构成。

（1）收入（revenue）

收入是企业在日常活动中形成的、会导致所有者权益增加的、与所有者投入资本无关的经济利益的总流入。对于某一会计主体来说，收入表现为一定期间现金的流入或其他资产的增加或负债的清偿。但不是所有的现金流入都是企业的收入，因为有些现金流入并不是由于企业销售商品、提供劳务及他人使用本企业的资产而引起的，如股东投资现金、企业借债而增加的现金流入就不是企业的收入。收入包括因销售产成品或商品、自制半成品、提供工业性劳务而取得的主营业务收入，以及因销售原材料、技术转让、出租包装物等而取得的其他业务收入。收入不包括为第三方或者客户代收的款项。

（2）费用（expenses）

费用是指企业在日常活动中发生的、会导致所有者权益减少的、与向所有者分配利润无关的经济利益的总流出。费用是企业在获取收入过程中的必要支出。费用具体表现为资产的减少或负债的增加。成本是指企业为生产产品、提供劳务而发生的各种耗费，是对象化的费用。当期已销产品或已提供劳务的成本应转入当期费用，即主营业务成本。管理费用、财务费用和销售费用是期间费用。

（3）利润（profit）

利润是指企业在一定会计期间的经营成果，利润包括收入减去费用后的净额、直接计入当期利润的利得和损失。

直接计入当期利润的利得（gains）是指由企业非日常活动所形成的、会导致所有者权益增加的、与所有者投入资本无关的经济利益的流入。

直接计入当期利润的损失（losses）是指由企业非日常活动所发生的、会导致所有者权益减少的、与向所有者分配利润无关的经济利益的流出。通常是一些偶发性支出。

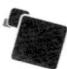

收入有广义和狭义之分。广义收入包括各种营业收入和直接计入当期利润的利得。狭义收入不包括直接计入当期利润的利得。费用也有广义和狭义之分。广义费用包括各种营业费用和直接计入当期利润的损失。而狭义费用不包括直接计入当期利润的损失。

### 3.1.2 会计等式

以上 6 个会计要素之间存在着本质联系，它们相互影响，密切联系，全面综合地反映了企业的经济活动。会计要素之间内在联系的表达式称为会计等式。

#### 3.1.2.1 反映财务状况的会计等式

企业的价值表现为两个方面：一方面以一定的物质形态存在，这是企业价值自然属性的体现，即企业的资产；另一方面又表现为相应的要求权，表明资产归谁所有，这是企业价值社会属性的体现，即企业的权益。权益表明了资产的来源。由于资产与权益是同一价值的不同表现，因而两者在数量上是相等的。资产与权益的这种相互依存关系，决定了资产总额必然等于权益总额。在会计上将两者之间的这种平衡关系用公式来表示，就是会计等式，如等式（3-1）。

$$资产=权益 \tag{3-1}$$

企业的资产一部分是由投资者投入的，一部分是从企业外部借入的。前者称为所有者权益，后者称为负债。因此，企业的权益又可分为两种：一种是企业债权人对企业资产的求偿权益，即负债；另一种是企业投资人对企业净资产享有的权益，即所有者权益。因此，等式（3-1）也可以表示为等式（3-2）：

$$资产=负债+所有者权益 \tag{3-2}$$

从法律角度看，债权人的要求权优先于所有者的要求权。因此所有者权益是一个剩余权益，所有者只能在债权人要求权全部满足后对剩余资产拥有权益，因此，可以得到等式（3-3）。

$$资产-负债=所有者权益 \tag{3-3}$$

会计等式（3-2）体现了资产负债表三要素的内在联系和数量上的函数关系，概括地反映了企业在某一日期（期初、期末）的财务状况，是企业价值的静态表达式，是建立资产负债表的理论基础。

### 3.1.2.2 反映经营成果的会计等式

企业通过经营活动会取得各项收入，同时也必然发生相关的费用。一定时期的收入扣除相关的费用（为广义的收入与广义的费用）后，即为企业的利润。如等式（3–4）。

收入 − 费用 = 利润　　（3–4）

会计等式（3–4）体现了利润表中收入、费用、利润三要素之间的内在联系和数量上的函数关系，反映出企业在一定会计期间的经营成果，是企业价值的动态表达式，是建立企业利润表的理论基础。

### 3.1.2.3 反映财务状况与经营成果关系的会计等式

企业经营取得利润，表明增加了企业资产或减少了企业负债，或两者兼而有之。由于只有企业所有者才享有企业利润，因此，企业实现利润就增加了所有者权益；反之，若企业发生亏损，则减少了所有者权益。用等式表示即等式（3–5）：

资产 = 负债 +（所有者权益 + 利润）　　（3–5）

资产 = 负债 + 所有者权益 +（收入 − 费用）　　（3–6）

资产 + 费用 = 负债 + 所有者权益 + 收入　　（3–7）

会计等式（3–5）、等式（3–6）、等式（3–7）中，资产与负债为期末余额，所有者权益为会计结账前余额（或期初余额）。会计等式（3–5）和等式（3–6）动态地反映了企业财务状况和经营成果之间的关系。财务状况反映了企业一定日期资产的存量情况，而经营成果则反映了企业一定期间资产的增量或减量。企业的经营成果最终会影响企业的财务状况，企业实现利润将使企业资产存量增加或负债减少，企业发生亏损将使企业资产存量减少或负债增加。期末结账后，利润转入所有者权益项目，会计等式又恢复成基本形式，即"资产 = 负债 + 所有者权益"。因此，将会计等式（3–4）、等式（3–5）、等式（3–6）、等式（3–7）称为动态等式，会计等式（3–1）、等式（3–2）、等式（3–3）称为静态等式。为了分析方便，把会计等式（3–5）、等式（3–6）、等式（3–7）称为综合等式。

特别提示

由于在综合等式中引入了收入和费用两个要素，因此必然会涉及财务状况要素的变动。根据收入实现增加企业资产或减少企业负债，费用发生减少企业资产或增加企业负债的基本原理，当同一会计期间收入大于费用时，资产相应地会有一个净增量，所有者权益也会等额增加；相反，当同一会计期间收入小于费用时，资产相应地会有一个净减少量，所有者权益也会等额减少。

对于综合等式可从以下两个方面进一步理解。

第一，综合等式两边的内容是企业资金两个不同侧面的扩展，等式双方反映的仍然是企业的资金存在形态与资金来源渠道，但内容比等式（3-2）更丰富。一方面，在等式左边既反映了企业现时存在的资产，又反映了企业在生产经营过程中对资产的消耗，将费用视为企业资产的一种特殊存在形态；另一方面，在等式右边既反映了企业主要资金来源渠道中的负债和所有者权益，又反映了企业通过生产经营活动带来的收入这种新的资金来源。

第二，综合等式左右两边在金额变动的基础上达到了新的平衡。先从等式右边看，在收入大于费用形成利润的情况下，使等式右边在原来基础上产生了一个增量，这个增量归属于所有者，在期末可以加到所有者权益中去，进而引起所有者权益的增加。再从等式左边看，资产要素受收入和费用的影响，发生费用会消耗企业的资产，使资产减少；实现收入会增加企业的资产，在收入大于费用的情况下，二者之间的净增量与等式右边利润的增量在金额上相等。因而，等式两边相等的关系仍然得以保持。相反，在收入小于费用发生亏损的情况下，等式两边的金额会同时减少，但两边的平衡关系仍然能够得以保持。

将交易或事项影响会计要素变化的情况结合综合等式进行分析，能够加深对会计要素相互关系的认识，加深对交易或事项影响会计要素变化规律的认识，加深对会计等式客观存在的平衡相等关系的认识。

### 3.1.3 交易或事项对会计等式的影响

交易或事项是指在企业的生产经营过程中发生的，引起会计要素增减变化，能够采用会计的方法进行记录和报告的经济活动。其中，交易一般指企业与外部的其他企业或有关部门之间发生的经济往来。如企业外购材料和设备、销售商品、接受投资、从银行借款、缴纳税金等。交易体现企业与供应商、客户、所有者、银行和政府有关部门之间的经济联系与利益关系。事项一般指企业内部发生的经济活动，如生产领用材料、完工产品入库、给职工发放薪酬等。事项体现企业内部相关部门、相关人员之间的经济联系与利益关系。

虽然企业在生产经营过程中发生的交易或事项纷繁复杂，但无论发生何种类型的交易，都不会破坏资产与权益的恒等关系。从交易或事项所引起的资产与权益的增减变动来看，可归纳为4种类型，即等式两边同时增加或减少，如表3-1中的类型（1）和（2），等式一边有增有减，如表3-1中的类型（3）和（4）；或两种类型，即同类项目有增有减，如表3-1中的类型（3）和（4），异类项目同增同减，如表3-1中的类型（1）和（2）。

表3-1　企业发生的交易或事项对会计等式的影响

| 交易或事项类型 | 资产 | 负债 | 所有者权益 |
|---|---|---|---|
| （1）等式两边同时增加 | 增加 | 增加 | |
| | 增加 | | 增加 |
| （2）等式两边同时减少 | 减少 | 减少 | |
| | 减少 | | 减少 |
| （3）等式左边有增有减 | 增加、减少 | | |
| （4）等式右边有增有减 | | 增加、减少 | |
| | | | 增加、减少 |
| | | 增加 | 减少 |
| | | 减少 | 增加 |

以下以2.2节中列举的便民公司20×1年2月、3月发生的交易或事项为例，分析交易或事项的类型及其对会计等式的影响。

（1）张平投入230万元资金于2月10日注册成立便民公司

这笔交易使便民公司的资产（银行存款）和所有者权益（实收资本）各增加230万元，对负债没有影响。

| 资产 | = | 负债 | + | 所有者权益 |
|---|---|---|---|---|
| 银行存款 +2 300 000 | | | | 实收资本 +2 300 000 |

（2）2月15日在市中心一栋写字楼里按揭购买了一套价值350万元的办公用房屋，首付180万元，170万元向工商银行贷款

这笔交易引起便民公司资产与负债两个会计要素3个项目的变化，即固定资产（资产）增加350万元，银行存款（资产）减少180万元，资产净增加170万元，长期借款（负债）增加170万元，对所有者权益没有影响。

| 资产 | = | 负债 | + | 所有者权益 |
|---|---|---|---|---|
| 固定资产 +3 500 000 | | 长期借款 +1 700 000 | | |
| 银行存款 −1 800 000 | | | | |

（3）2 月 20 日用银行存款购买价值 10 万元的计算机

这笔交易使便民公司的一项资产（银行存款）减少 10 万元，同时使另一项资产（固定资产）增加 10 万元，对负债与所有者权益没有影响。

| 资产 | = | 负债 | + | 所有者权益 |
|---|---|---|---|---|
| 固定资产 +100 000 | | | | |
| 银行存款 −100 000 | | | | |

（4）2 月 21 日现购价值 20 万元的设计软件

这笔交易使便民公司的一项资产（银行存款）减少 20 万元，同时使另一项资产（设计软件属于无形资产）增加 20 万元，对负债与所有者权益没有影响。

| 资产 | = | 负债 | + | 所有者权益 |
|---|---|---|---|---|
| 无形资产 +200 000 | | | | |
| 银行存款 −200 000 | | | | |

（5）2 月 25 日购买了价值 6 万元的计算机耗材，其中 4 万元赊购

这笔交易引起便民公司资产和负债两个会计要素 3 个项目的变化，计算机耗材在使用前属于周转材料（资产），周转材料增加 6 万元，银行存款（资产）减少 2 万元，资产净增加 4 万元，赊购形成应付账款，负债（应付账款）增加 4 万元，对所有者权益没有影响。

| 资产 | = | 负债 | + | 所有者权益 |
|---|---|---|---|---|
| 周转材料 +60 000 | | 应付账款 +40 000 | | |
| 银行存款 −20 000 | | | | |

（6）费用支付情况

① 3 月 15 日支付当月职工薪酬 6 万元。

该事项需要用综合等式进行分析。支付职工薪酬使便民公司的资产（银行存款）减少 6 万元，3 月的费用（当月薪酬费用计入管理费用）增加 6 万元，对其他会计要素没有影响。

| 资产 | + | 费用 | = | 负债 | + | 所有者权益 | + | 收入 |
|---|---|---|---|---|---|---|---|---|
| 银行存款 −60 000 | | 管理费用 +60 000 | | | | | | |

② 3 月 16 日购买办公用品 2 000 元。

这笔交易需要用综合等式进行分析。购买办公用品使便民公司的资产（银行存款）

减少 2 000 元，3 月的费用（办公用品属于管理费用）增加 2 000 元，对其他会计要素没有影响。

| 资产 | + | 费用 | = | 负债 | + | 所有者权益 | + | 收入 |
|---|---|---|---|---|---|---|---|---|
| 银行存款 −2 000 | | 管理费用 +2 000 | | | | | | |

③ 3 月 18 日支付水电费 1 000 元。

这笔交易需要用综合等式进行分析。支付水电费使便民公司的资产（银行存款）减少 1 000 元，3 月的费用（水电费属于管理费用）增加 1 000 元，对其他会计要素没有影响。

| 资产 | + | 费用 | = | 负债 | + | 所有者权益 | + | 收入 |
|---|---|---|---|---|---|---|---|---|
| 银行存款 −1 000 | | 管理费用 +1 000 | | | | | | |

④ 3 月 19 日支付当月网络等通信费用 2 000 元。

这笔交易需要用综合等式进行分析。支付网络通信费使便民公司的资产（银行存款）减少 2 000 元，3 月的费用（网络通信费属于管理费用）增加 2 000 元，对其他会计要素没有影响。

| 资产 | + | 费用 | = | 负债 | + | 所有者权益 | + | 收入 |
|---|---|---|---|---|---|---|---|---|
| 银行存款 −2 000 | | 管理费用 +2 000 | | | | | | |

（7）3 月 31 日估计计算机折旧费 5 000 元，办公用房屋折旧费 5 800 元

该事项需要用综合等式进行分析。计算机与房屋属于固定资产，计提固定资产折旧使便民公司的资产（固定资产）价值减少 10 800 元，同时 3 月的折旧费用（折旧费属于管理费用）增加 10 800 元，对其他会计要素没有影响。

| 资产 | + | 费用 | = | 负债 | + | 所有者权益 | + | 收入 |
|---|---|---|---|---|---|---|---|---|
| 固定资产 −10 800 | | 管理费用 +10 800 | | | | | | |

（8）3 月 31 日设计软件摊销费 2 600 元

该事项需要用综合等式进行分析。摊销设计软件成本使便民公司的资产（无形资产）减少 2 600 元，同时 3 月份的费用（无形资产摊销费用属于管理费用）增加 2 600 元，对其他会计要素没有影响。

| 资产 | + | 费用 | = | 负债 | + | 所有者权益 | + | 收入 |
|---|---|---|---|---|---|---|---|---|
| 无形资产 −2 600 | | 管理费用 +2 600 | | | | | | |

（9）为客户提供咨询服务，3 月 31 日确认当月实现收入 5 万元，未收款

这笔交易需要用综合等式进行分析。确认当月实现收入 5 万元，使 3 月收入增加 5 万元，未收款使公司产生一项应收账款债权，资产（应收账款）增加 5 万元，对其他会计要素没有影响。

| 资产 | + | 费用 | = | 负债 | + | 所有者权益 | + | 收入 |
| --- | --- | --- | --- | --- | --- | --- | --- | --- |
| 应收账款 +50 000 | | | | | | | | 主营业务收入 +50 000 |

假定便民公司 20×1 年 3 月还发生了以下两笔交易：

（10）3 月 25 日支付 2 月 25 日购电脑耗材的欠款 4 万元

这笔交易使便民公司银行存款（资产）和应付账款（负债）各减少 4 万元，对所有者权益没有影响。

| 资产 | = | 负债 | + | 所有者权益 |
| --- | --- | --- | --- | --- |
| 银行存款 -40 000 | | 应付账款 -40 000 | | |

（11）张平的好朋友王华加入便民公司，决定与张平一起创业，双方约定，3 月 31 日王华为便民公司偿还购买办公用房屋时在工商银行的 100 万元贷款，这 100 万元视同王华对便民公司的投资

这笔交易使便民公司的长期借款（负债）减少 100 万元，相应地增加了王华对便民公司的投入资本（所有者权益）100 万元，对资产没有影响。

| 资产 | = | 负债 | + | 所有者权益 |
| --- | --- | --- | --- | --- |
| | | 长期借款 -1 000 000 | | 实收资本 +1 000 000 |

通过上述分析交易或事项对会计等式中各要素的影响，可以得到如下结论：

第一，交易或事项的发生影响会计要素变动的情况至少是两个方面。正因如此，会计对每一笔交易或事项至少是从相互联系的两个方面进行记录的。

第二，无论发生何种类型的交易或事项，均不会破坏会计等式的平衡关系。

交易类型总结：

第一，以上业务（1）、业务（2）、业务（5）、业务（9）影响等式两边的会计要素，使各要素同时增加相等的金额。

第二，业务（3）、业务（4）、业务（6）、业务（7）、业务（8）影响等式左边的会计要素，有的项目金额增加，有的项目金额减少，增减金额相等。

第三，业务（10）影响等式两边的会计要素，使各要素同时减少相等金额。

第四，业务（11）影响等式右边的会计要素，有的项目金额增加，有的项目金额减少，增减金额相等。

# 3.2 会计科目与账户

## 3.2.1 账户及其基本结构

### 3.2.1.1 账户的概念

通过 3.1.3 节的分析我们发现，任何一项交易或事项的发生，都会引起会计要素有关项目发生增减变动。为了详细、全面、序时、连续、系统地记录和反映会计要素的增减变动，会计采用了设置账户这一核算方法。所谓“账户”，就是对会计要素进行分类核算的工具，是对会计要素的进一步分类。账户具有一定的格式和结构，能分类反映会计要素增减变动的情况及结果。通过设置账户，会计人员才能对大量零星分散复杂的交易或事项进行分类核算，从而提供各种性质和内容的会计信息。

### 3.2.1.2 账户的基本结构

账户的基本结构是由会计要素的数量变化情况决定的。从数量上看，交易或事项的发生所引起的会计要素的变动，不外乎增加和减少两种情况，因而账户也相应地分成两个部分，分别记录增加额和减少额。其中，本期增加的合计金额称为本期增加发生额，本期减少的合计金额称为本期减少发生额，增减相抵后的差额称为余额。按照表示的时间不同，余额又分为期初余额和期末余额，本期的期末余额转入下期就成为下期的期初余额。账户记录的这 4 个金额要素的基本关系如下：

期末余额 = 期初余额 + 本期增加发生额 − 本期减少发生额

就账户记录的具体内容来说，账户的基本结构主要包括以下内容：①账户的名称；②记录交易或事项的日期；③记录所依据的记账凭证编号；④交易或事项的内容摘要；⑤增减金额以及余额。

会计实务中，账户常用的格式如表 3-2 所示。

表3-2　账户格式

账户名称

| 年 | | 记账凭证编号 | 摘要 | 借方 | 贷方 | 借或贷 | 余额 |
|---|---|---|---|---|---|---|---|
| 月 | 日 | | | | | | |
| | | | | | | | |

为了便于学习，一般采用简化的“T”形账户学习账户的登记方法。“T”形账户格式如图 3-1 所示，分左右两方，分别登记增加或减少。

图3-1　账户的简化结构

如何记录会计要素的增加和减少，则取决于采用的记账方法及账户的性质。表 3-2 是借贷记账法下会计实务中常用的账户格式。借贷记账法及各类账户的结构详见 3.3 节的内容。

### 3.2.2　会计科目

#### 3.2.2.1　会计科目及其设置原则

会计科目，简称科目。科目是账户的名称。由于科目是账户的名称，账户是依据科目开设的，所以同一个会计主体，账户与科目的名称和数量一致，实务中二者通常不加区别。

会计科目是复式记账、编制记账凭证的基础，在会计核算中具有重要意义。《企业会计准则——应用指南》设置了统一的会计科目表，共 156 个科目，基本涵盖了我国所有企业的交易或者事项，各企业可根据本企业的实际情况自行设置、分析和合并某些科目。设置会计科目应遵循以下基本原则：①在不影响会计核算要求和财务报表指标汇总，以及对外提供统一财务报告的前提下，可以根据实际情况自行增设、减少或合并某些会计科目。②要保持会计指标体系的完整和统一，达到全面、概括地反映企业生产经营活动情况的目的。③科目名称力求简明扼要，内容确切。每一个科目，原则上反映一项内容，各科目之间不能互相混淆。

#### 3.2.2.2 会计科目的分类

（1）按科目反映的经济内容分类

会计科目按其反映的经济内容不同，可分为资产类、负债类、所有者权益类、损益类和成本类5类。国家统一的会计科目表是按科目反映的经济内容进行分类的，如表3-3所示。

（2）按科目隶属关系分类

会计科目就其隶属关系可分为总账科目和明细科目，明细科目又可细分为二级明细科目和三级明细科目。总账科目又称一级科目，二级明细科目是对一级科目的进一步分类；三级明细科目是对二级明细科目的进一步分类。如“固定资产”属于一级科目，下设“房屋建筑物”“运输设备”“机器设备”“办公设备”等二级科目,“房屋建筑物”二级科目下设“厂房”“原料仓库”“成品仓库”“行政楼”等三级科目。如果有必要，企业还可以设置四级明细科目，明细科目是依据企业交易或事项的具体内容设置的，它所提供的明细核算资料主要满足企业内部经营管理的需要。明细科目的名称由各会计主体自行规定。实际工作中，除少数一级科目（如“累计折旧”“累计摊销”“本年利润”）不必设置明细科目外，大多数一级科目都需设置明细科目。如“应收账款”一级科目按欠款单位的名称设置明细科目；“原材料”一级科目按材料的类别、品种或规格设置明细科目；“管理费用”一级科目按费用类别设置明细科目。

（3）按科目反映的会计要素分类

会计科目按其反映的会计要素不同，可分为资产类、负债类、所有者权益类、收入类、费用类和利润类6类科目。

科目与账户的主要区别在于，科目是账户名称，而账户除了名称外，还有一定的格式和结构；科目只反映会计要素的具体内容，而账户还可以反映会计要素的增减变动及其结果。

在会计实务中，为了便于会计处理，尤其是为了适应会计电算化的需要，应对每一个会计科目按照一定的标准编号。企业常用的会计科目如表3-3所示，该表摘自《企业会计准则——应用指南》。

表3-3　企业常用的会计科目表

| 序号 | 科目编号 | 科目名称 | 序号 | 科目编号 | 科目名称 |
|---|---|---|---|---|---|
| 一、资产类 | | | 28 | 1507 | 其他债权投资 |
| 1 | 1001 | 库存现金 | 29 | 1511 | 长期股权投资 |
| 2 | 1002 | 银行存款 | 30 | 1512 | 长期股权投资减值准备 |
| 3 | 1012 | 其他货币资金 | 31 | 1521 | 投资性房地产 |
| 4 | 1101 | 交易性金融资产 | 32 | 1531 | 长期应收款 |
| 5 | 1121 | 应收票据 | 33 | 1601 | 固定资产 |
| 6 | 1122 | 应收账款 | 34 | 1602 | 累计折旧 |
| 7 | 1123 | 预付账款 | 35 | 1603 | 固定资产减值准备 |
| 8 | 1131 | 应收股利 | 36 | 1604 | 在建工程 |
| 9 | 1132 | 应收利息 | 37 | 1605 | 工程物资 |
| 10 | 1221 | 其他应收款 | 38 | 1606 | 固定资产清理 |
| 11 | 1231 | 坏账准备 | 39 | 1701 | 无形资产 |
| 12 | 1401 | 材料采购 | 40 | 1702 | 累计摊销 |
| 13 | 1402 | 在途物资 | 41 | 1703 | 无形资产减值准备 |
| 14 | 1403 | 原材料 | 42 | 1711 | 商誉 |
| 15 | 1404 | 材料成本差异 | 43 | 1801 | 长期待摊费用 |
| 16 | 1405 | 库存商品 | 44 | 1901 | 待处理财产损益 |
| 17 | 1406 | 发出商品 | 二、负债类 | | |
| 18 | 1408 | 委托加工物资 | 45 | 2001 | 短期借款 |
| 19 | 1411 | 周转材料 | 46 | 2201 | 应付票据 |
| 20 | 1461 | 融资租赁资产 | 47 | 2202 | 应付账款 |
| 21 | 1471 | 存货跌价准备 | 48 | 2211 | 应付职工薪酬 |
| 22 | | 待摊费用 * | 49 | 2203 | 预收账款 |
| 23 | 1475 | 合同履约成本 | 50 | 2221 | 应交税费 |
| 24 | 1476 | 合同履约成本减值准备 | 51 | 2231 | 应付利息 |
| 25 | 1501 | 债权投资 | 52 | 2232 | 应付股利 |
| 26 | 1502 | 债权投资减值准备 | 53 | 2241 | 其他应付款 |
| 27 | 1503 | 其他权益工具投资 | 54 | | 预提费用 * |

续表

| 序号 | 科目编号 | 科目名称 | 序号 | 科目编号 | 科目名称 |
|---|---|---|---|---|---|
| 55 | 2501 | 长期借款 | 五、损益类 | | |
| 56 | 2502 | 长期债券 | 70 | 6001 | 主营业务收入 |
| 57 | 2701 | 长期应付款 | 71 | 6051 | 其他业务收入 |
| 58 | 2801 | 预计负债 | 72 | 6101 | 公允价值变动损益 |
| 三、所有者权益类 | | | 73 | 6111 | 投资收益 |
| 59 | 4001 | 实收资本 | 74 | 6115 | 资产处置损益 |
| 60 | 4002 | 资本公积 | 75 | 6301 | 营业外收入 |
| 61 | 4003 | 其他综合收益 | 76 | 6401 | 主营业务成本 |
| 62 | 4101 | 盈余公积 | 77 | 6402 | 其他业务成本 |
| 63 | 4103 | 本年利润 | 78 | 6403 | 税金及附加 |
| 64 | 4104 | 利润分配 | 79 | 6601 | 销售费用 |
| 65 | 4201 | 库存股 | 80 | 6602 | 管理费用 |
| 四、成本类 | | | 81 | 6603 | 财务费用 |
| 66 | 5001 | 生产成本 | 82 | 6701 | 资产减值损失 |
| 67 | 5101 | 制造费用 | 83 | 6702 | 信用减值损失 |
| 68 | 5201 | 劳务成本 | 84 | 6711 | 营业外支出 |
| 69 | 5301 | 研发支出 | 85 | 6801 | 所得税费用 |

注：*2006年的《企业会计准则》取消了待摊费用和预提费用账户，因此这两个科目没有编号。

# 3.3 复式记账

## 3.3.1 记账方法

登记账户必须采用科学的记账方法。记账方法就是根据一定的原理、记账符号和记账规则，采用一定的计量单位，利用文字和数字记录交易或事项的一种专门方法。

按记录方式的不同，记账方法分为单式记账法和复式记账法。单式记账法是对每一项交易或事项只在一个账户中登记，反映交易或事项的一个方面，相互联系的另一方面不予反映。复式记账法是相对单式记账法而言的，它是对任何一笔交易或事项都要用相等的金额在两个或两个以上的有关账户中进行相互联系的记录的一种记账方法。复式记账法是一种较为完善的记账方法。我国企事业单位和其他组织均采用复式记账法。

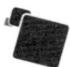

### 3.3.2 复式记账法

通过3.1节对企业发生的交易或事项进行分析我们了解到，每一笔交易或事项的发生都会引起会计要素至少两个有关项目发生增减变动。有些交易或事项会同时引起会计等式两边会计要素的有关项目发生增减变动，要么同时增加，要么同时减少；而有些交易或事项只引起会计等式左边或者右边发生增减变动，即资产或者负债、所有者权益的有关项目发生增减变动，一个项目增加，另一个项目减少。为了将这些交易或事项完整地记录在有关账户中，以全面系统地反映各会计要素有关项目的增减变动情况及其结果，就必须采用复式记账法（double entry method）。

在复式记账法下，对于每一项交易或事项都要在相互联系的两个或两个以上的账户中进行平衡登记，这样就可以通过账户的对应关系，全面、清晰地反映资金的来龙去脉，从而了解交易或事项的具体内容。比如，以银行存款购买原材料这笔交易发生后，“银行存款”和“原材料”两个账户就在同一笔交易中建立了相互关系，对于这笔交易，一方面应登记在银行存款账户中，反映银行存款的减少；另一方面还要登记在原材料账户中，反映原材料的增加，相互联系的两个方面均予以登记。同时，复式记账法以会计等式为基础，在每一项交易或事项发生后，都以相等的金额在有关账户中进行登记，因而便于用试算平衡的原理来检查账户记录的正确性。

复式记账法有借贷记账法、增减记账法和收付记账法3种记账方法。借贷记账法是目前国际上通用的一种记账法，也是我国《企业会计准则》规定的记账方法；增减记账法是20世纪60年代我国商业系统在改革记账方法时设计提出的一种记账方法；收付记账法是在我国传统的收付记账法的基础上发展起来的复式记账法。

### 3.3.3 借贷记账法

借贷记账法（double entry method）是用“借”和“贷”作为记账符号的一种复式记账方法。1494年，意大利数学家卢卡·帕乔利的《算术、几何、比与比例概要》一书问世，标志着借贷记账法正式成为公认的复式记账法，同时，也标志着近代会计的开始。借贷记账法最早应用在银行业，“借”“贷”都有其本身的字面含义，随着这种方法在其他行业的广泛应用，“借”“贷”二字逐渐失去其本身的含义，成为纯粹的记账符号，用来表示“增加”“减少”。“借”或“贷”哪个符号反映“增加”，哪个符号反映“减少”，是由账户的性质决定的。

#### 3.3.3.1 借贷记账法下账户的结构

在3.2.1节账户的基本结构中我们了解到，简化的账户格式分左右两方，在借贷记账法下，账户的左方为借方，右方为贷方，分别用来登记账户增加和减少的金额。究竟哪一方用来登记增加的金额，哪一方用来登记减少的金额，期初或期末余额在哪一方，都是由账户的性质来决定的。

（1）资产、负债与所有者权益类账户的结构

反映各项资产的账户称为资产类账户，反映负债与所有者权益的账户分别称为负债类账户与所有者权益类账户。因为会计等式的左边是资产项目，资产负债表的左边也是资产，习惯上将资产类账户的借方用来登记其期初余额和本期增加额，以账户的贷方来登记本期减少额。在正常情况下，资产类账户的期初余额与本期增加额之和总是大于本期减少额，因此，资产类账户的期末余额一般在借方。资产类账户的期初余额、本期增加额、本期减少额及期末余额的关系可用以下等式表示：

期初余额（借方）+本期借方发生额（本期增加额）-
本期贷方发生额（本期减少额）=期末余额（借方）

资产类账户本期借方发生额是本期增加金额的合计数，本期贷方发生额是本期减少金额的合计数。

由于负债与所有者权益在会计等式的右边，资产负债表的右边也是负债与所有者权益，习惯上将负债类账户与所有者权益类账户的贷方用来登记期初余额和本期增加额，借方登记本期减少额。在正常情况下，负债与所有者权益类账户的期初余额和本期增加额之和总是大于本期减少额，因此，负债与所有者权益类账户的余额一般在贷方。两类账户的期初余额、本期增加额、本期减少额及期末余额的关系可用以下等式表示：

期初余额（贷方）+本期贷方发生额（本期增加额）-
本期借方发生额（本期减少额）=期末余额（贷方）

负债与所有者权益类账户本期借方发生额是本期减少金额的合计数，本期贷方发生额是本期增加金额的合计数。

由于负债与所有者权益类账户有相同的账户结构，我们统称为权益类账户结构。资产与权益类账户的结构如图3-2、图3-3所示。

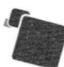

| 借方 | 资产类账户 贷方 |
| --- | --- |
| 期初余额<br>本期增加额 | 本期减少额 |
| 本期借方发生额<br>期末余额 | 本期贷方发生额 |

图3-2　资产类账户的结构

| 借方 | 权益类账户 贷方 |
| --- | --- |
| 本期减少额<br>本期增加额 | 期初余额 |
| 本期借方发生额<br>期末余额 | 本期贷方发生额 |

图3-3　权益类账户的结构

（2）收入、费用类账户以及“本年利润”账户的结构

通过 3.1 会计等式的分析可知，收入的取得会导致资产的增加，同时也导致所有者权益增加；而费用的发生会导致资产的减少，同时也导致所有者权益减少。因此，可以用所有者权益类账户的结构来分析收入与费用类账户结构。由于实现收入会增加所有者权益，所以收入类账户的结构与所有者权益类账户的结构一致，即增加额记录在账户的贷方，减少额记录在账户的借方。期末按收入账户的贷方发生额减去借方发生额的差额，结转入“本年利润”账户的贷方，收入类账户结账后一般没有期末余额。同理，由于发生费用会减少所有者权益，因此，费用类账户的结构与所有者权益类账户的结构相反，即增加额记录在账户的借方，减少额记录在账户的贷方。期末按费用类账户的借方发生额减去贷方发生额的差额，结转入“本年利润”账户的借方，费用类账户结账后一般没有期末余额。

由于收入结转进入了“本年利润”账户的贷方，而费用结转进入了“本年利润”账户的借方，这样，在“本年利润”账户中通过对比收入和费用，即可求得当期的经营成果。当收入大于费用时（即“本年利润”账户的贷方发生额大于借方发生额），表示企业实现了利润；当收入小于费用时，（即“本年利润”账户的借方发生额大于贷方发生额），表示企业发生了亏损。收入、费用和“本年利润”账户的结构如图 3-4、图 3-5、图 3-6 所示。

| 借方 | 收入类账户 | 贷方 |
|---|---|---|
| 本期减少额<br>期末结转至“本年利润”账户 | | 本期增加额 |

图3-4　收入类账户的结构

| 借方 | 费用类账户 | 贷方 |
|---|---|---|
| 本期增加额 | | 本期减少额<br>期末结转至“本年利润”账户 |

图3-5　费用类账户的结构

| 借方 | 本年利润账户 | 贷方 |
|---|---|---|
| 结转费用<br>期末结转至“利润分配”的净利润 | | 结转收入<br>期末结转至“利润分配”的净亏损 |

图3-6　本年利润账户的结构

由于利润归属于所有者，因此，在会计年度结束时，通常将“本年利润”账户的年末余额转入所有者权益类账户（“利润分配”账户），结转后，“本年利润”账户年末一般无余额。

为了便于掌握和使用不同的账户，现将上述各类账户的结构进行汇总，如表 3-4 所示。

表3-4　借贷记账法下各类账户的结构

| 账户类别 | 账户借方 | 账户贷方 | 账户余额 |
|---|---|---|---|
| 资产类账户 | 增加 | 减少 | 一般在借方 |
| 权益类账户 | 减少 | 增加 | 一般在贷方 |
| 收入类账户 | 减少 | 增加 | 期末结转至“本年利润”账户后无余额 |
| 费用类账户 | 增加 | 减少 | 期末结转至“本年利润”账户后无余额 |
| 本年利润账户 | 结转费用 | 结转收入 | 将净利润（净亏损）结转至“利润分配”账户后无余额 |

#### 3.3.3.2　借贷记账法的记账规则及其应用

根据复式记账原理，对每项交易或事项都要以相等的金额，一方面记入一个或几个有关账户的借方，另一方面记入一个或几个有关账户的贷方，记入借方账户与贷方账户的金额必须相等，这就形成了借贷记账法的记账规则，即“有借必有贷，借贷必相等”。

现仍以便民公司 20×1 年 2 月、3 月发生的交易或事项为例，说明怎样应用借贷记账法的记账规则在有关账户中进行登记。

在应用借贷记账法记账规则登记账户时，通常是按照以下 3 个步骤来分析交易或事项，再进行记录的：

第 1 步，确定发生的交易或事项涉及的账户名称与性质；

第 2 步，确定这些账户的金额变动方向，即增加还是减少；

第 3 步，根据账户的性质和结构原理，确定应记入账户的借方还是贷方。

（1）2 月 10 日张平投入 230 万元资金注册成立便民公司

分析：这笔交易影响银行存款和实收资本 2 个账户，这 2 个账户分别属于资产类和所有者权益类，金额共同增加 230 万元，根据账户结构原理，资产增加记录在账户的借方，所有者权益增加记录在账户的贷方，记录在借方和贷方的金额均为 230 万元。账户记录如下：

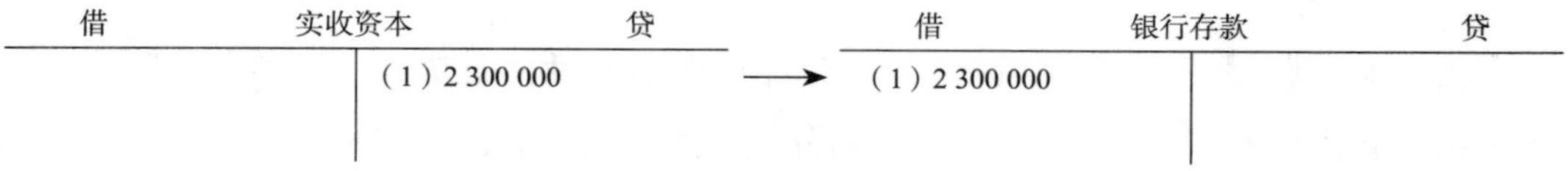


（2）2 月 15 日在市中心一栋写字楼里按揭购买了一套价值 350 万元的办公用房屋，首付 180 万元，170 万向工商银行贷款

分析：这笔交易比较复杂，影响银行存款、固定资产和长期借款 3 个账户，这 3 个账户分别属于资产类（银行存款、固定资产）和负债类（长期借款），固定资产增加 350 万元，银行存款减少 180 万元，长期借款增加 170 万元。根据账户结构原理，固定资产增加记录在账户的借方，银行存款减少记录在账户的贷方，长期借款增加记录在账户的贷方，记录在借方和贷方的金额均为 350 万元。账户记录如下：

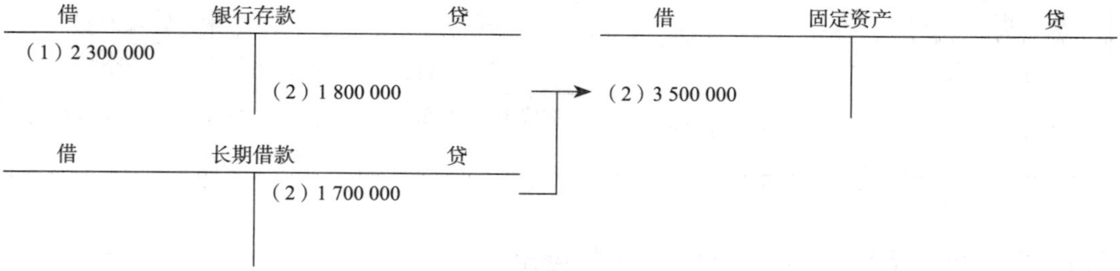


（3）2 月 20 日现购价值 10 万元的计算机

分析：这笔交易影响银行存款和固定资产 2 个账户，这 2 个账户均属于资产类，银行存款减少 10 万元，固定资产增加 10 万元，根据账户结构原理，资产增加记录在

账户的借方，减少记录在账户的贷方，记录在借方和贷方的金额均为10万元。账户记录如下：

银行存款

| 借 | 贷 |
| --- | --- |
| （1）2 300 000 | |
| | （2）1 800 000 |
| | （3）100 000 |

固定资产

| 借 | 贷 |
| --- | --- |
| （2）3 500 000 | |
| （3）100 000 | |

（4）2月21日现购价值20万元的设计软件

分析：这笔交易影响银行存款和无形资产2个账户，这2个账户均属于资产类，银行存款减少20万元，无形资产增加20万元，根据账户结构原理，资产增加记录在账户的借方，减少记录在账户的贷方，记录在借方和贷方的金额均为20万元。账户记录如下：

银行存款

| 借 | 贷 |
| --- | --- |
| （1）2 300 000 | |
| | （2）1 800 000 |
| | （3）100 000 |
| | （4）200 000 |

无形资产

| 借 | 贷 |
| --- | --- |
| （4）200 000 | |

（5）2月25日购买了价值6万元的计算机耗材，其中4万元赊购

分析：计算机耗材属于便民公司的周转材料。这笔交易影响银行存款、周转材料和应付账款3个账户，这3个账户分别属于资产类和负债类，周转材料增加6万元记入借方，银行存款减少2万元记入贷方，应付账款增加4万元记入贷方。记录在借方与记录在贷方的金额均为6万元。账户记录如下：

银行存款

| 借 | 贷 |
| --- | --- |
| （1）2 300 000 | |
| | （2）1 800 000 |
| | （3）100 000 |
| | （4）200 000 |
| | （5）20 000 |

周转材料

| 借 | 贷 |
| --- | --- |
| （5）60 000 | |

应付账款

| 借 | 贷 |
| --- | --- |
| | （5）40 000 |

（6）费用支付情况

①3月15日支付当月职工薪酬6万元。

分析：当月职工薪酬计入管理费用。这笔交易影响银行存款和管理费用 2 个账户，这 2 个账户分别属于资产类和费用类，银行存款减少 6 万元，管理费用增加 6 万元，根据账户结构原理，费用增加记录在账户的借方，资产减少记录在账户的贷方，记录在借方和贷方的金额均为 6 万元。账户记录如下：

| 借　银行存款 | 贷 | | 借　管理费用 | 贷 |
|---|---|---|---|---|
| （1）2 300 000 | | | | |
| | （2）1 800 000 | | | |
| | （3）100 000 | | | |
| | （4）200 000 | | | |
| | （5）20 000 | | | |
| | （6）－①60 000 | → | （6）－①60 000 | |

② 3 月 16 日购买办公用品 2 000 元。

分析：办公用品计入管理费用账户。这笔交易的分析同步骤①。账户记录如下：

| 借　银行存款 | 贷 | | 借　管理费用 | 贷 |
|---|---|---|---|---|
| （1）2 300 000 | | | | |
| | （2）1 800 000 | | | |
| | （3）100 000 | | | |
| | （4）200 000 | | | |
| | （5）20 000 | | | |
| | （6）－①60 000 | | （6）－①60 000 | |
| | （6）－②2 000 | → | （6）－②2 000 | |

③ 3 月 18 日支付水电费 1 000 元。

水电费计入管理费用。这笔交易的分析同步骤①。账户记录如下：

| 借　银行存款 | 贷 | | 借　管理费用 | 贷 |
|---|---|---|---|---|
| （1）2 300 000 | | | | |
| | （2）1 800 000 | | | |
| | （3）100 000 | | | |
| | （4）200 000 | | | |
| | （5）20 000 | | | |
| | （6）－①60 000 | | （6）－①60 000 | |
| | （6）－②2 000 | | （6）－②2 000 | |
| | （6）－③1 000 | → | （6）－③1 000 | |

④ 3 月 19 日支付当月网络等通信费用 2 000 元。

网络通信费计入管理费用。这笔交易的分析同步骤①。账户记录如下：

**银行存款**

| 借 | 贷 |
| --- | --- |
| （1）2 300 000 | |
| | （2）1 800 000 |
| | （3）100 000 |
| | （4）200 000 |
| | （5）20 000 |
| | （6）－①60 000 |
| | （6）－②2 000 |
| | （6）－③1 000 |
| | （6）－④2 000 |

**管理费用**

| 借 | 贷 |
| --- | --- |
| （6）－①60 000 | |
| （6）－②2 000 | |
| （6）－③1 000 | |
| （6）－④2 000 | |

（7）3月31日估计计算机折旧费5 000元，办公用房屋折旧费5 800元

分析：这笔交易影响累计折旧和管理费用两个账户，这两个账户分别属于资产类和费用类，累计折旧和管理费用均增加10 800元，根据账户结构原理，费用增加记录在账户的借方，资产增加也应该记录在账户的借方，如果只有借方没有贷方，记录这笔交易就违背了“有借必有贷”的记账规则。这里，我们遇到了一个比较特殊的账户。

固定资产在使用过程中所磨损的一部分价值，称为固定资产折旧 。计提折旧是固定资产特有的事项。按照《企业会计准则》的规定，无论固定资产的新旧程度如何，固定资产账户上始终反映的是其取得时的历史成本（对固定资产进行更新改造除外）。固定资产在预计使用寿命期内，其价值会逐渐减少，固定资产因使用而减少的价值是通过折旧的方式分期逐渐转移到其服务的会计期间或服务对象中去。会计处理并不是将固定资产因使用而减少的价值直接记录在固定资产账户的贷方，而是通过设置反映固定资产价值逐渐减少的专门账户——“累计折旧”予以反映。折旧计提越多，说明固定资产减少的价值越多，其账面价值就越少。所以，计提折旧记录在“累计折旧”账户的贷方，这并不违背账户结构原理。计提折旧一方面减少固定资产账面价值，同时也增加了管理费用。因此，估计计算机与办公用房屋的折旧应该记录在管理费用账户的借方和累计折旧账户的贷方，记录在借方和贷方的金额均为10 800元，对固定资产账户没有影响。账户记录如下：

**累计折旧**

| 借 | 贷 |
| --- | --- |
| | （7）10 800 |

**管理费用**

| 借 | 贷 |
| --- | --- |
| （6）－①60 000 | |
| （6）－②2 000 | |
| （6）－③1 000 | |
| （6）－④2 000 | |
| （7）10 800 | |

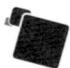

（8）3 月 31 日设计软件摊销费 2 600 元

分析：这笔交易影响累计摊销和管理费用两个账户，这两个账户分别属于资产类和费用类，累计摊销和管理费用均增加 2 600 元，遇到与交易（5）同样的问题。摊销无形资产也是一项比较特殊的事项，无形资产在预计使用寿命期内，其价值是通过摊销的方式逐渐转移到其服务的会计期间或服务对象中去，无形资产使用中减少的价值通过专门设置的累计摊销账户予以反映，记录在累计摊销账户的贷方。无形资产计提的摊销越多，说明无形资产减少的价值越多，其账面价值就越小。所以，摊销实际是在减少无形资产价值，应计入累计摊销账户的贷方，这并不违背账户结构原理。因此，这笔交易应该记录在管理费用账户的借方，累计摊销账户的贷方，记录在借方和贷方的金额均为 2 600 元，对无形资产账户没有影响。账户记录如下：

累计折旧

| 借 | 贷 |
| --- | --- |
| | （8）2 600 |

管理费用

| 借 | 贷 |
| --- | --- |
| （6）－①60 000 | |
| （6）－②2 000 | |
| （6）－③1 000 | |
| （6）－④2 000 | |
| （7）10 800 | |
| （8）2 600 | |

（9）3 月 31 日确认当月为客户提供咨询服务实现的收入 5 万元，未收款

分析：这笔交易影响主营业务收入和应收账款两个账户，这两个账户分别属于收入类和资产类，共同增加 5 万元，根据账户结构原理，资产增加记录在账户的借方，收入增加记录在账户的贷方，记录在借方和贷方的金额均为 5 万元。账户记录如下：

主营业务收入

| 借 | 贷 |
| --- | --- |
| | （9）50 000 |

应收账款

| 借 | 贷 |
| --- | --- |
| （6）50 000 | |

（10）3 月 25 日支付 2 月 25 日购计算机耗材的欠款 4 万元

分析：这笔交易影响银行存款、应付账款两个账户，两个账户分别属于资产类和负债类，银行存款减少 4 万元记入贷方，应付账款减少 4 万元记入借方。账户记录如下：

银行存款

| 借 | 贷 |
| --- | --- |
| (1) 2 300 000 | |
| | (2) 1 800 000 |
| | (3) 100 000 |
| | (4) 200 000 |
| | (5) 20 000 |
| | (6) - ①60 000 |
| | (6) - ②2 000 |
| | (6) - ③1 000 |
| | (6) - ④2 000 |
| | (10) 40 000 |

应付账款

| 借 | 贷 |
| --- | --- |
| | (5) 40 000 |
| (10) 40 000 | |

(11) 张平的好朋友王华加入便民公司，决定与张平一起创业，双方约定，3月31日王华为便民公司偿还购买办公用房屋时在工商银行的100万元贷款，这100万元视同张平对便民公司的投资

分析：这笔交易影响长期借款、实收资本两个账户，这两个账户分别属于负债类和所有者权益类，新加入的投资人王华为便民公司偿还100万元长期借款，使便民公司长期借款减少100万元，实收资本增加100万元。根据账户结构原理，负债减少记录在账户的借方，所有者权益增加记录在账户的贷方，记录在借方和贷方的金额均为100万元。账户记录如下：

实收资本

| 借 | 贷 |
| --- | --- |
| | (1) 2 300 000 |
| | (11) 1 000 000 |

长期借款

| 借 | 贷 |
| --- | --- |
| | (2) 1 700 000 |
| (11) 1 000 000 | |

上述对便民公司交易（1）—交易（11）的账户记录情况表明，虽然企业发生的交易或事项有些比较简单，有些比较复杂，有些交易或事项涉及的是两个账户，如交易（1）、交易（3）、交易（4）、交易（6）—交易（11），有些交易或事项涉及的是3个账户，如交易（2）、交易（5），但从账户的记录过程看，均体现了“有借必有贷，借贷必相等”的记账规则，没有出现“同借同贷”的情况，也没有出现借贷金额不相等的情况。

#### 3.3.3.3 借贷记账法下会计分录的编制

在前面我们讨论了如何应用借贷记账法在“T”形账户中记录企业发生的交易或事项，目的是学习“T”形账户登记方法，掌握账户结构原理。不过，在会计系统中，企业日常发生的交易或事项是先以会计分录的形式记录在会计凭证上，再根据会计凭证

记录到有关账户中去的，并不是根据交易或事项直接登记账户。根据会计凭证登记到有关账户中去的步骤通常称为"过账"。在登记账户之前，及时、准确地编制会计分录（编制记账凭证），可以保证账户记录的准确性，便于日后查考。

会计分录简称分录（entry）。它是对每项交易或事项标明应涉及的会计科目、记账方向与金额的一种记录。一笔完整的分录应具备借记和贷记的记账符号、会计科目及其金额，并附有经济业务的简要说明。贷记符号不能写在借记符号的同一行上，贷记符号、贷记账户及其金额应写在借方记录的下面一行，行首向右缩进一格或两格。

会计分录按其所反映交易或事项的复杂程度，可分为简单分录和复合分录两种。简单分录是指一项交易或事项发生后，只在相互联系的两个科目中记录，对应关系清晰明了。简单分录也称"一借一贷"的分录。复合分录是指交易或者事项发生后，需要在 3 个或 3 个以上的科目中记录。一个复合分录可以分解为几个简单分录。复合分录有利于集中反映整个交易或者事项的全貌，简化记账工作，提高会计工作效率。复合分录也称"一借多贷"或"多借一贷"的分录。

仍以便民公司 20×1 年 2 月、3 月发生的交易或事项说明会计分录的编制。各项交易或事项的分析过程与 3.3.3.2 节相同，不再赘述。

（1）2 月 10 日张平投入 230 万元资金注册成立便民公司

| | | |
|---|---|---|
| 借：银行存款 | 2 300 000 | |
| 　贷：实收资本 | | 2 300 000 |

（2）2 月 15 日在市中心一栋写字楼里按揭购买了一套价值 350 万元的办公用房屋，首付 180 万元，170 万元向工商银行贷款

| | | |
|---|---|---|
| 借：固定资产 | 3 500 000 | |
| 　贷：银行存款 | | 1 800 000 |
| 　　　长期借款 | | 1 700 000 |

（3）2 月 20 日现购价值 10 万元的计算机

| | | |
|---|---|---|
| 借：固定资产 | 100 000 | |
| 　贷：银行存款 | | 100 000 |

（4）2 月 21 日现购价值 20 万元的设计软件

| | | |
|---|---|---|
| 借：无形资产 | 200 000 | |
| 　贷：银行存款 | | 200 000 |

（5）2 月 25 日购买了价值 6 万元的电脑耗材，其中 4 万元赊购

| | | |
|---|---|---|
| 借：周转材料 | 60 000 | |
| 　贷：银行存款 | | 20 000 |

应付账款　　　　40 000

（6）费用支付情况

①3月15日支付职工薪酬6万元。

借：管理费用　　　　60 000

　贷：银行存款　　　　60 000

②3月16日购买办公用品2 000元。

借：管理费用　　　　2 000

　贷：银行存款　　　　2 000

③3月18日支付水电费1 000元。

借：管理费用　　　　1 000

　贷：银行存款　　　　1 000

④3月19日支付当月网络等通信费用2 000元。

借：管理费用　　　　2 000

　贷：银行存款　　　　2 000

（7）3月31日估计电脑折旧费5 000元，办公用房屋折旧费5 800元

借：管理费用　　　　10 800

　贷：累计折旧　　　　10 800

（8）3月31日设计软件摊销费2 600元

借：管理费用　　　　2 600

　贷：累计摊销　　　　2 600

（9）3月31日确认为客户提供咨询服务当月实现的收入5万元，未收款

借：应收账款　　　　50 000

　贷：主营业务收入　　　　50 000

（10）3月25日支付2月25日购计算机耗材的欠款4万元

借：应付账款　　　　40 000

　贷：银行存款　　　　40 000

（11）张平的好朋友王华加入便民公司，决定与张平一起创业，双方约定，3月31日王华为便民公司偿还购买办公用房屋时在工商银行的100万元贷款，这100万元视同王华对便民公司的投资

借：长期借款　　　　1 000 000

　贷：实收资本　　　　1 000 000

以上每笔分录都具备3个要素：会计科目、记账符号及金额，每笔分录表明了对

发生的交易或事项应当在哪些账户中记录，记录在这些账户的借方或贷方，记录的金额是多少。会计分录清晰地反映了账户的对应关系，通过账户的对应关系我们可以知道每笔交易或事项的具体内容，了解资金的来龙去脉。

特别提示

在会计实务中，会计分录填写在记账凭证上（具体方法见 4.1 节），并作为登记账户的直接依据。上述在介绍借贷记账法记账规则时，假定将发生的交易或事项直接记录在有关账户中，实务中不是这样操作的，因为没有记账凭证作为依据是不能直接记账的。

根据会计分录过账以后，一般要在期末进行结账工作，即结算出各账户的本期发生额和期末余额。假设我们将便民公司 20×1 年 2 月、3 月作为一个会计期间，各账户的日常记录及期末结账记录如下：

| 借 | 银行存款 | 贷 |
| --- | --- | --- |
| （1）2 300 000 | | （2）1 800 000 |
| | | （3）100 000 |
| | | （4）200 000 |
| | | （5）20 000 |
| | | （6）－①60 000 |
| | | （6）－②2 000 |
| | | （6）－③1 000 |
| | | （6）－④2 000 |
| | | （10）40 000 |
| 本期借方发生额 | 2 300 000 | 本期贷方发生额 2 225 000 |
| 期末余额 | 75 000 | |

| 借 | 应收账款 | 贷 |
| --- | --- | --- |
| | （9）50 000 | |
| 本期借方发生额 | 50 000 | 本期贷方发生额 0 |
| 期末余额 | 50 000 | |

| 借 | 周转材料 | 贷 |
| --- | --- | --- |
| | （5）60 000 | |
| 本期借方发生额 | 60 000 | 本期贷方发生额 0 |
| 期末余额 | 60 000 | |

固定资产

| 借 | | 贷 | |
|---|---|---|---|
| | （2）3 500 000 | | |
| | （3）100 000 | | |
| 本期借方发生额 | 3 600 000 | 本期贷方发生额 | 0 |
| 期末余额 | 3 600 000 | | |

累计折旧

| 借 | | 贷 | |
|---|---|---|---|
| | | （7）10 800 | |
| 本期借方发生额 | 0 | 本期贷方发生额 | 10 800 |
| | | 期末余额 | 0 |

无形资产

| 借 | | 贷 | |
|---|---|---|---|
| | （4）200 000 | | |
| 本期借方发生额 | 200 000 | 本期贷方发生额 | 0 |
| 期末余额 | 200 000 | | |

累计摊销

| 借 | | 贷 | |
|---|---|---|---|
| | | （8）2 600 | |
| 本期借方发生额 | 0 | 本期贷方发生额 | 2 600 |
| | | 期末余额 | 2 600 |

应付账款

| 借 | | 贷 | |
|---|---|---|---|
| | | （5）40 000 | |
| | （10）40 000 | | |
| 本期借方发生额 | 40 000 | 本期贷方发生额 | 40 000 |
| | | 期末余额 | 0 |

长期借款

| 借 | | 贷 | |
|---|---|---|---|
| | | （2）1 700 000 | |
| | （11）1 000 000 | | |
| 本期借方发生额 | 1 000 000 | 本期贷方发生额 | 1 700 000 |
| | | 期末余额 | 700 000 |

实收资本

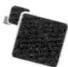

| 借 | | 贷 | |
|---|---|---|---|
| | | （1）2 300 000 | |
| | | （11）1 000 000 | |
| 本期借方发生额 | 0 | 本期贷方发生额 | 3 300 000 |
| | | 期末余额 | 3 300 000 |

| 借 | 主营业务收入 | | 贷 |
|---|---|---|---|
| | | （9）50 000 | |
| 本期借方发生额 | 0 | 本期贷方发生额 | 50 000 |
| | | 期末余额 | 50 000 |

| 借 | 管理费用 | | 贷 |
|---|---|---|---|
| | （6）－①60 000 | | |
| | （6）－②2 000 | | |
| | （6）－③1 000 | | |
| | （6）－④2 000 | | |
| | （7）10 800 | | |
| | （8）2 600 | | |
| 本期借方发生额 | 78 400 | 本期贷方发生额 | 0 |
| 期末余额 | 78 400 | | |

因为便民公司是新注册成立的公司，所以各账户均没有期初余额。主营业务收入与管理费用账户没有结转到“本年利润”账户中去，所以有期末余额。

#### 3.3.3.4 借贷记账法的试算平衡

为了保证一定会计期间内所发生的交易或事项在账户记录中的正确性，需要在期末对账户记录进行试算平衡。试算平衡（trial balance）是指根据会计等式的平衡原理，按照记账规则的要求，通过汇总计算和比较，来检查账户记录的正确性、完整性。

由于借贷记账法在处理每项交易或者事项时，都必须遵循“有借必有贷，借贷必相等”的记账规则，记账方向相反，但金额相等。因此，在一定时期内（如 1 个月、1 个季度、1 个年度等），所有账户的借方发生额合计与贷方发生额合计必然相等；所有账户的借方期末余额合计数与贷方期末余额合计数也必然相等。试算平衡公式如下：

全部账户期初借方余额合计=全部账户期初贷方余额合计

全部账户本期借方发生额合计=全部账户本期贷方发生额合计

全部账户期末借方余额合计=全部账户期末贷方余额合计

利用这种平衡关系，可以检查各账户记录是否正确。

根据上述各账户余额，编制便民公司的总分类账户本期发生额及余额试算平衡表，如表 3-5 所示。

表3-5　总分类账户本期发生额及余额试算平衡

20×1 年 3 月 31 日

| 账户名称 | 期初余额 | | 本期发生额 | | 期末余额 | |
| --- | --- | --- | --- | --- | --- | --- |
| | 借方 | 贷方 | 借方 | 贷方 | 借方 | 贷方 |
| 银行存款 | | | 2 300 000 | 2 225 000 | 75 000 | |
| 应收账款 | | | 50 000 | | 50 000 | |
| 周转材料 | | | 60 000 | | 60 000 | |
| 固定资产 | | | 3 600 000 | | 3 600 000 | |
| 累计折旧 | | | | 10 800 | | 10 800 |
| 无形资产 | | | 200 000 | | 200 000 | |
| 累计摊销 | | | | 2 600 | | 2 600 |
| 应付账款 | | | 40 000 | 40 000 | | 0 |
| 长期借款 | | | 1 000 000 | 1 700 000 | | 700 000 |
| 实收资本 | | | | 3 300 000 | | 3 300 000 |
| 主营业务收入 | | | | 50 000 | | 50 000 |
| 管理费用 | | | 78 400 | | 78 400 | |
| 合计 | | | 7 328 400 | 7 328 400 | 4 063 400 | 4 063 400 |

从表 3-5 可以看出，各账户期初借、贷方余额合计数均为 0，是因为便民公司是新注册的公司；本期借、贷方发生额合计数都是 7 328 400 元；期末借、贷方余额合计数都是4 063 400元，各自保持平衡，这说明账户记录基本正确。如果相应的合计数不等，就表明账户记录有错误，应认真检查更正。企业通过试算平衡表既可以检查账户记录的正确性，还可以利用它所提供的资料，初步了解企业交易或事项的概况，并为编制财务报表做准备。

如果试算表中的借方和贷方合计金额不相等，则说明发生了错误，比较典型的错误包括：①记账方向错误，将借方误记入贷方，或者相反；②账户余额计算错误；③将各账户发生额或余额录入试算平衡表时发生错误；④加总试算平衡表时发生错误等。

当然编制试算平衡表并不能绝对保证对交易或事项的正确分析和记账，试算平衡表是有局限性的，如记错了账户、漏记（或重记）了整笔交易或事项等错误可能不会被发现。

思考

如何通过试算平衡表初步了解企业交易或事项的概况？试算平衡表为编制财务报表做了什么准备工作？表 3-5 反映的信息与“2.2　基本财务报表”中反映的信息有哪些差异？为什么会有差异？

综上所述，借贷记账法的特点是用“借”“贷”两个高度抽象化的记账符号，依据“有借必有贷，借贷必相等”的记账规则，分别反映每项交易或事项所涉及的资金增减变化的内在联系，使各类账户能完整地体现各项资金活动的来龙去脉和对应平衡关系。因此，借贷记账法具有严谨的科学性和广泛的适用性，记账规律易于掌握，是一种科学的记账方法。

**【本章小结】**

会计的主要目标是提供决策有用的会计信息。会计人员首先必须将企业日常发生的大量交易或事项用会计的记录方法记录下来，并用会计的语言进行描述，才能进一步汇总成有价值的会计信息。因此，会计的记录方法就成为会计学习的起点。本章重点介绍了以下内容：①会计记录的理论基础，即会计等式，通过分析得到的结论是任何交易或事项的发生不破坏会计等式的平衡关系；②影响会计记录的基本要素，包括会计要素、账户与科目、记账方法及记账程序；③借贷复式记账法，包括借贷符号的含义、借贷记账法下账户的基本结构、借贷记账规则及试算平衡等。这些内容是会计记录最基本最核心的知识要点。

第 4 章将在本章的基础上继续介绍会计记录的载体、会计循环过程、财务报表编制的基本原理。

**【学习目标小结】**

**1.掌握会计要素的含义及构成**

会计要素是对会计核算对象进行的基本分类，是会计核算对象的具体化，是会计用于反映会计主体财务状况、确定经营成果的基本单位。我国《企业会计准则》规定了资产、负债、所有者权益、收入、费用和利润 6 个会计要素。其中资产、负债、所有者权益是财务状况要素，也是资产负债表要素；收入、费用和利润是经营成果要素，也是利润表要素。

### 2.掌握反映财务状况会计等式的经济意义

反映财务状况的会计等式是：资产 = 负债 + 所有者权益。企业的资产一部分是由投资者投入的，一部分是从企业外部借入的。前者是所有者的权益，后者是债权人的权益，权益表明了资产的来源，由于资产与权益是同一价值的不同表现，因而两者在数量上相等。

### 3.分析并总结交易或事项对会计等式的影响

交易或事项对会计等式的影响可以归纳为4种类型：

第一，影响等式两边的会计要素，使各要素同时增加相等金额的交易或事项。

第二，影响等式两边的会计要素，使各要素同时减少相等金额的交易或事项。

第三，仅影响等式左边的会计要素，有增有减，增减金额相等的交易或事项。

第四，仅影响等式右边的会计要素，有增有减，增减金额相等的交易或事项。

无论发生何种类型的交易或事项都不破坏会计等式的平衡关系。

### 4.掌握借贷记账法下各类账户的结构

| 账户类别 | 账户借方 | 账户贷方 | 账户余额 |
|---|---|---|---|
| 资产类账户 | 增加 | 减少 | 一般在借方 |
| 权益类账户 | 减少 | 增加 | 一般在贷方 |
| 收入类账户 | 减少 | 增加 | 期末结转至“本年利润”账户后无余额 |
| 费用类账户 | 增加 | 减少 | 期末结转至“本年利润”账户后无余额 |
| 本年利润账户 | 结转费用 | 结转收入 | 将净利润（净亏损）结转至“利润分配”账户后无余额 |

### 5.掌握借贷复式记账规则

“有借必有贷，借贷必相等”是借贷复式记账法的记账规则。

### 6.掌握试算平衡表的平衡关系及用途

试算平衡关系包括：

（1）全部账户期初借方余额合计 = 全部账户期初贷方余额合计；

（2）全部账户本期借方发生额合计 = 全部账户本期贷方发生额合计；

（3）全部账户期末借方余额合计 = 全部账户期末贷方余额合计。

这种平衡关系，既可以检查账户记录的正确性，还可以利用它所提供的资料，初步了解企业交易或事项的概况，并为编制财务报表做准备。

【关键术语】

所有者权益（owners' equity）是指企业资产扣除负债后由所有者享有的剩余权益。是投资人对企业净资产的所有权。

收入（revenue）是企业在日常活动中形成的、会导致所有者权益增加的、与所有者投入资本无关的经济利益的总流入。

费用（expenses）是指企业在日常活动中发生的、会导致所有者权益减少的、与向所有者分配利润无关的经济利益的总流出。

利润（profit）是指企业在一定会计期间的经营成果，利润包括收入减去费用后的净额、直接计入当期利润的利得和损失。

利得（gains）是指由企业非日常活动所形成的、会导致所有者权益增加的、与所有者投入资本无关的经济利益的流入。

损失（losses）是指由企业非日常活动所发生的、会导致所有者权益减少的、与向所有者分配利润无关的经济利益的流出。通常是一些偶发性支出。

会计等式（accounting equation）会计六要素之间存在着本质联系，会计要素内在联系的表达式称为会计等式。会计等式包括：资产 = 负债 + 所有者权益；收入 - 费用 = 利润；资产 = 负债 +（所有者权益 + 利润）；或资产 = 负债 + 所有者权益 +（收入 - 费用）。

账户（account）是对会计要素进行分类核算的工具。它具有一定的格式和结构，能分类反映会计要素增减变动的情况及结果。

会计科目，简称科目（account）是账户的名称。

复式记账法（double entry method）是对于每一项交易或事项都要在相互联系的两个或两个以上的账户中进行平衡登记的方法。

借贷记账法（debit credit bookkeeping）是用“借”和“贷”作为记账符号的一种复式记账方法。

会计分录，简称分录（entry）是对每项交易或事项标明应涉及的会计科目、记账方向与金额的一种记录。

试算平衡（trial balance）是指根据会计等式的平衡原理，按照记账规则的要求，通过汇总计算和比较，来检查账户记录的正确性、完整性。

# 练习题

## 【简答题】

1. 什么是会计要素？有哪些会计要素？会计要素如何分类？

2. 什么是资产？简要概括资产的3大特征。

3. 请依照下列各项要求列举具体交易或事项：

（1）导致资产负债表中一项资产增加，另一项资产减少，且不影响其他项目；

（2）导致资产负债表中资产和负债同时增加，且不影响所有者权益。

（3）导致资产负债表中资产和负债同时减少，且不影响所有者权益。

4. 交易或事项发生后，引起会计要素的增减变化有几种基本类型？

5. 会计科目按照性质不同可以分为哪几类？

6. 什么是复式记账法？借贷记账法的记账规则是什么？解释借贷含义。

7. 什么是试算平衡？试算平衡的依据是什么？

## 【业务题】

### 习题一

**1. 目的**

掌握会计等式。

**2. 资料**

恒立公司20×1年6月发生以下交易：

（1）购入原材料一批，金额为5 500元，货款未支付（不考虑增值税）。

（2）投资者投入设备一台，价值200 000元。

（3）购入计算机一台，款项未付，价值3 000元。

（4）用银行存款偿还购货款40 000元。

（5）从工商银行取得短期借款5 500元，直接用来偿还前欠购料款。

（6）销售商品，收到货款25 000元，直接存入银行。

（7）发放本月职工薪酬46 000元。

（8）收回上月销售商品的货款20 000元，存入银行。

（9）债权人A将其应收本企业的货款转为对本企业的投资，金额为50 000元。

（10）赊销商品，金额为103 000元。

3. 要求

（1）逐项分析上述交易或事项的发生对会计等式的影响。

（2）月末，计算资产、负债和所有者权益的总额，并列出会计等式。

## 习题二

1. 目的

熟悉各类账户的结构。

2. 资料

希望公司 20×1 年年末账户记录如下：

单位：元

| 会计科目 | 期初余额 | 本期借方发生额 | 本期贷方方发生额 | 期末余额 |
|---|---|---|---|---|
| 库存现金 | 6 500 | | 6 700 | 4 500 |
| 应付职工薪酬 | 5 700 | 3 400 | 5 000 | |
| 原材料 | | 4 300 | 4 320 | 45 700 |
| 应付账款 | 6 900 | | 3 400 | 7 300 |
| 库存商品 | | 2 320 | 4 890 | 5 899 |
| 固定资产 | 117 000 | 4 400 | 3 520 | |
| 短期借款 | 11 500 | 1 200 | | 11 300 |
| 实收资本 | 184 100 | | 6 700 | 96 800 |
| 银行存款 | 9 300 | 16 100 | | 12 500 |
| 应收账款 | 7 800 | | 5 100 | 12 340 |

3. 要求

根据各类账户的结构，计算空格中的数据并填列在上表空格中。

## 习题三

1. 目的

练习借贷记账法、登记账户和编制试算平衡。

2. **资料**

文化公司20×1年5月1日资产负债表如下：

文化公司资产负债表

20×1年5月1日 单位：元

| 资产 | | 负债与所有者权益 | |
|---|---|---|---|
| 库存现金 | 5 500 | 负债 | |
| 银行存款 | 9 300 | 短期借款 | 12 500 |
| 应收账款 | 6 100 | 应付账款 | 6 900 |
| 原材料 | 42 300 | 应付职工薪酬 | 5 700 |
| 库存商品 | 32 000 | 应交税费 | 3 000 |
| 固定资产 | 117 000 | 所有者权益 | |
| | | 实收资本 | 184 100 |
| 资产总计 | 212 200 | 负债与所有者权益总计 | 212 200 |

5月发生以下交易：

（1）5月1日，购入原材料一批，价值3 400元，尚未支付（不考虑增值税）。

（2）5月2日，投资者投入设备一台，价值2 700元。

（3）5月4日，收回上月销货款3 000元，存入银行。

（4）5月10日，所有者投入10 000元，存入银行。

（5）5月15日，用银行存款发放上月薪酬5 700元。

（6）5月16日，将库存现金1 000元存入银行。

（7）5月21日，用银行存款缴纳上月欠缴的税金3 000元。

（8）5月23日，用银行存款支付所欠购料款3 000元。

（9）5月26日，收回应收账款2 100元，存入银行。

（10）5月30日，用银行存款偿还短期借款1 200元。

3. **要求**

（1）根据文化公司20×1年5月份发生的交易，编写相应的会计分录。

（2）设置账户，并登记期初余额及上述交易。

（3）编制20×1年5月31日文化公司的本期发生额及余额试算平衡表。

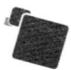

## 【案例讨论题】

### 1.“钱”途要自己选择

华兴公司精简机构。对于职员张晓来说，有三条路可供他选择：

第一条：继续留在公司任职，年收入 48 000 元；

第二条：下岗，收入将打对折，某快餐店愿意以每个月 2 500 元的薪酬待遇聘请他；

第三条：辞职创业，投资开小餐馆。

以下是开一个小餐馆预计一个月的经营情况：

（1）预付半年租金 6 000 元；

（2）购入各种食材饮料 4 000 元，本月耗费其中的 3/4；

（3）支付雇员薪酬 3 000 元；

（4）支付水电费 300 元；

（5）当月营业收入 15 000 元。

假设小餐馆每个月的经营状况比较稳定。请根据上述材料，为张晓的未来职业选择提供建议，并说明原因。

### 2.会计不是凭想象

李贺和张斯合伙开了一家面包房，他俩做的酱汁面包非常有名。他俩都没有接受过会计教育，但认为只要记录采用复式记账的方法就不会出现错误，于是自己设计了一个用来记录交易的系统，自认为很有效。以下列示的是本月所发生的一些交易：

（1）1 月 2 日，收到一个定制生日蛋糕的订单，顾客来取蛋糕时收款 1 000 元。

（2）1 月 4 日，在网上采用货到付款的方式订购价值 600 元的面粉，商家约定 3 天后送货上门。

（3）1 月 5 日，顾客取走蛋糕，收到 1 000 元现金。

（4）1 月 7 日，收到订购的面粉，并支付 600 元现金。

（5）1 月 15 日，赊购一台价值 6 000 元的蛋糕烘焙机。

（6）1 月 31 日，支付银行借款利息 400 元。

李贺和张斯对以上交易进行了如下记录：

面包房20×1年1月会计记录

单位：元

| 资产= | | 负债+所有者权益 | | +（收入-费用） | |
|---|---|---|---|---|---|
| （1）收到蛋糕订单 | 1 000 | | | 销售收入 | 1 000 |
| （2）网上订购食材 | 600 | | | 食材支出 | −600 |
| （3）收到顾客现金<br>顾客取走蛋糕 | 1 000<br>1 000 | | | | |
| （4）收到网购的食材 | 600 | 应付账款 | −600 | | |
| （5）赊购蛋糕烘焙机 | | 应付账款 | 6 000 | 设备支出 | −6 000 |
| （6）现金支付利息 | 400 | | | 利息支出 | −400 |

根据以上资料请你向他们解释他们对记录交易的错误理解，并改正他们记录中的错误。

# 第4章 会计循环

【学习目标】

1. 了解会计循环流程的每一个节点。
2. 掌握现金制与应计制。
3. 掌握 4 类基本调整账项。
4. 掌握结账的目的并编制虚账户结账分录。
5. 比较调整后试算平衡表与结账后试算平衡表的不同。
6. 了解工作底稿的用途。

【引导案例】

企业什么时候确认收入？许多时候，销售产品或提供劳务时收取现金即赚取了收入。例如，去餐厅吃饭，顾客结完账，餐厅在收到现金或顾客刷卡后就赚取了收入；乘客乘坐出租车下车时付现金或刷交通卡或扫支付码时，出租车公司就赚取了收入。

有些情况下收入的确认就没有这么简单。许多公司收入种类多，收入确认与收款时间可能不一致。假如 2019 年 12 月 12 日，一个经销商与格力电器签订了一份商品购销合同，并预付了商品款，格力电器是否应该在收到预付款时确认销售商品收入？我们可以在格力电器 2019 年年度财务报告中找到答案。

格力电器 2019 年年报中对收入确认原则做了如下披露：

收入在经济利益很可能流入本公司，且金额能够可靠计量，并同时满足下列条件时予以确认。

本公司主要从事空调器及其配件和生活电器及其配件的生产及销售，相应收入主要包括销售商品收入、提供劳务收入、让渡资产使用权收入，其中销售商品收入包括国内销售收入、出口销售收入。

（1）销售商品收入

本公司在已将商品所有权上的主要风险和报酬转移给购货方，既没有保留通常与所有权相联系的继续管理权，也没有对已售出的商品实施有效控制，收入的金额、相关的已发生或将发生的成本能够可靠地计量，相关的经济利益很可能流入企业时，确认销售商品收入。

①对于国内销售产品收入，本公司采用预收货款形式，于产品出库交付给购货方并开具发货单或出库单，产品销售收入金额已确定时确认收入；

②对于出口销售收入，本公司根据合同约定将产品报关、离港，并取得提单，产品销售收入金额已确定时确认收入。

（2）提供劳务收入

本公司劳务收入主要为对外提供的仓储服务收入、物资加工服务收入及手续费及佣金收入，本公司在交易的完工进度能够可靠地确定，收入的金额、相关的已发生或将发生的成本能够可靠地计量，相关的经济利益很可能流入企业时确认提供劳务收入。

①对于仓储服务收入，本公司于相关劳务提供完毕，按照提供服务的工时及标准工资、使用设施及相关费用，收入金额已确定时按月结算收入。

②对于加工服务收入，本公司根据合同约定将物资加工完毕，并交付客户取得客户签收单据，收入金额已确定时确认收入。

确定提供劳务交易完工进度的方法：已完工作量的测量（或已经提供的劳务占应提供劳务总量的比例、已经发生的成本占估计总成本的比例）。本公司在资产负债表日提供劳务交易结果不能够可靠估计的，分别按下列情况处理：

A. 已经发生的劳务成本预计能够得到补偿的，按照已经发生的劳务成本金额确认提供劳务收入，并按相同金额结转劳务成本；

B. 已经发生的劳务成本预计不能够得到补偿的，将已经发生的劳务成本计入当期损益，不确认提供劳务收入。

③本公司手续费及佣金收入主要为承兑业务手续费收入、委托贷款手续费收入等。

手续费及佣金收入根据业务完成时与客户结算形成的业务结算单确认服务提供、风险和报酬转移时点，并根据业务合同或协议规定的条件和比例计算确认收入的具体金额。

（3）让渡资产使用权收入

让渡资产使用权收入包括利息收入、租赁收入等。

本公司在收入的金额能够可靠地计量，相关的经济利益很可能流入企业时，确认让渡资产使用权收入。

①本公司利息收入主要为存放金融企业款项利息收入、贷款利息收入。存放金融企业款项利息收入按存放款项时间和实际利率按期确认。贷款利息收入是指公司发放自营贷款，按期计提利息所确认的收入。贷款利息收入按照实际利率法确认。

②本公司租赁收入确认条件如下：

A. 具有承租人认可的租赁合同、协议或其他结算通知书；

B. 履行了合同规定的义务，开具租赁发票且价款已经取得或确信可以取得；

C . 出租成本能够可靠地计量。

资料来源：珠海格力电器股份有限公司 2019 年年度报告

本章将学习会计循环流程、现金制与应计制、基本调整业务、结账以及工作底稿等内容。

## 4.1 凭证与账簿

### 4.1.1 会计循环概述

企业在一个会计期内，其会计工作必须经过审核原始凭证、编制分录、记账、试算、调整、编表和结账等一系列会计程序。它于会计期期初开始，至会计期期末结束，循环往复、周而复始，故称为会计循环（accounting cycle）。

会计循环的流程可汇总如图 4-1 所示。

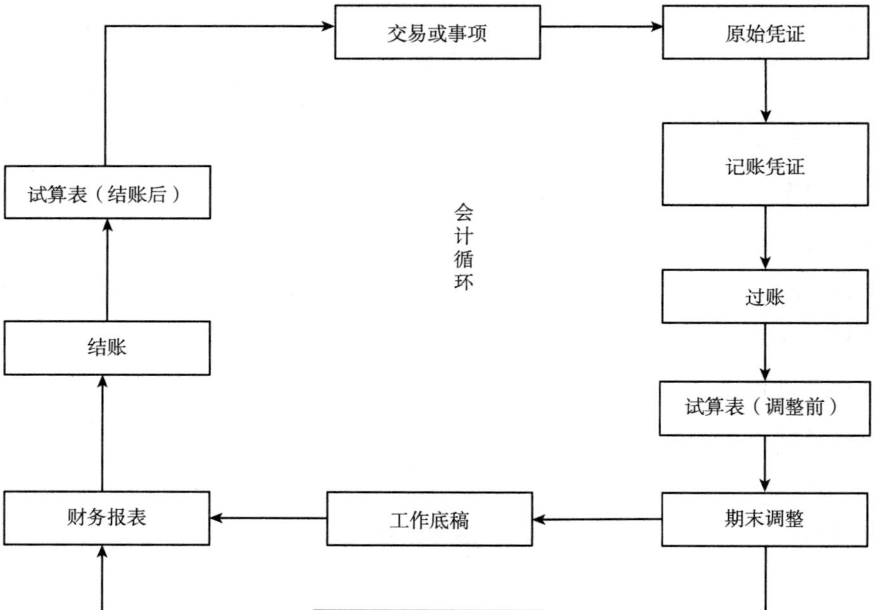


图4-1　会计循环流程图

会计循环流程的主要节点如下。

（1）审核原始凭证

会计人员首先要对取得的原始凭证进行真实性、合法性、合规性审核。

（2）编制会计分录，即编制记账凭证

会计人员根据经过审核无误的原始凭证，按交易或事项发生时间的先后顺序确定每笔交易应借记和贷记的科目及金额，并填入记账凭证。

（3）过账，即登记账户

根据记账凭证确定的会计分录，在日记账和分类账中进行登记。

（4）试算

将分类账中各账户借方发生额、贷方发生额和期末余额通过试算平衡表汇总，以验证会计分录及账户记录的正确性。

（5）调整及调整后试算

为正确核算企业一定会计期间的利润，期末要按权责发生制（应计制）原则对应计和递延的事项进行调整，编制调整分录并进行调整后试算，以检验调整分录与过账有无差错。

（6）编制财务报表

根据调整后试算平衡表参考其他会计记录编制利润表、资产负债表、现金流量表等基本财务报表及附表，并辅以必要的注释与说明。

（7）结账及结账后试算

在会计期末，收入、费用账户必须通过结账分录予以结清，以确定当期损益；资产、负债、所有者权益账户不必编制结账分录，但其余额必须结转至下期以供连续记录。

工作底稿是手工记账情况下简单易验证的一种方法。在互联网时代，企业已普遍应用财务软件，会计人员大多是通过会计系统来记录、收集、分类、汇总及编制财务报表，但是会计循环的流程基本不变。

第3章我们重点讨论了会计循环的3个步骤：①编制会计分录；②过账；③试算。本章将继续讨论会计循环的其他步骤。

### 4.1.2 会计凭证

填制和审核会计凭证是会计核算工作的起点，是会计核算的基础工作，也是对企业发生的交易或事项进行核算和监督的基本环节。每一个会计主体，一旦发生交易或事项，都必须取得或填制凭证，由执行、完成该项交易或事项的有关人员从外部取得或自行填制，以书面形式反映或证明交易或事项的发生或完成情况。会计凭证是记录交易或事项的发生情况，明确经济责任，作为记账依据的书面证明。比如，购买商品时要由销货单位开具发票，支付款项时要由收款单位开具收据，商品验收或发出时要有收货单、发货单等。填制或取得并审核会计凭证是会计工作的初始阶段和基本环节，它是保证会计核算按照交易的实际发生情况如实记录的基础，也是确保财务报表如实反映企业真实状况的前提条件。

会计凭证按其填制的程序和用途，分为原始凭证和记账凭证。

（1）原始凭证

原始凭证又称单据，是记录交易或事项发生的初始凭据。原始凭证必须真实、完整、清楚、正确，并有经办人员签字。原始凭证按其来源，可分为外来原始凭证和自制原始凭证。外来原始凭证是交易或事项发生时从外单位取得的，如购货时取得的发票、付款时取得的收据等；自制原始凭证是本单位经办人员填制的，如收款时开出的收据、商品入库时的收货单、销售商品时开出的发票等。我们常见的火车票、飞机票、汽车票等都属于原始凭证。原始凭证应载明交易或事项的具体内容、数量、金额并签名或盖章，以明确责任。表 4-1、表 4-2、表 4-3 分别是收据、收料单、领料单 3 种原始凭证。

表4-1　收据

年　月　日

| | |
|---|---|
| 付款单位收款方式 ________________ | 第 |
| 人民币（大写）¥ ________________ | |
| 收款事由 ________________ | 联 |

收款单位（盖章）　　审核　　经手　　出纳

表4-2　收料单

供货单位　　年　月　日　　凭证编号

发票号码　　收料仓库

| 材料编号 | 材料规格及名称 | 计量单位 | 数量 | | 价格 | |
|---|---|---|---|---|---|---|
| | | | 应收 | 实收 | 单价 | 金额 |
| | | | | | | |
| | | | | | | |
| 备注 | | | | | 合计 | |

仓库负责人　　记账　　仓库保管　　收料

表4-3 领料单

领料部门　　　　　　　年　月　日　　　　　　凭证编号
用途　　　　　　　　　领料仓库

| 材料编号 | 材料规格及名称 | 计量单位 | 数量 | | 价格 | |
|---|---|---|---|---|---|---|
| | | | 请领 | 实领 | 单价 | 金额 |
| | | | | | | |
| | | | | | | |
| 备注 | | | | | 合计 | |

记账　　　　发料　　　　审批　　　　领料

（2）记账凭证

记账凭证是财会部门根据审核无误的原始凭证填制，记载交易或事项的简要内容，确定会计分录，作为记账依据的会计凭证。由于记账凭证上记录的主要内容是会计分录，也将记账凭证称为记载会计分录的单据。

按记账凭证反映的经济内容不同，可以将记账凭证分为收款凭证、付款凭证和转账凭证 3 种。

收款凭证是用于记录库存现金和银行存款收入业务的记账凭证。其格式如表 4-4 所示。

表4-4 收款凭证

借方科目：银行存款　　　　20×1 年 2 月 10 日　　　　银收字第 1 号

| 摘要 | 贷方科目 | | 金额 | 记账 |
|---|---|---|---|---|
| | 一级科目 | 明细科目 | | |
| 接受投资 | 实收资本 | | 2 300 000 | √ |
| 合计 | | | 2 300 000 | |

会计主管　　　记账　　　出纳　　　审核　　　填制

付款凭证是用于记录库存现金和银行存款付出业务的记账凭证。其格式如表 4-5 所示。

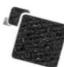

表4-5　付款凭证

贷方科目：银行存款　　　　20×1 年 2 月 15 日　　　　银付字第 2 号

| 摘要 | 借方科目 | | 金额 | 记账 |
|---|---|---|---|---|
| | 一级科目 | 明细科目 | | |
| 购计算机 | 固定资产 | 计算机 | 100 000 | √ |
| 合计 | | | 100 000 | |

会计主管　　记账　　出纳　　审核　　填制

对于货币资金的划转业务，为了避免重复记账，通常只编制付款凭证。如提现业务就编制银行存款付款凭证，存款业务则编制现金付款凭证。

转账凭证是用于记录不涉及库存现金和银行存款收付业务的其他转账业务所用的记账凭证。其格式如表 4-6 所示。

表4-6　转账凭证

20×1 年 3 月 31 日　　　　转字第 1 号

| 摘要 | 一级科目 | 明细科目 | 借方金额 | 贷方金额 | 记账 |
|---|---|---|---|---|---|
| 房屋及电脑折旧费 | 管理费用 | 折旧费 | 10 800 | | √ |
| | 累计折旧 | | | 10 800 | √ |
| 合计 | | | 10 800 | 10 800 | |

会计主管　　记账　　审核　　填制

### 4.1.3　记账与账簿

记账就是根据记账凭证所确定的会计分录，在账簿中按账户进行分类登记，即账簿汇总了各账户的本期增加额、本期减少额以及期末余额。企业所有的交易或事项经过记账后，便按各账户分类汇总列示，分类账由此得名。记账的主要目的是确定每一个账户的借贷方发生额及余额，即增减变动情况及结果，以便定期编制财务报表。所以，各分类账的最终结果便是编制财务报表的依据。

分类账按其对各账户信息汇总的程度分为总分类账和明细分类账。

#### 4.1.3.1 总分类账和明细分类账

（1）总分类账

总分类账也称总账，是按总分类账户（总分类科目）进行分类登记的账簿。总分类账能全面、总括地反映和记录交易或事项引起的资金运动和财务收支情况，并为编制财务报表提供数据。因此，每一个会计主体都必须设置总分类账。

总分类账一般采用三栏式账页，格式如表 4-7 所示。

表4-7 三栏式账户

账户名称　　　　　　　　　　第　页

| 年 | | 凭证号码 | 摘要 | 借方金额 | 贷方金额 | 余额 | |
|---|---|---|---|---|---|---|---|
| 月 | 日 | | | | | 借方 | 贷方 |
| | | | | | | | |
| | | | | | | | |

总分类账可以按记账凭证逐笔登记，也可按记账凭证汇总表等在月末汇总登记。具体采用哪种登记方法，需根据企业采用的账务处理程序而定。

（2）明细分类账

明细分类账也称明细账，是按明细分类账户（子目或细目）进行分类登记的账簿。明细分类账能分类详细地记录和反映资产、负债、所有者权益、收入、费用和利润情况，为编制财务报表提供更加详细的资料。明细分类账对于加强监督财产的收发和保管、资金的管理和使用、往来款项的结算、收入的取得以及费用的开支管理等，起着重要的作用。

明细账的格式，应根据各会计主体经营业务的特点和管理需求来确定。常用格式有以下 3 种。

①三栏式明细账。三栏式明细账页的格式与总分类账页的格式基本相同，设置借方、贷方和余额三个金额栏。这种账页适用于只采用金额核算的“应收账款”“应付账款”“预收账款”“短期借款”等账户的明细核算。表 4-8 是三栏式明细分类账的格式。

表4-8　应收账款明细账

明细科目　　　　　　　　　　第　页

| 年 | | 凭证号码 | 摘要 | 借方金额 | 贷方金额 | 余额 | |
|---|---|---|---|---|---|---|---|
| 月 | 日 | | | | | 借方 | 贷方 |
| | | | | | | | |
| | | | | | | | |

②数量金额式明细账。数量金额式明细账页的格式如表 4-9 所示。它在收入、发出、结存三栏内，再分别设置“数量”“单价”“金额”等栏目，以分别登记实物的数量和金额。数量金额式明细账适用于既要进行金额明细核算，又要进行数量明细核算的财产物资项目，如“原材料”“库存商品”等存货项目。

表4-9　原材料明细账

明细科目：　　　　　　　　　　第　页

| 年 | | 凭证号码 | 摘要 | 收入 | | | 发出 | | | 结存 | | |
|---|---|---|---|---|---|---|---|---|---|---|---|---|
| 月 | 日 | | | 数量 | 单价 | 金额 | 数量 | 单价 | 金额 | 数量 | 单价 | 金额 |
| | | | | | | | | | | | | |
| | | | | | | | | | | | | |
| | | | | | | | | | | | | |

数量金额式明细账能提供各种财产物资收入、发出、结存的数量和金额信息。为满足管理上的要求，在账页的上端可另外设计一些必要的项目，以便了解一些需要的资料。如供货单位、商品、材料物资的类别、名称和规格、计量单位、计划单价、储备定额、最高和最低储备量等。根据这种格式的明细分类账，就能取得关于各种商品、材料物资的收入、发出和结存的详细资料，并可以对这些商品、材料物资的管理、使用进行日常的监督。

③多栏式明细账。多栏式明细账是根据交易或事项的特点和经营管理的需要，在一张账页内按有关明细科目或项目分设若干专栏的账簿。按照登记交易或事项内容的不同又分为 3 种：第一种“借方多栏式”明细账，如“管理费用明细账”。这种格式的账页是在借方栏下，按费用项目分设若干专栏，如职工薪酬、折旧费、修理费、办公费、差旅费、审计费、业务招待费等，企业发生管理费用时，登记在相应费用栏目，结转费用时，贷记该账户，由于每一会计期只发生一笔或几笔贷方发生额，可以在有

关栏内用红字登记，表示应从借方发生额中冲销（见表4-10），结账后该账户期末无余额。第二种“贷方多栏式”明细账，如“主营业务收入明细账”。这种格式的账页是在贷方栏下，按收入类别分设若干专栏，如A产品收入、B产品收入、C服务收入等，企业实现收入时，登记在相应的收入栏目；结转收入时，借记该账户，结账后该账户期末应无余额。第三种“借方、贷方多栏式”明细账，如“本年利润明细账”“应交增值税明细账”等。表4-11（1）、表4-11（2）应交税费——应交增值税明细账是借方、贷方多栏式明细账。

表4-10　管理费用明细账

| 年 | | 凭证号码 | 摘要 | 职工薪酬 | 折旧费 | 修理费 | 办公费 | 其他 | 合计 |
|---|---|---|---|---|---|---|---|---|---|
| 月 | 日 | | | | | | | | |
| | | | | | | | | | |
| | | | | | | | | | |
| | | | 本月发生额合计<br>结转管理费用（红字） | | | | | | |

表4-11（1）　应交税费——应交增值税明细账

| 年 | | 凭证号码 | 摘要 | 借方 | | | | | |
|---|---|---|---|---|---|---|---|---|---|
| 月 | 日 | | | 合计 | 进项税额 | 已交税金 | 减免税款 | 出口抵减内销产品应纳税额 | 转出未交增值税 |
| | | | | | | | | | |
| | | | | | | | | | |

表4-11（2）　应交税费——应交增值税明细账

| 贷方 | | | | | | |
|---|---|---|---|---|---|---|
| 合计 | 销项税额 | 出口退税 | 进项税额转出 | 转出多交增值税 | 借或贷 | 余额 |
| | | | | | | |
| | | | | | | |

总分类账发生额与余额应分别等于其所属明细分类账各明细账户发生额与余额之和，两者具有统驭和被统驭的关系。

#### 4.1.3.2 日记账

库存现金、银行存款日常发生的交易比较频繁，又是比较特殊的资产，容易被偷盗、挪用等，为了加强对库存现金、银行存款的核算和管理，增强对货币资金的控制、核对和相互牵制，企业应另行设置库存现金日记账和银行存款日记账，以全面、详细地反映库存现金和银行存款收入、支出和结存的原因及其金额。

库存现金日记账是由出纳人员根据审核无误的库存现金收付款凭证及部分银行存款付款凭证，序时逐笔登记的账簿。库存现金日记账的格式如表 4-12 所示。它的基本结构为“收入”“支出”和“结余”三栏。出纳人员在每日业务终了，应将库存现金收付款项逐笔登记，结出账面余额，并与实际结存的库存现金相核对，借以检查每日库存现金的收、付、存情况以及库存现金限额的执行情况。

表4-12 库存现金日记账

第　　页

| 年 | | 凭证号码 | | 摘要 | 对方科目 | 收入 | 支出 | 结余 |
|---|---|---|---|---|---|---|---|---|
| 月 | 日 | 现收 | 现付 | | | | | |
| | | | | | | | | |
| | | | | | | | | |

银行存款日记账是由出纳人员根据审核无误的银行存款收付款凭证及部分现金付款凭证，序时逐笔登记的账簿。银行存款日记账的格式与库存现金日记账基本相同。

#### 4.1.3.3 备查账

有些交易或事项无法在日记账和分类账簿中进行登记，相关信息可以在备查簿中做备忘或补充记录，如租入固定资产登记簿、受托加工材料登记簿等。

#### 4.1.3.4 记账释例

下面以便民公司 20×1 年 2 月、3 月发生的交易为例，列举三栏式银行存款日记账、三栏式总分类账的登记，分别见表 4-13、表 4-14。

表4-13　银行存款日记账

开户银行：工商银行　　　　　　　　存款种类：　　　　　　　　第　页

| 20×1年 | | 凭证号码 | | 摘要 | 对方科目 | 收入 | 支出 | 结余 |
|---|---|---|---|---|---|---|---|---|
| 月 | 日 | 银收 | 银付 | | | | | |
| 2 | 10 | 1 | | 张平投入资本 | 实收资本 | 2 300 000 | | 2 300 000 |
| 2 | 15 | | 1 | 购办公用房 | 固定资产 | | 1 800 000 | 500 000 |
| 2 | 20 | | 2 | 购计算机 | 固定资产 | | 100 000 | 400 000 |
| 2 | 21 | | 3 | 购设计软件 | 无形资产 | | 200 000 | 200 000 |
| 2 | 25 | | 4 | 购耗材 | 周转材料 | | 20 000 | 180 000 |
| 3 | 15 | | 5 | 支付薪酬 | 管理费用 | | 60 000 | 120 000 |
| 3 | 16 | | 6 | 购办公用品 | 管理费用 | | 2 000 | 118 000 |
| 3 | 18 | | 7 | 支付水电费 | 管理费用 | | 1 000 | 117 000 |
| 3 | 19 | | 8 | 支付网络通信费 | 管理费用 | | 2 000 | 115 000 |
| 3 | 25 | | 9 | 支付赊欠款 | 应付账款 | | 40 000 | 75 000 |
| | | | | 本期发生额及期末余额 | | 2 300 000 | 2 225 000 | 75 000 |

假定便民公司采用记账凭证账务处理程序，根据记账凭证逐笔登记总分类账，如表 4-14 所示。

表4-14　银行存款总分类账

第　页

| 20×1年 | | 凭证号码 | 摘要 | 借方金额 | 贷方金额 | 余额 | |
|---|---|---|---|---|---|---|---|
| 月 | 日 | | | | | 借方 | 贷方 |
| 2 | 10 | 银收 1 号 | 投入资本 | 2 300 000 | | | |
| 2 | 15 | 银付 1 号 | 购办公用房 | | 1 800 000 | | |
| 2 | 20 | 银付 2 号 | 购计算机 | | 100 000 | | |
| 2 | 21 | 银付 3 号 | 购设计软件 | | 200 000 | | |
| 2 | 25 | 银付 4 号 | 购耗材 | | 20 000 | | |
| 3 | 15 | 银付 5 号 | 支付薪酬 | | 60 000 | | |
| 3 | 16 | 银付 6 号 | 购办公用品 | | 2 000 | | |
| 3 | 18 | 银付 7 号 | 支付水电费 | | 1 000 | | |
| 3 | 19 | 银付 8 号 | 支付网络通信费 | | 2 000 | | |
| 3 | 25 | 银付 9 号 | 支付赊欠款 | | 40 000 | | |
| 3 | 31 | | 本期发生额及期末余额 | 2 300 000 | 2 225 000 | 75 000 | |

其余账户的登记，略。

## 4.2 账项调整

对绝大多数公司来说，并非都在收到现金时就赚取了收入，也不一定在支出现金时就发生了费用。现金流量与收入及费用之间的时间差被称为应计和递延。这一节主要讨论在编制基本财务报表前该如何对应计和递延的交易或事项进行调整。

### 4.2.1 收入与费用确认的基础

#### 4.2.1.1 收入与费用的收支期间与归属期间

收入与费用的收支期间，是指收到现款收入（库存现金或银行存款）和支付现款（库存现金或银行存款）费用的会计期间。收入与费用的归属期间，则是指应确认收入和应负担费用的会计期间。

收入与费用的收支期间与归属期间的关系有3种可能：①本期收到现款的收入即为本期应确认的收入，如本期销售商品并收款，本期已支付的费用即为本期应负担的费用，如支付本月水电费。②本期收到现款但本期不应确认的收入，如物业公司预收半年的房租，就不能将半年的租金收入全部确认为收到租金月份的收入。本期支付现款但不应当由本期负担的费用，如预付一年的保险费，就不能将一年的保险费全部确认为支付保险费月份的费用。③本期应确认收入但尚未收到现款，如本期销售商品未收款，以后会计期收款。本期应负担的费用但未支付款，如本月借款利息季末（或年末）支付。如果收入与费用的收支期间与归属期间一致，则收入和费用的确认时期就与收付款时期一致。如果二者不一致，则有两种确认基础来确定其是否为本期的收入和费用：一种为现金制，另一种为应计制。

#### 4.2.1.2 现金制

现金制（cash basis）又称收付实现制或实收实付制。它确定本期收入和费用，以款项的实际收付为标准。凡本期收到款的收入和支付款的费用，不管其是否应归属于本期，都确认为本期的收入和费用；反之，凡本期未收款的收入和未付款的费用，即使应归属于本期，也不确认为本期的收入和费用。由于收入费用的确认是以现金收付为标准，故通常称为现金制。

现金制不考虑预收收入、预付费用以及应计收入和应计费用的存在，会计期末直接根据日常账簿记录确定本期的收入和费用。因为实际收到和支付的款项日常已经登记入账，所以不存在期末账项调整的问题。

#### 4.2.1.3 应计制

应计制（accrual basis）又称权责发生制或应收应付制。它确定本期收入和费用，不是以是否收付款为标准，而是以本期应收应付为标准。本期应收就是本期获取了收款的权利，本期应付就是费用承担的责任归属于本期。也就是说，凡归属于本期的收入，无论其款项是否收到，都确认为本期的收入；凡归属于本期的费用，无论款项是否支付，都确认为本期费用。反之，凡不应归属于本期的收入，即使已收款，也不确认为本期收入；凡不应归属于本期的费用，即使已付款，也不确认为本期的费用。由于收入、费用的确认与款项的收付无关，只与收款的权利、费用承担的责任有关，所以称为应计制。

在应计制下，应归属于本期的收入和费用不仅包括前述收入与费用的收支期间与归属期间的①、③两种情况，还包括以前会计期收到款应在本期确认的收入，以及以前会计期支付款应由本期负担的费用。但是，它不包括②情况下的收入和费用。所以，在会计期末，要确定本期的收入与费用，就要根据账簿日常记录，按照收入与费用的归属期进行账项调整。

会计期末，确认本期收入和费用时，现金制无须对账簿记录进行账项调整，而应计制则必须进行必要的账项调整。因此，就会计处理手续而言，前者较后者简便；但从计算盈亏角度来说，后者比前者更合理。

我国《企业会计准则》要求企业会计核算以应计制为基础。

### 4.2.2 期末账项调整

#### 4.2.2.1 期末账项调整的必要性

从应计制的观点看，账簿的日常记录还不能完整地反映本期的收入和费用。所以，在期末编制财务报表以前，必须对账簿记录进行必要的调整。调整就是按照应予归属这一标准，合理地反映相互连接的各会计期应确认的收入和应负担的费用，使各期的收入与费用进行合理配比，从而比较恰当地计算出各期的盈亏。

需指出的是，期末进行账项调整，虽然主要是为了在利润表中恰当地反映本期的经营成果，但是，收入与费用的调整必然影响到有关资产、负债项目发生相应的增减变动。因此，期末账项调整也是为了比较恰当地反映企业期末的财务状况。

#### 4.2.2.2 期末应予调整的账项

每个会计期末应予调整的账项完全取决于企业交易或事项的性质。一般来说，企业期末应予调整的账项分为以下 4 种类型。

（1）资产转化为费用

购买房屋和设备等资产通常受益于多个会计期间，购入时计入固定资产账户，预付一年期的保险费计入待摊费用账户等，该资产类账户表示递延（或推迟）费用，在未来使用该资产的各个受益期间，需要编制调整分录以便将资产负债表中资产成本的一部分转入利润表中的费用。此时的调整分录为借记相关的费用类账户，如管理费用（折旧费用、保险费用等），贷记相关的资产类账户（如累计折旧、待摊费用等）。

待摊费用，是指企业已经付款，但应由本期和以后各期分别负担且分摊期限在 1 年以内（包括 1 年）的各项费用，如周转材料摊销、预付保险费、经营租赁的预付租金、预付报纸杂志费、一次交纳数额较大需分摊的印花税以及固定资产修理费用等。待摊费用属于资产类账户。

（2）负债转化为收入

企业可能会对未来会计期间才提供的商品或服务提前收款（即预收款），如万科股份预收购房款。预收款时贷记预收账款等负债类账户，该负债类账户代表递延（或推迟）确认收入。在实际销售商品或提供服务的会计期间，编制调整分录，将资产负债表中的一部分负债分配到利润表中，以便确认应该归属于本期的收入。调整分录为借记负债类账户，如预收账款，贷记已实现收入（如主营业务收入等）。

（3）应计未付的费用

有些应该归属于本期的费用（即应计费用）要在未来会计期间才予支付，这些应计费用需要在每个会计期末通过编制调整分录予以确认并记录。调整分录为借记相关费用类账户如财务费用（利息费用）、管理费用（薪酬费用等）、所得税费用，贷记相关的负债类账户如应付利息、应付职工薪酬、应交税费、预提费用等。

预提费用是指企业按照规定从成本费用中预先提取但尚未支付的费用，如借款利息、预提的租金、保险费和固定资产修理费等。预提费用属于负债类账户。

（4）应计未收的收入

有些应该归属于本期已赚取的收入（应计收入）要在未来会计期间才能收到现金，这些应计收入需要在每个会计期末编制调整分录予以记录。调整分录为借记相关的资产类账户，如应收账款、应收利息等，贷记相关的收入类账户，如主营业务收入、其他业务收入等。

以上（1）、（2）类调整业务称为递延，所谓递延，即推迟确认已收现的收入或已付现的费用。这种预收收入或预付费用，随企业经营活动的继续会逐渐转为已实现收入或应负担费用。这样，原记录的项目性质（如负债或资产）因实际情况的变动而有所变化，故应在期末将本期已实现的收入从预收账款账户（负债账户）转入相应的收入账户，将本期应负担的费用从待摊费用等账户（资产账户）转入相应的费用账户。

凡是本期已赚取的收入及已发生的费用，因尚未收付现金而平时未予记录，但在会计期末应予以调整入账，这就产生了（3）、（4）类调整业务，即应计项目。应计项目包括应计费用和应计收入。应计费用又称应付费用，是指本会计期应负担（或耗用）而尚未支付现金的各项费用。应计收入又称应收收入，是指本会计期已实现（赚取）而尚未收现的各项收入。

**【延伸知识】**

2006年财政部发布的《企业会计准则——应用指南》附录“会计科目和主要账务处理”中删除了“待摊费用”与“预提费用”科目，并在企业资产负债表中也相应取消了这两个项目。主要原因在于，将“待摊费用”作为资产，“预提费用”作为负债，不符合新准则对资产和负债要素的定义。

待摊费用是企业已经发生，应由当期及以后各期负担的费用，直接表现为经济利益流出企业，企业资产、所有者权益的减少，预期不会给企业带来任何经济利益，因此不能被划入资产范畴。预提费用是企业按照规定从成本费用中预先提取但尚未支付的费用，虽然这些费用预期会导致经济利益流出企业，但它们并不是企业过去的交易或事项形成的现时义务，其同样不符合新准则对负债的定义。

会计实务中，有些企业仍保留“待摊费用”和“预提费用”科目。

#### 4.2.2.3 调整账项与时间差异

应计制下，现金收支与收入费用的确认之间经常有时间性差异。企业可能在应负担某项费用前就支付了现金，也可能在收入实现前就预收了现金。类似地，企业也可能在未支付任何现金前就应负担某项费用，在未收到任何现金前就实现了收入。这些时间性差异和由此需要调整的账项总结如下：①因在费用负担之前的会计期支付了现金，支付现金的会计期间确认为资产，本期确认应负担费用，所以本期末编制将部分或全部资产转化为费用的调整账项。②因在收入实现之前的会计期收取了现金，收取现金的会计期间确认为负债，本期确认实现了收入，所以本期末编制将部分或全部负债转化为收入的调整账项。③本期确认应负担费用但尚未支付现金，所以本期末编制应计未付费用的调整账项。④本期确认已实现收入但尚未收到现金，所以本期末编制应计未收收入的调整账项。

因此，调整账项成了收入的收款期与确认期、费用的支付期与确认期之间时间性差异与相关会计期间相联系的重要纽带，如图 4-2 所示。具体而言，调整账项将以下事项联系在了一起：①前期现金流出与当期负担费用；②前期现金流入与当期实现收入；③当期负担费用与未来现金流出；④当期实现收入与未来现金流入。

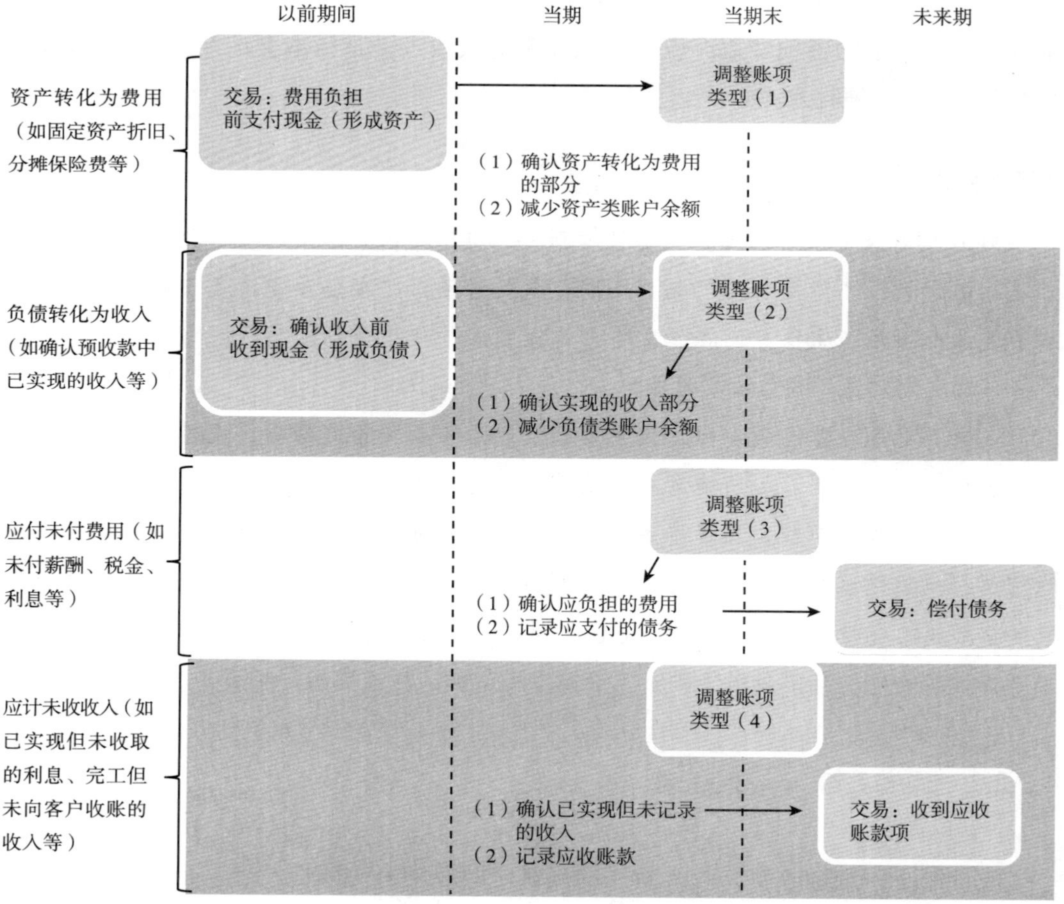


图4-2　调整账项：会计期间的联系纽带

### 4.2.2.4 调整账项举例

（1）资产转化为费用

当企业发生受益于多个会计期间的支出时，通常借记资产类账户。在该支出受益的每一会计期末，需要调整账项以便将归属本期的费用从资产类账户转入费用类账户，表示该资产的一部分已在本期耗用或变成了费用。

①预付费用。保险和租金等费用通常需要提前支付，如果提前支付（预付）不只是使当期受益，那么该支出形成的是一项资产而不是费用。该项资产将在服务的期间分摊为费用。

②周转材料。这里以便民公司购买电脑耗材的会计处理为例。当购买计算机耗材时，按购买成本借记资产类账户“周转材料”。随着公司业务活动的开展，耗材被不断地耗用，每天记录耗用的耗材既不现实也无必要，月末可通过估计库存耗材来确定已耗用的部分。例如，便民公司在调整账项前周转材料账户的余额是60 000元，假定3月31日计算机耗材库存53 000元，说明3月份消耗了7 000元的耗材，应编制如下调整分录。为便于登记账户，作为交易（12）。

（12）借：管理费用　　　　7 000

　　贷：周转材料　　　　7 000

| 借　周转材料 | 贷 |
|---|---|
| （5）60 000 | |
| | （12）7 000 |

| 借　管理费用 | 贷 |
|---|---|
| （6）-①60 000 | |
| （6）-②2 000 | |
| （6）-③1 000 | |
| （6）-④2 000 | |
| （7）10 800 | |
| （8）2 600 | |
| （12）7 000 | |

③保险单。保险单也是一项预付费用。预付保险将获取在一个特定期间的保险保护。随时间的流逝，保险单逐渐到期，企业获取的保险服务即终止。

假设便民公司于20×1年3月1日为公司员工购买了价值12 000元的一年期商业保险，保险期为20×1年3月至20×2年2月，保险范围包括人生重疾险和意外保障险，该笔交易记录为交易（13）。请注意，这是一项交易，不是调整事项。预付保险费可计入待摊费用账户，具体会计记录如下：

（13）借：待摊费用　　　　12 000

　　贷：银行存款　　　　12 000

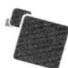

银行存款

| 借 | 贷 |
|---|---|
| （1）2 300 000 | |
| | （2）1 800 000 |
| | （3）100 000 |
| | （4）200 000 |
| | （5）20 000 |
| | （6）－①60 000 |
| | （6）－②2 000 |
| | （6）－③1 000 |
| | （6）－④2 000 |
| | （10）40 000 |
| | （13）12 000 |

待摊费用

| 借 | 贷 |
|---|---|
| （13）12 000 | |

12 000 元是一年期的商业保险，20×1 年 3 月至 20×2 年 2 月每月各负担 1 000 元。20×1 年 3 月应负担的保险费按如下调整分录进行记录。该笔调整事项编号（14）。

（14）借：管理费用　　　　1 000

　　贷：待摊费用　　　　1 000

待摊费用

| 借 | 贷 |
|---|---|
| （13）12 000 | |
| | （14）1 000 |

管理费用

| 借 | 贷 |
|---|---|
| （6）－①60 000 | |
| （6）－②2 000 | |
| （6）－③1 000 | |
| （6）－④2 000 | |
| （7）10 800 | |
| （8）2 600 | |
| （12）7 000 | |
| （14）1 000 | |

这笔调整分录过账后，待摊费用账户将有 11 000 元的借方余额。该余额表示尚未分摊的保险费。

交易（7）、交易（8）便民公司 3 月 31 日计提计算机及办公用房屋折旧费、设计软件摊销均属于资产转化为费用的期末调整账项。

（2）负债转化为收入

有些情况下，顾客需要提前付款才能在未来会计期间享受到所需要的服务。比如，足球队通过销售赛季门票预先收取大部分收入；明星票务在歌星演唱之前通过销售门票预先收款；一兆韦德健身通过销售长期会员合同预收款项；航空公司在飞机飞行前销售大部分机票。

根据应计制会计确认基础，预收款时并不能确认为收入，因为这些收入尚未实现。预收款时应借记银行存款账户，贷记预收账款账户。预收账款也被称为递延收入。

公司预先从客户处收款，就有义务在将来提供服务。因此，预收账款被视为一项负债，在资产负债表的负债部分列报，而不是列示在利润表中。预收账款与其他负债不同，它是通过提供服务（或商品）而不是支付现金来结清债务的。简言之，预收账款是通过提供服务（或商品）而不是付现款来清偿的债务。当然，如果公司不能提供服务（或商品），那么必须将预收账款退还给客户。

当公司已经向客户提供其预付款项的服务（或商品）时，表明公司清偿了债务，同时实现了收入。在会计期末，通过调整账项将已实现的收入从预收账款账户转入收入账户。调整分录借记负债类账户（预收账款），贷记收入类账户。

**【小案例】**

格力电器2019年12月31日合并资产负债表中预收账款的期末余额为8 225 707 662.42元。该余额表示预收未来销售商品的预收款。在将来交付商品时，该项负债就转为主营业务收入在利润表中列示。

资料来源：珠海格力电器股份有限公司2019年年报

为进一步理解这类业务，假设便民公司对外出租办公室一间，月租金6 000元。2月28日便民公司与幸福公司签订房屋租赁合同，租期自20×1年3月至20×1年8月，幸福公司预付半年租金共计3.6万元。便民公司3月1日收到幸福公司预付的半年期房租［记为交易（15）］的分录如下（请注意这是一笔交易事项，不是调整事项）：

（15）借：银行存款　　　　36 000

　　　贷：预收账款　　　　　36 000

预收账款

| 借 | 贷 |
| --- | --- |
| | （15）36 000 |

银行存款

| 借 | 贷 |
| --- | --- |
| （1）2 300 000 | |
| | （2）1 800 000 |
| | （3）100 000 |
| | （4）200 000 |
| | （5）20 000 |
| | （6）－①60 000 |
| | （6）－②2 000 |
| | （6）－③1 000 |
| | （6）－④2 000 |
| | （10）40 000 |
| | （13）12 000 |
| （15）36 000 | |

便民公司将在 20×1 年 3 月至 8 月每月月末对这笔交易进行调整，每月将 6 000 元预收账款转入其他业务收入账户（对便民公司来说，房租收入属于其他业务收入），并在便民公司的利润表中列报。第一次调整是在 3 月 31 日［记为交易（16）］。具体记录如下：

（16）借：预收账款　　　　　　　　　　　　6 000

　　　　贷：其他业务收入　　　　　　　　　　　　6 000

这笔调整分录过账后，预收账款账户将有 30 000 元的贷方余额。该余额代表便民公司在 3 月之后的 5 个月应将办公室提供给幸福公司使用，幸福公司拥有 5 个月的办公室使用权。预收账款账户余额列报在公司资产负债表的负债部分。

| 借 | 其他业务收入 贷 |
| --- | --- |
| | （16）6 000 |

→

| 借 | 预收账款 贷 |
| --- | --- |
| | （15）36 000 |
| （16）6 000 | |

（3）应计未付的费用

这类调整事项确认的是将在未来交易中支付的归属于当期的费用，如职工薪酬和借款利息等，这些费用随时间的推移而不断增加，即应计事项。期末应该通过调整来记录应计而未记录的费用。因为这些费用将在未来支付，产生了一项负债，所以调整分录为借记费用类账户，贷记负债类账户。这里仍以便民公司为例来阐述这类调整事项。

20×1 年 2 月 15 日便民公司在市中心一栋写字楼里按揭购买了一套价值 350 万元的办公用房屋，首付 180 万元，170 万元向工商银行贷款，假定贷款期 10 年，年利率 7.8%，计息日自 20×1 年 3 月 1 日开始，每年末支付当年利息，到期归还本金。

尽管 20×1 年 3 月的利息费用要在年末才支付，但当月实际上已经发生了利息费用 11 050（1 700 000×7.8%×1/12）元。因此，3 月 31 日有如下调整事项：3 月应计提利息费用及月末尚未支付银行的利息费用［记为交易（17）］。

（17）借：财务费用　　　　　　　　　　　　11 050

　　　　贷：应付利息　　　　　　　　　　　　11 050

| 借 | 应付利息 贷 |
| --- | --- |
| | （17）11 050 |

→

| 借 | 财务费用 贷 |
| --- | --- |
| （17）11 050 | |

其他月份贷款利息的调整处理同上。由于便民公司的贷款余额为 70 万元，其他月份该笔贷款利息费用会少于 20×1 年 3 月的利息费用。

（4）应计未收的收入

应计未收收入又称应收收入，是指本会计期已实现（赚取）但尚未收现的各项收入，如应收利息、应收租金、应收佣金等。应计未收收入的调整一方面增加收入（贷记收入类账户），另一方面增加资产（借记应收利息等）。

为说明这类调整事项的会计处理，假设3月3日便民公司与同处于一栋办公楼的未来公司达成协议——为未来公司的所有电脑和网线进行日常维护，协议期自20×1年3月至20×2年2月。便民公司每月收取1 000元维护费，每季末未来公司付款。签订协议时因为尚未提供服务，便民公司没有进行会计处理。由于便民公司3月开始提供服务，但收取款项的时间是第二季度末，即6月末，因此，便民公司在3月31日需要进行确认本月维护服务收入的调整处理［记为交易（18）］，具体会计处理如下：

（18）借：应收账款　　　　1 000

　　　贷：主营业务收入　　　　1 000

| 借 主营业务收入 | 贷 |
|---|---|
| | （9）50 000 |
| | （18）1 000 |

| 借 应收账款 | 贷 |
|---|---|
| （9）50 000 | |
| （18）1 000 | |

其他月份应收取维护费的调整处理同上。

### 4.2.3 调整事项和会计原则

#### 4.2.3.1 配比

将相关的费用与收入在同一会计期间相互配合和相互比较的计算程序，称为配比。所有涉及费用确认的期末调整事项都是对配比原则的应用，如计提计算机和房屋的折旧、摊销设计软件的成本、计量已耗用的周转材料等。合理地配比会计期间的收入和费用，才能比较正确地计算和反映企业的经营成果。

收入与费用的配比有以下两种情况。

一是费用与具体的收入交易直接相关。收入与费用配比的理想模式是，根据当期发生的具体收入确定相应的费用。然而，这一方法仅适用于能直接与具体收入相关的费用，如支付给销售人员的佣金等。

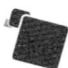

二是在支出的使用年限内系统摊销成本。许多支出为多个会计期间赚取收入做出

贡献，但不能直接与具体收入交易相联系，如保险费、固定资产、专利等无形资产的成本。这种情况下，会计系统通过定期分摊资产成本将收入与费用进行配比，如折旧、摊销等。

#### 4.2.3.2 重要性

重要性（materiality）指的是一个项目或一个事件的相对重要性。如果一个项目的信息能合理地影响财务报表使用者的决策，则该项目就被认为具有重要性。会计人员必须确保所有重要项目都已在财务报表中恰当披露。

然而，财务报告的程序应遵循成本效益原则，即信息的价值应超过编制信息的成本。不重要项目的会计处理对决策制定者很少或没有影响。因此，这些项目可能会以最为简单、最为方便的方式来处理。

（1）重要性与调整事项

重要性原则使会计人员能以多种方式缩短和简化调整分录的编制程序。比如：

①企业购买的有些资产成本较低、消耗较快，如废纸篓、电灯泡、厕所用品等。按照重要性原则，采购这些资产时不记入资产账户，而直接记入费用账户。这样处理就不需要在期末进行调整。

②有些费用可以在实际支付时直接记入费用账户，如电话费账单、公用事业费账单等。严格地说，这种处理违背了配比原则，因为每个月的公用事业费实际是前一个月发生的账单。然而，以收付实现制来处理公用事业费账单就十分方便。

③如果金额不大，记录应计未记录费用或收入的调整事项可以忽略。

（2）重要性是一项职业判断

某个特定项目或事件是否重要属于职业判断问题。在进行这一判断时，会计人员应考虑如下因素：

首先，金额大小判断与组织规模有关。比如，10 000元支出对于一家小企业的财务报表可能是重要的，而对于像中国移动这样的大公司就不重要了。

其次，重要性取决于项目的性质。比如，若公司出纳经常挪用公款，即便金额相对于公司总资产而言很小，但仍然是十分重要的。

**【延伸知识】**

根据《中国注册会计师审计准则第1221号——重要性》指南，注册会计师通常运用职业判断合理选择百分比，据以确定重要性水平。以下是一些参考数值的举例：①对以盈利为目的的企业，来自经常性业务的税前利润或税后净利润的 5%，或总收入的 0.5%；②对非营利组织，费用总额或总收入的 0.5%；③对共同基金公司，净资产的 0.5%。

资料来源：2006 年 11 月 1 日中国注册会计师协会发布的《中国注册会计师审计准则第 1221 号——重要性》指南

### 4.2.4 调整事项对财务报表的影响

前面介绍的 4 类调整事项都涉及一个利润表账户和一个资产负债表账户。表 4-15 列示了这些调整事项对利润表和资产负债表的影响。

表4-15 调整事项对财务报表的影响

| 调整事项 | 利润表 | | | 资产负债表 | | |
|---|---|---|---|---|---|---|
| | 收入 | 费用 | 净利润 | 资产 | 负债 | 所有者权益 |
| 类型（1）资产转化为费用 | 没影响 | 增加 | 减少 | 减少 | 没影响 | 减少 |
| 类型（2）负债转化为收入 | 增加 | 没影响 | 增加 | 没影响 | 减少 | 增加 |
| 类型（3）应计未付费用 | 没影响 | 增加 | 减少 | 没影响 | 增加 | 减少 |
| 类型（4）应计未收收入 | 增加 | 没影响 | 增加 | 增加 | 没影响 | 增加 |

交易（12）、交易（14）、交易（16）、交易（17）、交易（18）是便民公司 3 月末编制的调整账项，这些调整对这 4 种类型的调整事项进行了解释与讨论。表 4-16 汇总列示了这些调整分录及第 3 章未记录的 3 月发生的交易（13）（非调整事项）及交易（15）（非调整事项）。便民公司 20×1 年 2 月、3 月的其他交易或事项的账务处理已在第 3 章做了介绍，这里不再赘述。

表4-16 便民公司20×1年3月的部分交易及月末调整事项会计分录汇总表

单位：元

| 日期 | 交易序号 | 摘要及涉及的科目 | 借方 | 贷方 |
|---|---|---|---|---|
| 3 月 31 日 | （12）（调整事项） | 调整 3 月份消耗的周转材料 | | |
| | | 管理费用 | 7 000 | |
| | | 周转材料 | | 7 000 |
| 3 月 1 日 | （13）（非调整事项） | 为公司员工购买一年期的商业保险 | | |
| | | 待摊费用 | 12 000 | |
| | | 银行存款 | | 12 000 |

续表

| 日期 | 交易序号 | 摘要及涉及的科目 | 借方 | 贷方 |
|---|---|---|---|---|
| 3 月 31 日 | （14）（调整事项） | 分摊 3 月应负担的保险费 | | |
| | | 管理费用 | 1 000 | |
| | | 待摊费用 | | 1 000 |
| 3 月 1 日 | （15）（非调整事项） | 预收 1 年房租 | | |
| | | 银行存款 | 36 000 | |
| | | 预收账款 | | 36 000 |
| 3 月 31 日 | （16）（调整事项） | 确认 3 月实现的房租收入 | | |
| | | 预收账款 | 6 000 | |
| | | 其他业务收入 | | 6 000 |
| 3 月 31 日 | （17）（调整事项） | 计提 3 月购房屋贷款利息费用 | | |
| | | 财务费用 | 11 050 | |
| | | 应付利息 | | 11 050 |
| 3 月 31 日 | （18）（调整事项） | 确认 3 月应收取的维护服务收入 | | |
| | | 应收账款 | 1 000 | |
| | | 主营业务收入 | | 1 000 |

在将这些调整分录过账后，便民公司的部分分类账账户将再次被更新。

银行存款

| 借 | | 贷 | |
|---|---|---|---|
| | （1）2 300 000 | | |
| | | （2）1 800 000 | |
| | | （3）100 000 | |
| | | （4）200 000 | |
| | | （5）20 000 | |
| | | （6）－①60 000 | |
| | | （6）－②2 000 | |
| | | （6）－③1 000 | |
| | | （6）－④2 000 | |
| | | （10）40 000 | |
| | | （13）12 000 | |
| | （15）36 000 | | |
| 本期借方发生额 | 2 336 000 | 本期贷方发生额 | 2 237 000 |
| 期末余额 | 99 000 | | |

借　　应收账款　　贷

| | | | |
|---|---|---|---|
| | （9）50 000 | | |
| | （18）1 000 | | |
| 本期借方发生额 | 51 000 | 本期贷方发生额 | 0 |
| 期末余额 | 51 000 | | |

借　　周转材料　　贷

| | | | |
|---|---|---|---|
| | （5）60 000 | | |
| | | （12）7 000 | |
| 本期借方发生额 | 60 000 | 本期贷方发生额 | 7 000 |
| 期末余额 | 53 000 | | |

借　　待摊费用　　贷

| | | | |
|---|---|---|---|
| | （13）12 000 | | |
| | | （14）1 000 | |
| 本期借方发生额 | 12 000 | 本期贷方发生额 | 1 000 |
| 期末余额 | 11 000 | | |

借　　预收账款　　贷

| | | | |
|---|---|---|---|
| | | （15）36 000 | |
| | （16）6 000 | | |
| 本期借方发生额 | 6 000 | 本期贷方发生额 | 36 000 |
| | | 期末余额 | 30 000 |

借　　应付利息　　贷

| | | | |
|---|---|---|---|
| | | （17）11 050 | |
| 本期借方发生额 | 0 | 本期贷方发生额 | 11 050 |
| | | 期末余额 | 11 050 |

借　　主营业务收入　　贷

| | | | |
|---|---|---|---|
| | | （9）50 000 | |
| | | （18）1 000 | |
| 本期借方发生额 | 0 | 本期贷方发生额 | 51 000 |
| | | 期末余额 | 51 000 |

借　　其他业务收入　　贷

| | | | |
|---|---|---|---|
| | | （16）6 000 | |
| 本期借方发生额 | 0 | 本期贷方发生额 | 6 000 |
| | | 期末余额 | 6 000 |

| 借 | 财务费用 | 贷 | |
|---|---|---|---|
| | （17）11 050 | | |
| 本期借方发生额 | 11 050 | 本期贷方发生额 | 0 |
| 期末余额 | 11 050 | | |

| 借 | 管理费用 | 贷 | |
|---|---|---|---|
| | （6）－①60 000 | | |
| | （6）－②2 000 | | |
| | （6）－③1 000 | | |
| | （6）－④2 000 | | |
| | （7）10 800 | | |
| | （8）2 600 | | |
| | （12）7 000 | | |
| | （14）1 000 | | |
| 本期借方发生额 | 86 400 | 本期贷方发生额 | 0 |
| 期末余额 | 86 400 | | |

根据调整后的分类账记录就可以编制调整后的试算平衡表。表 4-17 给出了便民公司 20×1 年 3 月 31 日调整后的试算平衡表。

表4-17　便民公司调整后试算平衡表

20×1 年 3 月 31 日

| 所属报表 | 账户名称 | 借方余额 | 贷方余额 |
|---|---|---|---|
| 资产负债表账户 | 银行存款 | 99 000 | |
| | 应收账款 | 51 000 | |
| | 待摊费用 | 11 000 | |
| | 周转材料 | 53 000 | |
| | 固定资产 | 3 600 000 | |
| | 累计折旧 | | 10 800 |
| | 无形资产 | 200 000 | |
| | 累计摊销 | | 2 600 |
| | 应付账款 | | 0 |
| | 预收账款 | | 30 000 |
| | 应付利息 | | 11 050 |
| | 长期借款 | | 700 000 |
| | 实收资本 | | 3 300 000 |

续表

| 所属报表 | 账户名称 | 借方余额 | 贷方余额 |
| --- | --- | --- | --- |
| 利润表账户 | 主营业务收入 | | 51 000 |
| | 其他业务收入 | | 6 000 |
| | 财务费用 | 11 050 | |
| | 管理费用 | 86 400 | |
| | 合计 | 4 111 450 | 4 111 450 |

便民公司的财务报表可以直接根据调整后试算平衡表编制。请注意试算平衡表中账户的顺序：先为全部资产负债表账户，之后为利润表账户。4.3 节将详细介绍如何根据调整后试算平衡表编制利润表和资产负债表。

## 4.3 编表与结账

第 3 章及本章的前两节我们讨论了会计循环的前面 5 个步骤，即①审核原始凭证；②编制会计分录，即编制记账凭证；③过账，即登记账户；④试算；⑤调整分录及调整后试算。本节我们继续讨论最后两个步骤：⑥编制财务报表；⑦结账及结账后试算。

### 4.3.1 工作底稿

工作底稿是会计人员为期末编制财务报表而编制的多栏式草表。工作底稿中罗列了期末编制财务报表所需的资料，包括以下项目。

（1）表头

工作底稿上方应写明企业名称、“工作底稿”字样及日期。

（2）账户名称

会计期间涉及的所有账户。

（3）调整前试算表

将调整前各分类账余额逐一填列在“借方”栏或“贷方”栏，然后加总验证借贷总额是否平衡。如果编制工作底稿，期末试算表可在工作底稿中一并编制。

（4）调整

将调整事项逐一填列在“调整”栏内，同一笔调整分录的借贷金额前应标注相同编号，以便于查找。“调整”栏内借贷总额也应加总并相互平衡。

（5）调整后试算表

将调整前试算表各账户余额与调整的金额按同方向相加、反方向相减的原则，计算出各账户调整后余额填列在“调整后试算表”栏，最后一行合计的借贷总额仍维持平衡。

（6）利润表

根据调整后试算表，将属于利润表的各账户金额按原借贷方向填列在“利润表”相应的项目栏中，然后加总借、贷总额，并比较两者大小，若贷方合计大于借方合计，表示实现了利润，应将此差额填列在“借方”栏，以示结平；若借方合计大于贷方合计，表示发生亏损，将差额填列在“贷方”栏，以示结平，此差额便为净损失。

（7）资产负债表

调整后试算表中未填列在利润表的账户全部填列在“资产负债表”相应的项目栏中，但须分别账户性质按原借贷方向填列。填列完毕后，将利润表中的本期净利润（或净亏损）数，改变原借贷方向，作为平衡数填列在“资产负债表”栏的同一行上，至此，资产负债表借贷总额也应相等。

之所以将净利润或净亏损作为平衡数填列在“资产负债表”栏，是因为资产负债表中除了所有者权益的未分配利润项目为期初数外，其余项目均为期末数，所以，应将净利润作为所有者权益的加项，或以净损失作为其减项，以正确反映期末实况。

便民公司 20×1 年 3 月 31 日的工作底稿如表 4-18 所示。

表4-18 便民公司工作底稿

20×1 年 3 月 31 日　　单位：元

| 项目 | 调整前试算表 | | 调整 | | | | 调整后试算表 | | 利润表 | | 资产负债表 | |
|---|---|---|---|---|---|---|---|---|---|---|---|---|
| | 借方 | 贷方 | 序号 | 借方 | 序号 | 贷方 | 借方 | 贷方 | 借方 | 贷方 | 借方 | 贷方 |
| 银行存款 | 75 000 | | 15 | 36 000 | 13 | 12 000 | 99 000 | | | | 99 000 | |
| 应收账款 | 50 000 | | 18 | 1 000 | | | 51 000 | | | | 51 000 | |
| 待摊费用 | 0 | | 13 | 12 000 | 14 | 1 000 | 11 000 | | | | 11 000 | |
| 周转材料 | 60 000 | | | | 12 | 7 000 | 53 000 | | | | 53 000 | |
| 固定资产 | 3 600 000 | | | | | | 3 600 000 | | | | 3 600 000 | |
| 累计折旧 | | 10 800 | | | | | | 10 800 | | | | 10 800 |
| 无形资产 | 200 000 | | | | | | 200 000 | | | | 200 000 | |

续表

| 项目 | 调整前试算表 | | 调整 | | | | 调整后试算表 | | 利润表 | | 资产负债表 | |
|---|---|---|---|---|---|---|---|---|---|---|---|---|
| | 借方 | 贷方 | 序号 | 借方 | 序号 | 贷方 | 借方 | 贷方 | 借方 | 贷方 | 借方 | 贷方 |
| 累计摊销 | | 2 600 | | | | | | 2 600 | | | | 2 600 |
| 应付账款 | | 0 | | | | | | 0 | | | | 0 |
| 预收账款 | | 0 | 16 | 6 000 | 15 | 36 000 | | 30 000 | | | | 30 000 |
| 应付利息 | | 0 | | | 17 | 11 050 | | 11 050 | | | | 11 050 |
| 长期借款 | | 700 000 | | | | | | 700 000 | | | | 700 000 |
| 实收资本 | | 3 300 000 | | | | | | 3 300 000 | | | | 3 300 000 |
| 主营业务收入 | | 50 000 | | | 18 | 1 000 | | 51 000 | | 51 000 | | |
| 其他业务收入 | | | | | 16 | 6 000 | | 6 000 | → | 6 000 | | |
| 财务费用 | | | 17 | 11 050 | | | 11 050 | | 11 050 | | | |
| 管理费用 | 78 400 | | 12<br>14 | 7 000<br>1 000 | | | 86 400 | | 86 400 | | | |
| 小计 | 4 063 400 | 4 063 400 | | 74 050 | | 74 050 | 4 111 450 | 4 111 450 | 97 450 | 57 000 | 4 014 000 | 4 054 450 |
| 净利润（亏损） | | | | | | | | | | 40 450 | | （40 450） |
| 合计 | | | | | | | | | 97 450 | 97 450 | 4 014 000 | 4 014 000 |

阅读表 4-18 时，请注意以下两点：第一，交易（13）、交易（15）不是调整事项。因为调整前试算表中没有记录这两笔交易，这里是补充记录；第二，计提电脑和办公用房屋折旧、摊销设计软件成本本属于调整事项，但在第 3 章为了解释借贷记账规则，提前记录了这两笔调整事项，由于调整前试算表中已经包含了这两笔调整事项，调整栏目就不能再重复记录了。

表 4-18 中调整前试算表数据来自表 3-5，调整栏数据来自本章新增便民公司交易或事项。调整后试算表数据根据调整前试算表各账户余额与调整金额按同方向相加、反方向相减的原则计算得出，结果同表 4-17。

### 4.3.2 编制财务报表

表 4–17、表 4–18 均给出了调整后试算平衡表。编制利润表和资产负债表可直接利用调整后试算平衡表的数据。表 4–19、表 4–20 分别是便民公司 20 × 1 年 3 月的利润表以及 20 × 1 年 3 月 31 日的资产负债表。

这里，首先编制的是利润表，因为利润表确定了将在资产负债表中报告的未分配利润（就便民公司来说就是净利润），资产负债表所需要的数据就齐全了。请注意，现金流量表不能像利润表和资产负债表那样直接从调整后试算表中获取数据，这里不另行编制便民公司 20 × 1 年 3 月的现金流量表。

表4–19　利润表

编制单位：便民公司　　20 × 1 年 3 月　　单位：元

| 项目 | 本期金额 | 上期金额（略） |
|---|---|---|
| 主营业务收入 | 51 000 | |
| 其他业务收入 | 6 000 | |
| 减：管理费用 | 86 400 | |
| 财务费用 | 11 050 | |
| 净利润 | （40 450） | |

表4–20　资产负债表

编制单位：便民公司　　20 × 1 年 3 月 31 日　　单位：元

| 资产 | | 负债与所有者权益 | |
|---|---|---|---|
| 银行存款 | 99 000 | 预收账款 | 30 000 |
| 应收账款 | 51 000 | 应付利息 | 11 050 |
| 待摊费用 | 11 000 | 长期借款 | 700 000 |
| 周转材料 | 53 000 | 负债合计 | 741 050 |
| 固定资产 | 3 600 000 | 所有者权益 | |
| 减：累计折旧 | 10 800 | 实收资本 | 3 300 000 |
| 固定资产净值① | 3 589 200 | 未分配利润③ | （40 450） |
| 无形资产净值② | 197 400 | 所有者权益合计 | 3 259 550 |
| 资产总计 | 4 000 600 | 负债与所有者权益总计 | 4 000 600 |

注：①固定资产净值 = 固定资产（3 600 000）－累计折旧（10 800）；

②无形资产净值 = 无形资产（200 000）－累计摊销（2 600）；

③因为便民公司 20×1 年 3 月没有分红，未分配利润就是利润表中的净利润（括号表示净亏损）。

需要说明的是，表 4-19 与第 2 章表 2-3 都是便民公司 20×1 年 3 月份的利润表，表 4-20 与第 2 章表 2-6 都是便民公司 20×1 年 3 月 31 日的资产负债表，但大部分报表项目的金额却不一致，主要是因为第 2 章表 2-3、表 2-6 只反映了便民公司的部分交易或事项，而表 4-19 与表 4-20 反映了便民公司的全部交易或事项。

### 4.3.3 结账

#### 4.3.3.1 结账的含义

结账是指会计期末将各账户余额结清或转至下期，使各账户记录暂告段落的过程。

企业使用的账户一般可分为虚账户和实账户两类。结账工作如何展开，取决于账户究竟属于哪一类。虚账户是指收入及费用类账户，即列示在利润表中的账户。会计期终了，这类账户的余额应结清，这样做一方面是为了计算本期盈亏，另一方面是为了下一个会计期记录方便，因为结账之后，各账户余额均归零，下个会计期可从零开始归集当期的收入和费用。实账户是指资产、负债及所有者权益类账户，即列示在资产负债表中的账户。这类账户的余额逐年递转延续，所以，此时的结账是指结出账户本期期末余额，并将其作为下一个会计期的期初余额。

#### 4.3.3.2 虚账户的结账

结清虚账户时，需通过“本年利润”账户，以归集当期收入、费用账户的余额。通常收入类账户的贷方发生额大于借方发生额，结账时应借记各项收入账户，贷记“本年利润”账户；费用类账户的借方发生额大于贷方发生额，结账时应借记“本年利润”账户，贷记各项费用账户。最后，将“本年利润”账户的借贷方发生额的差额结转到利润分配账户中，增加（或减少）所有者权益。

根据便民公司 20×1 年 3 月虚账户的资料，编制结账分录如下：

（19）借：主营业务收入　51 000
　　　　其他业务收入　6 000
　　贷：本年利润　57 000

（20）借：本年利润　97 450
　　贷：管理费用　86 400
　　　　财务费用　11 050

（21）借：利润分配——未分配利润　40 450
　　贷：本年利润　40 450

“本年利润”账户贷方发生额大于借方发生额，表示本会计期企业实现了利润，导致所有者权益增加，应结转到“利润分配”账户的贷方；“本年利润”账户借方发生额大于贷方发生额，表示本会计期企业发生了亏损，导致所有者权益减少，应结转到“利润分配”账户的借方。便民公司 20×1 年 3 月各项费用大于各项收入，发生了亏损 40 450 元。

“本年利润”账户只在结账过程中使用。

如果“本年利润”账户贷方发生额大于借方发生额，结账分录则为：

借：本年利润　×××
　贷：利润分配——未分配利润　×××

将以上结账分录登记入相应的账户，并结清账户余额，至此，虚账户的结账工作全部完成。

主营业务收入

| 借 | | 贷 | |
|---|---|---|---|
| | | （9）50 000 | |
| | | （18）1 000 | |
| | （19）51 000 | | |
| 本期借方发生额 | 51 000 | 本期贷方发生额 | 51 000 |
| | | 期末余额 | 0 |

其他业务收入

| 借 | | 贷 | |
|---|---|---|---|
| | | （16）6 000 | |
| | （19）6 000 | | |
| 本期借方发生额 | 6 000 | 本期贷方发生额 | 6 000 |
| | | 期末余额 | 0 |

借　　财务费用　　贷

| | | | |
|---|---|---|---|
| | (17) 11 050 | | |
| | | (20) 11 050 | |
| 本期借方发生额 | 11 050 | 本期贷方发生额 | 11 050 |
| 期末余额 | 0 | | |

借　　管理费用　　贷

| | | | |
|---|---|---|---|
| | (6)－①60 000 | | |
| | (6)－②2 000 | | |
| | (6)－③1 000 | | |
| | (6)－④2 000 | | |
| | (7) 10 800 | | |
| | (8) 2 600 | | |
| | (12) 7 000 | | |
| | (14) 1 000 | | |
| | | (20) 86 400 | |
| 本期借方发生额 | 86 400 | 本期贷方发生额 | 86 400 |
| 期末余额 | 0 | | |

借　　本年利润　　贷

| | | | |
|---|---|---|---|
| | | (19) 57 000 | |
| | (20) 97 450 | | |
| | | (21) 40 450 | |
| 本期借方发生额 | 97 450 | 本期贷方发生额 | 97 450 |
| | | 期末余额 | 0 |

借　　利润分配　　贷

| | | | |
|---|---|---|---|
| | (21) 40 450 | | |
| 本期借方发生额 | 40 450 | 本期贷方发生额 | 0 |
| 期末余额 | 40 450 | | |

### 4.3.3.3 实账户的结转

资产、负债与所有者权益账户的余额均须结转至下期，继续记录。结账时，要计算各实账户借、贷方的本期发生额和期末余额，并加以划线结束，然后将期末余额结转至下期。4.2.4 节和 3.3.3.3 部分已结出所有实账户的借、贷方本期发生额和期末余额。

### 4.3.4 结账后试算

收入和费用账户结清后，就可以编制仅包括资产负债表账户的结账后试算平衡表。在结账过程中，总有可能出现导致分类账借贷不平衡的差错，结账后试算平衡表是根据实账户余额编制的，不仅可以验证账户间的平衡关系，及时发现差错，而且能够为新会计期的交易记录做好准备。

表 4-21 是便民公司 20×1 年 3 月 31 日的结账后试算平衡表。

表4-21　便民公司结账后试算平衡表

20×1 年 3 月 31 日　　单位：元

| 账户名称 | 借方余额 | 贷方余额 |
| --- | --- | --- |
| 银行存款 | 99 000 | |
| 应收账款 | 51 000 | |
| 待摊费用 | 11 000 | |
| 周转材料 | 53 000 | |
| 固定资产 | 3 600 000 | |
| 累计折旧 | | 10 800 |
| 无形资产 | 200 000 | |
| 累计摊销 | | 2 600 |
| 预收账款 | | 30 000 |
| 应付利息 | | 11 050 |
| 长期借款 | | 700 000 |
| 实收资本 | | 3 300 000 |
| 利润分配 | 40 450 | |
| 合计 | 4 054 450 | 4 054 450 |

与表 4-17 所示的调整后试算平衡表相比，表 4-21 结账后试算平衡表只包括资产负债表账户。

## 【本章小结】

本章完整地介绍了会计循环流程。主要包括：

（1）审核原始凭证。原始凭证是证明交易或事项发生的书面凭证。会计人员首先要对取得的原始凭证进行合法性、合规性审核。

（2）编制记账凭证。确定每笔交易应借记和贷记的科目及金额。

（3）登记账户。根据记账凭证在日记账和分类账中进行登记。

（4）调整前试算。将分类账中各账户借方发生额、贷方发生额和期末余额通过试算平衡表汇总，以验证会计分录及账户记录的正确性。

（5）调整及调整后试算。由于现金流量和收入及费用确认存在时间性差异产生了期末调整，调整后需编制调整后试算表，以检验调整分录与过账有无差错。

（6）编制财务报表。根据调整后试算平衡表编制利润表、资产负债表。

（7）结账及结账后试算。将所有虚账户余额归零，实账户计算出期末余额，为记录下一会计期间事项做好准备。编制结账后试算平衡表可确保结账分录过账后分类账保持平衡。

## 【学习目标小结】

### 1.了解会计循环流程的每一个节点

（1）审核原始凭证。会计人员首先要对取得的原始凭证进行合法性、合规性审核。

（2）编制会计分录，即编制记账凭证。按交易或事项发生时间的先后顺序确定每笔交易应借记和贷记的科目及金额，并填入记账凭证。

（3）过账，即登记账户。根据记账凭证确定的会计分录，在日记账和分类账中进行登记。

（4）试算。将分类账中各账户借方发生额、贷方发生额和期末余额通过试算平衡表汇总，以验证会计分录及账户记录的正确性。

（5）调整及调整后试算。为正确核算企业一定会计期间的利润，期末要按权责发生制（应计制）原则对应计和递延的事项进行调整，编制调整分录并进行调整后试算，以检验调整分录与过账有无差错。

（6）编制财务报表。根据调整后试算平衡表参考其他会计记录编制利润表、资产负债表、现金流量表等基本财务报表及附表，并辅以必要的注释与说明。

（7）结账及结账后试算。在会计期末，收入、费用账户必须通过结账分录予以结清，以确定当期损益；资产、负债、所有者权益账户不必编制结账分录，但其余额必须结转至下期以供连续记录。

### 2.掌握现金制与应计制

现金制又称收付实现制或实收实付制。它确定本期收入和费用，以款项的实际收付为标准。凡本期收到款的收入和支付款的费用，不管其是否应归属于本期，都确认为本期的收入和费用；反之，凡本期未收款的收入和未付款的费用，即使应归属于本期，也不确认为本期的收入和费用。由于款项的收付是以现金收付为准，故通常称为现金制。

应计制又称权责发生制或应收应付制。它确定本期收入和费用，不是以是否收付款为标准，而是以本期应收应付为标准。本期应收就是本期获取了收款的权利，本期应付就是费用承担的责任归属于本期。也就是说，凡归属于本期的收入，无论其款项是否收到，都确认为本期的收入；凡归属于本期的费用，无论款项是否支付，都确认为本期费用。

### 3.掌握4类基本调整账项

（1）资产转化为费用。（2）负债转化为收入。（3）应计未付的费用。（4）应计未收的收入。

### 4.掌握结账的目的并编制虚账户结账分录

结账是为记录下一会计期间的交易或事项提前做好准备。

虚账户结账分录包括：

（1）结转各类收入

借：主营业务收入等　　×××

　贷：本年利润　　×××

（2）结转各类费用

借：本年利润　　×××

　贷：主营业务成本、管理费用等　　×××

（3）结转本期盈利

借：本年利润　　×××

　贷：利润分配　　×××

（4）结转本期亏损：

借：利润分配　　×××

　贷：本年利润　　×××

**5.比较调整后试算平衡表与结账后试算平衡表的不同**

调整后试算平衡表既包括利润表项目，也包括资产负债表项目；结账后试算平衡表只包括资产负债表项目。

**6.了解工作底稿的用途**

编制工作底稿可以检验账户记录是否有误，还可以提供期末编制财务报表所需的资料。

**【关键术语】**

会计循环（accounting cycle）企业在一个会计期内，其会计工作必须经过审核凭证、编制分录、记账、试算、调整、编表和结账等一系列会计程序。它于会计期期初开始，至会计期末结束，循环往复、周而复始，故称为会计循环。

会计凭证（accounting documents；accounting evidence；accounting voucher）是记录交易或事项的发生情况，明确经济责任，作为记账依据的书面证明。

原始凭证（original documents；original vouchers）又称单据，是记录交易或事项发生的初始凭据。

记账凭证（journal voucher；bookkeeping vouchers）是财会部门根据审核无误的原始凭证填制，记载经济业务的简要内容，确定会计分录，作为记账依据的会计凭证。

收款凭证（receipt voucher）是用于记录库存现金和银行存款收入业务的记账凭证。

付款凭证（payment voucher）是用于记录库存现金和银行存款付出业务的记账凭证。

转账凭证（transfer voucher）是用于记录不涉及库存现金和银行存款收付业务的其他转账业务所用的记账凭证。

过账（posting）即登记账户，是根据记账凭证确定的会计分录，在日记账和分类账中进行登记。

总分类账（general ledger）也称总账，是按总分类账户（总分类科目）进行分类登记的账簿。

明细分类账（subsidiary ledgers）也称明细账，是按明细分类账户（子目或细目）

进行分类登记的账簿。

库存现金日记账（cash in stock）是由出纳人员根据审核无误的库存现金收付款凭证及部分银行存款付款凭证，序时逐笔登记的账簿。

银行存款日记账（cash in bank journal）是由出纳人员根据审核无误的银行存款收付款凭证及部分库存现金付款凭证，序时逐笔登记的账簿。

调整（adjustment）是按照应予归属这一标准，合理反映相互连接的各会计期应确认的收入和应负担的费用，使各期的收入与费用进行合理配比，从而比较恰当地计算出各期的盈亏。

现金制（cash basis）又称收付实现制或实收实付制。它确定本期收入和费用，以款项的实际收付为标准。

应计制（accrual basis）又称权责发生制或应收应付制。它确定本期收入和费用，不是以是否收付款为标准，而是以本期应收应付为标准。

递延（defer）即推迟确认已收现的收入或已付现的费用。这种预收收入或预付费用，随企业经营活动的继续会逐渐转为已实现收入或应负担费用。

应计费用（accrued expense）又称应付费用，是指本会计期应负担（或耗用）而尚未支付现金的各项费用。

应计收入（accured revenue）又称应收收入，是指本会计期已实现（赚取）而尚未收现的各项收入。

配比（matching）将相关的费用与收入在同一会计期间相互配合和相互比较的计算程序。

重要性（materiality）指的是一个项目或一个事件的相对重要性。如果一个项目的信息能合理地影响财务报表使用者的决策，则该项目就被认为具有重要性。

试算平衡表（trial balance）列示了所有分类账账户的名称及借贷方余额，用于验证账户记录是否正确的工具。

工作底稿（worksheet）显示当前账户余额（试算平衡表）、调整分录、因记录这些调整分录而形成的财务报表之间关系的多栏式表格。它既可用以检查账户记录是否有误，又可用于会计期末编制财务报表。

结账（close accounts）是指会计期末将各账户余额结清或转至下期，使各账户记录暂告段落的过程。

虚账户（real accounts）是指收入及费用类账户，即列示在利润表中的账户。

实账户（virtual account）是指资产、负债及所有者权益账户，即列示在资产负债表中的账户。

# 练习题

## 【简答题】

1. 为什么说填制和审核会计凭证是会计核算工作的起点？

2. 对于采用专用记账凭证的企业，如果发生了货币资金内部互相划转的交易或事项，该如何选择所使用的专用记账凭证？

3. 明细账有哪几种格式？各种格式分别适用于哪些明细分类账簿？

4. 现金制与应计制的主要区别在哪里？我国《企业会计准则》要求企业采用哪种确认基础？

5. 企业期末应予调整的账项分为哪几种类型？请举例说明。

6. 在给出了调整后试算平衡表后，企业开始编制财务报表，请问首先编制的是哪张报表？为什么？

7. 如何根据本年利润账户判断企业的盈亏状况？

## 【业务题】

### 习题一

**1. 目的**

练习在现金制和应计制下收入和费用的确定。

**2. 资料**

长顺公司20×1年9月的具体资料如下表所示。

比较现金制和应计制下收入和费用的确定

| 经济业务 | 现金制 | | 应计制 | |
|---|---|---|---|---|
| | 收入 | 费用 | 收入 | 费用 |
| 1. 支付本月通信费2 300元 | | | | |
| 2. 预付第四季度房租费7 500元 | | | | |
| 3. 本月负担已预付房租5 000元 | | | | |
| 4. 本月应负担尚未支付的借款利息2 000元 | | | | |
| 5. 本月支付上月应负担的维修费360元 | | | | |

续表

| 经济业务 | 现金制 | | 应计制 | |
|---|---|---|---|---|
| | 收入 | 费用 | 收入 | 费用 |
| 6. 计提本月设备折旧费 6 000 元 | | | | |
| 7. 本月对外提供服务收入 3 050 元，未收款 | | | | |
| 8. 收到上月提供劳务服务收入 1 530 元 | | | | |
| 9. 本月销售商品，并收到货款 3 500 元 | | | | |
| 10. 本月销售商品 2 300 元，货款尚未收到 | | | | |
| 合计 | | | | |

3. **要求**

（1）根据现金制和应计制，分别确定本月的收入和费用。

（2）分别计算两种会计基础下的利润，并分析其合理性。

## 习题二

1. **目的**

练习结账分录、资产负债表和利润表的编制。

2. **资料**

恒海公司 20×1 年 6 月 30 日资产、负债、所有者权益、收入和费用账户结账前余额资料如下表所示。

恒海公司20×1年6月30日结账前账户余额

单位：元

| | | | |
|---|---|---|---|
| 应付账款 | 2 100 | 实收资本 | 22 930 |
| 累计折旧 | 1 200 | 营业收入 | 37 700 |
| 库存现金 | 2 400 | 管理费用——保险费用 | 2 400 |
| 银行存款 | 23 400 | 待摊费用——预付保险费 | 1 030 |
| 管理费用——折旧费用 | 400 | 待摊费用——预付房租 | 3 200 |
| 固定资产——设备 | 32 800 | 管理费用——租金费用 | 3 500 |
| 管理费用——人工费用 | 5 000 | 原材料 | 1 400 |
| 应付职工薪酬 | 4 500 | 营业成本 | 2 100 |
| 利润分配——未分配利润 | 5 600 | 预收账款 | 3 000 |

3. 要求

（1）编制 20×1 年 6 月 30 日收入和费用账户的结账分录。

（2）编制恒海公司 20×1 年 6 月 30 日的资产负债表和 20×1 年 6 月的利润表。

## 习题三

1. 目的

熟悉会计循环。

2. 资料

星和康复护理中心 20×1 年 7 月 1 日各有关账户的余额如下表所示。

星和康复护理中心20×1年7月1日各有关账户余额

单位：元

| | | | |
|---|---|---|---|
| 库存现金 | 3 000 | 累计折旧 | 8 700 |
| 银行存款 | 50 000 | 应付账款 | 8 500 |
| 应收账款 | 1 000 | 应付职工薪酬 | 8 900 |
| 待摊费用——预付保险费 | 3 000 | 实收资本 | 92 800 |
| 库存商品——医疗用品 | 3 000 | 利润分配——未分配利润 | 17 100 |
| 固定资产——设备 | 76 000 | | |

星和康复护理中心 7 月发生如下交易或事项：

（1）7 月 2 日，赊购康复设备 31 000 元。

（2）7 月 5 日，收回顾客所欠康复护理费用 600 元（计入应收账款账户），存入银行。

（3）7 月 8 日，赊购医疗用品 7 000 元。

（4）7 月 12 日，用银行存款偿还部分欠款 10 500 元。

（5）7 月 15 日，用银行存款支付上月医护人员薪酬 8 900 元。

（6）7 月 19 日，用银行存款支付化验费 3 900 元。

（7）7 月 22 日，用银行存款支付下半年度房屋租金 5 400 元。

（8）7 月 25 日，本月未收康复护理收入 6 000 元。

（9）7 月 28 日，用银行存款支付本月水电费 3 400 元。

（10）7月31日，收到本月康复护理收入34 500元，存入银行。

7月末调整事项如下：

（1）本月员工薪酬8 500元，其中医务人员薪酬4 000元，管理人员薪酬4 500元，尚未支付。

（2）1月预付全年财产保险费6 000元，本月应负担500元。

（3）本月应负担房租900元。

（4）本月应收银行存款利息400元。

（5）医疗设备本月应计提折旧700元。

（6）本月耗用医疗用品6 400元。

### 3. 要求

（1）开设T形账户，并登记期初余额。

（2）编制星和康复护理中心20×1年7月发生的交易或事项的会计分录，并记入T形账户。

（3）编制7月末调整分录，并记入T形账户。

（4）编制7月末结账分录，记入T形账户，并对各总分类账进行结账。

（5）根据各分类账资料，编制星和康复护理中心20×1年7月的利润表以及20×1年7月31日的资产负债表。

## 习题四

### 1. 目的

掌握期末账项调整。

### 2. 资料

爱居物业管理有限公司是给办公大楼和商业中心提供专业的物业管理服务的公司。公司每年都会在年末结账，已记录20×1年发生的交易事项，具体如下：

（1）9月1日，收到商业中心预先支付的物业管理服务费，服务自9月开始，持续3个月。款项存入银行，并确认了该笔收入。

（2）12月1日收到与（1）中相同客户预付的服务费，服务期也是3个月，从10月开始提供服务。这次，将这笔收入贷记预收账款账户。

（3）12月为顾客提供物业管理服务，款项于20×2年2月收取，会计人员未作任何记录。

（4）20×1年12月15日，用银行存款预付了20×2年全年度的保险费用，会计人员当日的会计处理为：借记待摊费用，贷记银行存款。

（5）20×1年9月15日购买的管理用设备借记固定资产账户没有计入费用账户。

（6）公司约定每月15日发放上月管理人员的工资，12月15日发放11月的工资，而12月的工资尚未计提。

**3. 要求**

根据上述事项，判定在20×1年12月31日是否需要编制调整分录并解释原因。如果需要编制调整分录，说明其对20×1年财务报表中资产、负债、所有者权益、收入和费用的影响。

## 习题五

**1. 目的**

掌握应计制的应用。

**2. 资料**

王先生20×1年1月1日投资500 000元开办了一家名为智慧邦的广告公司，公司花了200 000元做广告，支付了180 000元添置办公用品。2月和3月，公司实现并收取了2 000 000元的广告收入，并将这笔收入的一半用于支付业务招待费，一半用于支付员工薪酬。4月、5月和6月，公司又赚取了9 000 000元收入，但是仅收到了其中的三分之二，这3个月的员工薪酬和其他开支分别是1 000 000元、1 000 000元。由于经营业绩不俗，王先生取出其中1 000 000元购买了一套公寓改善住房条件，期末清点时发现还有100 000元办公用品尚未耗用。

有4位同学根据以上资料为智慧邦广告公司计算利润，结果各不相同（如下表所示）。

利润表

编制单位：智慧邦广告公司　　截止到20×1年6月30日　　单位：千元

| 报表项目 | 学生A | 学生B | 学生C | 学生D |
|---|---|---|---|---|
| 营业收入 | 11 000 | 8 000 | 8 000 | 8 500 |
| 费用 | | | | |

续表

| 报表项目 | 学生A | 学生B | 学生C | 学生D |
|---|---|---|---|---|
| 广告 | 200 | 200 | 200 | 200 |
| 办公费用 | 80 | 80 | 180 | 180 |
| 工资 | 2 000 | 3 000 | 2 000 | 2 000 |
| 业务招待费 | 1 000 | 1 000 | 1 000 | 1 000 |
| 其他 | 1 000 | 1 000 | 1 000 | 2 000 |
| 净利润 | 6 720 | 2 720 | 3 620 | 3 120 |

3. 要求

（1）请你根据本章所学的应计制原则计算一下该公司开张6个月以来银行存款、办公用品等资产的期末结余，该公司6个月的盈利金额，并编制该公司6月30日的资产负债表。

（2）判断哪一位同学是正确的，如果都不正确，请编制正确的利润表。

## 习题六

1. 目的

熟悉重要性概念。

2.回答下列问题

（1）为什么一笔交易或事项的重要性的问题属于职业判断?

（2）会计上认为判断一笔事项或交易的重要性的标准是什么?

（3）重要性概念是指财务报表记载的数字要十分精准吗? 这一原则要求会计信息至少要对大多数使用者有用吗?

**3.快地飞汽车租赁公司每年都要购买大量汽车以提供租赁服务。为方便员工上下班，公司同时也为员工购买汽车。公司为员工购买汽车是直接计入管理费用还是作为资产记录? 为什么?**

**【案例讨论题】**

**1.审计师审查信达公司的财务报表，发现以下5项调整项目没有记账：**

（1）期末对于应付未付工资未予入账；

（2）期末未对周转材料的已耗用部分进行调整；

（3）未记录一项固定资产的折旧；

（4）购买理财产品的利息收入未予记账；

（5）期末未对已经实现的预收收入予以调整。

思考：

请分析上述审计发现的情况，并结合下表分析期末未做调整对公司财务报表各项目的影响。假如某项调整漏列对报表项目的影响是高估的，就在适当的空格里填“+”；低估则填“-”；没有影响，则填“0”。

会计差错对财务报表各项目的影响分析

| 分类 | 会计差错的影响 | | | | |
|---|---|---|---|---|---|
| | （1） | （2） | （3） | （4） | （5） |
| 收入 | | | | | |
| 费用 | | | | | |
| 净利润 | | | | | |
| 流动资产 | | | | | |
| 非流动资产 | | | | | |
| 流动负债 | | | | | |
| 非流动负债 | | | | | |
| 所有者权益 | | | | | |

**2.收入确认期间**

权责发生制决定企业何时确认收入。下面列示了3笔涉及收入的交易。在每笔交易之后，我们提供了两个会计期间，在其中一个会计期间内收入可能被确认。请根据权责发生制原则选择一个收入实现的会计期间，并做简要说明。

（1）航空机票收入：绝大多数航空公司都会预售飞机票，那么航空公司应该在何时确认收入？

A. 售票期间　　　B. 飞行期间

（2）赊销收入：20×1年8月，一家位于上海南京西路的建材商店有一笔大交易，根据合同约定，装修材料已经发出，款项于20×2年2月收取。建材商店应该何时确认收入？

A. 装修材料售出期间　　　B. 款项收到期间

（3）会员制企业收入：绝大多数服务型企业，比如高尔夫俱乐部、健身会所、美容美发店等都会要求顾客成为其会员并在顾客接受服务前预付款，请问这种类型的企业应该在何时确认收入？

A. 预收款期间　　　　　　B. 为顾客提供服务期间

# 第二篇

# 资产权益篇

# 第5章　资产概述

**【学习目标】**

1. 了解资产的特征。
2. 了解资产的分类。
3. 了解会计要素的计量属性。
4. 了解资产减值损失的确认与计量原则。

**【引导案例】**

资产在使用中能够为企业带来经济效益，并为企业创造价值。不同类型的企业，有不同的资产类别和结构，比如，机械制造企业的主要资产是厂房设备等固定资产，以及原材料和库存商品等存货；房地产开发企业的主要资产是购买的土地与开发的商品房；商品流通企业的主要资产是货币资金与存货；文化类企业的主要资产是无形资产等。企业资产负债表详细列示了企业拥有或控制的资产项目，并且根据流动性将其分为流动资产和非流动资产两部分。表5-1是格力电器2019年财务报表中的资产项目。

表5-1　合并资产负债表（部分）

编制单位：珠海格力电器股份有限公司　　2019年12月31日　　单位：人民币元

| 项目 | 期末余额 | 期初余额 |
|---|---|---|
| 流动资产 | | |
| 货币资金 | 125 400 715 267.64 | 115 022 653 811.67 |
| 交易性金融资产 | 955 208 583.58 | 1 012 470 387.43 |
| 衍生金融资产 | 92 392 625.69 | 92 392 625.69 |
| 应收账款 | 8 513 334 545.08 | 7 642 434 078.24 |
| 应收款项融资 | 28 226 248 997.12 | 34 300 472 580.13 |
| 预付账款 | 2 395 610 555.26 | 2 161 876 009.22 |
| 其他应收款 | 159 134 399.10 | 290 346 336.38 |
| 存货 | 24 084 854 064.29 | 20 011 518 230.53 |

续表

| 项目 | 期末余额 | 期初余额 |
|---|---|---|
| 一年内到期的非流动资产 | 445 397 710.39 | |
| 其他流动资产 | 23 091 144 216.68 | 18 913 345 857.70 |
| 流动资产合计 | 213 364 040 964.83 | 199 525 333 430.22 |
| 非流动资产： | | |
| 发放贷款及垫款 | 14 423 786 409.22 | 9 081 714 083.52 |
| 其他债权投资 | 296 836 282.20 | 1 064 120 569.43 |
| 长期股权投资 | 7 064 186 161.29 | 2 250 732 461.71 |
| 其他权益工具投资 | 4 644 601 697.51 | 1 144 907 946.33 |
| 其他非流动金融资产 | 2 003 483 333.33 | |
| 投资性房地产 | 498 648 691.85 | 537 589 343.08 |
| 固定资产 | 19 121 930 757.04 | 18 385 761 475.54 |
| 在建工程 | 2 431 051 409.94 | 1 663 938 988.55 |
| 无形资产 | 5 305 541 098.92 | 5 204 500 167.30 |
| 商誉 | 325 919 390.58 | 51 804 350.47 |
| 长期待摊费用 | 2 718 105.35 | 4 237 554.01 |
| 递延所得税资产 | 12 541 085 078.09 | 11 377 090 764.13 |
| 其他非流动资产 | 948 328 035.13 | 787 542 636.50 |
| 非流动资产合计 | 69 608 116 450.45 | 51 591 157 040.76 |
| 资产总计 | 282 972 157 415.28 | 251 116 490 470.98 |
| 流动负债合计 | 169 568 300 209.60 | 157 686 125 987.72 |
| 非流动负债合计 | 1 356 200 682.60 | 833 319 561.63 |
| 负债合计 | 170 924 500 892.20 | 158 519 445 549.3 |
| 所有者权益合计 | 112 047 656 523.08 | 92 597 044 921.6 |
| 负债和所有者权益总计 | 282 972 157 415.28 | 251 116 490 470.98 |

资料来源：珠海格力电器股份有限公司 2019 年年度报告

从表 5-1 格力电器 2019 年的合并资产负债表可以看到，该公司 2019 年末资产合计为 282 972 157 415.28 元；其中流动资产合计为 213 364 040 964.83 元，占资产总额的 75.4%；流动资产中货币资金、应收款项融资、存货和其他流动资产的金额分别为 125 400 715 267.64 元、28 226 248 997.12 元、24 084 854 064.29 元和 23 091 144 216.68 元，这四项共占到流动资产总额的94.1%；非流动资产合计为69 608 116 450.45元，占资产总额的24.6%；非流动资产中发放贷款及垫款、固定资产（包含在建工程）和递延所得税资产的金额分别为14 423 786 409.22元、21 552 982 166.98元和12 541 085 078.09元，这三项共占到非流动资产总额的69.7%。

通过某些资产项目的比例和财务比率指标，会计信息使用者能够对企业的资产状况、资产结构以及资产质量等方面进行判断，同时还会结合财务报表的其他项目、报表附注以及其他信息，对企业的财务状况、资产获利能力等进行全面的分析评价。

## 5.1 资产的性质与分类

### 5.1.1 资产的性质

资产是指企业过去的交易或者事项形成的、由企业拥有或者控制的、预期会给企业带来经济利益的资源。根据资产的定义，资产具有以下几个方面的特征。

（1）资产预期会给企业带来经济利益

资产预期会给企业带来经济利益，是指资产直接或者间接导致现金和现金等价物流入企业的潜力。这种潜力可以来自企业日常的生产经营活动，也可以是非日常活动；带来的经济利益可以是现金或者现金等价物，或者是可以转化为现金或者现金等价物的形式，或者是可以减少现金或者现金等价物流出的形式。

资产预期能否会为企业带来经济利益是资产的重要特征。比如，企业采购的原材料、购置的固定资产等可以用于生产经营过程，制造商品或者提供劳务，对外出售后收回货款，货款即为企业所获得的经济利益。如果某一项目预期不能给企业带来经济利益，那么就不能将其确认为企业的资产。前期已经确认为资产的项目，如果不能再为企业带来经济利益的，应当终止确认该项资产。

（2）资产应为企业拥有或者控制的资源

资产作为一项资源，应当由企业拥有或者控制。具体是指企业享有某项资源的所有权，或者虽然不享有某项资源的所有权，但该资源能被企业所控制。

企业享有资产的所有权，通常表明企业能够排他性地从资产中获取经济利益。通常在判断资产是否存在时，所有权是考虑的首要因素。在有些情况下，资产虽然不为企业所拥有，即企业并不享有其所有权，但企业控制了这些资产，同样表明企业能够从资产中获取经济利益，符合会计上对资产的定义。如果企业既不拥有也不控制资产所能带来的经济利益，就不能将其作为企业的资产予以确认。

（3）资产是由企业过去的交易或者事项形成的

这就是说，作为企业资产，必须是现实的而不是预期的资产，它是企业过去已经发生的交易或者事项所产生的结果，包括购买、生产、建造行为或者其他交易或事项。企业预期在未来发生的交易或者事项不形成资产，比如，企业有购买某存货的意愿或者计划，但是购买行为尚未发生，就不符合资产的定义，不能因此而确认存货资产。

### 5.1.2 资产的分类

根据财务报表列报准则的规定，资产负债表上资产应当按照流动性分为流动资产和非流动资产列示。流动性，通常按资产的变现或耗用时间长短或者负债的偿还时间长短来确定。

对于一般企业（如工商企业）而言，通常在明显可识别的营业周期内销售产品或提供服务，应当将资产分为流动资产和非流动资产列报，有助于反映本营业周期内预期能实现的资产和应偿还的负债。但是，对于银行、证券、保险等金融企业而言，有些资产无法严格区分为流动资产或非流动资产，而大体按照流动性顺序列报往往能够提供可靠且更相关的信息。

资产满足下列条件之一的，应当归类为流动资产：①预计在一个正常营业周期中变现、出售或耗用。这主要包括存货、应收账款等资产。需要指出的是，变现一般针对应收账款而言，指将资产变为现金；出售一般针对产品等存货而言；耗用一般指将存货（如原材料）转变成另一种形态（如产成品）。②主要为交易目的而持有。如一些根据《企业会计准则第22号——金融工具确认和计量》划分的交易性金融资产。③预计在资产负债表日起一年内（含一年）变现。④自资产负债表日起一年内，交换其他资产或清偿负债的能力不受限制的现金或现金等价物。同时，流动资产以外的资产应当归类为非流动资产。

所谓“正常营业周期”，是指企业从购买用于加工的资产起至收回现金或现金等价物的期间。正常营业周期通常短于一年，在一年内有几个营业周期。但是，因生产周期较长等导致正常营业周期长于一年的，尽管相关资产往往超过一年才变现、出售或耗用，仍应当划分为流动资产。当正常营业周期不能确定时，企业应当以一年（12个月）作为正常营业周期。

# 5.2 资产的确认与计量

## 5.2.1 资产的确认条件

将一项资源确认为资产，需要符合资产的定义，还应同时满足以下 2 个条件。

（1）与该资源有关的经济利益很可能流入企业

从资产的定义可以看到，能否带来经济利益是资产的一个本质特征，但在现实生活中，由于经济环境瞬息万变，与资源有关的经济利益能否流入企业或者能够流入多少实际上带有不确定性。因此，资产的确认还应与经济利益流入不确定性程度的判断结合起来，如果根据编制财务报表时所取得的证据，与资源有关的经济利益很可能流入企业，那么就应当将其作为资产予以确认；反之，不能确认为资产。比如，某企业赊销一批商品给某一客户，从而形成了对该客户的应收账款，由于企业最终收到款项与销售实现之间有时间差，而且收款又在未来期间，因此带有一定的不确定性，如果企业在销售时判断未来很可能收到款项或者能够确定收到款项，企业就应当将该应收账款确认为一项资产；如果企业判断在通常情况下很可能部分或者全部无法收回，表明该部分或者全部应收账款已经不符合资产的确认条件，应当计提坏账准备，减少资产的价值。

（2）该资源的成本或者价值能够可靠地计量

财务会计系统是一个确认、计量和报告的系统，其中计量起着枢纽作用，可计量性是所有会计要素确认的重要前提，资产的确认也是如此。只有当有关资源的成本或者价值能够可靠地计量时，资产才能予以确认。在实务中，企业取得的许多资产都是发生了实际成本的，比如，企业购买或者生产的存货、企业购置的厂房或者设备等，对于这些资产，只要实际发生的购买成本或者生产成本能够可靠计量，就视为符合了资产确认的可计量条件。在某些情况下，企业取得的资产没有发生实际成本或者发生的实际成本很小，如企业持有的某些衍生金融工具形成的资产。对于这些资产，尽管它们没有实际成本或者发生的实际成本很小，但是如果其公允价值能够可靠计量的话，也被认为符合了资产可计量性的确认条件。

## 5.2.2 资产计量的原则

### 5.2.2.1 会计要素计量属性

会计计量是为了将符合确认条件的会计要素登记入账并列报于财务报表而确定其金额的过程。企业应当按照规定的会计计量属性进行计量，确定相关金额。计量属性是指所予计量的某一要素的特性方面，如桌子的长度、铁矿的重量、楼房的高度等。从会计角度，计量属性反映的是会计要素金额的确定基础，主要包括历史成本、重置成本、可变现净值、现值和公允价值等。

（1）历史成本

历史成本，又称为实际成本，就是取得或制造某项财产物资时所实际支付的现金或者现金等价物。在历史成本计量下，资产按照其购置时支付的现金或者现金等价物的金额，或者按照购置资产时所付出的对价的公允价值计量。负债按照其因承担现时义务而实际收到的款项或者资产的金额，或者承担现时义务的合同金额，或者按照日常活动中为偿还负债预期需要支付的现金或者现金等价物的金额计量。

（2）重置成本

重置成本，又称为现行成本，是指按照当前市场条件，重新取得同样一项资产所需支付的现金或现金等价物金额。在重置成本计量下，资产按照现在购买相同或者相似资产所需支付的现金或者现金等价物的金额计量。负债按照现在偿付该项债务所需支付的现金或者现金等价物的金额计量。

（3）可变现净值

可变现净值是指在正常生产经营过程中以预计售价减去进一步加工成本和销售所必需的预计税金、费用后的净值。在可变现净值计量下，资产按照其正常对外销售所能收到现金或者现金等价物的金额扣减该资产至完工时估计将要发生的成本、估计的销售费用以及相关税金后的金额计量。

（4）现值

现值是指对未来现金流量以恰当的折现率进行折现后的价值，是考虑货币时间价值因素等的一种计量属性。在现值计量下，资产按照预计从其持续使用和最终处置中所产生的未来净现金流入量的折现金额计量。负债按照预计期限内需要偿还的未来净现金流出量的折现金额计量。

（5）公允价值

公允价值是指市场参与者在计量日发生的有序交易中，出售一项资产所能收到或者转移一项负债所需支付的价格。有序交易，是指在计量日前一段时期内相关资产或负债具有惯常市场活动的交易。清算等被迫交易不属于有序交易。

#### 5.2.2.2 各种计量属性之间的关系

在各种会计要素计量属性中，历史成本通常反映的是资产或者负债过去的价值，而重置成本、可变现净值、现值以及公允价值通常反映的是资产或者负债的现时成本或者现时价值，是与历史成本相对应的计量属性。当然这种关系也并不是绝对的。比如，资产或者负债的历史成本有时就是根据交易时有关资产或者负债的公允价值确定的，在非货币性资产交换中，如果交换具有商业实质，且换入、换出资产的公允价值能够可靠计量的，换入资产入账成本的确定应当以换出资产的公允价值为基础，除非有确凿证据表明换入资产的公允价值更加可靠；在非同一控制下的企业合并交易中，合并成本也是以购买方在购买日为取得对被购买方的控制权而付出的资产、发生或承担的负债等的公允价值确定的。再如，企业以公允价值计量相关资产或负债，应当采用在当前情况下适用并且有足够可利用数据和其他信息支持的估值技术。企业使用估值技术的目的，是为了估计在计量日当前市场条件下，市场参与者在有序交易中出售一项资产或者转移一项负债的价格。而在采用估值技术估计相关资产或者负债的公允价值时，现值往往是比较普遍采用的一种估值方法，在这种情况下，公允价值就是以现值为基础确定的。另外，公允价值相对于历史成本而言，具有很强的时间概念，也就是说，当前环境下某项资产或负债的历史成本可能是过去环境下该项资产或负债的公允价值，而当前环境下某项资产或负债的公允价值也许就是未来环境下该项资产或负债的历史成本。

#### 5.2.2.3 计量属性的应用原则

企业在对会计要素进行计量时，一般应当采用历史成本。采用重置成本、可变现净值、现值、公允价值计量的，应当保证所确定的会计要素金额能够取得并可靠计量。

在企业会计准则体系建设中适度、谨慎地引入公允价值这一计量属性，是因为随着我国资本市场的发展，股权分置改革的基本完成，越来越多的股票、债券、基金等金融产品在交易所挂牌上市，使得这类金融资产的交易已经形成了较为活跃的市场，因此，我国已经具备了引入公允价值的条件。在这种情况下，引入公允价值，更能反映企业的现实情况，对投资者等财务报告使用者的决策更加有用，而且也只有如此，才能实现我国会计准则与国际财务报告准则的趋同。

在引入公允价值过程中，我国充分考虑了国际财务报告准则中公允价值应用的三个层次，首先使用第一层次输入值，其次使用第二层次输入值，最后使用第三层次输入值。第一层次输入值是在计量日能够取得的相同资产或负债在活跃市场上未经调整的报价。活跃市场是指相关资产或负债的交易量和交易频率足以持续提供定价信息的市场。第二层次输入值是除第一层次输入值外相关资产或负债直接或间接可观察的输入值，包括：①活跃市场中类似资产或负债的报价；②非活跃市场中相同或类似资产或负债的报价；③除报价以外的其他可观察输入值，包括在正常报价间隔期间可观察的利率和收益率曲线、隐含波动率和信用利差等；④市场验证的输入值等。第三层次输入值是相关资产或负债的不可观察输入值。不可观察输入值应当反映市场参与者对相关资产或负债定价时所使用的假设，包括有关风险的假设，如特定估值技术的固有风险和估值技术输入值的固有风险等。

值得一提的是，我国引入公允价值是适度、谨慎和有条件的。原因是考虑到我国尚属新兴的市场经济国家，如果不加限制地引入公允价值，有可能出现公允价值计量不可靠，甚至出现借此人为操纵利润的现象。因此，在投资性房地产和生物资产等具体准则中规定，只有存在活跃市场、公允价值能够取得并可靠计量的情况下，才能采用公允价值计量。

## 5.3 资产减值

### 5.3.1 资产减值概述

资产是企业过去的交易或者事项形成的、由企业拥有或者控制的、预期会给企业带来经济利益的资源。资产的主要特征之一是它必须能够为企业带来经济利益的流入，如果资产不能为企业带来经济利益或者带来的经济利益低于其账面价值，那么，该资产就不能再予确认，或者不能再以原账面价值予以确认，否则不符合资产的定义，也无法反映资产的实际价值，其结果会导致企业资产虚增和利润虚增。因此，当企业资产的可收回金额低于其账面价值时，即表明资产发生了减值，企业应当确认资产减值损失，并把资产的账面价值减记至可收回金额。

#### 5.3.1.1 资产减值的范围

企业所有的资产在发生减值时，原则上都应当对所发生的减值损失及时加以确认和计量，因此，资产减值包括所有资产的减值。但是，由于有关资产特性不同，其减值会计处理也有所差别，因而所适用的具体准则也不尽相同。比如，存货、消耗性生物资产的减值分别适用《企业会计准则第1号——存货》和《企业会计准则第5号——生物资产》；建造合同形成的资产、递延所得税资产、融资租赁中出租人未担保余值等资产的减值，分别适用《企业会计准则第15号——建造合同》《企业会计准则第18号——所得税》和《企业会计准则第21号——租赁》；采用公允价值后续计量的投资性房地产和由《企业会计准则第22号——金融工具确认和计量》所规范的金融资产的减值，分别适用《企业会计准则第3号——投资性房地产》和《企业会计准则第22号——金融工具确认和计量》，流动资产减值会计的处理在相关章节阐述，本章不涉及有关内容。

本章涉及的主要是除上述资产以外的资产，这些资产通常属于企业非流动资产，具体包括：①对子公司、联营企业和合营企业的长期股权投资；②采用成本模式进行后续计量的投资性房地产；③固定资产；④生产性生物资产；⑤无形资产；⑥商誉；⑦探明石油天然气矿区权益和井及相关设施。

#### 5.3.1.2 资产减值的迹象与测试

（1）资产减值迹象的判断

企业在资产负债表日应当判断资产是否存在可能发生减值的迹象，主要可从外部信息来源和内部信息来源两方面加以判断。

从企业外部信息来源来看，如果出现了资产的市价在当期大幅度下跌，其跌幅明显高于因时间的推移或者正常使用而预计的下跌；企业经营所处的经济、技术或者法律等环境以及资产所处的市场在当期或者将在近期发生重大变化，从而对企业产生不利影响；市场利率或者其他市场投资报酬率在当期已经提高，从而影响企业计算资产预计未来现金流量现值的折现率，导致资产可收回金额大幅度降低等，均属于资产可能发生减值的迹象，企业需要据此估计资产的可收回金额，决定是否需要确认减值损失。

从企业内部信息来源来看，如果有证据表明资产已经陈旧过时或者其实体已经损坏；资产已经或者将被闲置、终止使用或者计划提前处置；企业内部报告的证据表明，资产的经济绩效已经低于或者将低于预期，如资产所创造的净现金流量或者实现的营业利润远远低于原来的预算或者预计金额、资产发生的营业损失远远高于原来的预算或者预计金额、资产在建造或者收购时所需的现金支出远远高于最初的预算、资产在经营或者维护中所需的现金支出远远高于最初的预算等，均属于资产可能发生减值的迹象。

需要说明的是，上述列举的资产减值迹象并不能穷尽所有的减值迹象，企业应当根据实际情况来认定资产可能发生减值的迹象。

（2）资产减值的测试

如果有确凿证据表明资产存在减值迹象的，应当进行减值测试，估计资产的可收回金额。资产存在减值迹象是资产是否需要进行减值测试的必要前提，但是以下资产除外，即因企业合并形成的商誉和使用寿命不确定的无形资产，对于这些资产，无论是否存在减值迹象，都应当至少于每年年度终了进行减值测试。其原因是，企业合并所形成的商誉和使用寿命不确定的无形资产在后续计量中不再进行摊销，但是考虑到这些资产的价值和产生的未来经济利益有较大的不确定性，为了避免资产价值高估，及时确认商誉和使用寿命不确定的无形资产的减值损失，如实反映企业财务状况和经营成果，对于这些资产，企业至少应当于每年年度终进行减值测试。另外，对于尚未达到可使用状态的无形资产由于其价值具有较大的不确定性，也应当每年进行减值测试。

企业在判断资产减值迹象以决定是否需要估计资产可收回金额时，应当遵循重要性原则。根据这一原则，企业资产存在下列情况的，可以不估计其可收回金额。

第一，以前报告期间的计算结果表明，资产可收回金额远高于其账面价值，之后又没有发生消除这一差异的交易或者事项的，企业在资产负债表日可以不需重新估计该资产的可收回金额。

第二，以前报告期间的计算与分析表明，资产可收回金额对于资产减值准则中所列示的一种或者多种减值迹象反应不敏感，在本报告期间又发生了这些减值迹象的，在资产负债表日企业可以不需因为上述减值迹象的出现而重新估计该资产的可收回金额。比如，在当期市场利率或者其他市场投资报酬率提高的情况下，如果企业计算资产未来现金流量现值时所采用的折现率不大可能受到该市场利率或者其他市场投资报酬率提高的影响；或者即使会受到影响，但以前期间的可收回金额敏感性分析表明，该资产预计未来现金流量也很可能相应增加，因而不大可能导致资产的可收回金额大幅度下降的，企业可以不必对资产可收回金额进行重新估计。

### 5.3.2 资产减值损失的确认与计量

（1）资产减值损失确认与计量的一般原则

企业在对资产进行减值测试后，如果可收回金额的计量结果表明，资产的可收回金额低于其账面价值的，应当将资产的账面价值减记至可收回金额，减记的金额确认为资产减值损失，计入当期损益，同时计提相应的资产减值准备。这样，企业当期确认的减值损失应当反映在其利润表中，而计提的资产减值准备应当作为相关资产的备抵项目，反映于资产负债表中，从而夯实企业资产价值，避免利润虚增，如实反映企业的财务状况和经营成果。

资产减值损失确认后，减值资产的折旧或者摊销费用应当在未来期间做相应调整，以使该资产在剩余使用寿命内，系统地分摊调整后的资产账面价值（扣除预计净残值）。比如，固定资产计提了减值准备后，固定资产账面价值将根据计提的减值准备相应抵减，因此，固定资产在未来计提折旧时，应当按照新的固定资产账面价值为基础计提每期折旧。

考虑到固定资产、无形资产、商誉等资产发生减值后，一方面价值回升的可能性比较小，通常属于永久性减值；另一方面从会计信息稳健性要求考虑，为了避免确认资产重估增值和操纵利润，资产减值损失一经确认，在以后会计期间不得转回。以前期间计提的资产减值准备，需要等到资产处置时才可转出。

（2）资产减值损失的账务处理

为了正确核算企业确认的资产减值损失和计提的资产减值准备，企业应当设置“资产减值损失”科目，按照资产类别进行明细核算，反映各类资产在当期确认的资产减值损失金额；同时，应当根据不同的资产类别，分别设置“固定资产减值准备”“在建工程减值准备”“投资性房地产减值准备”“无形资产减值准备”“商誉减值准备”“长期股权投资减值准备”“生产性生物资产减值准备”等科目。

当企业确定资产发生了减值时，应当根据所确认的资产减值金额，借记“资产减值损失”科目，贷记“固定资产减值准备”“在建工程减值准备”“投资性房地产减值准备”“无形资产减值准备”“商誉减值准备”“长期股权投资减值准备”“生产性生物资产减值准备”等科目。在期末，企业应当将“资产减值损失”科目余额转入“本年利润”科目，结转后该科目应当没有余额。各资产减值准备科目累积每期计提的资产减值准备，直至相关资产被处置时才予以转出。

【例 5-1】东方公司有一条生产线A于2006年12月31日的账面价值为100 000元，经测试其可收回金额为60 000元，生产线的账面价值高于其可收回金额，因此，该生产线已经发生了减值，公司应当确认减值损失40 000元，会计处理如下：

借：资产减值损失　　40 000

　贷：固定资产减值准备——生产线A　　40 000

其他非流动资产计提减值损失的会计处理基本同固定资产。

**【本章小结】**

通常用资产总额来反映一个企业的规模。在6个会计要素中资产内容最多。本章是第6—10章的导论，系统介绍了资产具有的特征，资产负债表上资产的列报方式、资产确认的条件、会计要素计量属性以及资产减值的相关内容。一项资源确认为资产，需要符合资产的定义，还应同时满足两个条件：①与该资源有关的经济利益很可能流入企业；②该资源的成本或者价值能够可靠地计量。会计要素的计量属性主要包括历史成本、重置成本、可变现净值、现值和公允价值等。企业在对资产进行减值测试后，如果资产的可收回金额低于其账面价值，应当计提资产减值损失。

**【学习目标小结】**

**1.了解资产的特征**

资产具有以下特征：①资产预期会给企业带来经济利益；②资产应为企业拥有或者控制的资源；③资产是由企业过去的交易或者事项形成的。

**2.了解资产的分类**

根据财务报表列报准则的规定，资产负债表上资产应当按照流动性分为流动资产和非流动资产列示。流动性，通常按资产的变现或耗用时间长短或者负债的偿还时间长短来确定。

资产满足下列条件之一的，应当归类为流动资产：①预计在一个正常营业周期中变现、出售或耗用；②主要为交易目的而持有；③预计在资产负债表日起一年内（含一年）变现；④自资产负债表日起一年内，交换其他资产或清偿负债的能力不受限制的现金或现金等价物。同时，流动资产以外的资产应当归类为非流动资产。

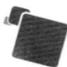

**3.了解会计要素的计量属性**

会计计量是为了将符合确认条件的会计要素登记入账并列报于财务报表而确定其金额的过程。企业应当按照规定的会计计量属性进行计量，确定相关金额。会计计量属性反映的是会计要素金额的确定基础，主要包括历史成本、重置成本、可变现净值、现值和公允价值等。

**4.了解资产减值损失的确认与计量原则**

企业在对资产进行减值测试后，如果可收回金额的计量结果表明，资产的可收回金额低于其账面价值的，应当将资产的账面价值减记至可收回金额，减记的金额确认为资产减值损失，计入当期损益，同时计提相应的资产减值准备。

考虑到固定资产、无形资产、商誉等资产发生减值后，一方面价值回升的可能性比较小，通常属于永久性减值；另一方面从会计信息稳健性要求考虑，为了避免确认资产重估增值和操纵利润，资产减值损失一经确认，在以后会计期间不得转回。以前期间计提的资产减值准备，需要等到资产处置时才可转出。

**【关键术语】**

活跃市场（active market）是指相关资产或负债的交易量和交易频率足以持续提供定价信息的市场。

历史成本（historic cost），又称为实际成本，就是取得或制造某项财产物资时所实际支付的现金或者现金等价物。在历史成本计量下，资产按照其购置时支付的现金或者现金等价物的金额，或者按照购置资产时所付出的对价的公允价值计量。负债按照其因承担现时义务而实际收到的款项或者资产的金额，或者承担现时义务的合同金额，或者按照日常活动中为偿还负债预期需要支付的现金或者现金等价物的金额计量。

重置成本（replacement cost），又称为现行成本，是指按照当前市场条件，重新取得同样一项资产所需支付的现金或现金等价物金额。在重置成本计量下，资产按照现在购买相同或者相似资产所需支付的现金或者现金等价物的金额计量。负债按照现在偿付该项债务所需支付的现金或者现金等价物的金额计量。

可变现净值（net realisable value）是指在正常生产经营过程中以预计售价减去进一步加工成本和销售所必需的预计税金、费用后的净值。在可变现净值计量下，资产按照其正常对外销售所能收到现金或者现金等价物的金额扣减该资产至完工时估计将要发生的成本、估计的销售费用以及相关税金后的金额计量。

现值（present value）是指对未来现金流量以恰当的折现率进行折现后的价值，是考虑货币时间价值因素等的一种计量属性。在现值计量下，资产按照预计从其持续使用和最终处置中所产生的未来净现金流入量的折现金额计量。负债按照预计期限内需要偿还的未来净现金流出量的折现金额计量。

公允价值（fair value）是指市场参与者在计量日发生的有序交易中，出售一项资产所能收到或者转移一项负债所需支付的价格。有序交易，是指在计量日前一段时期内相关资产或负债具有惯常市场活动的交易。清算等被迫交易不属于有序交易。

## 练习题

### 【简答题】

1. 什么是资产？资产具有哪些特征？
2. 根据财务报表列报准则的规定，资产负债表上资产应当如何分类？
3. 一项资源确认为资产应满足的条件有哪些？
4. 什么是会计计量？会计有哪些计量属性？
5. 资产减值损失确认与计量的一般原则有哪些？
6. 企业为什么要确认资产减值损失？

### 【业务题】

#### 习题一

**1. 目的**

辨认资产及其类别。

**2. 资料及要求**

下面哪些交易会增加A公司的资产，并具体给出受影响资产的名称以及影响数额。

A公司投资1 000万元开发基因新产品，公司认为该产品不久就会上市，尽管目前其商业可行性还不确定。

A公司和B公司签订了购买2 000万元生物制药材料的合同，而且已经支付10万元定金。

A公司今年在电视台投放广告用于宣传公司的保健品，广告费为1 000万元。

A公司收购B公司，其中支付现金500万元以及股票500 000股，当时股价为20元/股。

A 公司从银行贷款 6 000 万元用于购买 C 公司的设备，有关移交以及确认手续还在办理中。

A 公司与 D 公司签订合同，订购 500 万元保健品。

A 公司得知，供应商 E 公司已经将其所购买的 1 000 万元原材料发出。

A 公司花费 200 万元委托 F 公司帮助培训公司管理层，银行已经转账。

## 习题二

**1. 目的**

确认影响资产总额的业务。

**2. 资料及要求**

在我国会计实务中，下列项目中能引起资产总额增加的事项有：

（1）在建工程结转固定资产；

（2）计提未到期长期债权投资的利息；

（3）长期股权投资实际收到的股利；

（4）转让短期债券取得净收益。

## 习题三

**1. 目的**

固定资产减值的会计处理。

**2. 资料**

A 公司某项设备原始成本 1 000 万元，已提折旧 150 万元，已提减值准备 50 万元，20×1 年 12 月 31 日，A 公司该项设备明显存在减值迹象，减值测试表明，如果该公司出售该项设备，买方愿意以 660 万元的销售净价收购。

**3. 要求**

计算公司应计提的资产减值准备金额，并写出分录。

# 第6章　现金与应收款项

## 【学习目标】

1. 了解现金管理的目的以及现金内部控制。
2. 掌握银行存款余额调节表的编制并解释其目的。
3. 掌握用备抵法和直接转销法对坏账进行会计处理。
4. 掌握应收票据贴现所得的计算及贴现业务的会计处理。

## 【引导案例】

格力电器2019年年末合并资产负债表列示的货币资金、应收账款、应收款项融资、预付账款、其他应收款5个项目的金额分别为125 400 715 267.64元、8 513 334 545.08元、28 226 248 997.12元、2 395 610 555.26元、159 134 399.10元，共计164 695 043 764.92元，占流动资产总额213 364 040 964.83元的77.19%。年报详细披露了各项目附注，其中，母公司的应收账款附注信息如下：

（1）按应收账款账龄披露

| 账龄 | 期末余额 |
|---|---|
| 1年以内 | 3779 915 115.11 |
| 1～2年 | 311 703 479.94 |
| 2～3年 | 3 451 107.21 |
| 3年以上 | 15 325 449.45 |
| 小计 | 4 110 395 151.71 |
| 减：坏账准备 | 237 124 630.38 |
| 合计 | 3 873 270 521.33 |

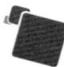

（2）按坏账计提方法分类列示

| 类别 | 期末余额 | | | | |
|---|---|---|---|---|---|
| | 账面余额 | | 坏账准备 | | 账面价值 |
| | 金额 | 比例（%） | 金额 | 计提比例（%） | |
| 单项计提坏账准备的应收账款 | 4 715 115.32 | 0.11 | 4 715 115.32 | 100 | |
| 按组合计提坏账准备的应收账款 | 4 105 680 036.39 | 99.89 | 232 409 515.06 | 5.66 | 3 873 270 521.33 |
| 其中：组合1：账龄组合 | 3 480 423 548.05 | 84.68 | 232 409 515.06 | 6.68 | 3 248 014 032.99 |
| 组合2：无风险组合 | 625 256 488.34 | 15.21 | | | 625 256 488.34 |
| 合计 | 4 110 395 151.71 | 100.00 | 237 124 630.38 | 5.77 | 3 873 270 521.33 |

（3）期末单项计提坏账准备的应收账款

| 应收账款 | 期末余额 | | | |
|---|---|---|---|---|
| | 账面余额 | 坏账准备 | 计提比例（%） | 计提理由 |
| 单位1 | 4 715 115.32 | 4 715 115.32 | 100 | 预计难以收回 |
| 合计 | 4 715 115.32 | 4 715 115.32 | | |

（4）组合中，按账龄组合计提坏账准备的应收账款

| 项目 | 期末余额 | | |
|---|---|---|---|
| | 账面余额 | 坏账准备 | 计提比例（%） |
| 1年以内 | 3 154 658 626.77 | 157 732 931.33 | 5.00 |
| 1～2年 | 311 703 479.94 | 62 340 695.99 | 20.00 |
| 2～3年 | 3 451 107.21 | 1 725 553.61 | 50.00 |
| 3年以上 | 10 610 334.13 | 10 610 334.13 | 100.00 |
| 合计 | 3 480 423 548.05 | 232 409 515.06 | 6.68 |

资料来源：珠海格力电器股份有限公司2019年年度报告

应收账款是应收款项的主要内容，2019年年末格力电器的应收账款85.13亿元，在年报中分别按账龄和坏账计提方法分类披露。什么是应收账款坏账？如何核算应收账款坏账？发生应收账款坏账对企业有何影响等问题是我们本章将要学习的内容。

# 6.1 现金

现金的概念有广义和狭义之分。广义的现金在我国习惯上称为货币资金，包括库存现金、银行存款和其他货币资金。狭义的现金仅指企业库存现金，即存放在财务部门由出纳员保管的现金。会计管理所涉及的现金通常指货币资金。货币资金是企业资产的重要组成部分，是企业资产中流动性较强的一种资产。任何企业要进行生产经营活动都必须拥有货币资金，持有货币资金是进行生产经营活动的基本条件。

## 6.1.1 现金管理

### 6.1.1.1 现金管理目标

现金管理是指对现金交易和现金余额的规划、控制和会计处理。因为在货币性资产中，现金的流动性最强，随时可以用于进行各种经济业务的结算，也可以在银行账户和其他金融资产之间任意转换，因此现金管理实际上是指对所有金融资源的管理。这些资源的有效管理对每个企业组织的成功甚至生存都至关重要。现金管理的基本目标有：①为现金收入、现金开支和现金余额提供准确的会计处理；②防止或减少由偷窃或舞弊产生的损失；③预测借款需求，确保可获得充足的现金开展企业经营；④防止大笔现金不必要地闲置在不能产生收入的银行账户中。

### 6.1.1.2 现金的内部控制

现金内部控制有时被简单地理解为防止舞弊和偷窃的手段。因为现金很容易被转移，所以很可能被员工不恰当地挪用。另外，很多经济业务会直接或者间接地影响企业的收付，因此，企业必须设计并运用控制措施来保护现金的安全和控制现金业务的授权。同时，良好的内部控制制度还可以帮助企业实现高效现金管理的其他目标，如对现金交易进行正确的会计处理、预期借款需求和保持充足但不过多的现金余额。

企业的现金内部控制制度通常包含现金收入的内部控制、现金支出的内部控制和现金库存的内部控制 3 个部分。

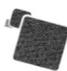

（1）现金收入的内部控制

现金收入与业务的职能分离。应在企业日常经营活动中，规范业务人员和出纳人员的职责范围，二者相互制约。若企业的现金收入源于商品销售，应由销售人员开具收据或发票，出纳人员按照收据或发票列示的金额收取等额现金。

现金收入与记录的职能分离。应分清处理现金和维持会计记录人员的职责，负责处理现金的员工不得接触会计记录，处理会计记录的人员不得接触现金。

现金收入的账务控制。现金收入时，应随时随地编制现金收入控制清单，经由出纳、审核、记账和会计主管人员签章后，应由出纳人员按业务顺序，及时、逐笔登记库存现金日记账。库存现金日记账要做到日清月结，保证账款相符。

现金收入的预算控制。企业内部的每个部门编制来年每月的现金预算（或预测），预计现金收入、现金支付和现金余额。

各企业单位在日常发生的经济业务中收入的现金，应于当日送存开户银行，当日送存银行确有困难的，由开户银行确定具体的送存时间。不准将单位收入的现金以个人的名义存入银行。

（2）现金支出的内部控制

严格控制现金支出业务范围。除按照国务院和中国人民银行规定的收支范围可以使用现金进行结算的以外，应该通过开户银行办理转账结算。

在每张支票支付签发前应核实每笔支出的真实性和金额，将批准支出和签发支票的职责分开。

出纳人员根据付款凭证登记库存现金日记账。

（3）现金库存的内部控制

企业单位必须建立健全现金账目，包括库存现金日记账和库存现金总账。在库存现金日记账中逐笔登记现金的收入与支出，库存现金日记账要做到日清月结，保证账款相符；不得用不符合财务制度的凭证顶替库存现金，即不准白条抵库。

企业应根据自身的业务要求对其库存的现金量设定最高限额，并报开户银行审批。经过开户银行核定的库存现金限额，各个企业单位必须严格遵照执行，超额部分应及时存入银行账户。

对库存现金的管理情况，企业内部审计人员应定期或不定期地进行检查，促使企业按内部控制制度严格管理库存现金。

## 6.1.2 库存现金核算

### 6.1.2.1 库存现金的收入与支出

企业单位在日常经营过程中，经常会发生一些与现金收、付有关的经济业务，这些现金收、付业务通过设置“库存现金”账户核算。该账户反映库存现金的增减变动，借方登记库存现金的增加，贷方登记库存现金的减少，期末余额在借方，反映期末结存的库存现金。为了反映现金增减变化的具体情况，企业还应设置库存现金日记账，以便于对库存现金增减变动的过程及结果进行序时地核算。企业如有外币现金，应分别设置人民币和外币现金明细账户，进行明细分类核算。

企业日常经营过程中发生现金收付款业务时，出纳员应根据审核无误的原始凭证收入或支付现金后，在有关的原始凭证上加盖“现金收讫”或“现金付讫”戳记，然后根据原始凭证编制现金收付款凭证，并据以登记库存现金日记账和库存现金总账。

举例说明库存现金收入、支出的核算。

【例 6-1】东方公司开出现金支票从银行提取 1 000 元，用于补充库存现金以备日常开支。会计分录为：

借：库存现金　　1 000

　贷：银行存款　　1 000

【例 6-2】东方公司购入 500 元的打印机墨盒一套，作为财务部的办公用品，以现金支付。会计分录为：

借：管理费用　　500

　贷：库存现金　　500

### 6.1.2.2 备用金制度

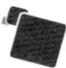

在企业的经营过程中，可能会发生一些小额现金的支付，如支付邮寄、快递费等，企业每次单独支取这些小额现金通常是不现实的。但是，这些小额付款经常发生，其加总的金额又较为可观，因此就要对此类支付加以控制。为了实现这一目的，企业可

单独设置“备用金”账户。建立备用金时，应借记“备用金”账户，贷记“库存现金”账户。业务发生以后补足差额，借记有关账户，贷记“库存现金”账户。减少或收回备用金时，做与建立时相反的分录。以下举例说明备用金的会计处理。

【例6-3】东方公司为其销售部门拨付了5 000元备用金用于业务拓展，拨付现金时，会计部门编制如下会计分录：

借：备用金　　5 000

　贷：库存现金　　5 000

例6-3所描述的是企业定额备用金制度，通常用于企业以一定额度拨付给某部门长期使用的备用金，在业务发生后，报销期间内按原定金额补足差额。此外还存在非定额备用金制度，一般通过“其他应收款”科目进行核算。“其他应收款”账户用以核算企业除应收票据、应收账款、预付账款、应收股利、应收利息、长期应收款等经营活动以外的其他各种应收、暂付的款项。企业发生其他各种应收、暂付款项时，借记本科目，贷记有关科目；收回或转销各种款项时，借记“库存现金”“银行存款”等科目，贷记本科目。本科目期末借方余额，反映企业尚未收回的其他应收款。本科目应当按照其他应收款的项目和对方单位（或个人）进行明细核算。

【例6-4】东方公司行政部员工赵佳因出差向会计部门申请领用备用金2 000元。会计部门预借现金时，应编制会计分录如下：

借：其他应收款——赵佳　　2 000

　贷：库存现金　　2 000

赵佳此次出差实际发生差旅费1 800元，报销时退还结余款，会计部门应编制会计分录如下：

借：管理费用　　1 800

　　库存现金　　200

　贷：其他应收款——赵佳　　2 000

### 6.1.3 银行存款

银行存款是企业存放在银行或其他金融机构的货币资金。按照国家有关规定，凡是独立核算的单位都必须在当地银行开设账户。企业在银行开设账户以后，除按核定的限额保留库存现金外，超过限额的现金必须存入银行；除了在规定的范围内可以用现金直接支付的款项外，在经营过程中所发生的一切货币收支业务，都必须通过银行存款账户进行结算。

广义的银行存款包括银行结算户存款、其他货币资金和专项存款等一切存入银行及其他金融机构的款项。狭义的银行存款仅指存入银行结算户的款项。

企业的银行存款包括人民币存款和外币存款。

#### 6.1.3.1 银行转账结算方式

根据中国人民银行有关支付结算办法规定，企业发生的货币资金收付业务可以采用以下方式通过银行办理转账结算：银行汇票、银行本票、商业汇票、支票、信用卡、汇兑、委托收款、托收承付及信用证等。其中，商业汇票按承兑人不同分为商业承兑汇票和银行承兑汇票两种；信用证多用于国际商品交易的结算。

#### 6.1.3.2 银行存款的账务处理

企业在不同的结算方式下，应当根据有关的原始凭证编制银行存款的收付款凭证，并进行相应的账务处理。企业应根据银行账户的开设情况，设置对应的“银行存款”账户。银行存款增加借记“银行存款”科目，减少则贷记“银行存款”科目。企业在银行的其他存款，如外埠存款、银行本票存款、银行汇票存款、信用证存款等，在“其他货币资金”科目核算，不通过“银行存款”科目进行会计处理。

企业应当设置“银行存款日记账”，按照银行存款收付业务发生的先后顺序逐笔序时登记，每日终了应结出余额。“银行存款日记账”应定期与“银行对账单”核对，至少每月核对一次。企业账面结余与银行对账单余额之间如有差额，必须逐笔查明原因，并按月编制“银行存款余额调节表”。月份终了，“银行存款日记账”的余额必须与“银行存款”总账科目的余额核对相符。

有外币业务的企业，应在“银行存款”科目下增设各种外币“银行存款日记账”进行明细核算。外币“银行存款日记账”应反映原币值、使用的汇率以及折算后的人民币值。期末应按照当日即期汇率折算各种外币存款，期末当日即期汇率与银行存款初始入账或前一期末即期汇率产生的差称为汇兑损益，汇兑损益计入当期损益（通过财务费用科目核算）。

#### 6.1.3.3 银行存款余额调节表的编制

企业每月应至少进行一次银行存款日记账与银行对账单的核对。在对银行存款日记账与银行开出的对账单进行核对时，应首先将截至核对日为止的所有银行存款的收、付业务登记入账，并对发生的错账、漏账及时查清更正，然后再与银行对账单逐笔核对。如果二者余额相符，则说明基本正确；如果二者余额不符，则可能是企业或银行某一方记账过程有错误或者存在未达账项。未达账项是由于传递单证需要时间或者确认收付的口径不一致等原因，造成企业或银行的一方收到凭证已经入账，另一方尚未收到凭证而未能入账的款项。具体而言，未达账项可分为以下 4 种：

（1）企业已经收款入账，银行尚未入账的收款款项。如企业收到客户的购货支票。

（2）企业已经付款入账，银行尚未入账的付款款项。如企业以支票作为付款方式采购原材料，但持票人尚未到银行办理转账手续。

（3）银行已经收款入账，企业尚未入账的收款款项。如企业委托银行收款，款项已收，企业未收到相关凭证未予入账等。

（4）银行已经付款入账，企业尚未入账的付款款项。如银行代企业缴纳水电费，企业未收到相关凭证未予入账等。

以上任何一种情况存在，都会造成企业银行存款日记账的余额与银行开出的对账单的余额不符。当发生（1）、（4）两种情况时，企业的银行存款日记账的账面余额将大于银行对账单余额；当发生（2）、（3）两种情况时，企业的银行存款日记账账面余额将小于银行对账单余额。因此，在与银行对账时首先应查明是否存在未达账项，如果存在未达账项，应该编制银行存款余额调节表对未达账项进行调整。

银行存款余额调节表的格式有两种：一种是纵向排列，即以某一方（企业或银行）银行存款余额为基础，加减调整项目，调整到另一方银行存款账面余额；另一种是横向排列，即分左、右两个部分，同时以双方的账面余额为起点，加减各自的调整项目，计算出双方相等的正确余额。第二种格式较常用。如果调节后双方余额相符，就说明企业和银行双方记账过程基本正确，而且这个调节后的余额是企业当时可以实际动用的银行存款的限额。如果调节后余额不符，企业和开户银行双方记账过程可能存在错误，此时应查明错误所在，采用正确的方式更正。

以下举例说明银行存款余额调节表的具体编制方法。

【例 6-5】假定东方公司于 20×1 年 10 月 31 日核对银行日记账。当日，银行存款账面余额为285 600元，同日银行对账单余额为236 700元。经过逐项核对，发现双方不符的原因如下：

（1）10月8日，东方公司向银行托收振兴公司货款27 400元，银行已经收款入账，但尚未通知公司。

（2）10月15日，东方公司开出4 000元支票购买原材料，公司根据支票存根和有关发票等原始凭证已记账，但收款人尚未到银行办理转账。

（3）10月21日，东方公司收到新华公司货款为75 300元的转账支票一张，当即存入银行，并根据银行回单入账，但银行因跨行结算，尚未入账。

（4）10月31日，开户银行代公司支付当月的水电费5 000元，银行已记账，但付款通知单尚未送达东方公司，因而公司未记账。

根据上述未达账项，东方公司于10月31日编制银行存款余额调节表，如表6-1所示。

表6-1　银行存款余额调节表

20×1年10月31日　　单位：元

| 项目 | 金额 | 项目 | 金额 |
|---|---|---|---|
| 银行存款日记账余额 | 285 600 | 银行对账单余额 | 236 700 |
| 加：银行已收、公司未收的货款 | 27 400 | 加：公司已收、银行未收的购货支票 | 75 300 |
| 减：银行已付、公司未付的水电费 | 5 000 | 减：公司已付、银行未付的采购原材料款 | 4 000 |
| 调节后余额 | 308 000 | 调节后余额 | 308 000 |

银行存款余额调节表编制完成后我们可以看出双方余额相等，这表示银行存款有关记录正确，且企业实际结存的金额既不是236 700元，也不是285 600元，而是308 000元。如果调节后双方余额不相等，应进一步查找原因，采取相应的方法更正。

按照我国现行会计制度规定，银行存款余额调节表只起对账的作用，不能根据银行存款余额调节表调整账面记录，公司只有在收到结算凭证以后，才能做相应的会计处理。

### 6.1.4 其他货币资金

企业在经营过程中，为了应付日常开支、购买物资、结算债权债务等，除了需要库存现金和银行存款之外，还需要其他货币资金。其他货币资金是指性质与库存现金、银行存款相同，但其存放地点和用途与库存现金和银行存款不同的货币资金，包括外埠存款、银行汇票存款、银行本票存款、存出投资款、信用证保证金存款、在途货币资金、支付宝、微信等。外埠存款是指企业到外地进行临时或零星采购时，汇往采购地银行开立采购专户的款项；银行汇票存款是企业为了取得银行汇票，按照规定存入银行的款项；银行本票存款是指企业为取得银行本票，按规定存入银行的款项；存出投资款是企业已存入证券公司但尚未进行投资的现金；在途货币资金是指企业与所属单位之间和上下级之间的汇解款项，在月终尚未到达，处于在途状态的款项。为了核算其他货币资金的变动及结余情况，需要设置“其他货币资金”账户，并相应设置“外埠存款”“银行汇票存款”“银行本票存款”“存出投资款”和“在途货币资金”“支付宝”“微信”等明细账户，进行明细核算。

## 6.2 应收账款

除了在销售商品或提供服务时收到现金以外，企业也可能在之后收到现金。这种情况下，企业拥有了一项要求顾客支付的应收账款。应收账款是一项资产，而且收入已经赚取。当顾客支付账款时，企业的一项资产转换成另一项资产，即货币资金增加，应收账款减少。应收账款是流动性相对较高的资产，通常可在 30 ～ 60 天转化为现金。因此，对客户的应收账款在资产负债表中通常紧随现金和交易性金融资产之后。

由于应收账款是以商业信用为基础，以购销合同、商品出库单、发票和发运单等书面文件为依据而确认的，因此，应收账款的会计处理，需要解决应收账款的入账时间和入账价值这两个问题。

### 6.2.1 应收账款入账价值

应收账款作为一种在未来能够收现的债权，应该按照未来可得现金的现值入账，但是，由于应收账款转化为现金的期限一般不会超过一年，其现值与交易发生日确定的金额不会有很大的差别，所以在实际工作中，遵循重要性原则，对应收账款都是按其成交价格计量，即按照交易日的实际发生额确认应收账款的入账价值。但是，在实际交易中，为了提高竞争能力和加快收款速度，通常企业会向客户提供商业折扣或现金折扣。

#### 6.2.1.1 商业折扣

商业折扣是指企业在销售产品时，根据实际市场供需情况，或者根据不同的顾客等原因，在规定的价目表报价中给予客户一个折扣，按折扣后的金额作为发票价格。商业折扣是企业为了照顾老顾客，或出于薄利多销的考虑采用的一种竞争手段。客户购买数量越多，给予的折扣越大。由于商业折扣的实质是重新确认实际销售价格，开出的发票价格是按扣除了商业折扣以后的价格制定的，对应收账款的入账价值没有影响，因此，商业折扣在会计上不予反映。

#### 6.2.1.2 现金折扣

为了鼓励客户尽早支付赊购款项，卖方通常提供现金折扣。现金折扣的表示方式一般是“折扣率 / 付款期限”，如 2/10、1/20、*n*/30 等，其含义分别是 10 天内付款折扣率 2%，10 天以后 20 天内付款折扣率 1%，信用期为 30 天。在存在现金折扣的情况下，对应收账款入账价值的确定有两种方法，即总价法和净价法，在我国采用总价法进行核算。

在企业销售产品时，销售收入和应收账款均按未扣除现金折扣的总价入账，对全部应收取的款项借记“应收账款”账户，对于价款贷记“主营业务收入”账户，对于增值税应作为销项税额贷记“应交税费——应交增值税（销项税额）”账户，对于代垫款项贷记“银行存款”等账户；如果客户在折扣期内付款，才确认现金折扣，在会计上将客户在折扣期内付款所享受的现金折扣作为“财务费用”处理。

以下举例说明应收账款现金折扣的核算。

【例 6-6】东方公司 20×1 年 8 月 1 日赊销一批商品给丰田公司，商品售价为 40 000 元，成本为 25 000 元，现金折扣条件为 2/10、*n*/30（不考虑增值税）。

销售发生时，东方公司的会计处理如下：

借：应收账款——丰田公司　　　　40 000

　贷：主营业务收入　　　　40 000

①若在 8 月 7 日，东方公司收到上述全部货款，此时满足现金折扣条件 2/10，即客户享受 2% 的现金折扣。其会计处理为：

借：银行存款　　　　　　　　　　　　　　39 200

　　财务费用　　　　　　　　　　　　800（40 000×2%）

　贷：应收账款——丰田公司　　　　　　　　　　40 000

②若在8月10日，东方公司仅收到上述货款的一半，其会计处理为：

借：银行存款　　　　　　　　　　　　　　19 600

　　财务费用　　　　　　　　　　400（40 000×1/2×2%）

　贷：应收账款——丰田公司　　　　　　　　　　20 000

③若超过了现金折扣的最后期限收到货款，其会计处理为：

借：银行存款　　　　　　　　　　　　　　40 000

　贷：应收账款——丰田公司　　　　　　　　　　40 000

### 6.2.2　坏账

在现代市场经济中，企业为了扩大销售、提高产品的市场占有率，越来越多地采用在商业信用基础上的赊销和赊购进行商品交易。当然，没有一家企业愿意将商品赊销给无力支付货款的客户。然而，当一家公司对成百上千的客户开展赊销业务时，某些账款最终难免成为坏账。企业无法收回的应收账款称为企业的坏账，由于发生坏账而给企业造成的损失称为坏账损失（或坏账费用）。被确认为坏账的应收账款不再是一项资产。资产损失代表费用，即坏账费用。

有限数量的坏账不仅是企业可以预期到的，同时也是信用政策可靠的证明。如果信用部门过分谨慎，那么企业可能会因拒绝部分具有可接受信用风险的客户而丧失许多销售机会。那么，如何在财务报表上反映坏账呢？

#### 6.2.2.1　坏账的确认

应收账款是否能如期收回，会不会发生坏账，受其特性、金额大小、信用期限、债务人的信誉和当时的经营情况等诸多因素的影响。一般情况下，只有在有确凿的证据证明应收账款收不回时才被确认为坏账。在我国，应收账款符合以下条件之一的，应确认为坏账：①债务人死亡，以其遗产清偿后仍然无法收回；②债务人破产，以其破产财产清偿后仍然无法收回；③债务人较长时期内未履行其偿债义务，并有足够的证据表明无法收回或收回的可能性极小。

由于应收账款是否发生坏账受债务人经营情况的影响，因此，当债务人没有死亡或者没有破产时，对于收回应收账款的时间及可能性大小的标准，需要会计师采用一些合理的方法加以判断。

#### 6.2.2.2 配比、谨慎性原则与坏账的会计处理

在计量企业利润时，一个最基本的会计原则就是收入应与产生收入时发生的费用配比（抵消）。坏账损失是因将商品赊销给不能付账的客户所导致的，因此，这笔损失应该在相关销售收入确认的期间予以估计并记录，即便是具体的应收账款可能要在以后会计期间才被确定为坏账。比如，3 月份赊销的应收账款可能在 11 月份被确认无法收回，仍应确认为 3 月的坏账损失。

对于坏账损失的核算，会计上曾经有两种方法可以选择，即直接转销法和备抵法。

直接转销法，是在实际发生坏账时作为一种损失直接计入当期损益，同时冲销应收账款。这种核算方法平时的账务处理比较简单，但是确认坏账损失的时间与销售收入确认的时间不一致，因此不符合配比原则。

备抵法，是按期估计坏账损失，计入当期损益，同时建立坏账准备金，待实际发生坏账时，冲销已经提取的坏账准备金。由于确认坏账损失的时间与销售收入确认的时间一致，备抵法遵循了配比原则。同时，采用备抵法处理坏账还体现了谨慎性原则，即充分预计可能的负债、损失和费用，尽量少计或不计可能的资产和收益，以免财务报表反映的会计信息引起报表使用者的盲目乐观。谨慎性原则要求会计确认标准稳妥合理，会计计量不得高估资产、权益和利润，财务报表提供尽可能全面、稳妥的会计信息。应收账款在财务报表上按扣除坏账准备后的应收账款净额列示，使企业应收账款可能发生的坏账损失得到及时的反映，从而会计信息使用者能更加清楚地了解企业真实的财务状况。

备抵法下估计的坏账损失要通过“信用减值损失”账户核算。信用减值损失是企业因购货人拒付、破产、死亡等原因无法收回，而遭受的损失。“信用减值损失”账户属于损益类账户，核算企业计提《企业会计准则第 22 号——金融工具确认和计量》准则要求的各项金融工具减值准备所形成的预期信用损失。借方登记计提的信用减值损失，贷方登记期末结转至“本年利润”账户的信用减值损失，结转后，“信用减值损失”账户没有余额。如果该预期信用损失大于该工具当前减值准备的账面金额，企业应当将其差额确认为减值损失，借记“信用减值损失”科目，根据金融工具的种类，贷记“坏账准备”等科目。

“坏账准备”是资产类账户的备抵账户，核算企业应收款项的坏账准备。贷方登记计提坏账准备，以及已作为坏账冲销的应收账款，借方登记转回多提的坏账准备，以及确实无法收回的应收款项，按管理权限报经批准后确认为坏账损失，同时转销应收

款项，期末余额在贷方，反映企业已计提但尚未转销的坏账准备。

坏账准备

| | |
|---|---|
| ②转回多提的坏账准备<br>②当期确认的坏账损失 | ①当期计提（估计）的坏账准备<br>②已确认为坏账损失的应收账款又收回 |
| | 已计提尚未转销的坏账准备 |

“坏账准备”账户借贷方的变化与资产类账户正好相反，这样才能起到抵减的作用。

直接转销法下，不设置“坏账准备”账户。

备抵法下，在坏账实际发生之前估计坏账损失时，借记“信用减值损失”账户，贷记“坏账准备”账户。实际发生坏账时，借记“坏账准备”账户，贷记“应收账款”账户，此时，不再借记“信用减值损失”账户，否则就重复记录了损失。

估计信用减值损失的方法有以下 3 种。

（1）根据销售收入估计坏账——赊销百分比法

应收账款是由赊销形成的，因此可以根据本期赊销的金额估计坏账损失的金额，然后将估计的金额加在“坏账准备”已有的余额上。比如，假设“坏账准备”账户在调整之前有贷方余额 700 元，根据过去经验估计坏账占赊销收入的 1%。如果本期赊销收入为 300 000 元，那么期末估计坏账损失的调整分录为：

借：信用减值损失　　　　3 000

　贷：坏账准备　　　　　　3 000

期末估计坏账损失后，坏账准备有贷方余额 3 700（700+3 000）元。

根据销售收入估计坏账是按每一个会计年度实际发生的赊销金额确定坏账损失，但本期赊销所产生的应收账款在期末可能已经收回，不会再发生坏账损失，因此，用此法估计坏账损失比较粗糙。

（2）根据应收款项余额估计坏账——余额百分比法

根据应收款项余额估计坏账是指企业按期末应收账款余额的百分比来估计坏账损失的方法。应收账款余额百分比可以根据以往经验，结合目前、将来的有关情况加以确定。采用余额百分比估计坏账，要求“应收账款”账户期末余额与“坏账准备”账户期末余额保持相应的比例，因此，每期计提坏账损失时，要根据调整前“坏账准备”账户上已经记录的发生额，以及“坏账准备”账户期末根据应收款项余额的百分比计算的余额，估计本期实际应该计提的坏账损失金额。

【例 6-7】东方公司 20×1 年年末应收账款余额为 260 000 元，按 1% 计提坏账，则：

坏账准备账户的期末余额 =260 000 × 1%=2 600（元）

如果东方公司坏账准备账户调整前余额为 0 元，则本期实际计提的坏账损失金额为 2 600 元。应编制会计分录如下：

借：信用减值损失　　　　2 600

　贷：坏账准备　　　　　　2 600

如果 20×2 年 2 月 13 日管理层批准将 3 年前发生的应收华泰公司的账款 2 000 元确认为坏账，应编制会计分录如下：

借：坏账准备　　　　2 000

　贷：应收账款　　　　　　2 000

如果 20×2 年 11 月 21 日华泰公司支付了 1 500 元欠货款，则应编制会计分录如下：

借：应收账款　　　　1 500

　贷：坏账准备　　　　　　1 500

借：银行存款　　　　1 500

　贷：应收账款　　　　　　1 500

假设 20×2 年年末应收账款余额为 300 000 元，坏账准备账户的期末余额应为 3 000 元，则 20×2 年度实际计提的坏账准备为 900（3 000+2 000−2 600−1 500）元。应编制会计分录如下：

借：信用减值损失　　　　900

　贷：坏账准备　　　　　　900

应收账款

| | |
|---|---|
| 20×1/12/31<br>260 000 | |
| 20×2/11/21<br>已确认坏账又收回<br>1 500<br>…… | 20×2/2/13<br>确认损失　2 000<br>20×2/11/21<br>收款　1 500<br>…… |
| 20×2/12/31<br>300 000 | |

坏账准备

| | |
|---|---|
| | 20×1/12/31<br>2 600 |
| 20×2/2/13<br>确认损失　2 000 | 20×2/11/21<br>已确认坏账又收回<br>1 500<br>20×2/12/31<br>期末调整　900 |
| | 20×2/12/31<br>3 000 |

由于不同账龄的应收账款发生坏账的可能性不同，因而以同一比例估计坏账仍不够合理。

（3）根据应收款项的账龄估计坏账——账龄分析法

账龄是指客户拖欠账款的时间。应收账款持有时间越长，收回的可能性就越小。因此，我们可以根据应收账款持有时间的长短来估计坏账。采用这种方法，应先分析应收账款的拖欠情况，根据不同账龄的应收账款金额，以及相应账龄的估计坏账百分比，计算出各账龄段应收账款的坏账准备，然后结合“坏账准备”账户调整前余额，确定本期应该计提的坏账损失。进行应收账款账龄分析时，可以编制按照每项应收账款的到期日进行分类的应收账款账龄分析表。应收账款过期天数就是从应收账款信用期到期日到编制账龄分析表日的间隔天数。

【例 6-8】东方公司于 20×1 年 8 月 31 日对应收账款编制了账龄分析表，如表 6-3 所示。比如，应收甲公司账款的到期日为 5 月 29 日，到 8 月 31 日该笔应收账款已过期 94 天，计算过程如表 6-2 所示。

表6-2　应收账款账龄计算（甲客户）

| | |
|---|---|
| 5 月份过期天数 | 2 天 |
| 6 月份过期天数 | 30 天 |
| 7 月份过期天数 | 31 天 |
| 8 月份过期天数 | 31 天 |
| 总过期天数 | 94 天 |

应收其他客户应收账款账龄计算方法同甲公司。各客户的应收账款账龄计算如表 6-3 所示。

表6-3　东方公司应收账款账龄分析表

| 客户名称 | 余额 | 未过期 | 已过期 | | | | |
|---|---|---|---|---|---|---|---|
| | | | 1～30天 | 31～60天 | 61～90天 | 91～180天 | 180天以上 |
| 甲 | 20 000 | | | | | 20 000 | |
| 乙 | 34 000 | 30 000 | | 4 000 | | | |
| 丙 | 42 000 | | 20 000 | | 12 000 | 5 000 | 5 000 |
| 合计 | 96 000 | 30 000 | 20 000 | 4 000 | 12 000 | 25 000 | 5 000 |

加总每一栏得到不同账龄的应收账款合计金额后，就完成了账龄分析表的编制。然后，根据行业或者企业的经验，确定不同账龄应收账款的坏账比例，如表 6-4 所示。

表6-4　东方公司估计坏账损失计算表

| 账龄 | 应收账款余额 | 估计坏账百分比（‰） | 估计坏账损失（元） |
|---|---|---|---|
| 未到期 | 30 000 | 1 | 30 |
| 逾期 1 ～ 30 天 | 20 000 | 2 | 40 |
| 逾期 31 ～ 60 天 | 4 000 | 5 | 20 |
| 逾期 61 ～ 90 天 | 12 000 | 10 | 120 |
| 逾期 91 ～ 180 天 | 25 000 | 20 | 500 |
| 逾期 180 天以上 | 5 000 | 40 | 200 |
| 合计 | 96 000 | | 910 |

根据表 6-3 和表 6-4 的计算结果，预计 20×1 年 8 月 31 日“坏账准备”的余额为 910 元。将这一预计金额与该备抵账户调整前的账户余额进行比较，就确定了本期应调整的坏账准备金额。假设该备抵账户调整前有贷方余额 510 元，那么本期应调整的金额就为 400（910-510）元，调整分录如下：

借：信用减值损失　　400

　贷：坏账准备　　400

可见，与余额百分比法相比，账龄分析法估计坏账损失更加合理，因此，在实际工作中，我国企业大多采用账龄分析法。

**【小案例】**

珠海格力电器 2019 年年报披露的应收账款账龄分类（合并报表）与不同账龄计提坏账准备的比例分别见表 6-5、表 6-6。

表6-5　格力电器2019年应收账款账龄分类

| 账龄 | 期末余额 |
|---|---|
| 1 年以内 | 7 697 417 213.86 |
| 1 ～ 2 年 | 926 391 719.35 |
| 2 ～ 3 年 | 355 717 739.24 |
| 3 年以上 | 265 497 478.10 |
| 小计 | 9 245 024 150.55 |
| 减：坏账准备 | 731 689 605.47 |
| 合计 | 8 513 334 545.08 |

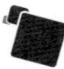

表6-6　格力电器2019年不同账龄计提坏账准备的比例

| 账龄 | 应收账款计提坏账损失比例（%） |
| --- | --- |
| 1 年以内 | 5.00 |
| 1 ～ 2 年 | 20.00 |
| 2 ～ 3 年 | 50.00 |
| 3 年以上 | 100.00 |

金健米业股份有限公司（600127）2019 年年报披露的应收账款账龄与整个存续期预期信用损失率如表 6-7 所示。

表6-7　金健米业2019年应收账款账龄与整个存续期预期信用损失率

| 账龄 | 应收账款预期信用损失率（%） |
| --- | --- |
| 1 年以内（含，下同） | 2.00 |
| 1 ～ 2 年 | 10.00 |
| 2 ～ 3 年 | 20.00 |
| 3 ～ 4 年 | 50.00 |
| 4 ～ 5 年 | 80.00 |
| 5 年以上 | 100.0 |

资料来源：上海证券交易所网站

## 6.3　应收票据

### 6.3.1　应收票据概述

应收票据是指企业因销售商品、提供劳务等而收到的商业汇票。商业汇票按承兑人不同，可以分为承兑人为付款单位的商业承兑汇票和承兑人为银行的银行承兑汇票。商业汇票按是否计息，又可分为带息票据和不带息票据。带息票据到期可以按票据的面值和规定的利率收取本金和利息，不带息票据到期按面值收取款项。商业汇票可以背书转让，可以贴现，具有流通性。

### 6.3.2 应收票据的会计处理

应收票据的入账价值在会计核算过程中有两种确认方法：一种是按照票据的面值确认；另一种是按照票据的未来现金流量的现值确认。在实际工作中，考虑到应收票据的期限较短，利率较低，折合成现值较烦琐，因此，一般按票据的面值入账。

为了反映应收票据增加、减少和结存的情况，企业应设置“应收票据”科目。该科目反映和监督应收票据取得、票款收回等经济业务。企业因销售商品、提供劳务而收到商业汇票，按票据的面值，借记“应收票据”科目，按确认的收入，贷记“主营业务收入”科目，按增值税额，贷记“应交税费——应交增值税（销项税额）”科目。票据到期，收到票款时，借记“银行存款”等科目，贷记“应收票据”科目。如果商业承兑汇票到期，付款人无力支付票款时，将应收票据转入应收账款，借记“应收账款”科目，贷记“应收票据”科目。此外，由于票据是一种无条件付款、可以随时背书或贴现的书面凭证，对于以某一特定单位或个人为对象的明细分类核算已无必要，因而不需要设置明细分类账户，但为了便于管理和分析票据的具体情况，应设置“应收票据”备查簿，记录每张票据的具体事项，以备查考。

带息票据和不带息票据，其会计处理有所不同。

#### 6.3.2.1 带息票据

带息票据是指票据上列明面值、利率和到期日的票据。对于带息应收票据，应于中期期末、年度终了和票据到期时计算票据利息，增加应收票据的账面价值，同时冲减财务费用。利息计算公式为：

应收票据利息=应收票据面值×票面利率×时间

举例说明带息票据的形成、利息计算以及收回的会计处理。

【例6-9】东方公司于20×1年2月15日销售一批产品给启航公司，售价63 000元，收到启航公司开出的商业汇票一张用于支付货款，该汇票年利率为6%，期限5个月。（假设不考虑增值税）

①2月15日，东方公司收到票据时，会计处理如下：

| | | |
|---|---|---|
| 借：应收票据 | 63 000 | |
| 贷：主营业务收入 | | 63 000 |

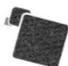

②7 月 15 日，票据到期时计算到期利息：

应收票据利息 =63 000×6%×5/12=1 575（元）

收款金额 = 本金 + 利息 =63 000+1 575=64 575（元）

借：银行存款　　　　64 575

　贷：应收票据　　　　63 000

　　　财务费用——利息收入　　　　1 575

③如果该票据是商业承兑汇票，到期不能承兑，东方公司不能按时收回款项，需要将票据到期值转入“应收账款”账户，其会计处理如下：

借：应收账款——启航公司　　　　64 575

　贷：应收票据　　　　63 000

　　　财务费用——利息收入　　　　1 575

如果该票据是银行承兑汇票，到期遭到拒付，则由银行代启航公司付款，同时将这部分款项作为启航公司的贷款处理或银行直接从启航公司存款户中扣除。

#### 6.3.2.2　不带息票据

不带息票据是指票据上只标明票据的面值与票据的到期日，其面值一般含有利息，到期收回的就是面值。不带息票据的到期价值等于应收票据的面值。企业收到票据时，应借记“应收票据”账户，贷记“主营业务收入”“应收账款”等有关账户。票据到期收回款项时，应借记“银行存款”账户，贷记“应收票据”账户。

【例 6-10】东方公司于 20×1 年 9 月 15 日收到天翼公司开出的商业汇票一张，面值为 38 000 元，期限 120 天，用于支付货款。（假设不考虑增值税）

①9 月 15 日，东方公司收到票据时，应编制会计分录如下：

借：应收票据　　　　38 000

　贷：主营业务收入　　　　38 000

②票据到期时，东方公司应编制会计分录如下：

借：银行存款　　　　38 000

　贷：应收票据　　　　38 000

### 6.3.3 应收票据贴现

当企业需要资金时，可以将未到期的票据经过背书向银行贴现。所谓贴现，是指票据持有人将未到期票据的收款权转让给银行或其他金融机构，提前取得现金的行为。也就是贴现银行作为受让方买入未到期的票据，预先扣除贴现日起至票据到期日止的利息，而将余额付给贴现者的一种交易行为。向银行申请贴现的票据必须经过背书。所谓背书，就是票据的持有人转让票据时，在票据背面签字。签字人称为背书人，对票据到期付款负有法律责任。在应收票据贴现中，企业支付给银行的利息称为贴现息，计算贴现息采用的利率称为贴现率。企业收到银行实际支付的款项称为贴现所得。计算公式如下：

贴现息=票据到期值×年贴现率×贴现期

贴现所得=票据到期值-贴现息

#### 6.3.3.1 不带息票据的贴现

不带息票据的到期值就是票据的面值，向银行申请贴现，应按上述公式计算贴现息和贴现所得。

【例 6-11】东方公司持有一张面值为 300 000 元、期限为 6 个月的票据，在公司持有 1 个月以后向银行申请贴现，贴现率为 5%，贴现息和贴现所得的计算如下：

贴现息 =300 000×5%×5/12=6 250（元）

贴现所得 =300 000-6 250=293 750（元）

贴现时，东方公司应编制如下会计分录：

| | | |
|---|---|---|
| 借：银行存款 | 293 750 | |
| 　　财务费用 | 6 250 | |
| 　贷：应收票据 | | 300 000 |

#### 6.3.3.2 带息票据的贴现

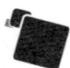

带息票据到期值由本金和利息两个部分组成，若企业向银行申请贴现时，贴现所得大于应收票据面值，说明应收票据已取得的利息大于应支付的贴现息，形成企业的利息收入；如果贴现所得小于应收票据面值，说明企业取得的利息收入不足以支付贴

现息，形成贴现的利息费用。

【例 6-12】东方公司持有一张面值 6 000 元、利率 6% 的半年期票据，在持有 5 个月之后向银行申请贴现，贴现率为 8%。

（1）贴现所得的计算如下：

票据到期值 =6 000+6 000 × 6% × 6/12=6 180（元）

贴现息 =6 180 × 8% × 1/12=41.20（元）

贴现所得 =6 180−41.2=6 138.80（元）

（2）贴现时，东方公司应编制会计分录如下：

借：银行存款　　6 138.80

　贷：财务费用　　138.80

　　　应收票据　　6 000

## 6.4　其他应收款

其他应收款是指企业除了产品销售、劳务供应等款项以外的其他业务引起的结算款项，如应收的各种赔款罚金、出租包装物的租金、应向职工收取的各种垫付款项、存出保证金等。企业应设置“其他应收款”账户进行核算，并按应收内容、应收对象设置明细账，进行明细分类核算。

**【本章小结】**

本章介绍了货币资金的种类及核算方法，应收账款的入账时间、入账价值、坏账以及应收票据的核算、贴现等相关内容。作为应收账款的一个重要内容——坏账损失的估计方法，包括赊销百分比法、余额百分比法、账龄分析法等。在商品和劳务的交易中，商业汇票也是常见的结算方式，带息票据与不带息票据的核算有所不同。当企业需要资金时，可以以支付贴现息为代价，将持有的商业汇票向银行申请贴现，贴现所得等于票据到期值扣除贴现息。

**【学习目标小结】**

**1.掌握现金管理的目的以及现金内部控制**

现金管理的目标是对现金交易进行正确的会计处理，防止偷窃或舞弊损失，保持充足但不过剩的现金余额。现金交易内部控制的主要步骤如下：①将现金管理和会计职能分开；②编制部门现金预算；③为邮寄和柜台现销等收取的所有现金编制控制清单；④每日将现金收入送存银行；⑤所有支付都用支票进行；⑥开出付款支票前核对证实每笔支出；⑦每月至少一次将银行存款日记账与银行对账单进行核对。

**2.掌握银行存款余额调节表的编制并解释其目的**

月末银行对账单上的现金余额通常与储户分类账上的现金金额不同。差异是由储户或银行中一方已记录而另一方尚未记录的事项引起的，如在途支票和在途存款。银行存款余额调节表根据未记录项目调节账簿和银行对账单的现金余额，以核对银行存款的真实性。银行存款余额调节表只起对账的作用，不能根据银行存款余额调节表调整账面记录。

**3.掌握备抵法和直接转销法对坏账进行会计处理**

备抵法下，需要估计每期预期不能收回的应收账款。估计金额借记“信用减值损失”账户，贷记应收账款抵销账户“坏账准备”。当特定应收账款确定为坏账时，借记“坏账准备”账户，贷记“应收账款”账户。

在直接转销法下，在坏账被确认不能收回的会计期间就确认损失。

备抵法在理论上更合理，因为它基于配比原则。

**4.掌握应收票据贴现所得的计算**

在应收票据贴现中，企业支付给银行的利息称为贴现息，计算贴现息采用的利率称为贴现率。企业收到银行实际支付的款项称为贴现所得。计算公式如下：

贴现息=票据到期值×年贴现率×贴现期

贴现所得=票据到期值−贴现息

**【关键术语】**

库存现金（cash on hand）是存放在财会部门由出纳员保管的现金。

现金管理（cash management）是指对现金交易和现金余额的计划、控制和会计处理。

银行存款（deposit in bank）是企业存放在银行或其他金融机构的货币资金。

现金折扣（cash discount）为了鼓励客户尽早支付购款项，卖方提供给买方的优惠。

未达账项（deposit in transit）是由于传递单证需要时间或者确认收付的口径不一致等原因，造成企业或银行的一方收到凭证已经入账，另一方尚未收到凭证而未能入账的款项。

银行存款余额调节表（bank reconciliation statement）是解释银行对账单上现金余额和储户记录上现金余额之间差异的一种分析。

其他货币资金（other monetary funds）是指性质与库存现金、银行存款相同，但其存放地点和用途与库存现金和银行存款不同的货币资金，包括外埠存款、银行汇票存款、银行本票存款、存出投资款、信用证保证金存款和在途货币资金等。

信用减值损失（credit impairment loss）是企业因购货人拒付、破产、死亡等原因无法收回款项而遭受的损失。

直接转销法（direct write-off method）是确认坏账的一种会计处理方法，是在实际发生坏账时，作为一种损失直接计入当期损益，同时冲销应收账款。该方法未将收入与相关费用配比。

备抵法（bad debt allowance method）是按期估计坏账损失，计入当期损益，同时建立坏账准备金，待实际发生坏账时，冲销已经提取的坏账准备金。由于确认坏账损失的时间与销售收入确认的时间一致，备抵法遵循了配比原则。

坏账准备（allowance for doubtful）是与应收账款相关的计价账户或资产抵销账户，用于表示应收款项中预计无法收回的部分。

应收账款账龄分析（aging the accounts receivable）是将应收账款按账龄分组，如未逾期、逾期1～30天、逾期31～60天等。它是估计应收账款坏账的一个步骤。

应收账款余额百分比法（accounts receivable balance percentage method）是指企业按期末应收账款余额的百分比来估计坏账损失的方法。

违约（default）是指到期不能支付票据的利息或本金。

应收票据（notes receivable）是指企业因销售商品、提供劳务等而收到的商业汇票。

应收票据贴现（discounted notes receivable）是指票据持有人将未到期票据的收款权转让给银行或其他金融机构，提前取得现金的行为。

应收背书（endorsement receivable）是指票据的持有人转让票据时，在票据背面签字的行为。签字人称为背书人，对票据到期付款负有法律责任。

# 练习题

## 【简答题】

1. 我国企业现金管理的主要内容有哪些?
2. 简述企业银行存款日记账余额与银行对账单余额产生不一致的原因。
3. 什么是现金折扣?会计处理上总价法和净价法各有什么优缺点?
4. 坏账准备使用备抵法遵循了哪些会计原则?
5. 什么是贴现、贴现率和贴现息?请写出贴现息与贴现所得的计算公式。
6. 在我国,应收账款满足哪些条件时应确认为信用减值损失?
7. 进行现金管理的主要目的是什么?

## 【业务题】

### 习题一

**1. 目的**

练习银行存款余额调节表的编制。

**2. 资料**

飞达公司 20×1 年 7 月 31 日银行存款日记账余额为 535 000 元,开户银行送来对账单,其银行存款余额为 508 000 元。经查对,发现有以下几笔未达账项:

(1)7 月 30 日,委托银行代收货款 50 000 元,银行已收入企业银行存款户,收款通知尚未送达。

(2)7 月 30 日,企业开出现金支票一张,计 8 000 元,企业已减少银行存款,银行尚未记账。

(3)7 月 31 日,银行为企业支付电费 1 000 元,银行已入账,减少企业存款,企业尚未记账。

(4)7 月 31 日,企业收到外单位转账支票一张,计 84 000 元,企业已收账,银行尚未记账。

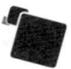

3. 要求

根据上述资料，编制飞达公司 20×1 年 7 月 31 日的银行存款余额调节表，并确立飞达公司月末实际可用的银行存款余额。

## 习题二

1. 目的

练习应收票据及票据贴现的会计处理。

2. 资料

枫叶公司 20×1 年 8 月的有关经济业务如下。

（1）8 月 2 日，出售给高信公司商品一批，售价为 20 000 元，收到高信公司转账支票一张，5 000 元，其余当日开出商业承兑汇票一张，90 天期，年利率为 8%（不考虑增值税）。

（2）8 月 8 日，收到伟林公司交来的 5 月 2 日开出的票据，面值为 50 000 元，利息为 800 元，款项已存入银行存款户。

（3）8 月 15 日，公司急需资金，将 7 月 1 日开出的面值为 40 000 元、年利率为 6%、期限为 90 天的商业汇票向银行申请贴现。贴现率为 8%，收到款项存入银行。

（4）8 月 20 日，接到银行通知，本公司 7 月 5 日将威力公司承付的银行承兑汇票申请贴现，该票据面值为 10 000 元，年利率为 8%，期限为 90 天。威力公司无力付款，银行已从本公司存款户中扣除。

（5）8 月 27 日，美兰公司面值为 6 000 元、年利率为 8%、75 天期的票据已到期。因为美兰公司账上已无存款，故银行将票据退还给本公司。

（6）8 月 28 日，收到齐林公司票据一张，抵付前欠款项 5 000 元。

3. 要求

根据上述资料，编制必要的会计分录。

## 习题三

1. 目的

练习坏账的账务处理。

2. 资料

合众公司2016年开始计提坏账准备。2016年年末应收账款余额为2 400 000元，提取坏账准备的比例为5‰，2017年确认坏账损失3 200元，其中甲公司坏账2 000元，乙公司坏账1 200元，2017年年末应收账款余额为2 880 000元，2018年接开户行通知，以前期已确认的甲公司坏账2 000元重新收回，2018年年末应收账款余额为2 000 000元。

3. 要求

根据上述资料计算各年应计提的坏账准备金额，并编制有关分录。

## 习题四

1. 目的

练习现金折扣的会计处理。

2. 资料

20×1年12月20日，新昌公司向汇联公司出售商品60 000元，条件是“2/10，*n*/30”。12月25日，收到货款的50%。

3. 要求

采用总价法编制新昌公司上述交易的会计分录。

【案例题】

1. 九发股份（600180）2003年年报披露，根据会计的谨慎性原则，公司第二届董事会第十七次会议通过决议，对公司应收款项的坏账准备计提标准进行了调整，由原来的对账龄在1年内的应收款项不提坏账准备改为按3%计提坏账准备。由于上述会计处理方法变更，减少公司报告期利润总额5 645 564.70元。

2. 查阅5家上市公司2020年年报，了解各家公司应收账款信用减值损失的计提比例。

思考：

（1）你认为应收款项坏账准备是属于公司正常损益的范畴，还是属于会计处理方法变更的范畴？

（2）你认为期末调整对公司编制财务报表是否有必要？期末调整对公司财务数据有哪些有利影响和不利影响？

# 第7章 存货

**【学习目标】**

1. 了解不同来源存货实际成本的确定。
2. 掌握存货发出的计价方法。
3. 了解存货数量的确定方法。
4. 理解发出存货不同计价方法对利润表的影响。
5. 掌握期末存货的计量原则。
6. 了解期末存货按成本与可变现净值孰低计量的必要性。

**【引导案例】**

根据格力电器2019年年报，公司存货主要包括原材料、在产品、产成品、开发成本、开发产品等。开发成本指尚未建成、以出售为目的之物业；本公司将购入且用于商品房开发的土地使用权，作为开发成本核算；开发产品是指已建成、待出售之物业。

各类存货账面余额及计提的存货跌价准备如下表：

| 项目 | 期末余额 | | |
|---|---|---|---|
| | 账面余额 | 跌价准备 | 账面价值 |
| 原材料 | 10 313 734 271.81 | 207 784 826.11 | 10 105 949 445.70 |
| 在产品 | 1 833 675 212.23 | | 1 833 675 212.23 |
| 产成品 | 11 120 744 840.53 | 49 841 301.93 | 11 070 903 538.60 |
| 开发产品 | 1 074 325 867.76 | | 1 074 325 867.76 |
| 合计 | 24 342 480 192.33 | 257 626 128.04 | 24 084 854 064.29 |

格力电器2019年年报披露的有关存货的会计政策主要包含：

公司各类存货发出时按计划成本计价，月末按当月成本差异，将计划成本调整为实际成本。存货采用永续盘存制。低值易耗品和包装物领用时按一次摊销法摊销。

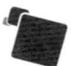

资产负债表日，存货按照成本与可变现净值孰低计量，对成本高于其可变现净值

的，计提存货跌价准备，计入当期损益，如已计提跌价准备的存货的价值以后又得以恢复，在原计提的跌价准备金额内转回。

资料来源：珠海格力电器股份有限公司 2019 年年度报告

存货会计处理是农业企业、水产养殖业、流通企业与制造企业会计核算的最大挑战。这些企业不仅要保持可供销售存货项目的记录，还必须记录这些存货采购、生产（生长）和销售的成本，而这些成本往往随时间的变化而变化。存货成本的变化大幅增加了期末库存存货成本以及本期销售存货成本会计处理的复杂性。本章主要介绍存货盘存制度、存货初始计量、发出存货成本方法的选择及期末结存存货的计量。

## 7.1 存货的性质与分类

### 7.1.1 存货的性质及特点

存货是指企业在日常活动中持有以备出售的产成品或商品、处在生产过程中的在产品、在生产过程或提供劳务过程中耗用的材料和物料等，是企业流动资产的重要组成部分。存货区别于固定资产等非流动资产的最基本的特征是，企业持有存货的最终目的是出售，无论是可供直接出售如企业的产成品、商品等，还是需经过进一步加工后才能出售如原材料等。

存货作为一种重要的资产，具有以下特点。

（1）存货是有形资产

存货属于有形资产，具有物质实体。存货的这一特点使得存货与企业的其他没有实物形态的资产如应收账款、无形资产等相区别，同时也将货币资金排除在存货的范围之外。

（2）存货的变现能力强

存货在正常情况下，都能够在一年内转化为货币资金或转化为其他资产，处于不断地销售、耗用之中。

（3）存货具有实效性和发生潜在损失的可能性

存货本身属于一种非货币性资产，因而，存货在未来销售时所能取得的现金数额受未来的销售价格影响较大，带有一定的不确定性，也就是存货具有实效性和发生潜在损失的可能性，所以应该对存货计提跌价准备。

（4）存货的目的在于销售

企业持有存货的目的在于准备在正常经营过程中予以出售（如商品等），或者将在生产或提供劳务过程中耗用，制成产成品后再予以出售（如原材料等，或者仍然处在生产过程中的在产品等）。

### 7.1.2 存货的分类

为了加强对存货的管理，提供有用的会计信息，企业应科学合理地对存货进行分类。在不同行业的企业中，存货的内容也有所不同。一般情况下，存货可以按照经济内容、存放地点及企业的性质和经营范围并结合存货的用途等进行分类。在商品流通企业，主要是从制造企业购入商品，加价以后对外销售，其存货大部分是准备销售的商品；在服务性企业，主要是提供劳务，基本上没有存货，仅有一些办公家具；在制造企业，其业务流程是购入原材料，对原材料进行生产，加工成产品，然后对外销售。我们这里主要按照制造业企业存货的经济内容及用途的不同将其分为以下的类别。

（1）原材料

原材料是制造企业在生产过程中经加工改变其形态或性质并构成产品主要实体的各种原料和主要材料、辅助材料、外购半成品、修理用备件、包装材料和物料等。

（2）在产品

在产品是制造企业正在制造但尚未完工的产品，包括正在各个生产工序加工的产品和加工完毕但尚未检验或已检验但尚未办理入库手续的产品。

（3）半成品

半成品是制造企业经过一定生产过程并已检验合格交付半成品仓库保管，但尚未制造完工成为产成品，仍需进一步加工的中间产品。

（4）产成品

产成品是制造企业已经完成全部的加工过程并经检验合格验收入库，可以按合同规定的条件送交订货单位，或者可以作为商品对外销售的产品。

（5）商品

商品指商品流通企业外购或委托加工完成验收入库用于销售的各种商品。

（6）包装物

包装物是指企业为包装产品而储备的以及在销售中周转使用的各种包装物品，如箱、桶、坛、瓶、袋等，但是不包括包装用的纸、绳等。

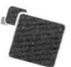

（7）低值易耗品

低值易耗品是企业中使用年限在 1 年以内，不作为固定资产管理的各种用具、物品，如管理用具、玻璃器皿以及替换设备、劳动保护用品等。其特点是单位价值低，或者容易发生损耗，在使用过程中基本保持其原有的实物形态。

由于包装物和低值易耗品可以多次使用，也称为周转材料。

（8）委托代销商品

委托代销商品是企业委托其他单位代为销售的商品。

**【小案例】**

珠海格力电器 2019 年年度报告披露的存货分类为：本公司存货主要包括原材料、在产品、产成品、开发成本、开发产品等。

杭州钢铁股份有限公司 2019 年年度报告披露的存货分类为：本公司存货包括在日常活动中持有以备出售的产成品或商品、处在生产过程中的在产品、在生产过程或提供劳务过程中耗用的材料和物料等。

金健米业股份有限公司 2019 年年度报告披露的存货分类为：发出商品、原材料、在产品、库存商品、周转材料、消耗性生物资产、静态储备等。其中静态储备包括：市级储备粮、省级储备油、市级储备油、省级储备小麦和县级储备粮。

中国北方稀土（集团）高科技股份有限公司 2019 年年度报告披露的存货分类为：本公司存货分为原材料、周转材料、委托加工材料、在产品、自制半成品、产成品（库存商品）、发出商品等。

资料来源：上海证券交易所网站

### 7.1.3 存货的确认

存货必须在符合存货定义的前提下，同时满足下列两个条件，才能予以确认。

（1）与该存货有关的经济利益很可能流入企业

我们知道，资产最重要的特征就是预期会给企业带来未来的经济利益，而存货作为企业的一项重要的流动资产，其确认的关键就是要判断存货是否很可能给企业带来经济利益或所包含的经济利益是否很可能流入企业。通常，存货的所有权是存货包含的经济利益很可能流入企业的一个重要标志，因此，确定企业存货所应包括的范围依据的一条基本原则就是：凡是在盘存日期，其法定所有权属于企业的一切存货，不管其存放地点是否在企业均属于企业的存货。

（2）该存货的成本能够可靠地计量

成本或者价值能够可靠地计量是资产确认的一项基本条件。存货作为企业资产的组成部分，要予以确认也必须能够对其成本进行可靠地计量。存货的成本能够可靠地计量必须以取得的确凿证据为依据，并且具有可验证性。如果存货成本不能可靠地计量，不能可靠地确定其成本，就不能确认为企业的存货。

## 7.2 存货数量的确定

企业在经营过程中，对于发出或结存的存货的成本作为一种费用或库存资产进行核算时，其一般表达式为单位成本乘以发出或结存存货的数量。存货数量的确定有赖于选择恰当的存货盘存方法。因此，本节我们将要了解确定发出和结存存货数量的两种盘存制度，即永续盘存制和实地盘存制，以便于根据不同的盘存制度采取相应的方法确定发出存货的数量。

### 7.2.1 永续盘存制

永续盘存制又称账面盘存制，是指在会计核算过程中，对于各种存货平时根据有关凭证，按其数量在存货明细账中既登记存货的入库数，又登记存货的出库数，可以随时根据账面记录确定存货结存数的盘存制度。在永续盘存制下确定存货数量的计算公式是：

期末结存存货数量=期初结存存货数量+本期入库存货数量-本期发出存货数量

采用永续盘存制，首先，由于存货明细账上可以随时反映库存存货的收入、发出和结存情况，因此，有利于对存货的数量和金额进行管理和控制，保证存货成本计算和利润确定的正确性，并且为存货的计划、管理和控制提供及时、准确的信息。其次，存货的账面记录与结存的实物可以经常核对，有利于查明存货溢缺的原因，及时进行纠正。但是，在这种方法下，存货明细账核算的工作量较大。

为了核对账实是否相符，仍有必要定期或不定期地进行实地盘点，以加强对存货的管理。

### 7.2.2 实地盘存制

实地盘存制又称定期盘存制，是指会计期末通过对各种存货进行实地清点的方法确定期末存货的结存数量，根据存货的单价计算结存金额，然后再倒轧出本期已发出

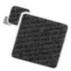

（或销售）存货的成本，计算公式如下：

期末结存存货成本=期末结存存货数量×单位成本

本期发出或销售存货的成本=期初结存存货成本+本期购入存货成本−期末结存存货成本

采用实地盘存制，将期末存货实地盘存的结果作为计算本期发出存货数量的依据，平时不需要对发出的存货进行登记，核算手续比较简单。但是，采用这种方法，无法根据账面记录随时了解存货的发出和结存情况，由于是以存计销或以存计耗倒算发出存货成本，必然会将非销售或非生产耗用的损耗、短缺或贪污盗窃等管理不善造成的损失，全部混进销售或耗用成本之中，这显然是不合理的，也不利于对存货进行日常的管理和控制。

在存货品种、规格繁多的情况下，对存货进行实地盘点需要消耗较多的人力、物力，影响正常的生产经营活动，造成浪费，因此，这种方法一般适用于品种规格繁多且价值较低的存货，尤其适用于自然损耗大、数量不易准确确定的存货。

下面举例说明永续盘存制和实地盘存制的区别。

【例7-1】东方公司20×1年8月份原材料A的库存变动情况如表7-1所示。8月31日，实际盘点的材料数量为90件。

表7-1　8月份原材料A库存变动情况

| 日期 | 摘要 | 数量（件） | 单位成本（元） | 合计（元） |
|---|---|---|---|---|
| 8月1日 | 期初存货 | 500 | 50 | 25 000 |
| 8月3日 | 发出 | 300 | | |
| 8月9日 | 购入 | 1 000 | 50 | 50 000 |
| 8月16日 | 发出 | 700 | | |
| 8月22日 | 发出 | 400 | | |

（1）采用永续盘存制的存货明细账如表7-2所示。

表7-2　A材料明细账

（永续盘存制）　　单位：元/件

| 日期 | 摘要 | 发出 | | | 购入 | | | 结存 | | |
|---|---|---|---|---|---|---|---|---|---|---|
| | | 数量 | 单价 | 金额 | 数量 | 单价 | 金额 | 数量 | 单价 | 金额 |
| 8月1日 | 期初存货 | | | | | | | 500 | 50 | 25 000 |
| 8月3日 | 发出 | 300 | 50 | 15 000 | | | | 200 | 50 | 10 000 |

续表

| 日期 | 摘要 | 发出 | | | 购入 | | | 结存 | | |
|---|---|---|---|---|---|---|---|---|---|---|
| | | 数量 | 单价 | 金额 | 数量 | 单价 | 金额 | 数量 | 单价 | 金额 |
| 8 月 9 日 | 购入 | | | | 1 000 | 50 | 50 000 | 1200 | 50 | 60 000 |
| 8 月 16 日 | 发出 | 700 | 50 | 35 000 | | | | 500 | 50 | 25 000 |
| 8 月 22 日 | 发出 | 400 | 50 | 20 000 | | | | 100 | 50 | 5 000 |
| 8 月 31 日 | 本期发生额及期末余额 | 1 400 | 50 | 70 000 | 1 000 | 50 | 50 000 | 100 | 50 | 5 000 |

（2）采用实地盘存制的存货明细账如表 7-3 所示。

表7-3　A材料明细账

（实地盘存制）　　单位：元 / 件

| 日期 | 摘要 | 发出 | | | 购入 | | | 结存 | | |
|---|---|---|---|---|---|---|---|---|---|---|
| | | 数量 | 单价 | 金额 | 数量 | 单价 | 金额 | 数量 | 单价 | 金额 |
| 8 月 1 日 | 期初存货 | | | | | | | 500 | 50 | 25 000 |
| 8 月 9 日 | 购入 | | | | 1 000 | 50 | 50 000 | | | |
| 8 月 31 日 | 本期发生额及期末余额 | 1 410（倒挤） | 50 | 70 500 | 1 000 | 50 | 50 000 | 90（盘点） | 50 | 4 500 |

表 7-3 中期末结存数量是实地盘点数量，存货成本 =90 × 50=4 500（元）

本期发出存货数量 =500+1 000−90=1 410

本期发出存货成本 =25 000+50 000−4 500=70 500（元）

根据所给资料，A 材料账面结存数量是 100 件，但实际盘点的材料数量为 90 件，短缺的 10 件材料在两种盘存制度下有不同的处理方式。

永续盘存制下短缺的 10 件 A 材料记录为存货的盘亏，根据责任认定分别计入管理费用、其他应收款、营业外支出等，具体处理详见 7.2.3.2 节介绍。实地盘存制下短缺的 10 件材料直接计入发出存货成本。

【小案例】

珠海格力电器股份有限公司、杭州钢铁股份有限公司、金健米业股份有限公司、北方稀土股份有限公司等 2019 年年报披露的存货盘存制度均为永续盘存制。

资料来源：上海证券交易所

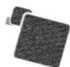

### 7.2.3 存货盘点

企业按规定对存货进行定期盘点后，盘点的结果可能与账面不符，应查明原因，并进行相应的会计处理。

#### 7.2.3.1 存货盘盈的会计处理

存货盘盈是指实际盘点的存货量大于账面的结存量。对盘盈的存货，应按其重置成本借记“原材料”账户，贷记“待处理财产损益——待处理流动资产损益”账户。企业按照规定程序批准转销盘盈存货价值时，冲减当期管理费用，借记“待处理财产损益——待处理流动资产损益”账户，贷记“管理费用”账户。

【例 7-2】东方公司 20×1 年年末在财产清查中发现一批账外原材料 2 180 件，估计该材料重置成本为 32 600 元。其批准前、后的会计处理如下：

①盘盈时根据估计的重置成本

借：原材料　　32 600

　贷：待处理财产损益——待处理流动资产损益　　32 600

②批准后冲减管理费用

借：待处理财产损益——待处理流动资产损益　　32 600

　贷：管理费用　　32 600

#### 7.2.3.2 存货盘亏的会计处理

存货盘亏是指实际盘点的存货量小于账面的结存量。存货按规定程序批准转销盘亏存货价值时，根据导致存货盘亏的不同原因，分别借记“管理费用”（自然损耗、管理不善、收发计量不准等）、“其他应收款”（责任人赔偿或保险赔偿）、“营业外支出”（非常损失）等账户，贷记“待处理财产损益——待处理流动资产损益”账户。

【例 7-3】接【例 7-1】东方公司 20×1 年 8 月份盘亏的 A 原材料系收发计量错误，计入管理费用。会计处理如下：

①盘亏时根据 A 材料盘亏金额（10 件 *50 元 / 件）

借：待处理财产损益——待处理流动资产损益 500

贷：原材料 500

②收发计量错误计入管理费用

借：管理费用 500

贷：待处理财产损益——待处理流动资产损益 500

【例 7-4】好当家公司期末盘点存货时，发现甲材料盘亏 10 000 元，盘亏原因如下：由于保管不善造成的亏损 4 000 元，遭受意外事故损失 5 000 元，仓库保管人员的责任损失 1 000 元。对意外事故造成的损失，经与保险公司交涉，应由保险公司赔偿金额 5 000 元。有关业务的会计处理如下：

①盘亏时根据甲材料账面价值处理

借：待处理财产损益——待处理流动资产损益 10 000

贷：原材料 10 000

②批准后根据相应的责任归属处理

借：管理费用 4 000

其他应收款——责任人 1 000

其他应收款——保险公司 5 000

贷：待处理财产损益——待处理流动资产损益 10 000

## 7.3 存货取得的计量

企业在取得存货时，应按照实际成本计量。所谓实际成本，也称历史成本，是指取得存货所发生的全部成本。包括采购成本、加工成本和使存货达到目前场所和状态所发生的其他成本 3 个组成部分。这些成本以发票、运输单据等为原始凭证，可以审核验证，从而使存货计量建立在客观的基础上。企业可以通过不同的途径取得不同的存货。从不同的渠道取得的存货，其核算方法不同，而且不同类型的存货，核算方法也不同。下面分别就外购存货、自制存货和其他方式取得存货的成本内容加以说明。

### 7.3.1 外购存货

外购存货是指从企业以外的单位购入的存货，包括外购的原料及主要材料、辅助材料、燃料、包装物以及低值易耗品等。其实际成本主要由以下几个项目构成：①买价。指购货发票上注明的货款金额。②运杂费。指运输费、装卸费、包装费、保险费和仓储费等。③运输途中的合理损耗。指运输途中的定额内损耗。但是，在运输途中所发生的非合理的损耗，能确定由过失人员负责的，应向有关人员索赔，不计入购货成本中；如果是由于自然灾害而发生的意外损失，其净损失应作为营业外支出，不计入购货成本。④入库前的整理挑选费用。指购入的存货在进入原料仓库前进行挑选过程中发生的人工费用、残次料成本等。⑤税金。如进口货物按规定支付的进口关税。⑥其他费用。除上述项目以外的其他费用，如市内零星的运杂费、采购人员的差旅费等。

在实际成本计价方法下，外购存货一般设置的主要账户有“在途物资”“原材料”“应付账款”“预付账款”和“应付票据”等账户。

“在途物资”属于资产类账户，用以核算企业采用实际成本进行材料、商品等物资的日常核算、货款已付尚未验收入库的在途物资的采购成本。该账户借方登记购入材料、商品等物资的买价和采购费用（采购实际成本），贷方登记已验收入库材料、商品等物资应结转的实际采购成本。期末余额在借方，反映企业期末在途材料、商品等物资的采购成本。该账户可按供应单位和物资品种进行明细核算。

“原材料”属于资产类账户，用以核算企业库存的各种材料，包括原料及主要材料、辅助材料、外购半成品（外购件）、修理用备件（备品备件）、包装材料、燃料等的计划成本或实际成本。该账户借方登记已验收入库材料的成本，贷方登记发出材料的成本。期末余额在借方，反映企业库存材料的计划成本或实际成本。该账户可按材料的保管地点（仓库）、材料的类别、品种和规格等进行明细核算。

“预付账款”属于资产类账户，用以核算企业按照购货合同规定预付给供应单位的款项。企业进行在建工程预付的工程价款也在该账户核算。该账户借方登记因购货而预付的款项，收到所购物资时登记在账户的贷方，期末借方余额反映企业预付的款项；期末如为贷方余额，反映企业尚未补付的款项即应付款项。本账户应按供应单位设置明细账，进行明细核算。预付款项情况不多的企业，也可以将预付的款项直接记入“应付账款”科目的借方，不设置“预付账款”账户。

“应付账款”属于负债类账户，用以核算企业因购买材料、商品和接受劳务供应等而应付给供应单位的款项。贷方登记应付未付的款项，实际支付款项时登记在账户的借方，期末贷方余额反映尚未支付的应付账款余额。该账户按债权人进行明细核算。

“应付票据”属于负债类账户，用以核算企业购买材料、商品和接受劳务供应等而开出、承兑的商业汇票，包括银行承兑汇票和商业承兑汇票。贷方登记开出并承兑的商业汇票面值，借方登记到期承兑票据的金额或无力承兑而转出的应付票据票面金额，期末余额在贷方，反映企业尚未到期的商业汇票的票面金额。该账户按照债权人进行明细核算。

企业从外部购入存货时，由于采用的结算方式和采购地点等的不同，经常会出现收料和付款时间不一致的情况，因而其账务处理也有所区别，具体说明如下。

（1）材料和有关的结算凭证同时到达企业（单料同到）

企业收到存货，办理验收入库手续，同时根据供应商开来的发票账单等结算凭证进行会计处理。

【例7-5】东方公司从红星工厂购进丙材料6 000千克，发票注明价款30 000元，材料的运杂费1 400元。材料已运达公司并已验收入库。账单、发票已到，货款已通过银行转账支付（不考虑增值税）。该公司应编制会计分录如下：

借：原材料　　31 400

　贷：银行存款　　31 400

（2）存货已经验收入库，但有关结算凭证未到（料到单未到）

这种情况在月内一般暂不入账，待凭证到达之后再按前述情况入账。如果到了月末，有关凭证仍未到达，为了使账实相符，应按暂估价或按合同价格借记“原材料”账户，贷记“应付账款”账户，下月初用红字冲回。待有关结算凭证到达之后，再按当月收料付款处理。

【例7-6】东方公司于3月20日购入一批原材料，并已验收入库，直到月末有关发票账单也未到达公司。该批材料的估计价款为35 000元。会计处理如下：

①3月31日，按原料的估计价格35 000元入账

借：原材料　　35 000

　贷：应付账款　　35 000

②4月1日，用红字将以上分录冲回

借：原材料　　（35 000）

　贷：应付账款　　（35 000）

③4月8日，收到供应商的有关专用发票等结算凭证共计36 000元，通过银行转账付款

借：原材料　　36 000

　贷：银行存款　　36 000

（3）有关结算凭证已经收到，但存货尚未运到企业或未验收入库（单到料未到）

当所购货物的发票和账单已经收到，但货物尚未收到时，应通过“在途物资”账户记录存货的实际成本，待货物验收入库后，再转入“原材料”账户。

【例 7-7】东方公司从外地购入一批原材料，价款 100 000 元，运输费等 5 000 元。按合同开出 5 个月无息商业承兑汇票支付购货款，运输费通过银行支付，材料尚未到达公司（不考虑增值税）。有关会计分录如下：

①收到货款发票时

| | | |
|---|---|---|
| 借：在途物资 | 105 000 | |
| 　贷：银行存款 | | 5 000 |
| 　　　应付票据 | | 100 000 |

②待材料到达企业并验收入库时

| | | |
|---|---|---|
| 借：原材料 | 105 000 | |
| 　贷：在途物资 | | 105 000 |

### 7.3.2 自制存货

自制存货是企业内部的生产车间或辅助生产车间自己加工制造的原材料、包装物、低值易耗品、产成品等，其实际成本的构成包括制造过程中所消耗的材料费用、人工费用和制造费用，即生产这些存货的制造成本。

自制存货应通过“生产成本”账户核算制造过程中所发生的生产费用，包括材料费、人工费和其他生产费用。生产费用的核算详见第 14 章。

### 7.3.3 其他方式取得的存货

企业取得存货的其他方式主要包括委托加工、接受投资者投资、非货币性资产交换、债务重组、企业合并以及存货盘盈等。这里仅介绍委托加工存货的计量。委托加工存货是企业将原材料委托给其他单位按照约定的加工要求加工成另一种规格的存货，委托加工存货的实际成本包括实际耗用的原材料、加工费用、运输费用、装卸费用、保险费用以及按规定应计入成本的税金等。

# 7.4 存货发出的计量

## 7.4.1 存货的实物流转与成本流转的假设

制造型和商业型企业的主要经营过程概括地说就是存货流转过程。存货流转是指在生产经营过程经过存货的购入、领用、销售等环节，从生产领域进入消费领域的转移过程。存货的流转包括实物流转与成本流转两个方面。

存货的实物流转应该根据管理的需要，结合存货自身的特点以及有利于收、发、管理控制的要求来决定。比如，有些商品会因为保管时间太长而变质腐烂、挥发，可以采用先购入先发出的流转程序；有些商品因为体积大、分量重，需要堆放管理，先购入的堆放在下面，后购入的堆放在上面，此时，实物的发放只能是后购入的先发出，先购入的后发出；也有一些商品既不受时间的影响，也不受堆放方式的影响，实物的发放程序可以随意安排。

存货成本流转，是指发出存货成本的结转顺序。从理论上讲，存货成本流转顺序应当与实物流转顺序一致，即本期发出存货应按其入库时的实际成本结转，期末账面结存存货成本为期末结存存货的入库成本。如果存货的品种规格很少，或收发次数很少，或每批入库存货的单位成本相同，完全可以按照理论上的方法操作。但在实际工作中，企业的存货不仅品种繁多，而且由于存货购入的时间、产地不同或生产批次不同，使得相同存货的单位成本往往不一致，很难辨认出所发出存货的入库成本是多少。为了确定发出存货和期末存货的成本，会计处理上可以事先对存货的成本流转做一个合乎逻辑的假设，并以此为依据，选择本期发出存货成本和期末结存存货成本的分配方法。不同的成本流转假设构成不同的存货计价方法，即存货发出的计价方法。

## 7.4.2 发出存货成本的计量方法

根据不同的成本流转假设，本期发出存货成本和期末结存存货成本的计价方法主要有：个别认定法、加权平均法、移动加权平均法、先进先出法和后进先出法。

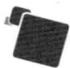

#### 7.4.2.1 个别认定法

个别认定法是按照某批购入存货的实际单位成本作为发出存货的单位成本，期末按每批存货购入时的单位成本确定期末存货的成本。这种方法的成本流转与实物流转相一致，各种存货必须是可以具体辨认的，而且各种存货都要有平时入库时的详细记录。这种方法适用于为某一特定项目专门购入并单独保管的存货，或单位价值比较高的存货，如珠宝、古玩等。

【例7-8】东方公司6月初结存存货甲20件，单位成本为310元。6月存货甲的购入情况如下：

（1）6月5日，购入50件，单价为300元；

（2）6月13日，购入30件，单价为320元。

当月公司存货甲的发出情况如下：

（1）6月10日，发出15件，为6月5日购入；

（2）6月15日，发出60件，其中35件为6月5日购入，25件为6月13日购入。

东方公司6月发出存货甲的成本与期末存货的成本计算如下：

发出存货的成本 =15×300+（35×300+25×320）=4 500+18 500=23 000（元）

期末存货的成本 =20×310+5×320=6 200+1 600=7 800（元）

#### 7.4.2.2 全月一次加权平均法

在全月一次加权平均法下，期末（通常为月末）计算存货的单位成本时，以期初的存货数量和本期购入的全部数量作为权数，除期初结存存货成本和本期购入存货成本之和，计算出存货的加权平均单位成本，据此确定发出存货成本和期末存货成本。计算公式如下：

$$\text{加权平均单位成本}=\frac{\text{期初结存存货成本}+\text{本期购入存货总成本}}{\text{期初结存存货数量}+\text{本期购入存货总数量}}$$

$$\text{本期发出存货成本}=\text{本期发出存货数量}\times\text{加权平均单位成本}$$

$$\text{期末结存存货成本}=\text{期末结存存货数量}\times\text{加权平均单位成本}$$

采用全月一次加权平均法计算发出存货的成本，只有在月末才能计算出加权平均单位成本，因而平时的核算工作比较简单，但月末的核算工作量比较大，可能会影响有关成本计算的及时性，也不能随时从账簿中观察到各种存货的发出和结存情况，不便于对存货占用资金的日常管理。

### 7.4.2.3 移动加权平均法

移动加权平均法是以本次购入存货的成本加结存存货的成本，除以本次购入存货数量加结存存货数量，计算出存货平均单位成本的一种方法。只要每次购入存货的单位成本与结存存货的单位成本不一致，就应该重新计算一次加权平均单位成本，作为发出存货和期末存货的计价标准。计算公式如下：

$$移动加权平均单位成本=\frac{上次结存存货成本+本期购入存货的总成本}{上次结存存货的数量+本期购入存货的数量}$$

$$本次发出存货成本=本次发出存货的数量\times移动加权平均单位成本$$

$$结存存货成本=结存存货的数量\times移动加权平均单位成本$$

【例 7-9】依据【例 7-8】的资料，采用移动加权平均法计算存货成本：

（1）6 月 5 日购入后，存货甲单位成本 $\frac{20\times310+50\times300}{20+50}$ =302.86（元）

6 月 5 日存货甲结存成本 =302.86×（20+50）=21 200（元）

（2）6 月 10 日存货甲的发出成本 =15×302.86=4 542.90（元）

6 月 10 日存货甲结存成本 =302.86×（70−15）=16 657.10（元）

（3）6 月 13 日购入后，存货甲单位成本 = $\frac{55\times302.86+30\times320}{55+30}$ =308.91（元）

6 月 13 日存货甲结存成本 =308.91×（55+30）=26 257（元）

（4）6 月 15 日存货甲的发出成本 =60×308.91=18 534.60（元）

6 月 15 日存货甲结存成本 =308.91×（85−60）=7 722.40（元）

采用移动加权平均法可以及时了解存货发出的成本和结存的成本，其单位成本接近于市场价格，计算结果比较客观。但是，由于每次购入时都要重新计算一次单位成本，工作量比较大。

### 7.4.2.4 先进先出法

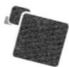

先进先出法是指在发出存货时，根据存货入库时间的先后顺序，按照先入库存货

的单位成本确定发出存货成本的一种方法，也就是假定最先入库的存货最先发出。其具体操作过程是：最先发出存货的成本按照第一批入库存货的成本确定，第一批存货发完后，再按第二批存货的成本计价，以此类推。采用先进先出法对存货进行计价，可以将发出存货的计价工作分散在平时进行，减轻了月末的计算工作量，既适用于实地盘存制，也适用于永续盘存制，而且可以随时了解储备资金的占用情况，期末结存存货成本比较接近于现行成本水平，更具有财务分析意义。但是，当企业的存货种类较多、收发次数比较频繁且单位成本又各不相同时，其计算的工作量就比较大。另外，先进先出法不是以现行成本与现行收入相配比，因而，当物价上涨时，会高估企业本期利润和期末结存存货的价值，造成企业虚利实税，不利于资本的保全，显然违背了谨慎性原则的要求。先进先出法下计算发出存货成本和结存存货成本的公式为：

发出存货成本=发出存货的数量×先入库存货成本

结存存货成本=存货总成本-发出存货成本

【例 7-10】依据【例 7-8】的资料，在永续盘存制下，采用先进先出法的计算过程如表 7-4 所示。

表7-4　存货甲明细账

（先进先出法）　　单位：元/件

| 日期 | 摘要 | 收入 | | | 发出 | | | 结存 | | |
|---|---|---|---|---|---|---|---|---|---|---|
| | | 数量 | 单价 | 金额 | 数量 | 单价 | 金额 | 数量 | 单价 | 金额 |
| 6 月 1 日 | 期初余额 | | | | | | | 20 | 310 | 6 200 |
| 6 月 5 日 | 购入 | 50 | 300 | 15 000 | | | | 20<br>50 | 310<br>300 | 6 200<br>15 000 |
| 6 月 10 日 | 发出 | | | | 15 | 310 | 4 650 | 5<br>50 | 310<br>300 | 1 550<br>15 000 |
| 6 月 13 日 | 购入 | 30 | 320 | 9 600 | | | | 5<br>50<br>30 | 310<br>300<br>320 | 1 550<br>15 000<br>9 600 |
| 6 月 15 日 | 发出 | | | | 5<br>50<br>5 | 310<br>300<br>320 | 1 550<br>15 000<br>1 600 | 25 | 320 | 8 000 |
| 6 月 30 日 | 本期发生额及期末余额 | 80 | | 24 600 | 75 | | 22 800 | 25 | 320 | 8 000 |

在实地盘存制下，有关存货成本的计算如下：

期末结存存货成本 =25×320=8 000（元）

本期发出存货成本 =6 200+15 000+9 600−8 000=22 800（元）

采用先进先出法确定的期末存货成本比较接近于当前的市场价值，但是，如果企业会计期内存货收发频繁，则工作量非常大。

#### 7.4.2.5 后进先出法

后进先出法与先进先出法的成本流转正好相反，它假设最近购入（后进）的存货最先发出，当期销售成本或发出成本为最近购入存货的成本。在永续盘存制下，每一批发出存货都按这种顺序计算；在实地盘存制下，期末盘点的存货数量按最初购进的单价计算期末结存存货成本。

【例 7-11】依据【例 7-8】的资料，在永续盘存制下，采用后进先出法计算的存货成本如表 7-5 所示。

表7-5 存货明细账

（后进先出法）　　　　单位：元 / 件

| 日期 | 摘要 | 收入 | | | 发出 | | | 结存 | | |
|---|---|---|---|---|---|---|---|---|---|---|
| | | 数量 | 单价 | 金额 | 数量 | 单价 | 金额 | 数量 | 单价 | 金额 |
| 6 月 1 日 | 期初余额 | | | | | | | 20 | 310 | 6 200 |
| 6 月 5 日 | 购入 | 50 | 300 | 15 000 | | | | 20<br>50 | 310<br>300 | 6 200<br>15 000 |
| 6 月 10 日 | 发出 | | | | 15 | 300 | 4 500 | 20<br>35 | 310<br>300 | 6 200<br>10 500 |
| 6 月 13 日 | 购入 | 30 | 320 | 9 600 | | | | 20<br>35<br>30 | 310<br>300<br>320 | 6 200<br>10 500<br>9 600 |
| 6 月 15 日 | 发出 | | | | 30<br>30 | 320<br>300 | 9 600<br>9 000 | 20<br>5 | 310<br>300 | 6 200<br>1 500 |
| 6 月 30 日 | 本期发生额及期末余额 | 80 | | 24 600 | 75 | | 23 100 | 20<br>5 | 310<br>300 | 6 200<br>1 500 |

在实地盘存制下，有关存货成本的计算如下：

期末结存存货成本 =20×310+5×300=7 700（元）

本期发出存货成本 =6 200+15 000+9 600−7 700=23 100（元）

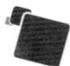

采用后进先出法，本期销售（发出）成本是按后购入存货的单位成本确定的，其成本接近市价，由此得到的利润也接近实际。同时，由于存货购入单价不断上升，期末存货成本以较低的成本计价，体现了会计处理的稳健原则。

【延伸知识】

几乎所有国家都允许采用先进先出法编制财务报告，而国际上对后进先出法则存在许多争议。2003年修订的国际会计准则禁用后进先出法，因为它导致资产负债表上存货的金额不准确。

2006年《企业会计准则》规定："企业应当采用先进先出法、加权平均法或者个别计价法确定发出存货的实际成本。"存货准则考虑到后进先出法并不能真实地反映存货的实际流转，因此，规定企业确定发出存货的成本的方法有3种：先进先出法、加权平均法（包括移动加权平均法）和个别计价法。企业不得采用后进先出法确定发出存货的成本，这与国际会计准则的规定是一致的。

资料来源：2006年《企业会计准则第1号——存货》

### 7.4.3　各种计价方法对财务报表的影响

上述各种存货计价方法所确定的本期发出存货成本和期末存货成本可能不同，并影响到本期销售成本和期末存货的金额，进而影响到企业的利润和资产。

无论采用平均法计算的是库存存货的成本还是发出产品的成本，既不代表期初成本也不代表期末成本，仅是一个经平均计算的统计数据，缺乏实际含义，导致我们很难将其与市场中同种存货的价格波动对号入座，也不能从这个数据中得到有关企业成本的变动情况，即资产负债表中期末存货的成本和利润表中的销售成本都无法反映存货的现行成本。

在先进先出法下，存货的成本流转与实物的流转基本一致，存货的数据更加客观。但是，在物价上升的环境下，由于低估了发出产品的成本，高估了期末存货的价值，导致资产负债表中资产虚增，利润表中利润虚增，当期多缴所得税，增加了现金流量表中当期的现金流出量。采用先进先出法，企业的财务报表会明显好于实际，尤其是在原材料价格上升时，会使企业管理者和财务报表信息使用者忽视不断增加的成本，做出错误的预期和决策。

后进先出法与先进先出法正好相反，本期销售成本是最近购入的存货成本，期末存货成本是最早购入的存货成本。当物价持续上涨时，后进先出法确定的销售成本比其他方法要高，而利润最低；由于期末存货按最早购入的存货成本计价，存货成本被低估。因此，当存货成本呈上升趋势时，后进先出法所确定的利润和期末存货成本最低。

在实务中，企业一经选定某种计价方法，必须遵循一致性原则，不能随意变更。若要改变计价方法，必须在财务报表的附注中加以说明，并充分披露变更的原因及其对企业经营成果的影响。

【小案例】

杭州钢铁股份有限公司2019年年度报告披露的发出存货的计价方法为：发出存货采用月末一次加权平均法。

金健米业股份有限公司2019年年度报告披露的发出存货的计价方法为：发出存货采用月末一次加权平均法。

中国北方稀土（集团）高科技股份有限公司2019年年度报告披露的发出存货的计价方法为：原材料、在产品、库存商品、发出商品等发出时采用月末一次加权平均法计价。

中国船舶工业股份有限公司2019年年度报告披露的存货信息为：存货实行永续盘存制，存货在取得时按实际成本计价，包括采购成本、加工成本和其他成本。

子公司沪东重机有限公司原材料采用计划成本法核算，月末根据材料成本差异将出库成本调整为实际成本，专用材料及整机发出采用个别计价法。

子公司中船澄西原材料发出时按加权平均法计价。对于不能替代使用的存货以及为特定项目专门购入或制造的存货，采用个别计价法确定发出存货的成本。

子公司外高桥造船原材料除大型船用设备发出时按个别计价法计价，其余原材料发出时采用加权平均法计价，确定发出存货的实际成本。在产品发出时按个别计价法计价。

子公司上海沪东造船柴油机配套有限公司存货发出时按个别计价法计价。

子公司上海中船三井造船柴油机有限公司存货发出时除通用配件采用加权平均法外其他存货采用个别计价。

子公司上海沪临重工有限公司存货发出时钢结构件采用个别计价，铸造件采用加权平均计价。

其他子公司原材料发出时按加权平均法计价，在产品及产成品的发出按个别认定法计价。

资料来源：上海证券交易所网站

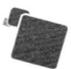

## 7.5 期末存货的计量

正如前面所阐述，成本是存货计价的主要基础。但由于存货价格的变化，在资产负债表日列报的存货价值不一定就是结存存货的成本。主要有两个原因导致：①当存货的可变现净值低于账面价值时；②存货无法以正常的价格出售。后一种情况可能是由于存货出现残次、磨损、样式过时及其他原因。按照谨慎性原则，需要运用成本与可变现净值孰低法计量期末存货。

### 7.5.1 成本与可变现净值孰低法

成本与可变现净值孰低法是指对期末存货按照成本与可变现净值两者中较低者计价的方法，即当存货的成本低于可变现净值时，存货按成本计价；当可变现净值低于成本时，存货按可变现净值计价。其中，成本是指存货的历史成本，也就是按照加权平均法、个别认定法、先进先出法等方法确定的成本；可变现净值是指企业在正常经营过程中，以存货的估计售价减去至完工时估计将要发生的成本、销售费用以及相关税费后的金额。

存货是企业的一项经济资源，其价值应该由市场决定，如果由于技术进步、产品更新等因素，使存货的价值发生较大下跌，仍按历史成本计价，将无法反映存货的真实价值，也不符合谨慎性原则的要求。当存货的可变现净值下跌至成本以下时，由此所形成的损失，应从存货价值中扣除，计入当期损益，以避免虚增企业的资产。

成本与可变现净值孰低计量的理论基础主要是使存货符合资产的定义，且符合谨慎性原则的要求。当存货的可变现净值下跌至成本以下时，表明该存货会给企业带来的未来经济利益低于其账面成本，存货资产发生了减值损失，应将这部分损失从资产价值中扣除，计入当期损益。否则，当存货的可变现净值低于成本时，如果仍然以其成本计量，就会出现虚计资产的现象。

### 7.5.2 成本与可变现净值孰低法的应用

当企业仅持有一种存货时，只需比较该存货的成本与可变现净值，便可获得各资产负债表日存货项目的金额和应提取存货跌价准备的金额。但在现实经济生活中，很少有企业只持有一种存货，常见的情形则是同时持有多种不同类别的存货，在开展多种经营的企业尤其如此。因此，在确定资产负债表日存货项目的金额和应提取存货跌价准备的金额时，通常有3种方法可供选择：单项比较法、分类比较法和总额比较法。

（1）单项比较法

分别比较每一项存货的成本与可变现净值，每一项存货都取成本与可变现净值中的较低者作为存货的期末价值，再分别加总，以确定资产负债表日存货项目的总金额和应提取存货跌价准备的总金额。

（2）分类比较法

分别比较每一类存货（由该类内具有某种共同特征的多种存货组成）的总成本与该类存货可变现净值的总额，每一类存货都取成本与可变现净值中的较低者作为存货的期末价值，分别加总，以确定资产负债表日存货项目的总金额和应提取存货跌价准备的总金额。

（3）总额比较法

直接比较所有存货的总成本与可变现净值总额，选择较低者作为资产负债表日存货的期末价值并计算应提取存货跌价准备的总金额。

### 7.5.3 成本与可变现净值孰低法的会计处理

在成本与可变现净值孰低法下，经过比较，若期末存货的成本低于可变现净值，则仍以账面成本计价，不需要调整存货账面价值；若期末存货的成本高于其可变现净值，就必须将存货的账面价值调整到可变现净值。对于存货的成本高于其可变现净值的调整主要有两种会计处理方法——直接转销法和备抵法。

期末存货按成本与可变现净值孰低计量涉及“资产减值损失”和“存货跌价准备”两个账户。

资产减值损失是指企业在资产负债表日，根据《企业会计准则》对资产的测试，判断资产的可变现净值（或可收回金额）低于其账面价值而计提资产减值损失准备所确认的相应损失。企业所有的资产在发生减值时，原则上都应当对所发生的减值损失及时加以确认和计量，因此，资产减值包括所有资产的减值。但是由于资产的性质不同，所适用的具体准则也不尽相同（详见5.3.1.1部分）。期末存货成本高于其可变现净值采用备抵法调整存货跌价损失也通过“资产减值损失”账户核算。“资产减值损失”属于损益类账户，核算企业计提各项资产减值准备所估计的损失。借方登记计提的各项资产减值损失，贷方登记期末结转至“本年利润”账户的资产减值损失，结转后，“资产减值损失”账户没有余额。

“存货跌价准备”账户的结构类似“坏账准备”账户，“存货跌价准备”属于资产类账户，是存货的备抵账户，贷方登记本期计提的存货跌价准备，借方登记转回或转销的存货跌价准备，期末余额在贷方，反映企业已计提但尚未转销的存货跌价准备，也就是本期末存货成本高于其可变现净值的差额。“存货跌价准备”账户借贷方的增减与资产类账户正好相反，这样才能起到抵减的作用。

#### 7.5.3.1 直接转销法

在直接转销法下，当存货的可变现净值低于账面成本时，发生的存货资产减值损失直接转入“资产减值损失”账户，同时调整相应的存货账户。

【例 7-12】东方公司 20×1 年 12 月 31 日 A 商品账面价值为 40 000 元，预计可变现净值为 38 000 元。在直接转销法下东方公司的会计处理如下：

借：资产减值损失　　2 000

　贷：库存商品等　　2 000

采用直接转销法，企业应在资产负债表日将存货成本明细账上的单位成本调整为可变现净值，工作量较大。在资产负债表中，存货项目的账面价值变为可变现净值 38 000 元，不能反映原有的存货实际成本，但其会计处理比较简单。我国现行实务中并不采用此法。

#### 7.5.3.2 备抵法

与直接转销法不同，在备抵法下，存货减值损失不直接冲销存货相关账户账面余额，而另设“存货跌价准备”账户，以抵减存货价值。在资产负债表中存货金额按扣除“存货跌价准备”账户余额后的账面价值列示。存货账户始终反映其原有的实际成本。

当企业期末存货发生减值损失时，借记“资产减值损失”账户，贷记“存货跌价准备”账户。这种方法的优点在于：一是不改变存货明细账记录，工作量小；二是资产负债表上存货金额按成本与可变现净值孰低列示，体现了谨慎性原则。

采用备抵法时，每一个资产负债表日都应按单个存货逐一比较其成本与可变现净值取两者中的较低者计量存货，计算出应计提的备抵数，然后与“存货跌价准备”账户余额进行比较。若应提数大于已提数，应予补提；反之，则冲销多提的部分（转回）。提取和补提跌价准备时，借记“资产减值损失”账户，贷记“存货跌价准备”账户；转回或冲销跌价损失时，作相反的会计分录。当已计提跌价准备的存货的价值以后又得以恢复时，其转回的跌价准备金额，应以“存货跌价准备”账户的余额冲减至零为限。

【例 7-13】东方公司按照“成本与可变现净值孰低”计价每季末存货。假设，20×1 年 12 月 31 日，甲材料的账面成本为 150 000 元，由于市场价格下跌，预计可变现净值为 120 000 元，按照备抵法应进行会计处理如下：

| | | |
|---|---|---|
| 借：资产减值损失 | 30 000 | |
| 　贷：存货跌价准备 | | 30 000 |

20×2 年 3 月 31 日，由于市场价格回升，使得该材料的预计可变现净值升为 142 000 元，即可变现净值恢复了 22 000 元，则应转回存货跌价准备 22 000 元，即：

| | | |
|---|---|---|
| 借：存货跌价准备 | 22 000 | |
| 　贷：资产减值损失 | | 22 000 |

20×2 年 6 月 30 日，由于市场价格进一步回升，使得该材料的预计可变现净值升为 165 000 元，即可变现净值高于成本 15 000 元，则应按成本计价，不需要计提存货跌价准备，但该材料已提的存货跌价准备为 8 000 元，所以应予冲减，使“存货跌价准备”账户余额为零，会计处理如下：

| | | |
|---|---|---|
| 借：存货跌价准备 | 8 000 | |
| 　贷：资产减值损失 | | 8 000 |

20×2 年 6 月 30 日，东方公司资产负债表中的存货列示的金额为 150 000 元，计算如下：

| | | |
|---|---|---|
| 存货 | 150 000 | |
| 减：存货跌价准备 | 0 | |
| 　存货账面价值 | | 150 000 |

**【小案例】**

珠海格力电器 2019 年年报披露的存货可变现净值的确定依据及存货跌价准备的计提方法为：资产负债表日，存货按照成本与可变现净值孰低计量，对成本高于其可变现净值的，计提存货跌价准备，计入当期损益，如已计提跌价准备的存货的价值以后又得以恢复，在原计提的跌价准备金额内转回。可变现净值是指在日常活动中，存货的估计售价减去至完工时估计将要发生的成本、估计的销售费用以及相关税费后的金额。

2019年年报中存货跌价准备见表7-6。

表7-6 格力电器2019年存货跌价准备

单位：元

| 存货种类 | 期初余额 | 本期增加金额 | | 本期减少金额 | 期末余额 |
| --- | --- | --- | --- | --- | --- |
| | | 计提 | 合并范围变更 | 转销 | |
| 原材料 | 251 248 578.65 | 36 066 957.21 | | 79 530 709.75 | 207 784 826.11 |
| 产成品 | 29 819 996.00 | 20 484 925.26 | 10 743 000.00 | 11 206 619.33 | 49 841 301.93 |
| 合计 | 281 068 574.65 | 56 551 882.47 | 10 743 000.00 | 90 737 329.08 | 257 626 128.04 |

资料来源：珠海格力电器2019年年报

【本章小结】

存货在制造型企业和流通型企业的资产中占比比较大，不同企业存货具体内容有所不同。本章介绍了存货的确认及种类、存货盘存制度、取得存货成本的确定、发出存货成本的计量方法以及期末存货计量原则。判断是否属于存货的标准是为了出售这一持有目的；本期减少存货和期末结存存货数量的确定有两种方法，即永续盘存制和实地盘存制；企业在取得存货时，应按照实际成本计量，实际成本是指取得存货所发生的全部成本，包括采购成本、加工成本和使存货达到目前场所及状态所发生的其他成本3个组成部分。不同渠道取得的存货成本构成内容有所不同；本期发出存货的计量方法包括个别认定法、加权平均法、先进先出法和后进先出法；期末存货按成本与可变现净值孰低原则计量。

【学习目标小结】

1.了解不同来源存货实际成本的确定

企业在取得存货时，应按照实际成本计量，实际成本是指取得存货所发生的全部成本。本章仅介绍了外购存货、自制存货以及委托加工存货实际成本的确定。其中，外购存货的实际成本主要由以下几个项目构成：①买价；②运杂费；③运输途中的合理损耗；④入库前的整理挑选费用；⑤税金（如关税）；⑥其他费用等。自制存货实际成本的构成包括制造过程中所消耗的材料费用、人工费用和制造费用，即生产这些存货的制造成本。委托加工存货的实际成本包括实际耗用的原材料、加工费用、运输费用、装卸费用、保险费用以及按规定应计入成本的税金等。

### 2.掌握存货发出的计价方法

根据不同的成本流转假设，本期发出存货成本和期末结存存货成本的计价方法主要有：个别认定法、加权平均法、移动加权平均法、先进先出法和后进先出法。个别认定法是按照某批购入存货的实际单位成本作为发出存货的单位成本，期末按每批存货购入时的单位成本确定期末存货的成本。这种方法的成本流转与实物流转相一致。

在全月一次加权平均法下，期末（通常为月末）计算存货的单位成本时，以期初的存货数量和本期购入的全部数量作为权数，除期初结存存货成本和本期购入存货成本之和，计算出存货的加权平均单位成本，据此确定发出存货成本和期末存货成本。计算公式如下：

$$加权平均单位成本=\frac{期初结存存货成本+本期购入存货的总成本}{期初结存存货的数量+本期购入存货的总数量}$$

$$本期发出存货成本=本期发出存货的数量\times加权平均单位成本$$

$$期末结存存货成本=期末结存存货的数量\times加权平均单位成本$$

先进先出法是指在发出存货时，根据存货入库时间的先后顺序，按照先入库存货的单位成本确定发出存货成本的一种方法，也就是假定最先入库的存货最先发出。

后进先出法与先进先出法的成本流转正好相反，它假设最近购入（后进）的存货最先发出，当期销售成本或发出成本为最近购入存货的成本。

### 3.了解存货数量的确定方法

存货数量的确定有赖于选择正确的存货盘存方法。本期减少存货和期末结存存货数量的确定有两种方法，即永续盘存制和实地盘存制。永续盘存制又称账面盘存制，是指在会计核算过程中，对于各种存货平时根据有关凭证，按其数量在存货明细账中既登记存货的入库数，又登记存货的发出数，可以随时根据账面记录确定存货结存数的制度。在永续盘存制下确定存货数量的计算公式是：

$$期末结存存货数量=期初结存存货数量+本期入库存货数量-本期发出存货数量$$

实地盘存制又称定期盘存制，是指会计期末通过对各种存货进行实地清点实物的方法确定期末存货的结存数量，根据存货的单价计算结存金额，然后再倒轧出本期已发出（或销售）存货的成本，计算公式如下：

$$期末结存存货成本=期末结存存货数量\times单位成本$$

$$本期发出或销售存货的成本=期初结存存货成本+本期购入存货成本-期末结存存货成本$$

**4.理解发出存货不同计价方法对利润表的影响**

各种存货计价方法所确定的本期发出存货成本和期末结存存货成本可能不同，并影响到本期销售成本和期末存货的金额，进而影响到企业的利润和资产。

加权平均法计算的库存存货成本与发出产品的成本，既不代表期初成本也不代表期末成本，仅是一个经平均计算的统计数据，导致我们不能从这个数据中得到有关企业成本的变动情况，即资产负债表中期末存货的成本和利润表中的销售成本都无法反映存货的现行成本。

在先进先出法下，在物价上升的环境下，由于低估了发出产品的成本，高估了期末存货的价值，导致资产负债表中资产虚增，利润表中利润虚增，当期多缴所得税，增加了现金流量表中当期的现金流出量。

后进先出法与先进先出法正好相反，本期销售成本是最近购入的存货成本，期末存货成本是最早购入的存货成本。当物价持续上涨时，后进先出法确定的销售成本比其他方法要高，而利润最低；由于期末存货按最早购入的存货成本计价，存货成本被低估。

**5.掌握期末存货的计量原则**

期末存货应按成本与可变现净值孰低计量，即当存货的成本低于可变现净值时，存货按成本计价；当可变现净值低于成本时，存货按可变现净值计价。

**6.了解期末存货按成本与可变现净值孰低计量的必要性**

存货是企业的一项经济资源，其价值应该由市场决定，如果存货市场价值下跌时仍按历史成本计价，将无法反映存货的真实价值，也不符合谨慎性原则的要求。当存货的可变现净值下跌至成本以下时，由此所形成的损失，应从存货价值中扣除，计入当期损益，以避免虚增企业的资产。

**【关键术语】**

永续盘存制（perpetual inventory system），又称为账面盘存制，指在会计核算过程中，对于各种存货平时根据有关凭证，按其数量在存货明细账中既登记存货的入库数，又登记存货的出库数，可以随时根据账面记录确定存货结存数的盘存制度。

实地盘存制（physical inventory system），又称为定期盘存制，是指会计期末通过对各种存货进行实地清点的方法确定期末存货的结存数量，根据存货的单价计算结存金额，然后再倒轧出本期已发出（或销售）存货的成本的盘存制度。

个别认定法（specific identification method）是按照某批购入存货的实际单位成本作为发出存货的单位成本，期末按每批存货购入时的单位成本确定期末存货成本的方法。

加权平均成本法（weighted average cost method）亦称全月一次加权平均法，是指以当月全部进货数量加上月初存货数量作为权数，去除当月全部进货成本加上月初存货成本，计算出存货的加权平均单位成本，以此为基础计算当月发出存货的成本和期末存货的成本的一种方法。

先进先出法（first-in，first-out method）是指根据先入库的存货先发出的成本流转假设对存货的发出和结存进行计价的方法。以先进先出法计价的期末结存存货则是最后入库的存货，本期发出存货则是最先入库的存货。

后进先出法（last-in，first-out method）是指根据最后入库的存货最先发出的成本流转假设对存货的发出和结存进行计价的方法。以后进先出法计价的期末结存存货则是最先入库的存货，本期发出存货则是最后入库的存货。

移动加权平均法（moving weighted average method）是以本次购入存货的成本加结存存货的成本，除以本次购入存货数量加结存存货数量，计算出存货平均单位成本的一种方法。只要每次购入存货的单位成本与结存存货的单位成本不一致，就应该重新计算一次加权平均单位成本，作为发出存货和结存存货的计价标准。

成本与可变现净值孰低法（lower of cost and net realisable value）是指期末存货以账面成本与可变现净值中较低者计价的方法。

## 练习题

**【简答题】**

1. 什么是存货？存货有哪些特征？

2. 采购成本持续增长期间，哪种存货成本假设会使报告利润最高？哪种存货成本假设使应纳税所得额最低？哪种存货成本假设使存货计价最接近当下的重置成本？

3. 简述永续盘存制的优缺点。

4. 简述实地盘存制的优缺点。

5. 企业外购存货的采购成本包括哪些内容？

6. 采用移动加权平均法有何优缺点？适合哪类企业？

7. 期末存货为什么要按成本与可变现净值孰低计量？

8. 核算存货跌价损失有哪两种方法？

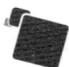

【业务题】

## 习题一

1. 目的

练习存货收入的核算。

2. 资料

好运公司 8 月 5 日从外地购进钢材 8 吨，材料已运达企业并验收入库，但至 8 月末仍未收到结算账单。8 月末，好运公司根据材料入库单所列数量 8 吨，按照合同价格每吨 1 400 元入账。9 月 10 日，好运公司收到上述材料的结算凭证，发票上所列价款为 11 000 元（不考虑税费），对方代垫运杂费 3 000 元。好运公司签发并承兑一个月到期的商业汇票一张，交销货单位。

3. 要求

根据上述资料编制有关会计分录。

## 习题二

1. 目的

练习存货数量确定的方法以及会计处理。

2. 资料

联华公司 20×1 年 10 月甲产品的生产、销售和结存情况如下表所示。

| 联华公司甲产品生产、销售和结存情况 | | |
|---|---|---|
| 存货情况 | 永续盘存制 | 实地盘存制 |
| 期初结余 200 件　　单位成本 15 元 | | |
| 本期生产入库： | | |

续表

| 联华公司甲产品生产、销售和结存情况 | | |
|---|---|---|
| 存货情况 | 永续盘存制 | 实地盘存制 |
| （1）5日1 000件　　单位成本15元<br>（2）15日2 000件　　单位成本18元<br>（3）20日1 000件　　单位成本17元<br>小计4 000件<br>本期销售发出： | | |
| （1）10日800件<br>（2）15日1 000件<br>（3）20日1 500件<br>小计3 300件<br>期末结存750件（盘点数） | | |

3. 要求

（1）用加权平均法计算存货单价，分别计算有关数据，并填入表中。

（2）编制有关产品入库、发出及盘点盈亏的会计分录。

## 习题三

1. 目的

练习先进先出法和后进先出法的会计处理。

2. 资料

某礼品店采用实地盘存制，3月购销情况如下表所示。

| 购入 | | 售出 | |
|---|---|---|---|
| 数量（件） | 单价（元） | 数量（件） | 单价（元） |
| 40 | 30 | 13 | 35 |
| 20 | 40 | 35 | 45 |
| 90 | 50 | 60 | 60 |

假设3月1日结存的存货为零。

3. 要求

（1）采用先进先出法计算3月末的期末存货成本。

（2）采用后进先出法计算 3 月末的期末存货成本。

（3）采用全月一次加权平均法计算 3 月末的存货成本。

## 习题四

### 1. 目的

练习存货的成本与可变现净值孰低法。

### 2. 资料

新田公司 20×4 年、20×5 年、20×6 年的存货资料如下表所示。

新田公司20×4年、20×5年、20×6年的存货资料

单位：元

| 日期 | 成本 | 可变现净值 |
| --- | --- | --- |
| 20×4 年 1 月 1 日 | 250 000 | 250 000 |
| 20×4 年 12 月 31 日 | 320 000 | 310 000 |
| 20×5 年 12 月 31 日 | 280 000 | 295 000 |
| 20×6 年 12 月 31 日 | 300 000 | 305 000 |

### 3. 要求

假定该公司采用成本与可变现净值孰低法计价，存货盘点采用永续盘存制。分别采用直接转销法和备抵法编制相关会计分录。

## 习题五

### 1. 目的

练习存货跌价准备的会计处理。

### 2. 资料

太平洋股份有限公司对存货的期末计价采用成本与可变现净值孰低法。某项存货有关资料如下：

（1）20×5 年 12 月 31 日账面成本为 20 万元，可变现净值为 19 万元；

（2）20×6年6月30日账面成本为18万元，可变现净值为16.8万元；

（3）20×6年12月31日账面成本为19万元，可变现净值为18.6万元；

（4）20×7年6月30日账面成本为30万元，可变现净值为31万元。

**3. 要求**

根据上述材料，编制存货期末计提跌价准备业务的相关会计分录。

**【案例题】**

1. 翰林和华能两家公司的资产负债表附注说明如下：翰林公司发出存货采用后进先出法，期末存货采用成本与可变现净值孰低法；华能公司发出存货采用先进先出法，期末存货采用成本与可变现净值孰低法。假定两家公司的存货相同，市价都处于上升的趋势。

**思考：**

（1）哪家公司采用的存货计价方法更加谨慎？

（2）在其他条件相同的前提下，哪家公司缴纳的所得税更少？为什么？

2. 信息披露要求公司财务报告应该向外界提供足够的信息，以利决策，这些信息应该与公司的经济事件具有一定的相关性。从存货角度讲，应该揭示其会计政策和方法。假如花旗银行某分行正在考虑发放一笔贷款，两家公司向该行提出了借款申请，甲公司的利润表显示的利润总额高于乙公司的利润，甲公司的财务报表中揭示了其存货的计价方法为先进先出法，而乙公司的财务报表中未揭示其存货的计价方法。

**思考：**请问银行应该如何决策？为什么？

3. 查阅5家上市公司2020年年报，了解各家公司：①采用的存货盘存制度；②对于发出存货的计价采用了什么方法。

# 第8章　投资

【学习目标】

1. 了解公司投资性质和对外投资的目的。
2. 熟悉金融资产的分类。
3. 掌握不同类别金融资产的账务处理。
4. 熟悉长期股权投资的定义和类型。
5. 掌握长期股权投资的账务处理。

【引导案例】

格力电器 2019 年对外投资金额达 294.80 亿元，约占总资产的 10.42%，具体如表 8-1 所示。

表8-1　格力电器2019年对外投资情况

单位：元

| 对外投资项目 | 金额 |
| --- | --- |
| 交易性金融资产 | 955 208 583.58 |
| 衍生金融资产 | 92 392 625.69 |
| 发放贷款及垫款 | 14 423 786 409.22 |
| 债权投资 | 18 608 350.13 |
| 其他债权投资 | 296 836 282.20 |
| 长期股权投资 | 7 064 186 161.29 |
| 其他权益工具投资 | 4 644 601 697.51 |
| 其他非流动金融资产 | 2 003 483 333.33 |
| 合计 | 29 480 495 092.82 |

从上表可以发现，其投资主要分为两个类别：

一是对金融资产的投资，年报披露中列示在交易性金融资产、衍生金融资产、发放贷款及垫款、债权投资、其他债权投资、其他权益工具投资、其他非流动金融资产项目；二是对子公司的投资，在长期股权投资项目下列示，包括对合营企业、联营企业的投资。2019年格力电器从这些投资中获得的公允价值变动损益为2.28亿元，不能重分类进损益的其他综合收益约为68.11亿元，可以重分类进损益的其他综合收益为0.20亿元。

资料来源：格力电器2019年财务报表

企业在正常的主营业务之外，其投资的目的是什么？是为了单纯的获利还是有其他目的？可以将企业的对外投资分为几种类型？对不同类型的投资及投资获得的收益在会计上应该怎么处理？本章将回答上述问题。

## 8.1　投资的性质与分类

从财务管理的角度看，企业的财务活动一般包括筹资、投资、经营和分配活动。财务管理的投资概念十分宽泛，凡是把资金投入到将来能获利的生产经营活动都可以称之为投资，一般来说，广义的投资可以分为对外投资与对内投资。对外投资，顾名思义就是将资金投入企业之外的其他单位，通过直接投入资金或是购买其他单位发行的证券等形成的投资，一般我们也将对外投资称为间接投资。所谓对内投资，就是将资金投入企业内部的生产经营活动，如购置固定资产、购买无形资产等，也是一种投资行为。在财务会计中讨论投资问题时，一般使用狭义的投资概念，即对外投资。

### 8.1.1　投资的性质

在企业会计准则中，将投资定义为“企业为了获得收益或实现资本增值向被投资单位投放资金的经济行为”。从这个定义看，投资具有如下特点：①投资是通过让渡其他资产而换取的另一项资产，如通过支付现金或以购买债券、以非货币性资产向其他单位投资来取得其他单位的股权等。投资与企业其他资产一样，能为企业带来未来的经济利益，即能直接或间接地增强企业未来的现金流入的能力。②投资所流入的经济利益，与其他资产为企业带来的经济利益在形式上有所不同。企业所拥有或控制的除投资以外的其他资产，通常能为企业带来直接的经济利益，如企业生产的产品通过出售可以为企业带来直接的经济利益流入。而投资通常是将企业的部分资产转让给其他单位使用，通过其他单位使用投资者投入的资产创造效益后分配得到收益，或者通过投资改善企业的价值链达到获取利益的目的。

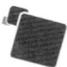

### 8.1.2 投资的分类

企业对其他被投资单位（或会计主体）进行投资，其目的和期限是多种多样的。不同的投资目的决定了投资期限的不同，投资目的与投资期限影响对投资账务处理方法的选择。按照不同的标准，投资有不同的分类，从会计学的角度出发，投资可以按照投资期限、投资对象等进行分类。

#### 8.1.2.1 按投资期限分类

按照投资期限，可以将投资分为短期投资和长期投资两类。

（1）短期投资

短期投资是指能够随时变现且持有时间不准备超过一年（或一个营业周期）的投资。短期投资的目的通常是利用暂时闲置的资金进行投资，获取高于银行存款利率的利益。由于短期投资所用资金是暂时性闲置而非长期可使用的资金，因此，短期投资的对象必须是那些易于流通，从而能够迅速变现的股票、债券等金融资产，或者其他可以根据合同在短期内变现的资产。

（2）长期投资

长期投资是指不准备随时变现、持有时间在一年以上的投资。长期投资的意图不同于短期投资，不是为了资金的短期调度和利用，这种投资在很大程度上是为了实现企业的长期战略，对于长期的股权投资而言，往往是为了控制或影响被投资企业的重大决策，或是为了获取被投资企业的长期投资回报。

#### 8.1.2.2 按投资对象分类

按照投资的对象，可以将投资划分为股权投资、债权投资和混合投资三类。

（1）股权投资

股权投资是指通过股票市场或其他股权交易市场上购买其他主体公开或不公开发行的股权，从而获取另一个企业的权益或净资产所进行的投资。在进行股权投资后，投资企业成为另一个企业的股东，可以分享被投资企业的利润，也可以通过参与股东大会对被投资企业施加影响，甚至控制被投资企业。股权投资中最典型的是股票投资，按照股东权利和义务的不同，股票可以分为普通股和优先股。在股权投资中一般指的是对普通股的投资。普通股是股份公司依法发行的具有投票及表决权的股利不固定的股票，普通股具备股票最一般的特征，是股份公司资本的首要来源，是公司的基本股份。

（2）债权投资

债权投资是指企业通过购买表明投资企业拥有债权的书面凭证进行的投资。债权投资的目的不是为了获得另一个企业的剩余资产，而是为了获取高于银行存款利率的利息，同时债权投资的投资者有到期收回本金或按期取得利息的权利，目前我国发行的国家债券、金融债券、企业债券均属于债权证券。这种证券的持有者可按规定转让自己的投资，但不能向发售方提前收回；若发行企业破产，投资者也有收不回债券本金的危险。不过相对股权投资而言，在被投资企业进行破产清算时，债权投资者对剩余财产的分配要优先于股权投资者。因此，投资于债权证券的风险相对较小，但收益也相应较小。

（3）混合投资

混合投资是指投资于兼有权益性证券和债权性证券双重性质的证券投资，它表明投资者对被投资企业拥有债权和所有权二重性质的权利。优先股股票、可转换债券等就是典型的混合性证券。

优先股是指按照公司法，在一般规定的普通种类股份之外，另行规定的其他种类股份，优先股股票一般预先约定股利率、定期分派股利，这点类似于债权性证券，但它毕竟代表着企业净资产的所有权，且很少规定到期日，又属于权益性证券之列。2013 年 12 月 9 日，我国证监会发布《优先股试点管理办法》，标志着优先股在我国资本市场上的正式开展。

可转换债券是一种特殊的债券，其区别于普通债券的特点是，该种债券的持有人可以按债券发行条款所规定的时间及转换价格，将所持有的债券转换为股票。购买可转换债券的投资首先是债权投资，一旦转股就成了股权投资，因此我们将其归于混合投资。

#### 8.1.2.3 现行会计准则对投资的分类

按照我国《企业会计准则第 22 号——金融工具确认和计量》，企业应当根据其管理金融资产的业务模式和金融资产的合同现金流量特征，将金融资产划分为以下三类：以摊余成本计量的金融资产、以公允价值计量且其变动计入其他综合收益的金融资产、以公允价值计量且其变动计入当期损益的金融资产。此外，我国《企业会计准则第 2 号——长期股权投资》，专门规范了长期股权投资的确认、计量和相关信息的披露。因此，除了上述三类金融资产投资之外，在本章中我们还将介绍第四类投资——长期股权投资。以下将按照上述 4 种分类，分别介绍各类投资的相关账务处理方法。

## 8.2 以摊余成本计量的金融资产的核算

金融工具是指形成一个企业的金融资产，并形成其他单位的金融负债或权益工具的合同。作为金融工具重要组成部分的金融资产，是指企业持有的现金、其他方的权益工具以及符合下列条件之一的资产：①从其他方收取现金或其他金融资产的合同权利；②在潜在有利条件下，与其他方交换金融资产或金融负债的合同权利；③将来须用或可用企业自身权益工具进行结算的非衍生工具合同，且企业根据该合同将收到可变数量的自身权益工具；④将来须用或可用企业自身权益工具进行结算的衍生工具合同，但以固定数量的自身权益工具交换固定金额的现金或其他金融资产的衍生工具合同除外。其中，企业自身权益工具不包括应当按照《企业会计准则第 37 号——金融工具列报》分类为权益工具的可回售工具或发行方仅在清算时才有义务向另一方按比例交付其净资产的金融工具，也不包括本身就要求在未来收取或交付企业自身权益工具的合同。在 2017 年修订的《企业会计准则第 22 号——金融工具确认和计量》中，以摊余成本计量的金融资产是第一类金融资产，以下从其确认、计量及账务处理 3 个方面对这一类金融资产进行介绍。

### 8.2.1 以摊余成本计量的金融资产的确认

以摊余成本计量的金融资产是指同时符合如下条件的金融资产：①企业管理该金融资产的业务模式是以收取合同现金流量为目标的；②该金融资产的合同条款规定，在特定日期产生的现金流量，仅为对本金和以未偿付本金金额为基础的利息的支付。企业成为金融工具合同的一方时，应当按照上述分类条件，将其确认为一项以摊余成本计量的金融资产。

例如，普通债券的合同现金流量是到期收回本金及按约定利率在合同期间按时收取固定或浮动利息。在没有其他特殊安排的情况下，普通债券通常可能符合本金加利息的合同现金流量特征。如果企业管理该债券的业务模式是以收取合同现金流量为目标，则该债券可以分类为以摊余成本计量的金融资产。

以摊余成本计量的金融资产可以重分类为以公允价值计量且其变动计入当期损益

的金融资产，或者重分类为以公允价值计量且其变动计入其他综合收益的金融资产，反之亦然。企业对金融资产进行重分类，应当自重分类日起采用未来适用法进行相关账务处理，不得对以前已经确认的利得、损失（包括信用减值损失或利得）或利息进行追溯调整。重分类日，是指导致企业对金融资产进行重分类的业务模式发生变更后的首个报告期间的第一天。例如，某公司决定于2019年10月19日改变其管理某金融资产的业务模式，则重分类日为2020年1月1日（即下一个年度会计期间的期初）。

以摊余成本计量的金融资产可分为货币资金、应收款项、贷款、债权投资，如引例中格力电器资产负债表中的“发放贷款及垫款”即属于以摊余成本计量的金融资产，后续主要以债权投资为例介绍以摊余成本计量的金融资产的计量与账务处理。

### 8.2.2 以摊余成本计量的金融资产的计量

以摊余成本计量的金融资产应当按取得时的公允价值（不包含已宣告但尚未发放的债券利息）和相关交易费用之和作为初始确认金额。初始确认后，企业应以摊余成本进行后续计量。交易费用，是指可直接归属于购买、发行或处置金融工具的增量费用，即企业未发生购买、发行或处置相关金融工具就不会发生的费用，包括支付给代理机构、咨询公司、券商、证券交易所、政府部门等的手续费、佣金、相关税费及其他必要支出，不包括债券溢价、折价、融资费用、内部管理成本和持有成本等与交易不直接相关的费用。

企业应当根据《企业会计准则第39号——公允价值计量》的规定，确定金融资产和金融负债在初始留住时的公允价值，这一公允价值通常为相关金融资产或金融负债的交易价格（即所收到或支付对价的公允价值）。企业取得金融资产所支付的价款中包含的已宣告但尚未发放的利息或现金股利，应当单独确认为应收项目处理。在资产负债表日，以摊余成本计量的金融资产应当按摊余成本计量。以摊余成本计量的金融资产的摊余成本，是指以摊余成本计量的金融资产的初始确认金额经下列调整后的结果：①扣除已偿还的本金；②加上或减去采用实际利率法将该初始确认金额与到期金额之间的差额进行摊销形成的累计摊销额；③扣除累计计提的损失准备。

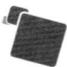

实际利率法，是指计算金融资产或金融负债的摊余成本以及将利息收入或利息费用分摊计入各会计期间的方法。实际利率，是指将金融资产或金融负债在预计存续期的估计未来现金流量，折现为该金融资产账面余额或该金融负债摊余成本所使用的利率。在确定实际利率时，应当在考虑金融资产或金融负债所有合同条款（如提前还款、展期、看涨期权或其他类似期权等）的基础上估计预期现金流量，但不应当考虑预期

信用损失。企业通常能够可靠估计金融工具（或一组类似金融工具）的现金流量和预计存续期。在极少数情况下，金融工具的估计未来现金流量或预计存续期无法可靠估计的，企业在计算确定其实际利率时，应当基于该金融工具在整个合同期内的合同现金流量。

实际利率应当在取得以摊余成本计量的金融资产时确定，在随后期间保持不变。以摊余成本计量的金融资产在持有期间应当按照摊余成本和实际利率计算确认利息收入，并计入投资收益。实际利率与票面利率差别很小的，也可按票面利率计算利息收入，并计入投资收益。

资产负债表日，企业应当按照准则的规定，以预期信用损失为基础，对以摊余成本计量的金融资产进行减值账务处理并确认减值准备，同时将减值损失或减值利得计入当期损益（信息减值损失）。处置以摊余成本计量的金融资产时，应将所取得价款与该投资账面价值之间的差额确认为投资收益。

### 8.2.3 以摊余成本计量的金融资产的账务处理

为了核算企业以摊余成本计量的金融资产的价值的增减变动情况，应设置“债权投资”总账科目。该科目应当按照以摊余成本计量的金融资产的类别和品种，分别对“成本”“利息调整”和“应计利息”等进行明细核算。该科目期末借方余额，反映企业以摊余成本计量的金融资产的摊余成本和应计利息。以摊余成本计量的金融资产的核算主要包括该类金融资产的取得、利息调整和利息收入、减值和处置等内容。以摊余成本计量且不属于任何套期关系的金融资产所产生的利得或损失，应当在终止确认、按照实际利率法摊销或按照规定确认减值时，计入当期损益。

（1）以摊余成本计量的金融资产的取得

企业取得的以摊余成本计量的金融资产，应按资产的面值，借记“债权投资——成本”科目，按实际支付的金额，贷记“银行存款”等科目，按其差额，借记或贷记“债权投资——利息调整”科目。

下面以购入长期债券作为以摊余成本计量的金融资产为例，加以说明。

【例 8-1】东方公司于 20×1 年 1 月 1 日以 531 208 的价格购买了 A 公司于 20×0 年 1 月 1 日发行的总面值为 500 000 元、票面利率为 6%、5 年期、到期一次还本付息的债券，将其分类为以摊余成本计量的金融资产。东方公司还以银行存款支付了购买该债券发生的交易费用 5 000 元。

东方公司取得该债券时，已包含第一年未支付的利息，因此确认应收利息=500 000×6%=30 000（元）

以摊余成本计量的金融资产的入账金额为：

531 208+5 000−30 000=506 208（元）

应确认的利息调整=500 000−506 208=−6 208（元）

20×1年1月1日

借：债券投资——成本　　500 000

　　　　　　——利息调整　　6 208

　　应收利息　　30 000

　贷：银行存款　　536 208

（2）以摊余成本计量的金融资产的利息调整和利息收入

以摊余成本计量的金融资产取得时发生的利息调整额实际上是企业长期债券投资等以摊余成本计量的金融资产取得时发生的溢折价。如果是溢折价购入的，则该债券当期的票面应计利息不等于当期的利息收益。购入债券时发生的溢价额，实际是企业预先垫付将来各期以较高利率多取得利息的代价；而购入债券时发生的折价额，实际是企业预先向投资者支付的以后各期少取得利息的补偿。因此，债券的溢折价应在持有期内分期摊销，调整各期的实际利息收入，即以当期的票面应计利息减去当期应分摊的溢价额或加入当期应分摊的折价额作为当期利息收入。

采用实际利率法在计息实际利率时，如为分期付息债券，到期一次收回本金和最后一期利息的，应根据“债券面值+债券溢价（或减去债券折价）=债券到期应收本金的贴现值+各期收取的债券利息的贴现值”公式，并采用“插入法”计算得到。对长期债券投资溢折价采用实际利率法进行摊销时，可采用如下计算公式：

溢折价的摊销额=每期按票面利率计算应计利息−债券的每期期初账面价值（摊余成本）×实际利率

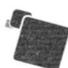

企业发行的长期债券通常有分期付息、一次还本与一次还本付息，对于前者，被确认为以摊余成本计量的金融资产时，应于资产负债表日按票面利率计算确定的应收未收利息，借记“应收利息”科目，按以摊余成本计量的金融资产的摊余成本和实际利率计算确定的利息收入，贷记“投资收益”科目，按其差额，借记或贷记“债权投资——利息调整”科目。若为后者，则于资产负债表日按票面利率计算确定的应收未收利息，借记“债权投资——应计利息”科目，同样按以摊余成本计量的金融资产的摊余成本和实际利率计算确定的利息收入，贷记“投资收益”科目，按其差额，借记

或贷记“债权投资——利息调整”科目。

【例8-2】东方公司于20×1年1月1日以188 212的价格购买了B公司于当日发行的总面值为200 000元、票面利率为6%、5年期、每年年底付息的债券，将其分类为以摊余成本计量的金融资产。东方公司还以银行存款支付了购买该债券发生的交易费用2 000元。

以摊余成本计量的金融资产的入账金额 =188 212+2 000=190 212（元）

应确认的利息调整 =200 000−190 212=9 788（元）

相关的账务处理如下：

20×1年1月1日

借：债权投资——成本　　200 000

　贷：债权投资——利息调整　　9 788

　　　银行存款　　190 212

东方公司采用实际利率法对以摊余成本计量的金融资产进行后续计量。

根据插值法，可以计算得出实际利率 $r$ =7.2%，由此可编制表8-2。

表8-2　以摊余成本计量的金融资产利息调整

单位：元

| 年份 | 期初摊余成本（$a$） | 实际利息收入（$b$） | 现金流入（$c$） | 期末摊余成本（$d=a+b-c$） |
|---|---|---|---|---|
| 20×1年 | 190 212 | 13 695 | 12 000 | 191 907 |
| 20×2年 | 191 907 | 13 817 | 12 000 | 193 725 |
| 20×3年 | 193 725 | 13 948 | 12 000 | 195 673 |
| 20×4年 | 195 673 | 14 088 | 12 000 | 197 761 |
| 20×5年 | 197 761 | 14 239 | 212 000 | 0 |

注：数字四舍五入取整，最后一年的利息收入考虑了计算过程中出现的尾差。

根据上述计算，东方公司在资产负债表日的有关账务处理如下：

① 20×1年12月31日，确认实际利息收入、收到票面利息。

借：应收利息　　12 000

　　债权投资——利息调整　　1 695

　贷：投资收益　　13 695

借：银行存款　　12 000

贷：应收利息　　　　12 000

② 20×2 年 12 月 31 日，确认实际利息收入、收到票面利息。

借：应收利息　　　　12 000

债权投资——利息调整　　　　1 817

贷：投资收益　　　　13 817

借：银行存款　　　　12 000

贷：应收利息　　　　12 000

③ 20×3 年 12 月 31 日，确认实际利息收入、收到票面利息。

借：应收利息　　　　12 000

债权投资——利息调整　　　　1 948

贷：投资收益　　　　13 948

借：银行存款　　　　12 000

贷：应收利息　　　　12 000

④ 20×4 年 12 月 31 日，确认实际利息收入、收到票面利息。

借：应收利息　　　　12 000

债权投资——利息调整　　　　2 088

贷：投资收益　　　　14 088

借：银行存款　　　　12 000

贷：应收利息　　　　12 000

⑤ 20×5 年 12 月 31 日，确认实际利息收入、收到票面利息和本金。

借：应收利息　　　　12 000

债权投资——利息调整　　　　2 239

贷：投资收益　　　　14 239

借：银行存款　　　　212 000

贷：应收利息　　　　12 000

债权投资——成本　　　　200 000

（3）以摊余成本计量的金融资产的减值和处置

为了核算以摊余成本计量的金融资产发生减值时计提的减值准备，应设置“债权投资减值准备”总账科目，该科目贷方登记计提的减值准备，借方登记计提减值准备的以摊余成本计量的金融资产价值以后得以恢复的金额和转销的金额，期末贷方余额，反映企业已计提但尚未转销的债权投资减值准备。该科目应当按照以摊余成本计量的金融资产类别和品种进行明细核算。

企业在资产负债表日，根据《企业会计准则第 22 号——金融工具确认和计量》确定以摊余成本计量的金融资产发生减值的，按应减记的金额，借记“信用减值损失”科目，贷记“债权投资减值准备”科目。已计提减值准备的以摊余成本计量的金融资产在后续期间价值又得以恢复的，应在原计提的减值准备金额内，按恢复增加的金额，借记“债权投资减值准备”科目，贷记“信用减值损失”科目。

出售以摊余成本计量的金融资产时，应按收到的金额，借记“银行存款”等科目，已计提减值准备的，借记“债权投资减值准备”科目，按其账面余额，贷记“债权投资（成本、利息调整、应计利息）”科目，按其差额，借记或贷记“投资收益”科目。

【例 8-3】承【例 8-2】，东方公司持有的 B 公司债券在第 4 年年末（即 20×4 年 12 月 31 日）时，预计该债券已发生减值，到期只能收回本息 160 000 元。

20×4 年 12 月 31 日，计算该批债券预计未来现金流量现值：

160 000 ÷（1+7.2%）≈ 149 254（元）

从表 8-2 可知，未计提减值准备前以摊余成本计量的金融资产的账面价值为 197 761 元，应计提减值准备金额 =197 761−149 254=48 507（元）

相应的账务处理为：

借：信用减值损失　　48 507

　贷：债权投资减值准备　　48 507

①若 20×5 年 2 月 1 日东方公司将该债券以 150 000 元出售，上一个资产负债表日该资产的账面余额为 197 761 元，并计提了 48 507 元的债权投资减值准备，不考虑 1 月份的应收利息，可计算投资收益为：

150 000−（197 761−48 507）= 746（元）

相应的账务处理为：

借：银行存款　　150 000

　　债权投资减值准备　　48 507

　　债权投资——利息调整　　2 239

　贷：债权投资——成本　　200 000

　　　投资收益　　746

②若东方公司将该债券持有至 20×5 年 12 月 31 日（第 5 年年末），则该年按实际利率计算的利息收入为：（197 761−48 507）×7.2% ≈ 10 746（元）

应收利息 12 000 元，差额为 12 000−10 746=1 254（元）

相应的账务处理为：

借：应收利息　　12 000

　贷：投资收益　　10 746

　　债权投资——利息调整　　1 254

此时，债券账面余额为 197 761-1 254=196 507（元）（同时，“债权投资减值准备”科目有余额 48 507 元）。

实际收到本息 160 000 元时：

借：银行存款　　160 000

　债权投资减值准备　　48 507

　债权投资——利息调整　　3 493

　贷：债权投资——成本　　200 000

　　应收利息　　12 000

## 8.3 以公允价值计量且其变动计入其他综合收益的金融资产的核算

### 8.3.1 以公允价值计量且其变动计入其他综合收益的金融资产的确认

金融资产同时符合下列条件的，应当分类为以公允价值计量且其变动计入其他综合收益的金融资产：①企业管理该金融资产的业务模式既以收取合同现金流量为目标又以出售该金融资产为目标；②该金融资产的合同条款规定，在特定日期产生的现金流量，仅为对本金和以未偿付本金金额为基础的利息的支付。

例如，企业持有的普通债券的合同现金流量是到期收回本金及按约定利率在合同期间按时收取固定或浮动利息的权利。在没有其他特殊安排的情况下，普通债券的合同现金流量一般情况下可能符合仅为对本金和以未偿付本金金额为基础的利息支付的要求。如果企业管理该债券的业务模式既以收取合同现金流量为目标又以出售该债券为目标，则该债券应当分类为以公允价值计量且其变动计入其他综合收益的金融资产。企业成为金融工具合同的一方时，应当按照上述分类条件，将其确认为一项以公允价值计量且其变动计入其他综合收益的金融资产。

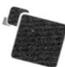

权益工具投资一般不符合本金加利息的合同现金流量特征，因此应当分类为以公允价值计量且其变动计入当期损益的金融资产。然而在初始确认时，企业可以将非交易性权益工具投资指定为以公允价值计量且其变动计入其他综合收益的金融资产，并

按准则规定确认股利收入。该指定一经做出，不得撤销。企业投资其他上市公司股票或者非上市公司股权的，都可能属于这种情形。

金融资产满足下列条件之一的，表明企业持有该金融资产的目的是交易性的：①取得相关金融资产的目的，主要是为了近期出售；②相关金融资产在初始确认时属于集中管理的可辨认金融工具组合的一部分，且有客观证据表明近期实际存在短期获利模式；③相关金融资产属于衍生工具，但符合财务担保合同定义的衍生工具以及被指定为有效套期工具的衍生工具除外。只有不符合上述条件的非交易性权益工具投资才可以进行上述指定。这里权益工具投资中的“权益工具”，是指对于工具发行方来说，满足《企业会计准则第37号——金融工具列报》中以权益工具定义的工具。

以公允价值计量且其变动计入其他综合收益的金融资产可以重分类为以摊余成本计量的金融资产，或者重分类为以公允价值计量且其变动计入当期损益的金融资产，反之亦然。

### 8.3.2 以公允价值计量且其变动计入其他综合收益的金融资产的计量

以公允价值计量且其变动计入其他综合收益的金融资产应当按取得该金融资产的公允价值（不包含已宣告但尚未发放的债券利息或现金股利）和相关交易费用之和作为初始确认金额。初始确认后，企业应当对该金融资产以公允价值进行后续计量，且公允价值的变动应计入其他综合收益。需要注意的是，企业在对金融资产进行后续计量时，如果一项金融工具以前被确认为一项金融资产并以公允价值计量，但其公允价值现在低于零，则企业应将其确认为一项负债，但主合同为资产的混合合同除外。

被分类为以公允价值计量且其变动计入其他综合收益的金融资产持有期间所产生的所有利得或损失，如与套期会计无关的，除减值损失或减值利得和汇兑损益之外，均应计入其他综合收益，直至该金融资产终止确认或被重分类。该金融资产终止确认时，之前计入其他综合收益的累计利得或损失应当从其他综合收益中转出，计入当期损益（投资收益）。

在资产负债表日，企业应当按照准则的规定，以预期信用损失为基础，对分类为以公允价值计量且其变动计入其他综合收益的金融资产进行减值账务处理并在其他综合收益中确认减值准备，同时将减值损失或减值利得计入当期损益（信用减值损失），且不应减少该金融资产在资产负债表中列示的账面价值。

但是，被指定为以公允价值计量且其变动计入其他综合收益的非交易性权益工具投资的公允价值的后续变动计入其他综合收益，不需计提减值准备。且这类金融资产在持有期间，除了获得的股利收入（明确作为投资成本部分收回的股利收入除外）计入当期损益（投资收益）外，其他相关的利得和损失（包括汇兑损益），如与套期会计无关的，均应计入其他综合收益，且后续不得转入当期损益。当该金融资产终止确认时，之前计入其他综合收益的累计利得或损失应当从其他综合收益中转出，计入留存收益。

### 8.3.3 以公允价值计量且其变动计入其他综合收益的金融资产的账务处理

为了核算以公允价值计量且其变动计入其他综合收益的金融资产，企业应设置“其他债权投资”和“其他权益工具投资”总账科目，并按照金融资产类别和品种，在这两个科目下设置“成本”“利息调整”“公允价值变动”等明细科目进行明细核算。科目期末借方余额反映企业持有金融资产的公允价值。

【例8-4】东方公司于20×1年5月6日购入C公司股票200万股，每股成交价为15元（其中包括已宣告尚未发放的现金股利0.1元），占C公司有表决权股价的0.5%，购入该股票共支付手续费、印花税等交易费用3万元。初始确认时，东方公司将购入的该股票指定为以公允价值计量且其变动计入其他综合收益的非交易性权益工具投资。20×1年5月20日，东方公司收到C公司发放的现金股利20万元；20×1年6月30日，该股票市价为每股17元；20×1年12月31日，东方公司仍持有该股票，当日该股票市价为每股16元。20×2年2月10日，东方公司以每股18元的价格将股票全部转让。

不考虑其他因素，该公司法定盈余公积的提取比例为10%，相关账务处理如下：

（1）20×1年5月6日购入股票

借：其他权益工具投资——成本　　29 830 000

　　应收股利　　200 000

　贷：银行存款　　30 030 000

（2）20×1年5月20日，收到现金股利

借：银行存款　　200 000

　贷：应收股利　　200 000

（3）20×1年6月30日，确认股票价格变动

借：其他权益工具投资——公允价值变动　　4 170 000

　贷：其他综合收益——

其他权益工具投资公允价值变动　　　　4 170 000

（4）20×1年12月31日，确认股票价格变动

借：其他综合收益——

其他权益工具投资公允价值变动　　　　2 000 000

贷：其他权益工具投资——公允价值变动　　　　2 000 000

（5）20×2年2月10日，出售股票

借：其他综合收益——

其他权益工具投资公允价值变动　　　　2 170 000

贷：盈余公积——法定盈余公积　　　　217 000

利润分配——未分配利润　　　　1 953 000

借：银行存款　　　　36 000 000

贷：其他权益工具投资——成本　　　　29 830 000

——公允价值变动　　　　2 170 000

盈余公积——法定盈余公积　　　　400 000

利润分配——未分配利润　　　　3 600 000

【例8-5】东方公司于20×1年1月1日购入D公司当日发行的3年期公司债券，票面金额为1 000万元，票面利率为7%，实际利率为6%，共支付价款1 030万元。每年付息一次，到期还本。东方公司将其指定为以公允价值计量且其变动计入其他综合收益的金融资产。20×1年12月31日，该债券的市场价格为1 020万元。20×2年1月15日，东方公司将该债券以1 023万元出售。

相关的账务处理如下：

（1）20×1年1月1日购入时

借：其他债权投资——成本　　　　10 000 000

——利息调整　　　　300 000

贷：银行存款　　　　10 300 000

（2）20×1年12月31日，计算该债券的票面利息、实际利息收入及利息调整金额，并作相应的账务处理

票面应收利息：10 000 000×7%=700 000（元）

实际利息收入：10 300 000×6%=618 000（元）

利息调整金额：700 000−618 000=82 000（元）

借：应收利息　　　　700 000

贷：投资收益　　618 000

其他债权投资——利息调整　　82 000

借：银行存款　　700 000

贷：应收利息　　700 000

（3）20×1年12月31日，计算该债券的摊余成本、公允价值变动，作出相应的账务处理

年末摊余成本：10 300 000-82 000=10 218 000（元）

公允价值变动：10 200 000-10 218 000=-18 000（元）

借：其他综合收益　　18 000

贷：其他债权投资——公允价值变动　　18 000

（4）20×2年1月15日，出售债券

借：银行存款　　10 230 000

其他债权投资——公允价值变动　　18 000

贷：其他债权投资——成本　　10 000 000

——利息调整　　218 000

投资收益　　30 000

借：投资收益　　18 000

贷：其他综合收益　　18 000

## 8.4 以公允价值计量且其变动计入当期损益的金融资产的核算

根据《企业会计准则第22号——金融工具确认与计量》的规定，按照该准则第十七条和第十八条分类为以摊余成本计量的金融资产和以公允价值计量且其变动计入其他综合收益的金融资产之外的金融资产，企业应当将其分类为以公允价值计量且其变动计入当期损益的金融资产。值得一提的是，在初始确认时，如果能够消除或显著减少会计错配，企业可以将金融资产指定为以公允价值计量且其变动计入当期损益的金融资产，该指定一经做出，不得撤销。

为了核算企业以公允价值计量且其变动计入当期损益的金融资产的增减变动及结存情况，应设置"交易性金融资产"科目，其借方登记购入股票、债券、基金等以公允价值计量且其变动计入当期损益的金融资产的初始入账金额；贷方登记企业出售以公允价值计量且其变动计入当期损益的金融资产转出的成本等。期末余额在借方，反映企业以公允价值计量且其变动计入当期损益的金融资产的公允价值。"交易性金融资

产”科目应当按照以公允价值计量且其变动计入当期损益的金融资产的类别和品种，分“成本”“公允价值变动”进行明细核算。

企业取得以公允价值计量且其变动计入当期损益的金融资产，应当按照取得时的公允价值作为初始确认金额，相关的交易费用在发生时计入当期损益。取得时所支付价款中包含的已宣告尚未发放的现金股利或债券利息，应当作为应收款项，单独列示。

【例8-6】东方公司20×1年4月11日以每股16元的价格购进E公司股票15万股，其中每股包括已宣告尚未发放的现金股利0.2元，购买该股票支付的手续费为2 400元。在初始确认时，东方公司将该投资指定为以公允价值计量且其变动计入当期损益的金融资产。

计算应收股利及交易性金融资产成本：

应收股利 =0.2×150 000=30 000（元）

交易性金融资产成本 =（16−0.2）×150 000=2 370 000（元）

则相关的账务处理如下：

| | | |
|---|---|---|
| 借：交易性金融资产——成本 | 2 370 000 | |
| 　投资收益 | 2 400 | |
| 　应收股利 | 30 000 | |
| 　贷：银行存款 | | 2 402 400 |

在取得交易性金融资产时，买价中包含的已宣告尚未发放的现金股利或利息，收到这部分股利或利息时，应借记“银行存款”账户，贷记“应收股利”或“应收利息”账户。除上述股利和利息之外，企业在交易性金融资产持有期间，对于被投资单位宣告发放的现金股利或在付息日确认的分期付息债券的利息，也应借记“应收股利”或“应收利息”账户，贷记“投资收益”账户；收到时再借记“银行存款”账户，贷记“应收股利”或“应收利息”账户。

在资产负债表日，以公允价值计量且其变动计入当期损益的金融资产高于其账面余额的差额，借记“交易性金融资产——公允价值变动”科目，贷记“公允价值变动损益”科目；公允价值低于其账面余额的差额，作相反的会计分录。

【例8-7】承【例8-6】，20×1年4月29日，东方公司收到E公司原宣告的现金股利30 000元。20×1年6月30日，E公司股票的收盘价为每股14元；20×1年12月31日，E公司股票的收盘价为每股18元。

（1）20×1 年 4 月 29 日，收到现金股利

借：银行存款　　30 000

　贷：应收股利　　30 000

（2）20×1 年 6 月 30 日，E 公司股票公允价值与其账面余额的差额为

14×150 000−2 370 000=−270 000（元）

借：公允价值变动损益　　270 000

　贷：交易性金融资产——公允价值变动　　270 000

（3）20×1 年 12 月 31 日，E 公司股票公允价值与其账面余额的差额为

18×150 000−（2 370 000−270 000）=600 000（元）

借：交易性金融资产——公允价值变动　　600 000

　贷：公允价值变动损益　　600 000

对交易性金融资产公允价值变动的核算与持有期间取得的现金股利或利息一样，都要记入当期损益，所不同的是，前者并未真正实现，所以单独设立“公允价值变动损益”账户来核算，后者是已实现的收益，所以直接记入“投资收益”。

企业处置以公允价值计量且其变动计入当期损益的金融资产时，将处置时的该金融资产的公允价值与账面余额之间的差额确认为投资收益，同时调整公允价值变动损益。

企业出售以公允价值计量且其变动计入当期损益的金融资产时，应按实际收到的金额，借记“银行存款”等科目，按该项金融资产的成本，贷记“交易性金融资产——成本”科目，按该项金融资产的公允价值变动，贷记或借记“交易性金融资产——公允价值变动”科目，按其差额，贷记或借记“投资收益”科目。同时，将原计入该项金融资产的公允价值变动损益转出，借记或贷记“公允价值变动损益”科目，贷记或借记“投资收益”科目。

【例 8-8】承【例 8-6】，20×1 年 6 月 30 日，E 公司股票的收盘价为每股 14 元，20×1 年 7 月 18 日，东方公司将 E 公司股票以每股 15 元出售，收到价款 225 万元。

（1）20×1 年 6 月 30 日，确认公允价值变动损益

借：公允价值变动损益　　270 000

　贷：交易性金融资产——公允价值变动　　270 000

（2）20×1 年 7 月 18 日，出售 E 公司股票

借：银行存款　　2 250 000

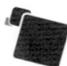

交易性金融资产——公允价值变动　　270 000
　贷：交易性金融资产——成本　　2 370 000
　　　投资收益　　150 000
借：投资收益　　270 000
　贷：公允价值变动损益　　270 000

# 8.5　长期股权投资

## 8.5.1　长期股权投资概述

长期股权投资，是指企业能够对被投资企业实施控制（通常指持股比例超过50%）、共同控制或施加重大影响（通常指控股比例在20%～50%）的权益性投资。在确定长期股权投资的日常账务处理和报表列报方法时，应重点考虑投资企业与被投资企业的关系。

### 8.5.1.1　控制

控制是指投资方拥有对被投资单位的权力，通过参与被投资单位的相关活动而享有可变回报，并且有能力运用对被投资单位的权力影响其回报金额。拥有控制权的投资方一般称为母公司；被母公司控制的企业，一般称为子公司。

企业参与被投资单位的相关活动，是指对被投资方的回报产生重大影响的活动，通常包括商品或劳务的销售和购买、金融资产的管理、资产的购买和处置、研究与开发活动以及融资活动等。在实务中，判断什么是对被投资方的回报产生重大影响的活动，应遵循实质重于形式的原则，是否为“三重一大”的活动，是否要经过董事会讨论的活动，等等。企业如果有能力主导被投资单位的相关活动，而不论其是否实际行使该权利，均视为拥有控制被投资企业的权力。

企业在判断是否拥有控制被投资方的权力时，应当仅考虑与被投资方相关的实质性权利，包括自身所享有的实质性权利以及其他方所享有的实质性权利。实质性权利，是指持有人在对相关活动进行决策时有实际能力行使的可执行权利。应当综合考虑所有的相关因素来判断一项权利是否为实质性权利，包括权利持有人行使该项权利是否存在财务、价格、条款、机制、信息、运营、法律法规等方面的障碍；其他方享有的实质性权利是否会阻止投资方对被投资方的权利；等等。与实质性权利相对应的是保护性权利，若投资方仅享有对被投资方的保护性权利则不能被认为拥有对被投资方的权力。保护性权利，是指仅为了保护权利持有人利益却没有赋予持有人对相关活动决策权的一项权利。保护性权利通常只能在被投资方发生根本性改变或某些例外情况发生时才能够行使，它既没有赋予其持有人对被投资方拥有权力，也不能阻止其他方对被投资方拥有权力。

一般而言，企业拥有下列实质性权利，可以视为能够对被投资企业实施控制：①持有被投资方半数以上的表决权。②持有被投资方半数或以下的表决权，但通过与其他表决权持有人之间的协议能够控制半数以上表决权。③持有被投资方半数或以下的表决权且未与其他表决权持有人签订协议不能够控半数以上表决权，但综合考虑下列事实和情况后，如果认为企业持有的表决权足以使其目前有能力主导被投资企业相关活动：A. 持有的表决权相对于其他投资方持有的表决权份额较大，以及其他投资方持有的表决权比较分散；B. 持有被投资方的潜在表决权，如可转换债券、可执行认股权证等；C. 其他合同安排产生的权利；D. 被投资方以往的表决权行使情况等其他相关事实和情况。④在难以判断其享有的实质性权利是否足以使其拥有控制被投资方的权力时，如果存在其具有实际能力以单方面主导被投资方相关活动的证据，被视为拥有控制被投资方的权力，这些证据包括但不限于下列事项：A. 能够任命或批准被投资方的关键管理人员；B. 能够出于其自身利益决定或否决被投资方的重大交易；C. 能够掌控被投资方董事会等类似权力机构成员的任命程序；D. 与被投资方的关键管理人员或董事会等类似权力机构中的多数成员存在关联方关系。

#### 8.5.1.2 共同控制

共同控制是指按照相关约定对某项安排所共有的控制，并且该安排的相关活动必须经过分享控制权的参与方一致同意后才能决策。被各投资方共同控制的企业，一般称为投资方的合营企业。

需要说明的是，共同控制的特点是实施共同控制的任何一方都不能够单独控制某项安排，对被投资方具有共同控制的任何一个参与方均能够阻止其他参与方单独控制某项安排，仅享有保护性权利的参与方不享有共同控制，且共同控制并不要求所有参与方都对被某项安排实施共同控制。

如果所有参与方或一组参与方必须一致行动才能决定某项安排的相关活动，则称所有参与方或一组参与方集体控制该安排。在判断是否存在共同控制时，应当首先判断所有参与方或参与方组合是否集体控制该安排，其次再判断该安排相关活动的决策是否必须经过这些集体控制该安排的参与方一致同意。如果存在两个或两个以上的参与方组合能够集体控制某项安排的，不构成共同控制，即共同控制合营安排的最少参与方组合是唯一的。

举例说明，假定 A 公司、B 公司、C 公司和 D 公司共同设立 E 公司，并分别持有 E 公司 50%、20%、20% 和 10% 的表决权股份。协议约定，E 公司相关活动的决策需要 90% 以上表决权通过方可做出。这一表决权安排使得 A 公司、B 公司、C 公司和 D 公司任何一方均不能单独控制 E 公司，但不需要所有参与方联合起来才能控制 E 公司，当 A 公司、B 公司和 C 公司联合时即可控制 E 公司，且 A 公司、B 公司和 C 公司是联合起来能够控制 E 公司的参与方数量最少的组合。我们称 A 公司、B 公司和 C 公司集体控制 E 公司，这一安排也构成了共同控制。假设协议约定，E 公司相关活动的决策需要 80% 以上表决权通过方可做出，这时能够集体控制 E 公司的参与方组合不止一个，A 公司、B 公司和 C 公司的组合，A 公司、B 公司和 D 公司的组合，A 公司、C 公司和 D 公司的组合均可以集体控制 E 公司，即存在三个参与方组合能够集体控制某项安排，这种情况不能称之为共同控制。

#### 8.5.1.3　重大影响

重大影响，是指企业对被投资方的财务和经营政策有参与决策的权力，但并不能够控制或者与其他方一起共同控制这些政策的制定。投资方能够实施重大影响的企业，一般称为投资方的联营企业。

投资方直接或通过子公司间接持有被投资方 20% 以上但低于 50% 的表决权时，一般认为对被投资方具有重大影响，除非有明确的证据表明该种情况下不能参与被投资方的生产经营决策。在确定能否对被投资方形成重大影响时，一方面应考虑投资方直接或间接持有被投资方的表决权股份，同时要考虑投资方及其他方持有的当期可执行潜在表决权在假定转换为对被投资单位的股权后产生的影响，如被投资方发行的当期可转换的认股权证、股份期权及可转换公司债券等的影响。

企业通常可以通过以下一种或几种情形来判断是否对被投资方具有重大影响：①在被投资单位的董事会或类似权力机构中派有代表；②参与被投资方财务和经营政策制定过程；③与被投资方之间发生重要交易；④向被投资方派出管理人员；⑤向被投资单位提供关键技术资料。存在上述一种或多种情形并不意味着投资方一定对被投资方具有重大影响，企业需要综合考虑所有事实和情况来做出恰当的判断。

需要说明的是，投资企业对联营企业的权益性投资，其中一部分是通过风险投资机构、共同基金、信托公司或包括投连险基金在内的类似主体间接持有的，无论以上主体是否对这部分投资具有重大影响，投资企业者可以将间接持有的该部分投资确认为交易性金融资产，将其余部分确认为长期股权投资。

对被投资企业不能实施控制、共同控制和重大影响的权益性投资，应按《企业会计准则第22号——金融工具确认和计量》等相关准则进行账务处理。

**【延伸知识】**

长期股权投资范围的修订

2014年3月13日财政部发布修订后的《企业会计准则第2号——长期股权投资》，与之前的长期股权投资准则相比，一个最重要的变化是对长期股权投资范围进行了重要的修订。

修订之后的长期股权投资只包括能够对被投资单位实施控制、重大影响的权益性投资，以及对其合营企业的权益性投资。投资企业对被投资单位不具有共同控制或重大影响，并且在活跃市场中没有报价、公允价值不能可靠计量的长期股权投资，被并入第22号会计准则进行规范，不再适用长期股权投资准则。这是因为，对被投资单位具有控制、共同控制或重大影响的权益性投资，投资方承担的是被投资方的经营风险；而不具有控制、共同控制或重大影响的投资，投资方承担的是投资资产的价格变动风险、被投资方的信用风险。两种投资所承担的风险特征显著不同，因此，应当由不同准则进行规范。

### 8.5.2 确认与初始计量

企业取得长期股权投资时，应设置“长期股权投资”科目，并按照被投资单位进行明细核算。长期股权投资采用权益法的，应当分别“成本”“损益调整”“其他综合收益”“其他权益变动”等进行明细核算。长期股权投资在取得时，应按初始投资成本入账。长期股权投资的初始投资成本，可以根据企业合并形成和非企业合并形成两种情况来确定。在企业合并形成的长期股权投资中，应分别同一控制下企业合并与非同一控制下企业合并两种情况确定长期股权投资的初始投资成本。

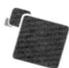

#### 8.5.2.1 同一控制下企业合并形成的长期股权投资

同一控制下的企业合并，是指参与合并的企业在合并前后均受同一方或相同的多方最终控制，且该控制并非暂时性的。例如，A公司和B公司均为P公司的子公司，P公司将其持有A公司60%的股权转让给B公司，转让股权后，B公司持有A公司60%的股权，但B公司和A公司仍由P公司控制，这里B公司对A公司的股权投资即是同一控制下企业合并形成的长期股权投资。由于合并双方受到同一方或相同多方的控制，因此其合并行为不完全是自愿进行和完成的，这种企业合并不属于交易行为，而是参与合并各方资产和负债的重新组合，因此，合并应以被合并方所有者权益的账面价值为基础，对长期股权投资进行初始计量。

同一控制下企业合并形成的长期股权投资，合并方以支付现金、转让非现金资产或承担债务方式作为合并对价的，应在合并日按取得被合并方所有者权益在最终控制方合并财务报表中的账面价值的份额，借记"长期股权投资——投资成本"科目，按支付的合并对价的账面价值，贷记或借记有关资产、负债科目；合并方以发行权益性证券作为合并对价的，应当合并日按照被合并方所有者权益在最终控制方合并财务报表中的账面价值的份额，借记"长期股权投资——投资成本"科目，按照发行股份的面值总额，贷记"股本"。"长期股权投资——投资成本"与上述合并对价账面价值的对应科目，如出现贷方差额，则贷记"资本公积——资本溢价或股本溢价"科目；若出现借方差额，则借记"资本公积——资本溢价或股本溢价"科目，资本公积（资本溢价或股本溢价）不足冲减的，应依次借记"盈余公积""利润分配——未分配利润"科目。

在取得长期股权投资时，企业为合并发生的审计、法律服务、评估咨询等中介费用以及其他相关管理费用，应当于发生时借记"管理费用"科目，贷记"银行存款"等科目。若企业以发行证券取得长期股权投资，发行权益性证券发生的手续费、佣金等费用，应当抵减权益性溢价收入，溢价收入不足冲减的，冲减留存收益；发行债券或承担其他债务支付的手续费、佣金等，应当计入所发行债券及其他债务的初始成本。

【例8-9】P公司为A公司和B公司的母公司，20×1年1月1日，P公司将其持有A公司60%的股权转让给B公司，双方协商确定的价格是2 000 000元，以货币资金支付；此外，B公司还以银行存款支付审计、咨询费10 000元。合并日，A公司所有者权益的账面价值为3 000 000元；B公司资本公积、盈余公积余额分别为50 000元、200 000元。

B公司初始投资成本=3 000 000×60%=1 800 000元，相关账务处理如下：

借：长期股权投资——投资成本　　1 800 000
　　资本公积　　50 000
　　盈余公积　　150 000
　　管理费用　　10 000
　贷：银行存款　　2 010 000

假设双方协商确定的价格是1 600 000元，则相关账务处理如下：

借：长期股权投资——投资成本　　1 800 000
　　管理费用　　10 000
　贷：银行存款　　1 610 000
　　　资本公积　　200 000

假设B公司以发行每股面值1元的股票1 000 000股，换取P公司持有A公司60%的股权，除了支付审计、咨询费10 000元之外，还以银行存款支付发行股票手续费150 000元，合并日B公司股票的市价为每股3元。则相关账务处理如下：

借：长期股权投资——投资成本　　1 800 000
　　管理费用　　10 000
　贷：股本　　1 000 000
　　　银行存款　　160 000
　　　资本公积　　650 000

### 8.5.2.2 非同一控制下企业合并形成的长期股权投资

非同一控制下的企业合并，是指参与合并的企业在合并前后不受同一方或相同的多方控制。相对同一控制下的企业合并是合并各方自愿进行的交易，是一种市场行为，作为一种公平的交易，应当以公允价值为基础进行计量。非同一控制下的企业合并，在购买日取得对其他参与合并企业控制权的一方为购买方，参与合并的其他企业为被购买方。购买日，是指购买方实际取得对被购买方控制权的日期。

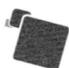

购买方在购买日以支付货币资金的方式取得被购买方的股权，应以支付的货币资金作为初始投资成本，借记“长期股权投资——投资成本”科目，贷记“银行存款”科目，购买方支付的价款中如果含有已宣告发放但尚未支取的现金股利，应作为应收

股利，不计入长期股权投资成本。

购买方在购买日以转让非现金资产取得被购买方的股权，转让的资产应按资产处理的方式进行处理，按照资产的公允价值作为初始投资成本，借记“长期股权投资——投资成本”科目；按照资产的公允价值，贷记“主营业务收入”或“其他业务收入”“固定资产清理”及相应的“应交税费——应交增值税（销项税额）”等科目；同时结转非现金资产的成本，将其公允价值与账面价值的差额计入当期损益。

购买方以承担债务的方式取得被购买方的股权，应按照债务的公允价值作为初始投资成本，借记“长期股权投资——投资成本”科目，贷记有关负债科目。

购买方以发行股票等方式取得被购买方的股权，应按照购买日发行股票等的公允价值作为初始投资成本，借记“长期股权投资——投资成本”科目；按照发行股份的面值总额作为股本，贷记“股本”科目；按照长期股权投资初始投资成本与所发行股份面值总额之间的差额，贷记“资本公积——资本溢价或股本溢价”科目。

与同一控制企业合并取得的长期股权投资相同，非同一控制企业合并取得长期股权投资时，企业为合并发生的审计、法律服务、评估咨询等中介费用及其他相关管理费用，应当于发生时借记“管理费用”科目，贷记“银行存款”等科目。若企业以发行证券取得长期股权投资，发行权益性证券发生的手续费、佣金等费用，应当抵减权益性溢价收入，溢价收入不足冲减的，冲减留存收益；发行债券或承担其他债务支付的手续费、佣金等，应当计入所发行债券及其他债务的初始成本。

【例8-10】M公司于20×1年1月1日以货币资金3 000 000元及机器设备、一批库存商品购入N公司60%的股权，M公司与N公司为独立的两个公司。机器设备的原始价值为6 000 000元，累计折旧2 400 000元，不含增值税的公允价值为4 500 000元，增值税销项税额为585 000元；库存商品的账面价值为1 000 000元，未计提存货跌价准备，不含增值税的公允价值为1 200 000元，增值税销项税额为204 000元。此外，M公司还以货币资金支付了审计、评估咨询费用180 000元。购买日，N公司所有者权益的账面价值为20 000 000元。

M公司初始投资成本

=3 000 000+4 500 000+585 000+1 200 000+156 000=9 441 000（元）

相关账务处理如下：

①确认长期股权投资的初始成本

| | |
|---|---|
| 借：长期股权投资——投资成本 | 9 441 000 |
| 　　管理费用 | 180 000 |

| | | |
|---|---|---|
| 贷：银行存款 | | 3 180 000 |
| 　　固定资产清理 | | 4 500 000 |
| 　　主营业务收入 | | 1 200 000 |
| 　　应交税费——应交增值税（销项税额） | | 741 000 |

②确认非现金资产的转让

| | | |
|---|---|---|
| 借：固定资产清理 | 3 600 000 | |
| 　　累计折旧 | 2 400 000 | |
| 　贷：固定资产 | | 6 000 000 |
| 借：固定资产清理 | 900 000 | |
| 　贷：资产处置损益 | | 900 000 |
| 借：主营业务成本 | 1 000 000 | |
| 　贷：库存商品 | | 1 000 000 |

#### 8.5.2.3 以非企业合并方式形成的长期股权投资

以非企业合并方式形成的长期股权投资，其初始投资成本的确定与形成非同一控制下企业合并的长期股权投资成本的确定方法基本相同。但需要注意的是，这种方式下为取得长期股权投资发生的审计、评估咨询等中介费用以及其他相关费用应计入长期股权投资成本。

### 8.5.3 后续计量

长期股权投资的后续计量，有成本法和权益法两种处理方法。成本法适用于对子公司的长期股权投资，权益法适用于对合营企业和联营企业的长期股权投资。

#### 8.5.3.1 长期股权投资核算的成本法

长期股权投资核算的成本法，是指以取得长期股权投资的实际成本作为长期股权投资的初始入账成本，后续期间，如果没有增加和减少投资或发生减值，其金额一般不发生变化。因此，投资企业在被投资企业宣告发放现金股利时，应作为投资收益处理，借记“应收股利”等科目，贷记“投资收益”科目；收到现金股利时，应借记“银行存款”等科目，贷记“应收股利”科目。如果被投资企业在宣告发放股票股利时，则只在备查簿上记录持股数量的变化，不作账务处理。

【例 8-11】承【例 8-10】，N 公司于 20×1 年 3 月 9 日宣告发放现金股利共计 1 000 000 元，20×1 年 4 月 27 日 M 公司收到 N 公司发放的现金股利。

M 公司收到的现金股利 =1 000 000×60%=600 000（元）

M 公司相应的账务处理如下：

20×1 年 3 月 9 日确认投资收益

| | | |
|---|---|---|
| 借：应收股利 | 600 000 | |
| 贷：投资收益 | | 600 000 |

20×1 年 4 月 27 日确认收到的现金股利

| | | |
|---|---|---|
| 借：银行存款 | 600 000 | |
| 贷：应收股利 | | 600 000 |

#### 8.5.3.2 权益法

长期股权投资核算的权益法，是指投资企业对被投资单位的长期股权投资按取得成本入账后，要随着其占被投资单位所有者权益份额的变动而作相应的调整。采用权益法进行长期股权投资的核算，可以在“长期股权投资”科目下，设置“投资成本”“损益调整”“所有者权益其他变动”等明细科目。权益法下，“长期股权投资”科目的余额，反映全部投资成本。其中，“投资成本”明细科目反映购入股权时在被投资企业按公允价值确定的所有者权益中占有的份额及初始投资成本大于占有份额形成的商誉；“损益调整”明细科目反映购入股权以后随着被投资企业留存收益的增减变动而享有份额的调整数；“所有者权益其他变动”明细科目反映购入股权以后随着被投资企业资本公积的增减变动而享有份额的调整数。

在长期股权投资核算的权益法下，一般包括初始投资成本的调整、投资损益的确认、取得现金股利或利润的处理和其他综合收益的处理等，以下逐一进行介绍。

（1）初始投资成本的调整

投资企业取得对联营企业或合营企业的投资以后，对于取得投资时投资成本与应享有被投资单位可辨认净资产公允价值份额之间的差额，应区别情况分别处理：①初始投资成本大于取得投资时应享有被投资单位可辨认净资产公允价值份额的，该部分差额从本质上是投资企业在取得投资过程中通过购买作价体现出的与所取得股权份额相对应的商誉价值，这种情况下不要求对长期股权投资的成本进行调整。②初始投资成本小于取得投资时应享有被投资单位可辨认净资产公允价值份额的，两者之间的差额体现为双方在交易作价过程中转让方的让步，该部分经济利益流入应计入取得投资当期的营业外收入，同时调整增加长期股权投资的账面价值。

【例8-12】20×1年1月，W公司取得Z公司20%的股权，支付价款300万元，取得投资时，被投资企业净资产公允价值为1 400万元。W公司在取得Z公司的股权后，能够对Z公司施加重大影响，不考虑相关税费等其他因素的影响。

长期股权投资初始投资成本300万元大于取得投资时被投资企业可辨认净资产公允价值份额为280万元（1400万元 ×20%），该差额不调整长期股权投资的账面价值。

相关的账务处理如下：

借：长期股权投资——投资成本　　3 000 000

　贷：银行存款　　3 000 000

假设本例中取得长期股权投资时被投资企业净资产公允价值为1 600万元，则W公司按持股比例20%计算确定应享有320万元，则初始投资成本与应享有被投资企业可辨认净资产公允价值份额之间的差额20万元应计入取得投资当期的营业外收入。

相关的账务处理如下：

借：长期股权投资——投资成本　　3 200 000

　贷：银行存款　　3 000 000

　　营业外收入　　200 000

（2）投资损益的确认

采用权益法核算的长期股权投资，应当按照应享有（或分担）被投资企业的净利润（或净亏损）的份额，调整长期股权投资的账面价值，并确认为当期投资损益。值得注意的是，在评估投资方对被投资企业是否具有重大影响时，应当潜在表决权的影响，但在确定应享有的被投资企业实现的净损益、其他综合收益和其他所有者权益变动的份额时，不考虑潜在表决权所对应的权益份额。

【例8-13】承【例8-12】，20×1年Z公司实现净利润400万元，没有其他调整项目。

则，W公司应享有的净利润份额=4 000 000×20%=800 000（元）

相关账务处理如下：

借：长期股权投资——损益调整　　800 000

　贷：投资收益　　800 000

（3）取得现金股利或利润的处理

被投资企业实现利润时，投资方按照应享有净利润的份额，确认投资收益并调整长期股权投资的账面价值，其中包括从被投资企业取得的现金股利或利润。因此，被投资企业宣告分配现金股利或利润时，投资方应按照被投资企业宣告分派现金股利或利润计算应分得的部分，相应减少长期股权投资的账面价值，即借记“应收股利”科目，贷记“长期股权投资——损益调整”科目。实际收到股利或利润时，借记“银行存款”科目，贷记“应收股利”科目。若被投资单位宣告分配股票股利，投资方不作账务处理，仅作备查登记，于除权日注明所增加的股数，以反映股份的变化情况。

（4）被投资企业其他综合收益或所有者权益变动的处理

被投资企业其他综合收益（所有者权益）发生变动的，投资方应当按照归属于本企业的部分，相应调整长期股权投资的账面价值，同时增加或减少其他综合收益。

【例 8-14】承【例 8-12】，20×1 年 Z 公司因持有的以公允价值计量且其变动计入其他综合收益的金融资产公允价值的变动计入其他综合收益的金额为 150 万元，当期 Z 公司实现净利润 400 万元，无其他调整事项，不考虑所得税影响因素。

相应账务处理如下：

| | | |
|---|---|---|
| 借：长期股权投资——损益调整 | 800 000 | |
| ——其他综合收益 | 300 000 | |
| 贷：投资收益 | | 800 000 |
| 其他综合收益 | | 300 000 |

每年年末，企业应对长期股权投资的账面价值进行检查。如果存在减值迹象的，应当按照《企业会计准则第 8 号——资产减值》等相关准则的规定计提减值准备。当某项长期股权投资的预计可收回金额低于其账面价值时，即表明该长期股权投资发生了减值，企业应当确认其资产减值损失，并把长期股权投资的账面价值减记至预计可收回金额，借记“资产减值损失”科目，贷记“长期股权投资减值准备”科目。需要说明的是，长期股权投资减值损失一经确认，在以后会计期间不得转回。

【延伸知识】

成本法与权益法（再补充）

2014年3月13日财政部发布修订后的《企业会计准则第2号——长期股权投资》，修订后的准则除了变更长期股权投资范围之外，还对成本法下投资企业确认投资收益对累积净利润的分配、权益法下投资企业确认应享有被投资方净损益和其他原因导致的净资产变动的份额等方面进行了重要的修订。

对成本法下被投资单位宣告分派的现金股利或利润，确认为当期投资收益，即不再区分投资前获得的净利润分配额和投资后的分配额分别进行账务处理。主要原因是重述投资前的留存收益难度较大且成本较高，某些情况下甚至是不可行的。有时，此类重述还可能涉及主观运用后见之明，从而降低了信息的相关性和可靠性。

同时，对于权益法核算的长期股权投资，被投资单位除净损益、其他综合收益和利润分配以外所有者权益的其他变动，应当调整长期股权投资的账面价值并计入所有者权益。

## 8.5.4 转换与处置

### 8.5.4.1 长期股权投资核算方法的转换

长期股权投资在持有期间，因持股比例、投资协议等的变化，可能导致其核算由一种方法转换为另一种方法。

（1）成本法转为权益法

因处置投资导致对被投资企业的影响能力下降，由控制转为具有重大影响，或是与其他投资一起实施共同控制的情况下，在投资企业的个别财务报表中，首先应按处置或收回投资的比例结转应终止确认的长期股权投资的成本。同时，比较剩余的长期股权投资成本与按照剩余持股比例计算原投资时应享有被投资企业可辨认净资产公允价值的份额，属于投资作价中体现的商誉部分，不调整长期股权投资的账面价值；属于投资成本小于应享有被投资企业可辨认净资产公允价值份额的，调整长期股权投资成本并调整留存收益。对于原取得投资后至转变为权益法核算之间被投资企业实现的净损益中应享有的份额，调整长期股权投资的账面价值，同时对于原取得投资时至处置投资当期期初被投资单位实现的净损益（扣除已发放及已宣告发放的现金股利及利润）中应享有的份额，调整留存收益，对于处置投资当期期初至处置投资之日被投资企业实现的净损益中享有的份额，调整当期损益；在被投资企业其他综合收益变动中应享有的份额，在调整长期股权投资账面价值的同时，应当计入其他综合收益；其他原因导致被投资企业所有者权益变动中应享有的份额，在调整长期股权投资账面价值的同时，应当计入“资本公积——其他资本公积”科目。

（2）成本法转为公允价值计量

因处置投资导致对被投资企业的影响能力下降，由控制转为不具有控制、共同控制或重大影响的，在确认部分股权处置收益的基础上，将剩余股权改按金融工具确认和计量准则的要求进行确认，并于丧失控制权日将剩余股权按公允价值重新计量，公允价值与其账面价值的差额计入当期损益。

（3）公允价值计量转为权益法

投资方对原持有的被投资企业的股权不具有控制、共同控制或重大影响，按照金融工具确认和计量准则进行账务处理的，因追加投资等原因导致持股比例增加，使其能够对被投资企业实施共同控制或重大影响而转为权益法核算的，应在转换日，按照原股权的公允价值加上为取得新增投资而应支付对价的公允价值，作为改按权益法核算的初始投资成本。原股权投资于转换日的公允价值与账面价值之间的差额，以及原计入其他综合收益的累计公允价值变动转入改按权益法核算的当期损益。在此基础上，比较初始投资成本与获得被投资企业共同控制重大影响时应享有被投资单位可辨认净资产公允价值份额之间的差额，前者大于后者的，不调整长期股权投资的账面价值；前者小于后者的，差额调整长期股权投资账面价值，并计入当期营业外收入。

（4）公允价值计量或权益法转为成本法

投资企业因追加股权投资形成非同一控制下的企业合并，应当按照原持有的股权账面价值与新增投资成本之和，作为改按成本法核算的初始投资成本。调整原投资账面价值时，借记“长期股权投资”科目，贷记“长期股权投资”科目（原采用权益法核算的账面价值）或“交易性金融资产”“可供出售金融资产”科目等。

原持有的股权投资确认为可供出售金融资产的，原计入其他综合收益的累计公允价值变动应当在改按成本法核算时转出，确认为投资收益。原持有的股权投资确认为长期股权投资的，因采用权益法核算而确认的其他综合收益或资本公积，同样要转出，确认为投资收益。

#### 8.5.4.2 处置

企业处置长期股权投资时，应相应结转与所售股权相对应的长期股权投资的账面价值，出售所得价款与处置长期股权投资账面价值之间的差额，应确认为投资损益。按实际收到的金额，借记“银行存款”科目，按其账面余额，贷记“长期股权投资”科目，如有尚未领取的现金股利或利润，贷记“应收股利”科目，按其差额，贷记或借记“投资收益”科目。已计提减值准备的还应同时结转长期股权投资减值准备。采用权益法核算的长期股权投资，原计入其他综合收益或资本公积的金额，在处置时应同时进行结转，将与所出售股权相对应的部分在处置时转入当期损益。借记或贷记“其他综合收益”“资本公积——其他资本公积”科目，贷记或借记“投资收益”科目。

**【本章小结】**

企业在正常的主营业务之外，其投资的目的和动机有许多。根据企业会计准则，结合投资目的和期限，可以将投资分为交易性金融资产、持有至到期投资、可供出售金融资产、长期股权投资等类别。这 4 类投资的确认、计量、披露各有不同，归纳起来主要有：交易性金融资产在资产负债表上以公允价值进行披露，同时公允价值变动损益在利润表上作为净损益的一部分进行披露；可供出售金融资产在资产负债表上也以公允价值进行披露，但其公允价值变动损益作为其他综合收益的一部分披露，不影响当期利润；持有至到期投资在资产负债表上以摊余成本进行披露；长期股权投资根据持有股份比例的不同在资产负债表上以成本法或权益法进行披露。

**【学习目标小结】**

**1.了解公司投资性质和对外投资的目的**

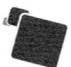

投资是指企业为了获得收益或实现资本增值向被投资单位投放资金的经济行为，是通过让渡其他资产而换取的另一项资产，如通过支付现金或以购买债券、以非货币性资产向其他单位投资并取得其他单位的股权等；投资所流入的经济利益，与其他资产为企业带来的经济利益在形式上有所不同。企业在正常的主营业务之外，其投资的目的和动机有许多。有的是为了将暂时闲置的货币资金用于投资，以获取比银行存款利率更高的回报率，并在生产经营业务发展需要补充资金时，将这类投资出售变现；有的是为了长期获得比较高又相对稳定的投资收益；有的则通过影响或控制被投资企

业实现资源共享、上下游融合、产业升级、行业扩张等战略规划。

**2.熟悉金融资产的分类**

金融资产应当在初始确认时划分下列 3 类：以摊余成本计量的金融资产、以公允价值计量且其变动计入其他综合收益的金融资产、以公允价值计量且其变动计入当期损益的金融资产。

**3.掌握不同类别金融资产的披露**

以摊余成本计量的金融资产在资产负债表上以摊余成本进行披露；以公允价值计量且其变动计入其他综合收益的金融资产在资产负债表上以公允价值进行披露，但其公允价值变动损益作为其他综合收益的一部分披露，不影响当期利润；以公允价值计量且其变动计入当期损益的金融资产在资产负债表上也以公允价值进行披露，同时公允价值变动损益在利润表上作为净损益的一部分进行披露；长期股权投资根据持有股份比例的不同在资产负债表上以成本法或权益法进行披露。

**4.熟悉长期股权投资的定义和类型**

长期股权投资是指企业能够对被投资企业实施控制（通常指持股比例超过 50%）、共同控制或施加重大影响（通常指控股比例在 20% ～ 50%）的权益性投资。长期股权投资的主要目的是企业的长远利益，通过投资影响、控制其他在经济业务上相关联或是与未来公司战略发展相关的企业。长期股权投资根据持股比例的不同可以分为对子公司的投资、对合营企业的投资与对联营企业的投资，对子公司的投资即是企业合并形成的长期股权投资，其余两类则是非企业合并形成的长期股权投资，企业合并形成的长期股权投资又可以分为同一控制下的企业合并与非同一控制下的企业合并，不同类型的长期股权投资其账务处理有所不同。

**5.掌握长期股权投资的账务处理**

长期股权投资的初始计量，原则上采用长期股权投资取得时发生的实际成本，但是以非货币性资产交换等方式取得的长期股权投资，则应按资产的公允价值来计量。长期股权投资的后续计量有成本法与权益法之分，成本法适用于投资方对被投资企业能够实施控制的长期股权投资，权益法适用于投资方对被投资企业能够实施共同控制或重大影响的长期股权投资。用成本法进行核算的长期股权投资在持有投资期间，如果没有增加和减少投资或发生减值，其金额一般不发生变化；在权益法核算下，长期股权投资的账面价值要随着其占被投资单位所有者权益份额的变动而做相应的调整。

【关键术语】

股权投资（equity investment），是指通过股票市场或其他股权交易市场上购买其他主体公开或不公开发行的股权，从而获取另一个企业的权益或净资产所进行的投资。

债权投资（debt investment），是指企业通过购买表明投资企业拥有债权的书面凭证进行的投资。

以摊余成本计量的金融资产（financial instruments reported at amortized cost），是指同时符合如下条件的金融资产：①企业管理该金融资产的业务模式是以收取合同现金流量为目标的；②该金融资产的合同条款规定，在特定日期产生的现金流量，仅为对本金和以未偿付本金金额为基础的利息的支付。

以公允价值计量且其变动计入其他综合收益的金融资产［fair value through other comprehensive income（FVOCI）］，是指同时符合如下条件的金融资产：①企业管理该金融资产的业务模式既以收取合同现金流量为目标又以出售该金融资产为目标；②该金融资产的合同条款规定，在特定日期产生的现金流量，仅为对本金和以未偿付本金金额为基础的利息的支付。

以公允价值计量且其变动计入其他综合收益的金融资产［fair value through profit or loss（FVPL）］，是指被分类为以摊余成本计量的金融资产和以公允价值计量且其变动计入其他综合收益的金融资产之外的金融资产。

长期股权投资（long-term equity investment），是指企业能够对被投资企业实施控制（通常指持股比例超过50%）、共同控制或施加重大影响（通常指控股比例在20%～50%）的权益性投资。

控制（control），是指投资方拥有对被投资单位的权力，通过参与被投资单位的相关活动而享有可变回报，并且有能力运用对被投资单位的权力影响其回报金额。

共同控制（joint control），是指按照相关约定对某项安排所共有的控制，并且该安排的相关活动必须经过分享控制权的参与方一致同意后才能决策。

重大影响（significant influence），是指企业对被投资方的财务和经营政策有参与决策的权力，但并不能够控制或者与其他方一起共同控制这些政策的制定。

同一控制下的企业合并（a business combination involving enterprises under common control），是指参与合并的企业在合并前后均受同一方或相同的多方最终控制，且该控制并非暂时性的。

非同一控制下的企业合并（a business combination not involving enterprises under common control），是指参与合并的企业在合并前后不受同一方或相同的多方控制。

公允价值（fair value），是指市场参与者在计量日发生的有序交易中，出售一项资产所能收到或者转移一项负债所需支付的价格。

实际利率法（effective-interest method），是指按照（一组）金融资产（或金融负债）的实际利率计算其摊余成本及各项利息收入（或利息费用）的方法。

成本法（cost method），是指以取得长期股权投资的实际成本作为长期股权投资的初始入账成本，后续期间，如果没有增加和减少投资或发生减值，其金额一般不发生变化。

权益法（equity method），是指投资企业对被投资单位的长期股权投资按取得成本入账后，要随着其占被投资单位所有者权益份额的变动而作相应的调整。

## 练习题

**【简答题】**

1. 简述投资的性质及分类。
2. 什么是以摊余成本计量的金融资产，有何特点？
3. 什么是以公允价值计量且其变动计入其他综合收益的金融资产？
4. 什么是以公允价值计量且其变动计入当期损益的金融资产？
5. 以公允价值计量且其变动计入其他综合收益的金融资产与以公允价值计量且其变动计入当期损益的金融资产公允价值变动的账务处理有何不同？
6. 企业持有的投资哪些股权投资应划分为长期股权投资？
7. 什么是同一控制下的企业合并？如何确定其初始投资成本？
8. 什么是非同一控制下的企业合并？如何确定其初始投资成本？

**【业务题】**

### 习题一

**1. 目的**

练习以摊余成本计量的金融资产的账务处理。

**2. 资料**

20×1 年 1 月 1 日，甲公司自证券市场购入面值总额为 2 000 万元的债券。购入时实际支付价款2 078.98万元，另支付相关交易费用10万元。该债券发行日为20×1年1月1日，系分期付息、到期还本债券，期限为5年，票面年利率为5%，实际年利率为4%，每年12月31日支付当年利息。甲公司将该债券作为以摊余成本计量的金融资产核算。

**3. 要求**

（1）编制甲公司取得以摊余成本计量的金融资产时的会计分录；

（2）计算该项以摊余成本计量的金融资产在2020年12月31日的账面价值；

（3）计算甲公司由于持有以摊余成本计量的金融资产2021年应确认的投资收益。

## 习题二

**1. 目的**

练习以摊余成本计量的金融资产的账务处理。

**2. 资料**

2018年1月1日，甲公司按面值从证券市场购入乙公司于当日发行的债券（不考虑相关税费），作为以摊余成本计量的金融资产。该债券期限3年，面值1 000万元，票面利率为4%，到期日为2020年12月31日，每年分期付息。2018年年底，由于受贷款基准利率的变动和其他市场因素的影响，甲公司持有的乙公司债券价格持续下跌。为此，甲公司决定于2019年1月1日对外出售该持有至到期债券投资10%，共收取价款120万元。不考虑债券出售等其他相关因素的影响。

**3. 要求**

编制甲公司与该以摊余成本计量的金融资产有关的会计分录。

## 习题三

**1. 目的**

练习以公允价值计量且其变动计入其他综合收益的金融资产的账务处理。

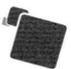

**2. 资料**

甲公司于 20×1 年 5 月 10 日购入丁公司股票 2 000 万股作为以公允价值计量且其变动计入其他综合收益的金融资产核算，每股购入价格为 10 元，另支付相关税费 60 万元。20×1 年 6 月 30 日，该股票的收盘价为每股 9 元，2019 年 9 月 30 日，该股票的收盘价为每股 6 元（跌幅较大），20×1 年 12 月 31 日，该股票的收盘价为每股 8 元。20×2 年 4 月 1 日，甲公司将该以公允价值计量且其变动计入其他综合收益的金融资产全部对外出售，收到款项 18 000 万元存入银行。

**3. 要求**

假定不考虑其他因素，编制甲公司相关会计分录。

## 习题四

**1. 目的**

练习以公允价值计量且其变动计入当期损益的金融资产的账务处理。

**2. 资料**

20×1 年 5 月 13 日，新华公司支付价款 1 060 000 元从二级市场购入 A 公司发行的股票 100 000 股，每股价格 10.60 元（含已宣告但尚未发放的现金股利 0.60 元），另支付交易费用 1 000 元。新华公司将持有的 A 公司股权划分为以公允价值计量且其变动计入当期损益的金融资产，且持有 A 公司股权后对其无重大影响。

新华公司的其他相关资料如下：

（1）5 月 23 日，收到 A 公司发放的现金股利；

（2）6 月 30 日，A 公司股票价格涨到每股 13 元；

（3）8 月 15 日，将持有的 A 公司股票全部售出，每股售价 15 元。

**3. 要求**

假定不考虑其他因素，编制新华公司上述有关经济业务的会计分录。

## 习题五

**1. 目的**

练习长期股权投资的账务处理。

**2. 资料**

20×1 年 3 月 31 日，A 公司以一项固定资产、一项专利技术和 2 400 万元银行存款取得 B 公司 70% 的股权，同时发生评估费用 300 万元。该项固定资产原价 6 600 万元，已发生累计折旧 600 万元，该专利技术原价 3 000 万元，已累计摊销 600 万元。20×1 年 3 月 31 日，该项固定资产与专利技术的公允价值分别为 9 600 万元和 3 000 万元。20×1 年 12 月 31 日，因对 B 公司投资出现减值迹象，A 公司对该项长期股权投资进行减值测试，确定其可收回金额为 13 000 万元。

**3. 要求**

假定不考虑其他因素，编制 A 公司有关会计分录。

**【案例分析题】**

1. 在格力电器 2013 年年度财务报告关于对合营企业投资和联营企业投资的附注中，有这样一条说明，“本公司已对（越南）格力电器股份有限公司的投资全额计提减值准备，目前已不参与该公司的生产经营和管理”。请查阅相关资料，分析为什么格力电器要对这一联营企业全额计提减值准备？

2. 2015 年 8 月，京东集团与永辉超市达成战略合作，京东集团以每股 9 元，共计 43.1 亿元人民币入股永辉超市。通过这一交易，京东集团将持有永辉超市 10% 的股份，并可以任命两个独立董事。请查阅相关资料，判断京东集团对该项投资应如何进行确认、计量。

# 第9章 固定资产

【学习目标】

1. 了解固定资产的性质和分类。
2. 掌握固定资产取得的计价。
3. 掌握固定资产的折旧方法和会计处理。
4. 掌握固定资产使用中的后续支出。
5. 掌握固定资产的处置和清查。

【引导案例】

根据格力电器2019年年报，公司有关固定资产的会计政策主要包含：

固定资产分为房屋及建筑物、机器设备、电子设备、运输设备等。

折旧方法及使用寿命、预计净残值率和年折旧率的确定：

固定资产折旧采用年限平均法计提折旧。按固定资产的类别、使用寿命和预计净残值率确定的年折旧率如表9-1所示。

表9-1 固定资产年折旧率表

| 固定资产类别 | 预计净残值率（%） | 预计使用年限（年） | 年折旧率（%） |
| --- | --- | --- | --- |
| 房屋、建筑物 | 5.00 | 20.00 | 4.75 |
| 机器设备 | 5.00 | 6.00 ～ 10.00 | 9.50 ～ 15.83 |
| 电子设备 | 5.00 | 2.00 ～ 3.00 | 31.67 ～ 47.50 |
| 运输设备 | 5.00 | 3.00 ～ 4.00 | 23.75 ～ 31.67 |
| 其他 | 5.00 | 3.00 ～ 5.00 | 19.00 ～ 31.67 |

已计提减值准备的固定资产，按该项固定资产的原价扣除预计净残值、已提折旧及减值准备后的金额和剩余使用寿命，计提折旧。

已达到预定可使用状态但尚未办理竣工决算的固定资产，按照估计价值确定其成本，并计提折旧；待办理竣工决算后，再按实际成本调整原来的暂估价值，但不需要调整原已计提的折旧额。

在建工程指购建固定资产使工程达到预定可使用状态前所发生的必要支出，包括工程直接材料、直接职工薪酬、待安装设备、工程建筑安装费、工程管理费和工程试运转净损益以及允许资本化的借款费用等。

在建工程达到预定可使用状态时，按工程实际成本转入固定资产。对已达到预定可使用状态但尚未办理竣工决算手续的固定资产，按估计价值记账，待确定实际价值后，再进行调整。

资料来源：珠海格力电器股份有限公司 2019 年年度报告

从上述案例我们可以发现，在一些公司中，固定资产对于企业有效的日常经营至关重要。各公司使用的固定资产的具体类型和金额取决于公司及其经营模式。固定资产金额大小也会影响企业的营业成本，主要表现在折旧的计提。固定资产的初始成本如何确定？如何计提固定资产的折旧？在固定资产的使用中，其后续支出应如何确认？如何进行固定资产的处置和清查？这些都是本章要回答的问题。

## 9.1 固定资产的性质与分类

资产是企业所拥有或控制的经济资源，这些经济资源能为企业带来未来经济利益的流入，这些未来经济利益流入的持续时间有长也有短，根据资产的变现能力，我们可以把资产分为流动资产和非流动资产。非流动资产往往是企业经营能力的源泉，企业在其可使用年限内通过对其的使用从中获取效益。非流动资产又可以分为有形的非流动资产和无形的非流动资产，有形的非流动资产即本章所要介绍的固定资产。

### 9.1.1 固定资产的特点与分类

固定资产，是指同时具有下列特征的有形资产：①为生产商品、提供劳务、出租或经营管理而持有；②使用寿命超过一个会计年度。

#### 9.1.1.1 固定资产的特点

从固定资产的定义看，固定资产具有以下 3 个特点。

（1）为生产商品、提供劳务、出租或经营管理而持有

企业持有固定资产的目的是生产商品、提供劳务、出租或经营管理，即企业持有

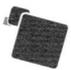

的固定资产是企业的劳动工具或手段而不是用于出售的产品。其中“出租”的固定资产，是指企业以经营租赁方式出租的机器设备类固定资产，不包括以经营租赁方式出租的房屋、建筑物，后者属于企业的投资性房地产，不属于固定资产。

（2）使用寿命超过一个会计年度

固定资产的使用寿命，是指企业使用固定资产的预计期间，或者该固定资产所能生产产品或提供劳务的数量。通常情况下，固定资产的使用寿命是指使用固定资产的预计期间，比如自用房屋建筑物的使用寿命表现为企业对该建筑物的预计使用年限。对于某些机器设备或运输设备等固定资产，其使用寿命表现为以该固定资产所能生产产品或提供劳务的数量，例如，汽车或飞机等，按其预计行驶或飞行里程估计使用寿命。

固定资产使用寿命超过一个会计年度，意味着固定资产属于非流动资产，随着使用和磨损，通过计提折旧方式逐渐减少账面价值。对固定资产计提折旧，是对固定资产进行后续计量的重要内容。

（3）固定资产是有形资产

固定资产具有实物特征，这一特征将固定资产与无形资产区别开来。有些无形资产可能同时符合固定资产的其他特征，如无形资产为生产商品、提供劳务而持有，使用寿命超过一个会计年度，但是，由于其没有实物形态，所以，不属于固定资产。

#### 9.1.1.2 固定资产的分类

企业固定资产的种类繁多，为了正确进行固定资产核算和固定资产管理，应按不同标准对固定资产进行分类。

（1）按所有权进行分类

固定资产按所有权进行分类，可以分为自由固定资产和融资租入固定资产两种类型。

自有固定资产是指所有权属于本企业、可由本企业自由支配使用的固定资产。

租入固定资产是指企业以租赁方式租入的固定资产，包括经营租赁方式租入和融资租赁方式租入的，虽然在两种租入方式下企业对所租入的固定资产都没有所有权，但在融资租入时，与所有权相关的风险和报酬实际上都已经转移给承租方，因此在会计实务上一般把融资租入的固定资产作为自有固定资产进行核算和管理。

（2）按经济用途进行分类

固定资产按经济用途进行分类，可以分为生产经营用固定资产和非生产经营用固定资产。

生产经营用固定资产是指直接参加企业生产经营活动或服务于生产经营的各类固定资产，如房屋及建筑物、机器设备、运输设备、动力传导设备和工具器具等。

非生产经营用固定资产是指不直接服务于企业生产经营活动的各类固定资产，如用于职工住宅、公用事业、文化生活、卫生保健等方面的固定资产。

（3）按使用情况进行分类

固定资产按使用情况进行分类，可以分为使用中、未使用和不需用的固定资产。

使用中的固定资产是指企业正常使用中的固定资产，包括经营用固定资产和非经营用固定资产，也包括由于季节性原因或者大修理原因暂停止使用的固定资产。企业出租给别人使用的固定资产也属于使用中的固定资产。

未使用的固定资产是指企业已完工或已购建的尚未交付使用的新增固定资产，以及由于改建或扩建等原因暂时停止使用的固定资产，例如，企业购建的尚待安装的固定资产等。

不需用的固定资产是指本企业多余或不适用而需要等待调配处理的各种固定资产。

由于企业的经营性质不同、经营规模不同，因此，在固定资产管理中，企业应当根据固定资产的性质，结合本企业的具体情况，制定适合本企业的固定资产目录、分类方法、每类或每项固定资产的折旧年限、折旧方法，作为进行固定资产核算的依据。一般按照经济用途和是否使用进行综合分类，如果使用情况比较单一，则直接按照经济用途分类即可，如格力电器，只将固定资产分为房屋及建筑物、机器设备、电子设备、运输设备等几类。

### 9.1.2 固定资产的计价标准

固定资产是企业重要的生产资料，一般在企业中所占比重较大，特别是有些制造企业固定资产的金额非常庞大，是企业重要的财产。为了加强固定资产的管理和核算，企业应对固定资产进行合理的计价。与固定资产相关的计价标准主要有四种，一是历史成本，二是净值，三是重置价值，四是现值。

历史成本，又称为原始成本或原始价值，是指企业取得某项固定资产所实际支付的现金或者其他等价物，包括买价、进口关税、包装费、运杂费和安装费等相关费用，以及为使它达到预定可使用状态所必要的支出。净值，又称折余价值，是指固定资产原值减去累计折旧（及减值准备）后的余额，反映的是固定资产的现存账面价值。重置价值，又称重置成本、现行成本，是指按照当前市场条件，重新取得同样一项资产所需支付的现金或现金等价物金额。现值，是指对未来现金流量以恰当的折现率进行折现后的价值。

历史成本是各国会计准则通用的一种基本计量属性，我国固定资产准则也规定：固定资产应当按照成本进行初始计量，即按照固定资产购置时支付的现金或者现金等价物的金额，或者按照购置资产时所付出的对价的公允价值计量。但是有时在某些特定情况下，如捐赠、接受固定资产投资等，企业无法取得固定资产的历史成本信息或在确定原始价值有困难时，也可以采用净值或重置价值等作为计价基础。另外，在对融资租入固定资产进行确认时，要计算租赁开始日最低租赁付款额的现值来确定租入资产的入账价值。

## 9.2 固定资产的取得

### 9.2.1 固定资产的确认

固定资产在符合定义的前提下，应当同时满足以下两个条件，才能加以确认。

（1）与该固定资产有关的经济利益很可能流入企业

资产最重要的特征是预期会给企业带来经济利益。企业在确认固定资产时，需要判断与该项固定资产有关的经济利益是否很可能流入企业。如果与该项固定资产有关的经济利益很可能流入企业，并同时满足固定资产确认的其他条件，那么，企业应将其确认为固定资产；否则，不应将其确认为固定资产。

在实务中，判断与固定资产有关的经济利益是否很可能流入企业，主要判断与该固定资产所有权相关的风险和报酬是否转移到了企业。与固定资产所有权相关的风险，是指由于经营情况变化造成的相关收益的变动，以及由于资产闲置、技术陈旧等原因造成的损失；与固定资产所有权相关的报酬，是指在固定资产使用寿命内使用该资产而获得的收入，以及处置该资产所实现的利得等。

通常，取得固定资产的所有权是判断与固定资产所有权相关的风险和报酬转移到企业的一个重要标志。但是，所有权是否转移，不是判断与固定资产所有权相关的风险和报酬转移到企业的唯一标志。在有些情况下，某项固定资产的所有权虽然不属于企业，但是，企业能够控制与该项固定资产有关的经济利益流入企业，这就意味着与该固定资产所有权相关的风险和报酬实质上已转移到企业，在这种情况下，企业应将该项固定资产予以确认。例如，融资租入的固定资产，企业虽然不拥有固定资产的所有权。但与固定资产所有权相关的风险和报酬实质上已转移到了企业（承租人），因此，符合固定资产确认的第一个条件。

对于购置的环保设备和安全设备等资产，其使用不能直接为企业带来经济利益，但是有助于企业从相关资产获得经济利益，或者将减少企业未来经济利益的流出。因此，对于这类设备，企业应将其确认为固定资产。例如，为净化环境或者满足国家有关排污标准的需要购置的环保设备，这些设备的使用虽然不会为企业带来直接的经济利益，却有助于企业提高对废水、废气、废渣的处理能力，有利于净化环境，企业为此将减少未来由于污染环境而需要支付的环境净化支出或者罚款，因此，也符合固定资产确认的第一个条件。

对于工业企业所持有的工具、用具、备品备件、维修设备等资产，施工企业所持有的模板、挡板、架料等周转材料，以及地质勘探企业所持有的管材等资产，企业应当根据实际情况，分别管理和核算。尽管该类资产具有固定资产的某些特征，比如，使用期限超过一年，也能够带来经济利益，但由于数量多单价低，考虑到成本效益原则，在实务中，通常确认为存货。但符合固定资产定义和确认条件的，比如企业（民用航空运输）的高价周转件等，应当确认为固定资产。

固定资产的各组成部分，如果各自具有不同使用寿命或者以不同方式为企业提供经济利益，从而适用不同折旧率或折旧方法的，该各组成部分实际上是以独立的方式为企业提供经济利益，企业应当分别将各组成部分确认为单项固定资产。例如，飞机的引擎，如果其与飞机机身具有不同的使用寿命，适用不同折旧率或折旧方法，则企业应当将其确认为单项固定资产。

（2）该固定资产的成本能够可靠地计量

成本能够可靠地计量是资产确认的一项基本条件。企业在确定固定资产成本时必须取得确凿证据，但是，有时需要根据所获得的最新资料，对固定资产的成本进行合理的估计。比如，企业对于已达到预定可使用状态但尚未办理竣工决算的固定资产，需要根据工程预算、工程造价或者工程实际发生的成本等资料，按估计价值确定其成本，办理竣工决算后，再按照实际成本调整原来的暂估价值。

### 9.2.2 不同方式取得的固定资产的初始计量

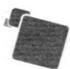

确认固定资产的取得之后，还要对固定资产进行计量。固定资产的计量原则主要包括：①固定资产应按其取得成本进行初始计量，取得成本即前述所说的历史成本。②预计弃置费用应折现计入固定资产入账价值。弃置费用是指根据国家法律和行政法规、国际公约等规定，企业承担的环境保护和生态恢复等义务所确定的将要在资产弃

置时发生的支出。弃置费用仅仅是对特殊行业的特定固定资产而言的，比如石油天然气开采企业油气资产的弃置和恢复环境义务等，一般企业的固定资产发生的报废清理费用不属于弃置费用。③购买固定资产的价款超过正常信用条件延期付款的，实质上具有融资性质的，固定资产的成本以购买价款的现值为基础确定。

基于这些计量原则，再按取得方式的不同对固定资产进行计价。固定资产取得的方式主要有：购入的固定资产、自行建造的固定资产、投资者投入的固定资产、融资租入的固定资产、改扩建的固定资产、债务人用以抵债的固定资产、以非货币性交易换入的固定资产、接受捐赠的固定资产、盘盈的固定资产、经批准无偿调入的固定资产等。

#### 9.2.2.1 购入的固定资产

如果直接以现金一次性购买固定资产，其成本的确定最为简单。使该固定资产处于可使用状态的一切现金支出均构成了该固定资产的历史成本，包括购买价格、运输费、税金、安装费等。根据我国最新的增值税相关法规，企业购建固定资产所发生的增值税进项税额可以从销项税额中抵扣，因此，固定资产的入账价值不包括允许抵扣的增值税进项税额。

外购固定资产分为购入不需要安装的固定资产和需要安装的固定资产。

购入不需要安装的固定资产时，按应计入固定资产成本的金额，借记“固定资产”科目，按可以抵扣的增值税进项税额，借记“应交税费——应交增值税（进项税额）”科目，按实际支付或应付的金额贷记“银行存款”“其他应付款”等科目。

【例9-1】东方公司为增值税一般纳税人。20×1年10月，东方公司购入一台不需要安装的生产用机器设备并承担运费，取得的增值税专用发票上注明的设备价款为500 000元，运费为3 000元，二者的增值税税额分别为65 000元和270元，另外还支付装卸费4 000元，款项已通过银行存款支付。

相关的账务处理如下：

| | | |
|---|---|---|
| 借：固定资产 | 507 000 | |
| 　　应交税费——应交增值税（进项税额） | 65 270 | |
| 　贷：银行存款 | | 572 270 |

如果企业购入需要安装的固定资产，则在达到可使用状态前，为购买和安装该固定资产的全部支出先通过在建工程核算。

【例 9-2】20×1 年 2 月，东方公司购入一台需要安装的机器设备，取得的增值税专用发票上注明的设备价款为 260 000 元，增值税进项税额为 33 800 元，支付的运输费为 2 000 元，增值税进项税额为 180 元，款项已通过银行支付；安装设备时，领用本公司原材料一批，价值 24 200 元；应付安装工人的工资为 4 800 元；假定不考虑其他相关税费。

相关账务处理如下：

①支付设备价款、运输费、增值税合计为 295 980 元

借：在建工程　　262 000

　　应交税费——应交增值税（进项税额）　　33 980

　贷：银行存款　　295 980

②领用本公司原材料，应付安装工人工资等费用合计为 29 000 元

借：在建工程　　29 000

　贷：原材料　　24 200

　　　应付职工薪酬　　4 800

③设备安装完毕达到预定可使用状态

借：固定资产　　291 000

　贷：在建工程　　291 000

如果企业一次性同时购买几项可独立使用的资产，这种购货方式叫作“一揽子购货”，这种情况下的购买价格要在各项独立资产之间进行分配，分配的基础一般是按照各项资产的相对公允价值。

【例 9-3】东方公司支付银行存款 240 万元购入一台不需要安装的机器和建筑物一栋，不考虑税费。机器和建筑物各自的相对公允价值分别为 60 万元和 240 万元，则购进成本需要按公允价值进行分摊：

机器的分摊成本 =240 万 ×（60 万 /300 万）=48（万元）

建筑物的分摊成本 =240 万 ×（240 万 /300 万）=192（万元）

会计分录如下：

借：固定资产——机器　　480 000

　　　　　　——建筑物　　1 920 000

　贷：银行存款　　2 400 000

#### 9.2.2.2 自行建造固定资产

企业自行建造的固定资产，按建造该项资产达到预定可使用状态前所发生的必要支出，作为入账价值。这里所讲的“建造该项资产达到预定可使用状态前所发生的必要支出”，包括工程用物资成本、人工成本、应予以资本化的固定资产借款费用、交纳的相关税金以及应分摊的其他间接费用等。企业自行建造固定资产包括自营建造和出包建造两种方式，它们所形成的固定资产的成本又有所不同。

（1）自营方式建造固定资产

企业自营方式建造的固定资产，按建造该项资产达到预定可使用状态前所发生的必要支出，借记“在建工程”科目，贷记“银行存款”“原材料”“应付职工薪酬”等科目。工程达到预定可使用状态交付使用的固定资产，借记“固定资产”科目，贷记“在建工程”科目。

【例9-4】20×1年1月，东方股份有限公司准备自行建造一座厂房，为此发生以下业务：

①购入工程物资一批，价款为250 000元，支付的增值税进项税额为32 500元，款项以银行存款支付；

②1～6月，工程先后领用工程物资200 000元（不含增值税进项税额）；剩余工程物资转为该公司的存货，其所含的增值税进项税额可以抵扣；

③领用生产用原材料一批，价值为32 000元，购进该批原材料时支付的增值税进项税额为4 160元；

④辅助生产车间为工程提供有关的劳务支出为35 000元；

⑤应付工程人员工资为65 800元；

⑥6月底，工程达到预定可使用状态，但尚未办理竣工决算手续，工程按暂估价值结转固定资产成本；

⑦7月中旬，该项工程决算实际成本为360 000元，经查，其与暂估成本的差额为应付职工薪酬；

⑧假定不考虑其他相关税费。

相关的账务处理如下：

①购入为工程准备的物资

借：工程物资　　　　250 000

应交税金——应交增值税（进项税额）　32 500
　贷：银行存款　282 500

②工程领用物资

借：在建工程——厂房　200 000
　贷：工程物资　200 000

③工程领用原材料

借：在建工程——厂房　32 000
　贷：原材料　32 000

④辅助生产车间为工程提供劳务支出

借：在建工程——厂房　35 000
　贷：生产成本——辅助生产成本　35 000

⑤应付工程人员工资

借：在建工程——厂房　65 800
　贷：应付职工薪酬　65 800

⑥6月底，工程达到预定可使用状态，尚未办理结算手续，固定资产成本按暂估价值入账

借：固定资产——厂房　332 800
　贷：在建工程——厂房　332 800

⑦剩余工程物资转作存货

借：原材料　50 000
　贷：工程物资　50 000

⑧7月中旬，按竣工决算实际成本调整固定资产成本

借：固定资产——厂房　27 200
　贷：应付职工薪酬　27 200

（2）出包方式建造固定资产

相对来说，出包工程的成本计算比较简单。一般是以承建方最后提交的竣工工程决算表为依据，来进行确认固定资产的会计处理。企业通过出包工程方式建造的固定资产，按应支付给承包单位的工程价款作为该固定资产的成本。支付工程价款时，借记“在建工程”科目，贷记“银行存款”“应付账款”等科目。将设备交付建造承包商建造安装时，借记“在建工程——安装设备”科目，贷记“工程物资”科目。工程达到预定可使用状态交付使用时，借记“固定资产”科目，贷记“在建工程”科目。

#### 9.2.2.3 投资者投入的固定资产

投资者投入的固定资产，在办理了固定资产移交手续之后，按投资各方确认的价值加上应支付的相关税费作为固定资产的入账价值；但在投资合同或协议约定价值不公允时，应按照该项固定资产的公允价值作为入账价值。按投资各方确认的价值在其注册资本中所占的份额，确认为实收资本或股本；按投资各方确认的价值与实收资本或股本的差额，确认为资本公积；按应支付的相关税费，确认为银行存款或应交税金。

【例9-5】甲公司的注册资本为1 000 000元。20×1年6月5日，乙公司以一台设备对甲公司进行投资。该台设备的原价为560 000元，已计提折旧166 200元，双方经协商确认的价值为423 800元，占甲公司注册资本的30%。假定不考虑其他相关税费。

相关账务处理如下：

| | | |
|---|---|---|
| 借：固定资产 | 423 800 | |
| 　贷：实收资本——乙公司 | | 300 000 |
| 　　　资本公积——资本溢价 | | 123 800 |

#### 9.2.2.4 接受捐赠固定资产

企业接受捐赠所增加的固定资产，往往缺乏资料来表明该项资产的原始价值。对这部分资产，最常用的办法是以合理的现行市价作为入账依据。

我国企业会计准则规定，接受捐赠的固定资产，按以下规定确定其入账价值：

（1）捐赠方提供了有关凭据的，按凭据上标明的金额加上应当支付的相关税费，作为入账价值；

（2）捐赠方没有提供有关凭据的，按以下顺序确定其入账价值：①同类或类似固定资产存在活跃市场的，按同类或类似固定资产的市场价格估计的金额，加上应当支付的相关税费，作为入账价值；②同类或类似固定资产不存在活跃市场的，按该接受捐赠的固定资产的预计未来现金流量现值，作为入账价值。如接受捐赠的系旧的固定资产，按依据上述方法确定的新固定资产价值，减去按该项资产的新旧程度估计的价值损耗后的余额，作为入账价值。

当接受捐赠的固定资产达到可使用状态时，借记“固定资产”账户，贷记“递延收益”账户。

### 9.2.2.5 盘盈的固定资产

企业盘盈的固定资产，由于没有原始记录可以考证，因而会计上往往是按同类或类似固定资产的重置价值作为其入账价值的。我国企业会计准则规定，盘盈的固定资产，按以下规定确定其入账价值：

（1）同类或类似固定资产存在活跃市场的，按同类或类似固定资产的市场价格，减去按该项资产的新旧程度估计的价值损耗后的余额，作为入账价值。

（2）同类或类似固定资产不存在活跃市场的，按该项固定资产的预计未来现金流量现值，作为入账价值。

当发现盘盈资产时，按该类资产的重置成本借记“固定资产”账户，按该项资产的损耗程度贷记“累计折旧”账户，按两者的差额计入“以前年度损益调整——营业外收入”，在盘盈固定资产报批准后转入留存收益账户。

【例 9-6】20×1 年 12 月 31 日，东方股份有限公司进行盘点，发现有一台使用中的机器设备未入账，该机器设备八成新，该型号机器设备存在活跃市场，市场价格为 500 000 元。该公司按照 10% 计提盈余公积。本例中，由于盘盈的固定资产存在活跃的市场，因此，该公司盘盈的固定资产入账价值为：500 000 × 80% = 400 000（元）。（假定所得税率 25%）

相关账务处理如下：

①盘盈时

借：固定资产　　500 000

　贷：累计折旧　　100 000

　　以前年度损益调整——营业外收入　　400 000

②借：以前年度损益调整——营业外收入　　100 000

　　贷：应交税费——应交所得税　　100 000

③盘盈固定资产报经批准后处理

借：以前年度损益调整——营业外收入　　300 000

　贷：利润分配——未分配利润　　270 000

　　盈余公积　　30 000

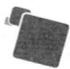

#### 9.2.2.6 其他方式取得的固定资产

（1）通过融资租赁租入的固定资产，应当遵循《企业会计准则第 21 号——租赁》的相关规定处理。

（2）通过非货币性资产交换、债务重组、企业合并等方式取得的固定资产的成本。企业通过非货币性资产交换、债务重组、企业合并等方式取得的固定资产，其成本应当分别按照《企业会计准则第 7 号——非货币性资产交换》《企业会计准则第 12 号——债务重组》《企业会计准则第 20 号——企业合并》等的规定确定。但是，该项固定资产的后续计量和披露应当执行固定资产准则的规定。

为了加强管理，企业应设置固定资产登记簿和固定资产卡片，按固定资产类别、使用部门和每项固定资产进行明细核算。对临时租入的固定资产，应当另设备查簿进行登记。企业对固定资产的购建、出售、清理、报废和内部转移等，都应当办理会计手续，并设置固定资产明细账（或者固定资产卡片），进行明细分类核算。

## 9.3 固定资产折旧

### 9.3.1 折旧的性质

固定资产不同于存货，它不是通过销售等方式一次性、完全耗用而转化为现金。作为一种服务性资产，固定资产可以在较长的时期内为企业经营活动服务，并且，它的服务潜力是随着企业在经营活动中的使用而逐渐降低以至于消逝。它的价值会随着经营过程的磨损分批、逐渐地转移到所形成的价值中去，并从企业的最终收入中得到补偿。会计上，将这种在固定资产预计使用寿命内，按照确定的方法对应计折旧额进行系统分摊的过程，称为折旧。

折旧是有关固定资产取得成本的系统分配过程，是将资本性的支出通过折旧费用化，是系统地分配成本的过程。这种分配所依据的基础是固定资产服务潜能的递减程度。造成固定资产服务潜能下降的原因归纳起来，可以分为有形损耗和无形损耗两种。有形损耗包括机械磨损和自然磨损，是指固定资产由于使用和自然力的影响而引起的使用价值和价值的损失；无形损耗是指因技术进步、市场经济情况或生产经营情况的改变使固定资产已陈旧过时，不再适用而引起的固定资产价值的损失。在科学技术发展突飞猛进、日新月异的现代社会，固定资产的无形损耗有时比有形损耗更为严重，对折旧的影响更为巨大。

折旧是一个资本回收的过程。一个公司期望既实现资本回收，又获得资本收益。在公司获得资本收益（用会计利润衡量）前，必须回收所有的成本。固定资产的折旧正好与收益相对应。在历史成本会计下，折旧的过程正好考虑到资产成本的回收。从财务管理的角度看，折旧是一种本期现金流入。这是因为，企业利润是全部收入减全部费用后的差额，而企业现金余额等于现金收入减全部现金支出。折旧不是本期的现金支出，但却是本期的费用，因此，每期的现金增加等于利润与折旧之和。折旧费用源于前期将资金投入了固定资产，只是将其一部分在本期补偿支出而已。固定资产折旧就是固定资产的价值转移和补偿过程。但应注意，折旧并不意味着企业将现金单独保存，并在资产提足折旧时对其进行更新。

## 9.3.2 折旧计提范围与影响因素

### 9.3.2.1 折旧的计提范围

确定固定资产折旧的范围，一是要从空间范围上确定哪些固定资产应当提取折旧，哪些固定资产不应当提取折旧；二是要从时间范围上确定应提折旧的固定资产什么时间开始提取折旧，什么时间停止提取折旧。

我国企业会计准则规定，除以下情况外，企业应对所有固定资产计提折旧：①已提足折旧仍继续使用的固定资产；②按规定单独估价作为固定资产入账的土地；③持有待售的固定资产；④经营租入的固定资产和融资租出的固定资产；⑤处于更新改造转入在建工程的固定资产。

也就是说，企业在用的固定资产，一般均应计提折旧，具体范围包括：①房屋和建筑物（不管使用与否）；②在用的机器设备、仪器仪表、运输工具、工具器具；③季节性停用、大修理停用的固定资产；④融资租入和以经营方式租出的固定资产。

另外，需要注意的是，在年度内尚未办理竣工结算的，应当按照暂估价值暂估入账，并计提折旧；待办理了竣工决算手续后，再按照实际成本调整原来的暂估价值，但不需要调整原已计提的折旧额。

企业在具体计提折旧时，一般应按月提取折旧，当月增加的固定资产，当月不提折旧，从下月起计提折旧；当月减少的固定资产，当月照提折旧，从下月起不提折旧。

固定资产提足折旧后，不论能否继续使用，均不再提取折旧；提前报废的固定资产，也不再提取折旧。

#### 9.3.2.2 影响折旧的因素

影响折旧计提金额的因素主要有以下几个方面，即固定资产原价、固定资产的使用寿命、预计净残值、固定资产减值准备和折旧方法。

（1）固定资产原价

固定资产原价，是固定资产初始计量时确定的初始成本。

（2）固定资产的使用寿命

资产的估计使用年限即资产对拥有它的主体提供收益的会计期间。如前文所述，折旧是实物损耗的过程，是由于设备或工艺的改变、型号的变化，或其他与资产的实物状况无关的原因而使资产失去有用性。我们把一项资产从开始使用到用坏为止的时间称为它的物理寿命，把从开始使用到过时或要进行处置的时间称为它的使用年限。很多情况下，由于过时或主体打算在资产的物理寿命结束以前对其进行处置，资产的使用寿命可能比物理寿命短。例如，尽管汽车一般具有大约10年的物理寿命，但很多公司每5年就将旧汽车折价出售后再添一些钱购买一辆新车，在这些公司里，汽车的使用寿命只有5年。如果对某一特定主体，资产的使用寿命明显低于该资产的可用物理寿命，那么使用寿命结束时，资产的预计残值应该大于零。

根据我国企业会计准则，企业在确定固定资产的使用寿命时，主要应当考虑下列因素：①该资产的预计生产能力或实物产量；②该资产的有形损耗，如设备使用中发生磨损，房屋建筑物受到自然侵蚀等；③该资产的无形损耗，如因新技术的出现而使现有的资产技术水平相对陈旧、市场需求变化使产品过时等；④有关资产使用的法律或者类似的限制。

另外，具体到某一固定资产的预计使用寿命，企业应在考虑上述因素的基础上，结合不同固定资产的性质、消耗方式、所处环境等因素，进行判断。在相同环境条件下，对于同样的固定资产的预计使用寿命应具有相同的预期。

（3）预计净残值

使用寿命结束时的资产预计净残值，即最后通过出售、作为折价物或废物利用所收回的金额，对主体来说，资产的净成本等于资产的原始成本减去其残值。也正是这个净成本而不是原始成本应该被计提为资产寿命期间内的费用。在一些情况下，估计的残值很小或不确定，可能被忽略不计。

在固定资产使用过程中，其所处的经济环境、技术环境以及其他环境有可能对固定资产使用寿命和预计净残值产生较大影响。例如，固定资产使用强度比正常情况大大加强，致使固定资产实际使用寿命大幅缩短；替代该项固定资产的新产品的出现致使其实际使用寿命缩短，预计净残值减少等。为真实反映固定资产为企业提供经济利益的期间及每期实际的资产消耗。企业至少应当于每年年度终了，对固定资产使用寿命和预计净残值进行复核。如果固定资产使用寿命预计数与原先估计数有差异，应当调整固定资产使用寿命；如果固定资产预计净残值预计数与原先估计数有差异，应当调整预计净残值。

（4）固定资产减值准备

固定资产减值准备是指固定资产已计提的固定资产减值准备累计金额。固定资产计提减值准备后，应当在剩余使用寿命内根据调整后的固定资产账面价值（固定资产账面价值余额扣减累计折旧和累计减值准备后的金额）和预计净残值重新计算确定折旧率和折旧额。

（5）折旧方法

折旧方法就是将资产的净成本分配给资产各个使用期间的方法。应计折旧额，是指应当计提折旧的固定资产的原价扣除其预计净残值后的余额，这一金额与折旧方法无关，但是在不同的折旧方法下，每一期计提的折旧金额会有所不同。以下详细介绍不同折旧方法下的折旧计提。

## 9.3.3 折旧的方法

目前企业可供选择的折旧方法主要有以下3类。

### 9.3.3.1 年限平均法

年限平均法又称直线法，是将固定资产的应计折旧额均衡地分摊到固定资产预计使用寿命内的一种方法。采用这种方法计算的每期折旧额均是等额的。计算公式如下：

$$年折旧率=\frac{1-预减净残值率}{预计折旧年限}\times 100\%$$

$$月折旧率=年折旧率/12$$

$$月折旧额=固定资产原价\times 月折旧率$$

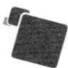

上述折旧率是按个别固定资产单独计算的，称为个别折旧率。此外，还有分类折旧率和综合折旧率。分类折旧率是指先把性质、结构和使用年限接近的固定资产归为一类，再按类计算平均折旧率的方法；综合折旧率是指某一期间企业全部固定资产折旧额与全部固定资产原价的比率。其各自的计算公式如下：

$$\text{某类固定资产分类折旧率}=\frac{\text{该类固定资产折旧额之和}}{\text{该类固定资产原价之和}}\times 100\%$$

$$\text{固定资产综合年折旧率}=\frac{\text{各项固定资产年折旧额之和}}{\text{各项固定资产原价之和}}\times 100\%$$

与采用个别折旧率与分类折旧率相比，采用综合折旧率计算固定资产折旧，其计算结果的准确性较差。

【例9-7】假设东方公司在20×1年12月购入一台生产用机器设备，成本为50 000元，估计净残值为5 000元，预计有5年的使用寿命，可以运转45 000小时，每年分别运转12 000小时、15 000小时、9 000小时、5 000小时、4 000小时。

公司从20×1年1月开始对该项设备计提折旧，每月的折旧额为：

（50 000 − 5 000）/（5 × 12）= 750（元）

若该机器设备的折旧费用计入“制造费用”，按月对其计提折旧费用时，应作如下会计处理：

借：制造费用　　750

　贷：累计折旧　　750

年限平均法的优点在于比较简便，易于理解，在物价水平保持不变的情况下能较好的反映无形损耗的影响，所以是财务报表中普遍使用的方法，并且一般被认为是一种适用于多数固定资产折旧的好方法。其缺点在于，没有考虑到随着固定资产使用时间的推移，企业生产经营过程中所发生的固定资产的使用成本并不均衡，而且固定资产的服务效能在不同期间发挥的程度可能不同，对有形损耗的反映不够全面。

#### 9.3.3.2　工作量法

工作量法，是根据实际工作量计提固定资产折旧额的一种方法。计算公式如下：

$$单位工作量折旧额=\frac{固定资产原价\times（1-预计净残值率）}{预计总工作}\times 100\%$$

$$某项固定资产月折旧额=该项固定资产当月工作量\times单位工作量折旧额$$

【例9-8】承【例9-7】，假设东方公司在该机器设备使用的第一年，由于其运转效能比较好，每个月平均运转1 000小时。则：

单位小时折旧额＝（50 000－5 000）/45 000 =1（元/小时）

第一年每个月该项设备应计提的折旧额为：1×1 000=1 000（元）

工作量法将固定资产的折旧建立在其服务潜能随着使用程度的增加而相应递减的假设上，符合受益与成本之间的因果关系。而且工作量法克服了直线法只注重资产使用年限的不足，也具有计算简便和实用的优点。但是，工作量法只关心固定资产的使用程度，把资产在使用过程中的物质损耗作为计提折旧的唯一因素，而忽视了固定资产的无形损耗。此外，在实务中，假定固定资产的有形损耗相当均衡，每单位分配等额折旧费用并无根据。这种方法一般适用于运输工具、采矿设备等。

### 9.3.3.3 加速折旧法

加速折旧法是指固定资产在使用年限内所计提的折旧额呈递减趋势的一种折旧方法。其依据在于随着固定资产越来越陈旧，它的盈利能力也随之下降，因此，资产在使用早期应多提折旧，后期少提折旧，每期计提的折旧数，随着固定资产使用时间的推移而逐渐减少。在实践中最广泛使用的加速折旧法有双倍余额递减法和年数总和法两种。

（1）双倍余额递减法

双倍余额递减法，是在不考虑固定资产预计净残值的情况下，根据每年年初固定资产净值和双倍的直线法折旧率计算固定资产折旧额的一种方法。应用这种方法计算折旧额时，由于每年年初固定资产净值没有扣除预计净残值，而在计算固定资产折旧额时，又不能使固定资产的账面折余价值降低到其预计净残值以下，因此在我国会计实务中，采用双倍余额递减法计提固定资产折旧时，应在其折旧年限到期前两年内，将固定资产净值扣除预计净残值后的余额平均摊销。计算公式如下：

$$年折旧率=2/预计的使用年限$$

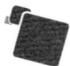

$$月折旧率=年折旧率/12$$

$$月折旧额=固定资产年初账面余额 \times 月折旧率$$

【例 9-9】承【例 9-7】的资料，采用双倍余额递减法计算的各年折旧额。

年折旧率 = 2/5 =40%

第一年应提的折旧额 =50 000 × 40% =20 000（元）

第二年应提的折旧额 =（50 000 – 20 000）× 40% =12 000（元）

第三年应提的折旧额 =（30 000 – 12 000）× 40% =7 200（元）

从第四年起，将固定资产净值扣除预计净残值后的余额平均摊销：

第四、五年应提的折旧额 =（50 000 – 20 000 – 12 000 – 7 200 – 5 000）/ 2 = 2 900（元）

（2）年数总和法

年数总和法，又称合计年限法，是将固定资产的原价减去预计净残值后的余额，乘以一个以固定资产尚可使用寿命为分子，以预计使用寿命逐年数字之和为分母的逐年递减的分数计算每年的折旧额。计算公式如下：

$$年折旧率=年初尚可使用寿命 / 预计使用寿命的年数总和$$

$$月折旧率=年折旧率/12$$

$$月折旧额=（固定资产原价-预计净残值）\times 月折旧率$$

【例 9-10】承【例 9-7】，采用年数总和法计算的各年折旧额。如下所示：

预计可使用寿命的年数总合为 1+2+3+4+5=15（年）

每年的折旧率分别为 5/15、4/15、3/15、2/15、1/15。

第一年应提的折旧额 =（50 000–5 000）× 5/15=15 000（元）

第二年应提的折旧额 =（50 000–5 000）× 4/15=12 000（元）

第三年应提的折旧额 =（50 000–5 000）× 3/15=9 000（元）

第四年应提的折旧额 =（50 000–5 000）× 2/15=6 000（元）

第五年应提的折旧额 =（50 000–5 000）× 1/15=3 000（元）

与直线法相比，加速折旧法并不缩短固定资产折旧的年限，但可使企业在固定资产使用早期就将应提折旧额的大部分提取，而不像直线法那样，每年计提一个固定的折旧额。

加速折旧法是目前国际上许多国家折旧会计所推崇的方法，支持它的主要理由有：

第一，一般情况下，随着固定资产使用寿命的延长，其服务潜能将下降，而各种维修、养护等费用将增加，前期多提折旧，后期少提折旧会对固定资产的使用成本起均衡作用。

第二，新机器设备往往在开始投入时服务效能大，而后逐渐衰退，采用加速折旧法符合资产的服务效能与费用配比之间的关联性。

第三，在收入一定的情况下，加速折旧法可以递延企业所得税的纳税期间，使纳税人获得一定的财务利益。

第四，在固定资产投入使用的早期，就将设备价值的大部分通过折旧收回，可减少或减低企业持有设备所可能承担的各种风险，尤其是物价持续上涨时带来的通货膨胀的风险。

#### 9.3.3.4 几种折旧方法的比较

依据上述【例 9–7】至【例 9–10】的资料，四种折旧方法计算的折旧额可比较如表 9–2 所示。

表9–2 不同折旧方法的每年折旧额

单位：元

| 年份 | 年限平均法 | 工作量法 | 双倍余额递减法 | 年数总和法 |
|---|---|---|---|---|
| 1 | 9 000 | 12 000 | 20 000 | 15 000 |
| 2 | 9 000 | 15 000 | 12 000 | 12 000 |
| 3 | 9 000 | 9 000 | 7 200 | 9 000 |
| 4 | 9 000 | 5 000 | 2 900 | 6 000 |
| 5 | 9 000 | 4 000 | 2 900 | 3 000 |
| 合计 | 45 000 | 45 000 | 45 000 | 45 000 |

各种方法下每年的折旧额各不相同，但这 4 种方法都能把 45 000 元的应计折旧成本费用化。图 9–1 画出了在直线法、工作量法和加速折旧法下每年的折旧额。直线法的线是水平的，因为每期的折旧额都相等。工作量法的折旧额没有什么特定的模式，因为其折旧额取决于对资产的使用，使用得越多，折旧额就越大。加速折旧法在资产使用的第一年最多，最后一年最少。

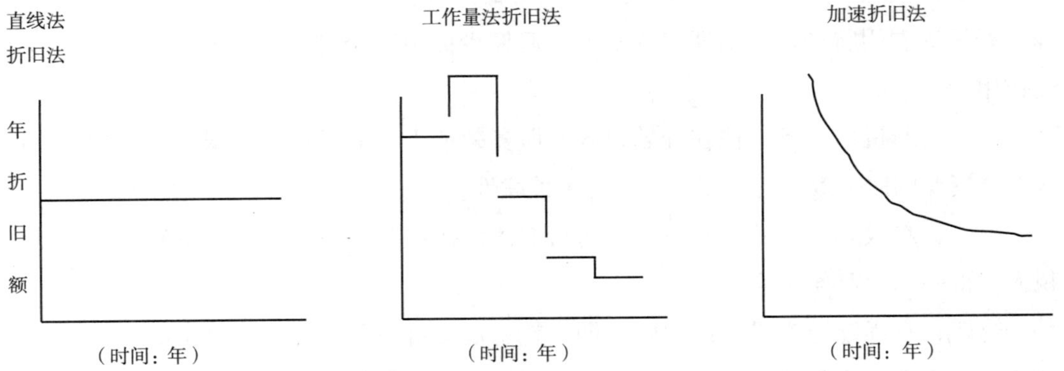


图9-1　折旧方法比较

评估固定资产成本应如何与未来收入配比已成为一个越来越具有挑战性的问题，从折旧方法的发展即可略见一斑。现行会计准则要求企业估计这些资产的预计使用期限和使用期满预计残值，然后运用这些估计在固定资产的使用期限内系统分配成本。企业对这些影响固定资产折旧的因素的预计可能取决于公司的经营战略以及他们以往经营、管理和出售类似资产的经验。

【小案例】

折旧的计提政策

1998 年，德尔塔航空公司（Delta Air Lines）对新飞机按照 25 年的期限计提折旧，并预计残值为飞机成本的 5%，新加坡航空公司对新飞机按照 10 年的期限计提折旧，并预计残值为飞机成本的 20%。这两种不同的预计在一定程度上反映了两家航空公司经营战略的差异。新加坡航空公司将顾客定位于通常不注重价格且要求可靠服务的商务舱乘客，与此相对照，德尔塔航空公司更重视对价格高度敏感以及并不重视准时到达的经济舱乘客。因此，两家航空公司采取截然不同的经营战略：新加坡航空公司经常更换旧飞机以保持较新的机群，从而降低了因维修问题而延迟航班的风险，使公司拥有很高的准时到达率。与此相对照，德尔塔的飞机使用时间更长，从而降低了设备支出，但这种降低是以维修成本增加和准时到达率较低为代价。这些经营差异反映在两家公司对折旧进行的预计上。

当然，也可能存在影响两家管理层所做估计的其他因素。例如，在向所有者报告利润时，德尔塔航空公司可能面临更大的压力，因为它是上市公司，而新加坡航空公司主要归新加坡政府所有。

根据不同的折旧方法确定每期应计提的折旧金额之后，对固定资产计提折旧，应根据固定资产的用途，借记“生产成本”“制造费用”“管理费用”“销售费用”“其他业务支出”等科目，贷记“累计折旧”科目。“累计折旧”账户是固定资产的备抵账户，在资产负债表中作为固定资产的减项进行列示。企业在选择折旧方法时，必须符合一致性原则，即所选择的折旧方法在各会计期间应当前后一致地加以应用，直至因条件变动而有充分理由需要改变时为止。同时，企业应当定期对固定资产的折旧方法进行复核，如果固定资产包含的经济利益的预期实现方式有重大改变，则应当相应改变固定资产折旧方法。如果在某个会计期间折旧方法有所改变，其对企业利润的影响应以具体的金额在资产负债表的附注中进行揭示，并说明折旧方法变更的理由。

**【延伸知识】**

### 不一般的加速折旧法

加速折旧法是一个笼统的概念，是相对于等额折旧来说“加速”计算折旧的各种方法，一般有双倍余额递减法和年数总和法。在加速折旧法下，固定资产使用前期费用较大，利润较少。

虽然会计准则要求企业根据与固定资产相关的经济利益的预期实现方式，合理选择企业的折旧方法，允许使用加速折旧法。但是，《企业所得税法》及其实施条例却规定税前只能列支固定资产按照直线法计算的折旧，并对不同类型的固定资产规定了相应的最低折旧年限。企业超过税法规定计提的固定资产折旧，要在企业所得税汇算清缴时进行纳税调整。

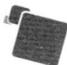

2014年9月24日，国务院总理李克强主持召开国务院常务会议，其中一项内容是完善固定资产加速折旧政策，主要包括：①对所有行业企业2014年1月1日后新购进用于研发的仪器、设备，单位价值不超过100万元的，允许一次性计入当期成本费用在税前扣除；超过100万元的，可按60%比例缩短折旧年限，或采取双倍余额递减等方法加速折旧。②对所有行业企业持有的单位价值不超过5 000元的固定资产，允许一次性计入当期成本费用在税前扣除。③对生物药品制造业，专用设备制造业，铁路、船舶、航空航天和其他运输设备制造业，计算机、通信和其他电子设备制造业，仪器

仪表制造业，信息传输、软件和信息技术服务业等行业企业2014年1月1日后新购进的固定资产，允许按规定年限的60%缩短折旧年限，或采取双倍余额递减等加速折旧方法，促进扩大高技术产品进口。

为什么在当时的经济背景下，中央政府要提出企业固定资产加速折旧政策？这是因为当前我国经济正处于转型期，其中一个很重要的目标就是提质增效，途径之一就是加快技术革新，采用更先进的生产技术。采用加速折旧法，可以使企业尽早收回投资，更新固定资产，提高劳动生产率和产品质量，提高企业在行业内部的竞争能力。通过企业加速折旧法的实施，淘汰那些劳动生产率低下、产品质量低劣的企业，从而完成国家整个产业的转型升级。这也是中央政府出台各项具体措施，推动企业固定资产折旧的根本目的所在。

所以，固定资产折旧不仅仅是企业的一项简单的会计政策，还与国家的产业转型升级战略密切相关。

## 9.4 固定资产的后续支出

固定资产的后续支出是指固定资产使用过程中发生的更新改造支出和维护修理费等。后续支出的处理原则为：与固定资产有关的更新改造等后续支出，符合固定资产确认条件的，应当计入固定资产成本，同时将被替换部分的账面价值扣除。与固定资产有关的修理费用等后续支出，不符合固定资产确认条件的，应当计入当期损益。

### 9.4.1 资本化的后续支出

固定资产发生可资本化的后续支出时，企业一般应将该固定资产的原价、已计提的累计折旧和减值准备转销，将固定资产的账面价值转入在建工程，并在此基础上重新确定固定资产原价。因已转入在建工程，因此停止计提折旧。固定资产发生的可资本化的后续支出，通过“在建工程”科目核算，借记“在建工程”科目，贷记“银行存款”“应付职工薪酬”“原材料”等科目。在固定资产发生的后续支出完工并达到预定可使用状态时，再从在建工程转为固定资产，并按重新确定的固定资产原价、使用寿命、预计净残值和折旧方法计提折旧。

【例9-11】A公司有关固定资产更新改造的资料如下：

①2×18年12月2日，该公司自行建成了一条生产线并投入使用。建造成本为80万

元；采用年限平均法计提折旧；预计净残值率为4%，预计使用寿命为8年。

②2×21年1月1日，由于生产的产品适销对路，现有生产线的生产能力已难以满足公司生产发展的需要，A公司决定对现有生产线进行改扩建，以提高其生产能力。假定该生产线未发生减值。

③2×21年1月1日至6月30日，经过6个月的改扩建，完成了对这条生产线的改扩建工程，共发生支出10万元，全部以银行存款支付，同时支付本公司基建部门员工薪酬1.2万元。

④该生产线改扩建工程达到预定可使用状态后，大幅提高了生产能力，完工后剩余使用年限还有10年。假定改扩建后的生产线的预计净残值率为改扩建后固定资产账面价值的3%；折旧方法仍为年限平均法；公司按年度计提固定资产折旧。

本例中，生产线改扩建后，生产能力将大幅提高，能够为企业带来更多的经济利益，改扩建的支出金额也能可靠计量，因此该后续支出符合固定资产的确认条件，应计入固定资产的成本。

假定不考虑其他相关税费，相关的计算和账务处理如下：

①计提2×19年、2×20年折旧

2×19年、2×20年计提的折旧额=800 000×（1-4%）÷8=96 000（元）

借：制造费用　　96 000

　贷：累计折旧　　96 000

②2×21年1月1日将改扩建的固定资产转入在建工程

借：在建工程　　608 000

　　累计折旧　　192 000

　贷：固定资产　　800 000

③2×21年1月1日至6月30日，发生改扩建工程支出

借：在建工程　　112 000

　贷：银行存款　　100 000

　　　应付职工薪酬　　12 000

④2×21年6月30日，重新转入固定资产

借：固定资产　　720 000

　贷：在建工程　　720 000

⑤2×21年12月31日，计提本年折旧

2×21年计提的折旧额=720 000×（1-3%）÷10×6/12=34 920（元）

借：制造费用　　34 920

贷：累计折旧　　34 920

剩余各年的折旧计算及账务处理略。

企业在发生某些固定资产后续支出时，可能涉及替换原固定资产的某组成部分，当发生的后续支出符合固定资产确认条件时，应当将用于替换的部分资本化，计入固定资产账面价值，同时终止确认被替换部分的账面价值。这样可以避免将替换部分的成本和被替换部分的成本同时计入固定资产成本，导致高估固定资产成本。

### 9.4.2　费用化的后续支出

与固定资产有关的修理费用等后续支出，不符合固定资产确认条件的，应当根据不同情况分别在发生时计入当期管理费用或销售费用。

一般情况下，固定资产投入使用之后，由于固定资产磨损、各组成部分耐用程度不同，可能导致固定资产的局部损坏，为了维护固定资产的正常运转和使用，充分发挥其使用效能，企业将对固定资产进行必要的维护。固定资产的日常修理费用等支出只是确保固定资产的正常工作状况，一般不产生未来的经济利益。因此，通常不符合固定资产的确认条件，在发生时应直接计入当期损益。企业生产车间（部门）和行政管理部门等发生的固定资产修理费用等后续支出计入“管理费用”；企业设置专设销售机构的，其发生的与专设销售机构相关的固定资产修理费用等后续支出，计入“销售费用”。对于处于修理、更新改造过程而停止使用的固定资产，如果其修理、更新改造支出不满足固定资产的确认条件，在发生时也应直接计入当期损益。在固定资产进行正常维修期间，应如期计提固定资产折旧。

## 9.5　固定资产的减值

对于拥有的固定资产，应当在资产负债表日判断其是否存在可能发生减值的迹象，对于存在减值迹象的，应当进行减值测试，计算可收回金额，可收回金额低于账面价值的，应当按照可收回金额低于账面价值的金额，计提减值准备。

存在下列迹象的，表明固定资产可能发生了减值：①资产的市价当期大幅度下跌，其跌幅明显高于因时间的推移或者正常使用而预计的下跌；②企业经营所处的经济、技术或法律等环境，以及资产所处的市场在当期或者将在近期发生重大变化，从而对企业产生不利影响；③市场利率或者其他市场投资报酬率在当期已经提高，从而影响企业计算资产预计未来现金流量现值的折现率，导致资产可收回金额大幅度降低；④有证据表明资产已经陈旧过时或者其实体已经损坏；⑤资产已经或者将被闲置、终止使用，或者计划提前处置；⑥企业内部报告的证据表明资产的经济绩效已经低于或者将低于预期，如资产所创造的净现金流量或者实现的营业利润（或者亏损）远远低于（或者高于）预计金额等；⑦其他表明资产可能已经发生减值迹象。

### 9.5.1 资产可收回金额的计量

固定资产存在减值迹象的，应当估计其可收回金额。在估计资产可收回金额时，应当遵循重要性原则。即，以前报告期间的计算结果表明，资产可收回金额显著高于其账面价值，之后又没有消除这一差异的交易或者事项，资产负债表日可以不重新估计该资产的可收回金额。以前报告期间的计算与分析表明，资产可收回金额相对于某种减值迹象反应不敏感，在本报告期间又发生了该减值迹象的，可以不因该减值迹象的出现而重新估计该资产的可收回金额。资产的可收回金额应当根据资产的公允价值减去处置费用后的净额与资产预计未来现金流量的现值两者之间较高者确定。

#### 9.5.1.1 资产的公允价值减去处置费用后净额的确定

资产的公允价值减去处置费用后的净额，应当分别按是否存在资产销售协议和活跃市场处理：

（1）对于存在资产销售协议的，应当根据公平交易中销售协议价格减去可直接归属于该资产处置费用的金额确定。处置费用包括与资产处置有关的法律费用、相关税费、搬运费，以及为使资产达到可销售状态所发生的直接费用等。

（2）对于不存在销售协议但存在资产活跃市场的，应当按照该资产的市场价格减去处置费用后的金额确定。资产的市场价格通常应当以资产的买方出价确定。

（3）在销售协议和资产活跃市场均不存在的情况下，应当以可获取的最佳信息为基础，估计资产的公允价值减去处置费用后的净额，该净额可以参考同行业类似资产的最近交易价格或者结果进行估计。

#### 9.5.1.2 资产预计未来现金流量现值的确定

资产预计未来现金流量的现值，应当按照资产在持续使用过程中和最终处置时所产生的预计未来现金流量，选择恰当的折现率对其进行折现后的金额加以确定。预计资产未来现金流量的现值，应当综合考虑资产的预计未来现金流量、使用寿命和折现率等因素。

（1）预计未来现金流量

预计的未来现金流量应当包括下列各项：①资产持续使用过程中预计产生的现金流入；②为实现资产持续使用过程中产生的现金流入所必需的预计现金流出（包括为使资产达到预定可使用状态所发生的现金流出），该现金流出应当是可直接归属于或者可通过合理和一致的基础分配到资产的现金流出；③资产使用寿命结束时，处置资产所收到或支付的净现金流量，该现金流量应当是在公平交易中，熟悉情况的交易双方自愿进行交易时，企业预期可从资产的处置中获取或者支付的、减去预计处置费用后的金额。

预计资产的未来现金流量，应当以资产的当前状况为基础，不应当包括与将来可能会发生的、尚未作出承诺的重组事项或者与资产改良有关的预计未来现金流量，也不应当包括筹资活动产生的现金流入或者流出以及与所得税收付有关的现金流量 。

（2）折现率

折现率是反映当前市场货币时间价值和资产特定风险的税前利率。该折现率是企业在购置或者投资资产时所要求的必要报酬率。在预计资产的未来现金流量时已经对资产特定风险的影响做了调整的，估计折现率不需要考虑这些特定风险。如果用于估计折现率的基础是税后的，应当将其调整为税前的折现率。

折现率的确定通常以该资产的市场利率为依据，该资产的利率无法从市场获利的，可以使用替代利率估计折现率。替代利率可以根据加权平均资金成本、增量借款利率或者其他相关市场借款利率做适当调整后确定。调整时，应当考虑与资产预计现金流量有关的特定风险以及其他有关政治风险、货币风险和价格风险等。

估计资产未来现金流量现值，通常应当使用单一的折现率。资产未来现金流量的现值对未来不同期间的风险差异或者利率的期间结构反应敏感的，应当在未来各不同期间采用不同的折现率。

（3）资产预计未来现金流量现值的计算

资产未来现金流量的现值，应当根据该资产预计的未来现金流量和折现率在资产剩余使用寿命内予以折现后的金额确定。计算公式如下：

$$\text{资产预计未来现金流量现值}=\sum\frac{\text{第}\ t\ \text{年预计资产未来现金流量}}{(1+\text{折现率})^{t}}$$

### 9.5.2 资产减值损失的账务处理

资产的可收回金额低于其账面价值的，企业应当将资产的账面价值减记至可收回金额，减记的金额确认为资产减值损失，计入当期损益，同时计提相应的资产减值准备，且上述固定资产的减值损失一经确认，在以后会计期间不得转回。资产的账面价值是资产成本扣减累计折旧和累计减值准备后的金额。值得注意的是，固定资产计提减值之后，其折旧费用应当在未来期间相应调整，按照该项资产的账面价值以及尚可使用寿命重新计算确定折旧率和折旧额，以使该资产在剩余使用寿命内，系统地分摊调整后的资产账面价值（扣除预计净残值）。

为了核算企业固定资产发生减值时计提的减值准备，应设置“固定资产减值准备”总账科目，该科目贷方登记发生减值时计提的减值准备，借方登记资产处置时应结转的已计提减值准备，期末贷方余额反映企业已计提但尚未转销的资产减值准备。企业应在资产负债表日，根据《企业会计准则第 8 号——资产减值》确定固定资产发生减值的，按应减记的金额，借记“资产减值损失”科目，贷记“固定资产减值准备”科目。处置固定资产时，应同时结转已计提的资产减值准备。

【例 9-12】东方公司 20×1 年年末对 A 生产线进行减值测试，A 生产线原值 3 000 万元，累计折旧 1 240 万元，预计尚可使用 5 年。A 生产线的公允价值为 1 720 万元，预计处置费用为 50 万元。同时，A 生产线可以独立生产产品并带来收入，根据历史资料和发展趋势，估计 20×2—20×6 年的未来现金流量，分别为 450 万元、460 万元、456 万元、458 万元、464 万元。东方公司在考虑了与 A 生产线有关的货币时间价值和特定风险因素后，将该资产的最低必要报酬率确定为 10%，并将其作为计算未来现金流量现值的折现率。

A 生产线 20×1 年年末账面价值 =3 000−1 240=1 760（万元）

根据未来现金流量及折现率，可编制资产预计未来现金流量现值计算表，如表 9-3 所示。

表9-3 资产预计未来现金流量现值计算表

| 年度 | 预计未来现金流量（万元） | 现值系数（折现率为10%） | 预计未来现金流量的现值（万元） |
|---|---|---|---|
| 20×2 | 450 | 0.9 091 | 409.10 |
| 20×3 | 460 | 0.8 264 | 380.14 |

续表

| 年度 | 预计未来现金流量（万元） | 现值系数（折现率为10%） | 预计未来现金流量的现值（万元） |
|---|---|---|---|
| 20×4 | 456 | 0.7 513 | 342.59 |
| 20×5 | 458 | 0.6 830 | 312.81 |
| 20×6 | 464 | 0.6 209 | 288.10 |
| 合计 | 2 288 | — | 1 732.74 |

根据表9-3的计算结果，可知A生产线预计未来现金流量现值约为1 732.74万元，高于A生产线公允价值减去处置费用的净额1 670万元，因此应使用两者金额较高者（1 732.74万元）作为可收回金额，与其账面价值1 760万元进行比较，账面价值高于可收回金额，因此应计提减值准备，差额27.26万元确认为当期资产减值损失，并计提相应的减值准备。

相应的账务处理为：

借：资产减值损失　　　　　　　　　　272 600

　贷：固定资产减值准备　　　　　　　　　272 600

## 9.6 固定资产的处置

固定资产的处置主要涉及固定资产的报废和毁损、出售、转让等，发生上述情况时，首先要对固定资产进行终止确认。固定资产终止确认应满足下列条件之一：①该固定资产处于处置状态。固定资产处置包括固定资产的出售、转让、报废或毁损、对外投资、非货币性资产交换、债务重组等。处于处置状态的固定资产不再用于生产商品、提供劳务、出租或经营管理，因此不再符合固定资产的定义，应予终止确认。②该固定资产预期通过使用或处置不能产生经济利益。固定资产的确认条件之一是“与该固定资产有关的经济利益很可能流入企业”，如果一项固定资产预期通过使用或处置不能产生经济利益，那么它就不再符合固定资产的定义和确认条件，应予终止确认。

### 9.6.1 固定资产处置的会计处理

企业出售、转让、报废固定资产或发生固定资产毁损，应当将处置收入扣除账面价值和相关税费后的金额计入当期损益。固定资产处置一般通过“固定资产清理”科目进行核算，固定资产清理账户是个中间核算账户，清理的固定资产的净值以及清理过程中发生的费用和出售固定资产发生的税金等都记入该账户的借方，清理过程中发生的固定资产的变价收入及应由保险公司或相关责任人承担的损失都记入该账户的贷方，清理完毕后，再将这一账户的余额结转到当期损益。具体而言，其会计处理一般经过以下几个步骤：

（1）固定资产转入清理。固定资产转入清理时，按固定资产账面价值，借记“固定资产清理”科目，按已计提的累计折旧，借记“累计折旧”科目，按已计提的减值准备金额，借记“固定资产减值准备”科目，按固定资产账面余额，贷记“固定资产”科目。

（2）发生的清理费用。固定资产处置过程中发生的有关费用及应支付的相关税费，借记“固定资产清理”科目，贷记“银行存款”等科目。

（3）出售收入和残料等的处理。企业收回出售固定资产的价款、残料价值和变价收入等，按实际收到的出售价款以及残料变价收入等，借记“银行存款”“原材料”等科目，贷记“固定资产清理”“应交税费——应交增值税（销项税额）”等科目。

（4）保险赔偿的处理。企业计算或收到的应由保险公司或过失人赔偿的损失，应冲减清理支出，借记“其他应收款”“银行存款”等科目，贷记“固定资产清理”科目。

（5）清理净损益的处理。固定资产清理完成后，结转“固定资产清理”科目的余额。如果是出售或进行非货币性资产交换等，其清理净损益记入“资产处置损益”科目；如果是固定资产的报废毁损，其清理净损失记入“营业外支出”科目。

【例 9-13】东方公司出售一项机器设备，原价 200 万元，已使用 6 年，计提折旧 60 万元，还计提了 10 万元的固定资产减值准备，支付清理费用 1 万元，出售收入为 180 万元，转让不动产的增值税税率为 9%，另有部分残料作价 1.5 万元，由仓库收作维修材料。

相关账务处理如下：

①固定资产转入清理

| | | |
|---|---|---|
| 借：固定资产清理 | 1 300 000 | |
| 　　累计折旧 | 600 000 | |
| 　　固定资产减值准备 | 100 000 | |
| 　贷：固定资产 | | 2 000 000 |

②支付清理费用

| | | |
|---|---|---|
| 借：固定资产清理 | 10 000 | |
| 　贷：银行存款 | | 10 000 |

③收到价款，材料入库

借：银行存款　　　　　　　　　　　　1 800 000

　　原材料　　　　　　　　　　　　　　15 000

　贷：固定资产清理　　　　　　　　　　　1 815 000

④计算交纳增值税

借：固定资产清理　　　　　　　　　　162 000

　贷：应交税金——应交增值税（销项税额）　　162 000

⑤结转固定资产清理净收益

借：固定资产清理　　　　　　　　　　343 000

　贷：资产处置损益　　　　　　　　　　　343 000

【例 9-14】东方公司有一项固定资产因意外发生毁损，该固定资产原价 100 万元，已计提折旧 40 万元，进行处置时支付清理费用 1 万元，收到保险公司赔偿 20 万元。

相关账务处理如下：

①固定资产转入清理

借：固定资产清理　　　　　　　　　　600 000

　　累计折旧　　　　　　　　　　　　400 000

　贷：固定资产　　　　　　　　　　　　1 000 000

②支付清理费用

借：固定资产清理　　　　　　　　　　10 000

　贷：银行存款　　　　　　　　　　　　　10 000

③收到保险公司赔偿

借：银行存款　　　　　　　　　　　　200 000

　贷：固定资产清理　　　　　　　　　　　200 000

④结转固定资产净损益

借：营业外支出　　　　　　　　　　　410 000

　贷：固定资产清理　　　　　　　　　　　410 000

固定资产还可能会出现提前报废和延后报废的情况。当企业已使用的固定资产在使用期满之前进行报废时，就会出现固定资产的已提折旧额小于应提折旧额的情况。这时仍然按照固定资产处置的步骤进行账务处理，未提足的累计折旧直接在固定资产清理损益中转出。固定资产的延后清理指固定资产在使用期满还可继续使用，在继续使用过程中因为已经提足折旧，所以不需要进行账务处理，待固定资产报废时再结转至“固定资产清理”并作相应处理。

### 9.6.2 固定资产盘亏的会计处理

为了保证固定资产的安全使用，企业对固定资产应当定期或者至少每年实地盘点一次。对盘盈、盘亏、毁损的固定资产，应当查明原因，写出书面报告，并根据企业的管理权限，经股东大会或董事会或经理会议或类似机构批准后，在期末结账前处理完毕。

盘盈的固定资产，前已述及。对于盘亏的固定资产，按盘亏固定资产的账面价值借记“待处理财产损益——待处理固定资产损益”科目，按已提的累计折旧，借记“累计折旧”科目，按已计提的减值准备金额，借记“固定资产减值准备”科目，按固定资产原价，贷记“固定资产”科目。按管理权限报经批准后处理时，按可收回的保险赔偿或过失人赔偿，借记“其他应收款”科目，按应计入营业外支出的金额，借记“营业外支出——盘亏损失”科目，贷记“待处理财产损益——待处理固定资产损益”科目。

**【本章小结】**

固定资产作为企业资产的重要组成部分，对有效的日常经营至关重要。固定资产由于其支出金额较大，受益期较长，其价值不能直接确认为当期的费用，而是需要采用一定的摊销方法分期摊销到不同的会计期间，这个价值摊销的过程即是固定资产的折旧。使用不同的固定资产折旧方法不会影响其应计折旧总额，但会影响每一期固定资产计提的折旧额。

在每个期末除了对固定资产计提折旧之外，还应对固定资产的账面价值进行检查，如果有证据表明固定资产已出现减值迹象，应对固定资产的可收回金额进行估计，可收回金额低于其账面价值的，应将固定资产的账面价值减记至可收回金额，计提固定资产减值准备。固定资产减值损失一经确认，在以后会计期间不得转回。

由于固定资产的使用期限较长，在长期的使用过程中还会发生后续的支出，对不同性质的后续支出或者进行资本化，或者费用化计入当期损益。在处置固定资产时，必须先终止该资产，一般通过“固定资产清理”这一中间账户进行，清理完毕再结转至营业外收入或营业外支出。

【学习目标小结】

1.了解固定资产的性质和分类

固定资产具有以下 3 个特点：①为生产商品、提供劳务、出租或经营管理而持有；②使用寿命超过一个会计年度；③有形资产。根据不同的标准，固定资产有不同分类。按所有权进行分类，可以分为自由固定资产和融资租入固定资产两种类型；固定资产按经济用途进行分类，可以分为生产经营用固定资产和非生产经营用固定资产；固定资产按使用情况进行分类，可以分为使用中、未使用和不需用的固定资产。

2.掌握固定资产取得的计价

通过不同方式取得的固定资产计价方法也有不同，固定资产取得的方式主要有：购入的固定资产、自行建造的固定资产、投资者投入的固定资产、融资租入的固定资产、改扩建的固定资产、债务人用以抵债的固定资产、以非货币性交易换入的固定资产、接受捐赠的固定资产、盘盈的固定资产、经批准无偿调入的固定资产等。但不管是哪一种方式，固定资产取得的计价都遵循一定的计量原则，主要包括：①固定资产应按其取得成本进行初始计量，取得成本即前述所说的历史成本。②预计弃置费用应折现计入固定资产入账价值。

3.掌握固定资产的折旧方法和会计处理

折旧方法就是将资产的净成本分配给资产各个使用期间的方法，目前常见的固定资产折旧方法有年限平均法、工作量法、双倍余额递减法和年数总和法。固定资产的折旧方法不会影响其应计折旧总额，但会影响每一期固定资产计提的折旧额。双倍余额递减法和年数总和法在固定资产使用早期就计提了大部分的应提折旧额，我们称为加速折旧法，考虑到税收的因素，加速折旧法在一定程度上会节约企业在固定资产使用初期的现金流，且可以均衡固定资产的使用成本，也更符合资产的服务效能与费用之间的配比关系。

根据不同的折旧方法确定每期应计提的折旧金额之后，对固定资产计提折旧，应根据固定资产的用途，借记“生产成本”“制造费用”“管理费用”“销售费用”“其他业务支出”等科目，贷记“累计折旧”科目。“累计折旧”账户是固定资产的备抵账户，在资产负债表中作为固定资产的减项进行列示。

### 4.掌握固定资产使用中的后续支出

与流动资产不同，固定资产在长期的使用过程中还会发生后续的支出。与固定资产有关的更新改造等后续支出，符合固定资产确认条件的，应当计入固定资产成本，同时将被替换部分的账面价值扣除。与固定资产有关的修理费用等后续支出，不符合固定资产确认条件的，应当计入当期损益。

### 5.掌握固定资产的处置和清查

固定资产在企业开始使用后，可能会由于各种原因退出企业，这时需要对固定资产进行处置。固定资产的处置需要一个过程，通过设置“固定资产清理”账户，可以更好地反映固定资产处置过程中发生的各项收支，最后再将这一账户的余额结转，体现为当期的营业外收入或营业外支出。

固定资产的清查，是指企业对固定资产应当定期或者至少每年实地盘点一次。对盘盈、盘亏、毁损的固定资产，应当查明原因，写出书面报告，并根据企业的管理权限，经股东大会或董事会或经理会议或类似机构批准后，在期末结账前处理完毕。

### 【关键术语】

固定资产（fixed assets），是指同时具有下列特征的有形资产：①为生产商品、提供劳务、出租或经营管理而持有；②使用寿命超过一个会计年度。

历史成本（history cost），又称原始成本或原始价值，是指企业取得某项固定资产所实际支付的现金或者其他等价物，包括买价、进口关税、包装费、运杂费和安装费等相关费用，以及为使它达到预定可使用状态所必要的支出。

净值（net value），又称折余价值，是指固定资产原值减去累计折旧（及减值准备）后的余额，反映的是固定资产的现存账面价值。

重置价值（replacement value），又称重置成本、现行成本，是指按照当前市场条件，重新取得同样一项资产所需支付的现金或现金等价物金额。

现值（present value），是指对未来现金流量以恰当的折现率进行折现后的价值。

弃置费用（retirement obligation），是指根据国家法律和行政法规、国际公约等规定，企业承担的环境保护和生态恢复等义务所确定的将要在资产弃置时发生的支出。

折旧（depreciation），是指在固定资产预计使用寿命内，按照确定的方法对应计折旧额进行系统分摊的过程。

年限平均法（straight-line method），又称直线法，是将固定资产的应计折旧额均衡地分摊到固定资产预计使用寿命内的一种方法。

工作量法（units-of-production method），是根据实际工作量计提固定资产折旧额的一种方法。

加速折旧法（accelerated depreciation method），是指固定资产在使用年限内所计提的折旧额呈递减趋势的折旧方法。

双倍余额递减法（double declining-balance depreciation method），是在不考虑固定资产预计净残值的情况下，根据每年年初固定资产净值和双倍的直线法折旧率计算固定资产折旧额的一种方法。

年数总和法（sum-of-the-years-digits method），又称合计年限法，是将固定资产的原价减去预计净残值后的余额，乘以一个以固定资产尚可使用寿命为分子，以预计使用寿命逐年数字之和为分母的逐年递减的分数计算每年的折旧额。

## 练习题

**【简答题】**

1. 固定资产具有哪些特征？
2. 固定资产有哪些分类？
3. 固定资产的计价标准有哪些？其含义是什么？
4. 我国对固定资产折旧的范围是如何规定的？
5. 加速折旧法有哪些特点？

**【业务题】**

### 习题一

**1. 目的**

练习取得固定资产的会计处理。

**2. 资料**

友爱公司从海外购入一台不需要安装的生产用设备，价款为35 000元，支付的增值税为5 950元，运杂费1 820元，包装费680元，同时进口支付关税3 500元，款项均以银行存款支付。

3. 要求

不考虑其他因素，编制相关会计分录。

## 习题二

1. 目的

练习取得固定资产的会计处理。

2. 资料

20×1 年 10 月，企业购入一台需要安装的生产用机器设备，取得的增值税专用发票上注明的设备买价为 500 000 元，增值税额为 65 000 元，支付的运输费为 2 500 元，增值税额为 225 元，款项已通过银行支付；安装设备时，领用本企业原材料一批，价值 3 万元，购进该批原材料时支付的增值税进项税额为 3 900 元；支付安装工人的工资为 4 900 元。假定不考虑其他相关税费。

3. 要求

根据上述材料，编制该企业取得该固定资产的会计分录。

## 习题三

1. 目的

练习取得与处置固定资产的会计处理。

2. 资料

A 公司是一家化工企业，有关经济业务资料如下：

（1）2×19 年 12 月自行建成一条生产线，形成不动产，建造过程中购置的设备不含税价款为 4 200 000 元，取得的增值税专用发票上税率为 13%，以银行存款支付；建造过程中发生 60 000 元的安装工人薪酬；2×19 年年底达到预计可使用状态，采用年限平均法计提折旧；不考虑预计净残值，预计使用年限为 6 年。2×20 年 12 月 31 日，该生产线的公允价值为 3 572 000 元，预计处置费用为 100 000 元，预计未来现金流量的现值为 3 500 000 元。

（2）2×21 年 12 月 31 日，因该生产线不能满足新一代产品的生产，公司决定对其生产线进行改扩建。此时将该生产线的账面价值转入在建工程。2×21 年 12 月 31 日至 2×22 年 4 月 30 日，完成了对该生产线的改扩建工程，并更换了该生产线的某一主要部件，增值税专用发票所列新部件的购置价款为 1 560 000 元，增值税额为 202 800 元，已用银行存款支付，被更换的部件原价为 852 000 元，磨损严重丧失使用功能，无残值。在改扩建期间还用银行存款支付了安装费 200 000 元（取得普通发票，不考虑增值税），假定 2×22 年 4 月 30 日该生产线改扩建工程完成后即达到预定可使用状态，其生产能力大幅提高，预计尚可使用年限为 7 年零 8 个月，改扩建后其生产线的折旧方法不变，同样不考虑净残值。

（3）2×23 年 12 月 1 日，因产品停产而处置该生产线，假定该生产线在改扩建后未发生资产减值，支付清理费用 60 000 元（取得普通发票，不考虑增值税），收到处置收入款 2 500 000 元，无残料。出售设备按相关要求涉及增值税，增值税税率为 13%。

**3. 要求**

假定不考虑其他相关税费，该公司年末时一次性计提固定资产折旧。

（1）根据资料（1），编制 2×19 年 12 月支付工程款、发生安装工人薪酬、结转固定资产入账成本及 2×20 年 12 月计提生产线折旧的会计分录；

（2）根据资料（1），确定 2×20 年该生产线的预计可收回金额，并判断其是否发生减值；

（3）根据资料（2），编制 2×21 年 12 月将生产线转入在建工程及改扩建工程及达到预定可使用状态的会计分录；

（4）根据资料（3），编制出售固定资产的相关会计分录。

## 习题四

**1. 目的**

练习固定资产改扩建及折旧的会计处理。

**2. 资料**

B 公司于 20×1 年 7 月 1 日，开始对一生产用厂房进行改扩建，相关资料如下：

（1）改扩建前该厂房的原价为 3 200 万元，已提折旧 500 万元，已提减值准备 200 万元。在改扩建过程中领用工程物资 500 万元，领用生产用原材料 300 万元，发生改扩建人员薪酬 80 万元，用银行存款支付其他费用 20 万元。

（2）该厂房于20×1年12月20日达到预定可使用状态。该企业对改扩建后的厂房采用双倍余额递减法计提折旧，预计尚可使用年限为20年，预计净残值为100万元。

3. 要求

假设不考虑相关税费

（1）编制20×1年7月1日的会计分录；

（2）计算改扩建后该厂房的入账价值并编制20×2年该厂房计提折旧的会计分录。

## 习题五

1. 目的

练习固定资产清理的会计处理。

2. 资料

C公司拥有一台生产用的设备，因使用期满经批准报废后转入清理。该设备原始价值为330 000元，累计折旧金额为299 000元，已计提减值准备的金额为13 000元。在清理过程中，以银行存款支付清理费用11 000元，残料变卖收入为7 500元。该项资产清理完毕，结转清理净损益。

3. 要求

根据上述资料，编制相关会计分录。

【案例分析题】

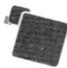

2014年9月19日，神州租车在港交所上市，这家成立于2007年9月的公司仅用了7年时间就成功登陆资本市场，并成为中国市场上最大的租车公司。截至2014年二季度末，神州租车拥有规模达到5.25万辆的庞大车队，超过后面九大租赁公司规模总和，是第二名的4倍以上，是一个特别典型的重资产公司。根据其招股说明书，截至2014年6月，神州租车的固定资产中仅车辆一类的账面净值就达到40亿元，约占总资产的75%。重资产固然给神州租车带来了远远领先于竞争对手的服务，比如异地还车、全国救援支持等，帮助其占领市场份额，但其固定资产的折旧负担也非常沉重。2014年上半年，神州租车的车辆折旧达3.4亿元，占营业收入的25%。且神州租车购置的新车运营寿命仅为30个月，固定资产的折旧期间比一般的机器设备要短许多，为保持日常

经营的正常运转及未来的规模扩张需要不断投入资金以更新车辆。同时，这些车辆在使用过程中，相应的保养、维修等后续支出也非常可观。

请查阅神州租车有限公司 2020 年固定资产折旧相关政策，并与同行业企业同期折旧政策进行比较。

资料来源：神州租车有限公司招股说明书及财务报表

# 第10章　无形资产与其他资产

**【学习目标】**

1. 了解无形资产的特征和分类。
2. 掌握不同方式无形资产取得的会计处理。
3. 掌握无形资产摊销、处置的会计处理。
4. 了解其他长期资产的核算。

**【引导案例】**

无形资产作为不具有实物形态的可辨认非货币性资产，通常与企业的研究开发活动息息相关，在许多高科技企业中是一类重要的资产组成部分。

格力电器2019年期末的无形资产金额达53亿元，主要包括土地使用权、专利技术两大类。通过外购本期增加了约9.54亿元的无形资产，通过企业合并增加了约1.40亿元的无形资产；同时本期已经使用完毕的配额许可权利核销约2.35亿元的无形资产；由于期末配额许可权利市场价格变动，在期末还计提了约7.75亿元的无形资产减值准备。与固定资产计提折旧类似，对使用寿命有限的无形资产，企业按照经济利益的预期实现方式摊销，无法可靠确定预期实现方式的，采用直线法摊销；对于使用寿命不确定的无形资产不摊销，但每年均对该无形资产的使用寿命进行复核，并进行减值测试。

资料来源：珠海格力电器股份有限公司2019年年度报告

企业对于不具实物形态、可辨认、非货币性、不确定经济利益流入的资产，应当如何对其进行初始确认和计量？后续的支出、处置如何核算？这些都是本章所要回答的问题。

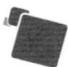

# 10.1 无形资产性质与分类

## 10.1.1 无形资产性质

无形资产，是指企业拥有或者控制的没有实物形态的、可辨认的非货币性资产。

无形资产具有以下特征。

（1）由企业拥有或者控制并能为其带来未来经济利益的资源

预计能为企业带来未来经济利益，是作为一项资产的本质特征，无形资产也不例外。通常情况下，企业拥有或者控制的无形资产应当拥有其所有权并且能够为企业带来未来经济利益。但在某些情况下并不需要企业拥有其所有权。如果企业有权获得某项无形资产产生的经济利益，同时又能约束其他人获得这些经济利益，则说明企业控制了该无形资产。或者说控制了该无形资产产生的经济利益，具体表现为企业拥有该无形资产的法定所有权，或者使用权并受法律的保护。比如，企业自行研制的技术通过申请依法取得专利权后，在一定期限内拥有了该专利技术的法定所有权；又比如企业与其他企业签订合约转让商标权，由于合约的签订，使商标使用权转让方的相关权利受到法律的保护。

（2）无形资产不具有实物形态

无形资产通常表现为某种权利、某项技术或是某种获取超额利润的综合能力，它们不具有实物形态，看不见，摸不着。比如土地使用权、非专利技术等。无形资产为企业带来经济利益的方式与固定资产不同，固定资产是通过实物价值的磨损和转移来为企业带来未来经济利益，而无形资产很大程度上是通过自身所具有的技术等优势为企业带来未来经济利益，不具有实物形态是无形资产区别于其他资产的特征之一。

需要指出的是，某些无形资产的存在有赖于实物载体。比如，计算机软件需要存储在磁盘中。但这并不改变无形资产本身不具有实物形态的特性。在确定一项包含无形和有形要素的资产是属于固定资产，还是属于无形资产时。需要通过判断来加以确定。通常以哪个要素更重要作为判断的依据。例如，计算机控制的机械工具没有特定计算机软件就不能运行时，则说明该软件是构成相关硬件不可缺少的组成部分，该软件应作为固定资产处理；如果计算机软件不是相关硬件不可缺少的组成部分，则该软件应作为无形资产核算。无论是否存在实物载体，只要将一项资产归类为无形资产，则不具有实物形态仍然是无形资产的特征之一。

（3）无形资产具有可辨认性

要作为无形资产进行核算，该资产必须是能够区别于其他资产可单独辨认的，如企业持有的专利权、非专利技术、商标权、土地使用权、特许权等。从可辨认性角度考虑，商誉是与企业整体价值联系在一起的，无形资产的定义要求无形资产是可辨认的，以便与商誉清楚地区分开来。企业合并中取得的商誉代表了购买方为从不能单独辨认并独立确认的资产中获得预期未来经济利益而付出的代价。这些未来经济利益可能产生于取得的可辨认资产之间的协同作用，也可能产生于购买者在企业合并中准备支付的、但不符合在财务报表上确认条件的资产。从计量上来讲，商誉是企业合并成本大于合并中取得的各项可辨认资产、负债公允价值份额的差额，代表的是企业未来现金流量大于每一单项资产产生未来现金流量的合计金额。其存在无法与企业自身区分开来，由于不具有可辨认性。虽然商誉也是没有实物形态的非货币性资产，但不构成无形资产。符合以下条件之一的，则认为其具有可辨认性：①能够从企业中分离或者划分出来，并能单独用于出售或转让等。而不需要同时处置在同一获利活动中的其他资产，则说明无形资产可以辨认。某些情况下无形资产可能需要与有关的合同一起用于出售、转让等，这种情况下也视为可辨认无形资产。②产生于合同性权利或其他法定权利，无论这些权利是否可以从企业或其他权利和义务中转移或者分离。如一方通过与另一方签订特许权合同而获得的特许使用权，通过法律程序申请获得的商标权、专利权等。

（4）无形资产属于非货币性资产

非货币性资产，是指企业持有的货币资金和将以固定或可确定的金额收取的资产以外的其他资产。无形资产由于没有发达的交易市场，一般不容易转化成现金，在持有过程中为企业带来未来经济利益的情况不确定，不属于以固定或可确定的金额收取的资产属于非货币性资产。货币性资产主要有现金、银行存款、应收账款、应收票据和短期有价证券等。它们的共同特点是直接表现为固定的货币数额，或在将来收到一定货币数额的权利。应收款项等资产也没有实物形态，其与无形资产的区别在于无形资产属于非货币性资产，而应收款项等资产则不属于非货币性资产。另外，虽然固定资产也属于非货币性资产，但其为企业带来经济利益的方式与无形资产不同，固定资产是通过实物价值的磨损和转移来为企业带来未来经济利益，而无形资产很大程度上是通过某些权利、技术等优势来为企业带来未来经济利益的。

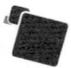

### 10.1.2 无形资产种类

无形资产可以采用多种方法来分类，通常按取得方式、经济寿命期限以及经济内容进行分类。

#### 10.1.2.1 按取得方式的不同分类

按取得方式的不同，可以将无形资产分为外部取得无形资产和内部自创无形资产两大类。其中，外部取得无形资产又可以细分为外购无形资产、通过非货币性交易换入无形资产、投资者投入无形资产、通过债务重组取得无形资产、接受捐赠取得无形资产等；内部自创无形资产指企业自行研究与开发取得的无形资产。从会计的角度，企业自行研究、开发的无形资产在核算上与外购的无形资产有较大的区别，因为前者通常存在更大的不确定性，会计处理也应遵循更为审慎的原则。不同取得方式下形成的无形资产，其在初始计量方面的要求也会有所不同。

#### 10.1.2.2 按经济寿命期限分类

按照经济寿命期限分类，无形资产分为使用寿命有限的无形资产和使用寿命不确定的无形资产。前者是指有关法律法规中规定了最长有效期限或通过其他方式能够合理预计其有效期限的无形资产，如专利权、著作权、特许权等，对这些无形资产法律法规都会规定其有效的使用期限，并予以合法的保护。后者是指没有法律法规规定其最长有效期限或通过其他方式不能够合理预计其有效期限的无形资产，如非专利技术等，这类无形资产通常没有相应的法规规定其有效使用期限，有时也难以通过其他方式合理估计其使用寿命。从会计的角度，使用寿命有限的无形资产和使用寿命不确定的无形资产在核算上也存在较大区别，前者可以在有限的使用寿命内进行摊销，后者则无法按期摊销。

#### 10.1.2.3 按经济内容分类

（1）专利权

专利权是指国家专利主管机关依法授予发明创造专利申请人，对其发明创造在法定期限内所享有的制造、使用和出售等方面的专有权利。它给予其持有者独家使用或控制某项发明的特殊权利，但它并不一定能给持有者带来经济利益，有的专利可能经济价值很小，有的专利可能会被更有经济价值的其他专利所淘汰。因此，企业不应将其所拥有的一切专利权都确认为无形资产。通常，只有那些从外单位购入、投资者投入或企业自行开发并按法律程序申请取得的，并且能够为企业带来较大经济利益的专利，才确认为无形资产。这类专利往往能通过降低成本、提高质量或被转让给他人而使企业获利。

（2）非专利技术

非专利技术是指不为公众所知、在生产经营中已采用了的、未申请专利从而不享有法律保护的、但可以带来经济效益的各种技术知识和经验。它包括工业专有技术、商业专有技术和管理专有技术。在生产经营过程中，非专利技术表现出经济性、机密性和动态性等特征。一方面，通过使用非专利技术，能够提高企业的生产效率和经营能力，从而给企业带来较高的经济利益，正因为如此，企业往往不愿意公开其掌握的非专利技术，因为一旦被公开，它就失去了经济价值；另一方面，非专利技术是企业或技术人员经过长期的经验积累而形成的，还需随着科技的进步而不断发展。与专利权相比，非专利技术不受法律保护，也没有法律规定的期限，只要能够保密，企业就可以长期享有其利益。

（3）商标权

商标权是指专门在某类指定的商品或产品上使用特定的名称或图案的权利。商标经过注册登记，就获得了法律保障。经商标局核准注册的商标为注册商标，商标权的一个重要特点是具有排他性，它给予其持有人在商标注册的范围内享有独家使用权和排斥甚至禁止他人对其独占使用权进行侵犯的权利。很多时候，名牌商标能为企业带来未来的超额经济利润，其经济价值甚至可能超过企业的有形资产。

（4）著作权

著作权又称版权，是指作者对其创作的文学、科学和艺术作品依法享有的某些特殊权利。著作权包括作品署名权、发表权、修改权和保护作品完整权，还包括复制权、发行权、出租权、展览权、表演权、放映权、广播权、信息网络传播权、摄制权、改编权、翻译权、汇编权以及应当由著作权人享有的其他权利。著作权属于作者，受法律保护。

（5）特许权

特许权也称为专营权，是指企业间签订合同，将企业在某一地区经营或销售某种特定商品的权利或是一家企业接受另一家企业使用其商标、商号、技术秘密等的权利，如设立连锁商店。

（6）土地使用权

土地使用权是指国家准许某一企业在一定期间内对国有土地享有开发、利用、经营的权利。根据我国土地管理法的规定，我国土地实行公有制，任何单位和个人不得侵占、买卖或者以其他形式非法转让。企业可以通过行政划拨、外购（如以缴纳土地出让金方式取得）以及投资者投入等几种方式取得土地使用权。通常情况下，作为投资性房地产或者作为固定资产核算的土地使用权，应该按照投资性房地产或者固定资产核算；外购的土地使用权、投资者投入的土地使用权，应该作为无形资产核算。

## 10.2 无形资产的会计处理

对无形资产进行会计处理首先要对其进行确认，无形资产确认是指将符合无形资产确认条件的项目，作为企业的无形资产加以记录并将其列入企业资产负债表的过程。无形资产在满足以下两个条件时，企业才能加以确认。

（1）该资产产生的经济利益很可能流入企业

作为企业无形资产予以确认的项目，必须具备产生的经济利益很可能流入企业这项基本条件。实务中，要确定无形资产创造的经济利益是否很可能流入企业，需要实施职业判断。在实施这种判断时，需要考虑相关的因素。比如，企业是否有足够的人力资源、高素质的管理队伍、相关的硬件设备、相关的原材料等来配合无形资产为企业创造经济利益。当然，最为重要的是应关注外界因素的影响，比如，是否存在相关的新技术、新产品冲击与无形资产相关的技术或据其生产的产品的市场等。总之，在实施判断时，企业的管理部门应对无形资产在预计使用年限内存在的各种因素作出最稳健的估计。

（2）成本能够可靠地计量

成本能够可靠地计量是资产确认的一项基本条件。对于无形资产来说，这个条件显得十分重要。比如，企业自创商誉符合无形资产的定义，但自创商誉过程中发生的支出却难以计量，因而不能作为企业的无形资产予以确认。又比如，一些高新科技企业的科技人才，假定其与企业签订了服务合同，且合同规定其在一定期限内不能为其他企业提供服务。在这种情况下，虽然这些科技人才的知识在规定的期限内预期能够为企业创造经济利益，但由于这些技术人才的知识难以辨认，加之为形成这些知识所发生的支出难以计量，从而不能作为企业的无形资产加以确认。

### 10.2.1 无形资产的取得

在对无形资产进行确认之后，应首先确定无形资产取得时的入账成本。企业无形资产取得的方式不同，其入账成本也大不相同。其中，非货币性资产交换和债务重组取得的无形资产，其初始计量分别遵循《企业会计准则第 7 号——非货币性资产交换》和《企业会计准则第 12 号——债务重组》的相关规定。以下主要介绍外购、自创开发和投资者投入方式取得无形资产的核算。

#### 10.2.1.1 外购无形资产

购入的无形资产，其成本应包括购买价款、相关税费以及直接归属于使该项资产达到预定用途所发生的其他支出。其中，直接归属于使该项资产达到预定用途所发生的其他支出包括使无形资产达到预定用途所发生的专业服务费用、测试无形资产是否能够正常发挥作用的费用等。但下列各项不包括在无形资产的初始成本中：①为引入新产品进行宣传发生的广告费、管理费用及其他间接费用；②无形资产已经达到预定用途以后发生的费用。

在企业外购无形资产的过程中，如果购买的价款超过正常信用条件延期支付，实质上具有融资性质的，无形资产的初始成本应以购买价款的现值为基础确定。此时，应按未来应付款项的现值，借记“无形资产”科目；按未来应付的款项总额贷记“长期应付款”科目；按两者之间的差额，借记“未确认融资费用”科目。

对于外购的土地使用权，通常应当按照取得时所支付的价款及相关税费确认为无形资产。土地使用权用于自行开发建造厂房等地上建筑物时，土地使得权的账面价值不得与地面上建筑物合并计算其成本，而仍作为无形资产进行核算。但是，如果房地产开发企业取得的土地使用权用于建造对外出售的商品房，其相关的土地使用权的价值应当计入所建造的房屋和建筑物的成本，即作为存货进行核算。

企业外购房屋建筑物所支付的价款中包括土地使用权以及建筑物价值的，则应当对实际支付的价款按合理的方法在土地使用权和地上建筑物之间进行分配，并分别确认为无形资产和固定资产；如果确实无法合理分配的，应当全部作为固定资产，按照固定资产确认和计量的原则进行处理。

企业改变土地使用权的用途，停止自用土地使用权而用于赚取租金或资本增值时，应将其账面价值转为投资性房地产。

另外，对于“一揽子”购入的无形资产，其成本通常应按该无形资产和其他资产的公允价值相对比例确定。但要注意，采用公允价值相对比例来确定与其他资产一同购入的无形资产的成本，须以该无形资产的相对价值是否较大为前提。如果相对价值较小，则无须单独核算，可以计入其他资产的成本，视为其他资产的组成部分核算；反之，则需要单独核算。比如，只是作为计算机必不可少的附件随机购入的、金额相对较小的软件，就不必单独核算；但如果是连同一组计算机购入、金额也相对较大（甚至占主要部分）的管理系统软件，则应单独核算。

【例 10-1】20×1 年 1 月，东方公司从 B 公司购买了一项专利技术，实际支付款项 60 万元，为购买上述专利技术，东方公司还支付了相关的评估、咨询等费用共计 1 万元。

相关的账务处理如下：

| | | |
|---|---|---|
| 借：无形资产 | 610 000 | |
| 　贷：银行存款 | | 610 000 |

### 10.2.1.2　投资者投入无形资产

我国会计准则规定，投资者投入的无形资产，应当按照投资合同或协议约定的价值确定，但合同或协议约定价值不公允的除外。企业收到所有者投入无形资产时，按无形资产的公允价值，借记“无形资产”科目；按投资方在企业注册资本中所占份额，贷记“实收资本”或“股本”科目；按两者之间的差额贷记或借记“资本公积”科目。

### 10.2.1.3　自创开发无形资产

（1）确认和计量的总体要求

基于对未来经济利益不确定性和成本能否可靠计量等因素的考虑，通常情况下，企业自创商誉以及企业内部产生的品牌、报刊名等都不确认为无形资产。但是，对于企业内部研发的专利权、非专利技术等，如果其符合无形资产定义并满足无形资产的确认条件，就应当考虑将其确认为一项无形资产。不过，鉴于研究开发费用的特殊性，在将其确认为无形资产时，还应满足一些特定的条件。在我国现行会计实务中，企业应将研发过程分为研究阶段和开发阶段两个部分。对于研究阶段发生的支出，全部作费用化处理，计入当期损益；对于开发阶段发生的支出，在符合一定条件的情况下，确认为无形资产，否则也作费用化处理。无法区分研究阶段和开发阶段的支出，应当在发生时作为管理费用，全部计入当期损益。

（2）研究阶段与开发阶段的区分

①研究阶段。研究阶段，是指为获取新的技术和知识等进行的有计划的调查阶段，其主要特点是不确定性、计划性和探索性。

不确定性是指研究是否能在未来形成成果，即通过开发后是否会形成无形资产具有很大的不确定性，企业在研究阶段也无法证明其能够带来未来经济利益的无形资产的存在。计划性是指研究阶段是建立在有计划的调查基础上，即研发项目已经董事会或者相关管理层的批准，并着手收集相关资料，进行市场调查等。探索性是指研究阶段基本上是探索性的，主要为进一步的开发活动进行资料及相关方面的准备，在这一阶段通常不会形成阶段性成果。

研究活动具体包括意在获取新的知识而进行的活动，各类知识或成果的应用研究、评价和最终选择活动，材料、工艺、产品等替代品的研究活动，等等。

②开发阶段。开发阶段，是指在进行商业性生产或使用前，将研究成果或其他知识应用于某项计划或设计，以生产出新的或具实质性改进的材料、装置、产品等的阶段，其主要特点是较大的研究性和针对性。

确定性是指进入开发阶段的项目形成最终成果的可能性较大，通常是具备了形成一项新产品或新技术的基本条件。针对性是指开发阶段是建立在研究阶段基础上的，具有明确的意图并针对具体的目标、产品、工艺等。

开发活动具体包括生产前或使用前的原型和模型的设计、建造和测试，包含新技术的工具、模具的设计；新的或经改造的材料、工艺、产品等的替代品的设计、建造和测试等。

（3）开发阶段相关支出资本化的条件

对于开发阶段发生的支出，在同时满足以下条件时，应将其资本化，计入无形资产的成本：①完成该无形资产以使其能够使用或出售在技术上具有可行性；②具有完成该无形资产并使用或出售的意图；③无形资产产生经济利益的方式，包括能够证明运用该无形资产生产的产品存在市场或无形资产自身存在市场，无形资产将在内部使用的，应当证明其有用性；④有足够的技术、财务和其他资源支持，以完成该无形资产的开发，并有能力使用或出售该无形资产；⑤归属于该无形资产开发阶段的支出能够可靠地计量。

（4）自行开发无形资产成本的计量和处理

企业自创开发无形资产的成本，应由可直接归属于该资产的创造、生产并使该资产达到预定可使用状态的所有必要支出组成。可直接归属成本包括：开发该无形资产时耗费的材料、劳务成本、注册费，在开发该无形资产过程中使用的其他专利权和特许权的摊销，以及按照借款费用的处理原则可资本化的利息支出。在开发无形资产过程中发生的除上述可直接归属于无形资产开发活动的其他销售费用、管理费用等间接费用、无形资产达到预定用途前发生的可辨认的无效和初始运作损失、为运行该无形资产发生的培训支出等不构成无形资产的开发成本。

值得说明的是，内部开发无形资产的成本仅包括在满足资本化条件的时点至无形资产达到预定用途前发生的支出总和，对于同一项无形资产在开发过程中达到资本化条件之前已经费用化计入当期损益的支出不再进行调整。

企业自创开发无形资产发生的研发支出，满足资本化条件的，借记“研发支出——资本化支出”科目，贷记“原材料”“银行存款”“应付职工薪酬”等科目；研究开发项目达到预定用途形成无形资产的，应按“研发支出——资本化支出”科目的余额，借记“无形资产”科目，贷记“研发支出——资本化支出”科目。对于不符合资本化条件的研发支出，借记“研发支出——费用化支出”科目，贷记“原材料”“银行存款”“应付职工薪酬”等科目；会计期末，借记“管理费用”科目，贷记“研发支出——费用化支出”科目。

【例10-2】20×1年6月，东方公司经董事会批准自行研发某项专利技术，该公司在研究开发过程中发生材料费用150万元、人工费用40万元，负担另外一项非专利技术的摊销费用10万元，并用银行存款支付注册费等相关费用24万元，总计224万元，其中符合资本化条件的支出为160万元。20×1年12月20日，该项专利技术达到预定用途并注册成功。

不考虑相关税费，账务处理如下：

①发生研发支出

| | | |
|---|---|---|
| 借：研发支出——费用化支出 | 640 000 | |
| 　　　　　——资本化支出 | 1 600 000 | |
| 　贷：原材料 | | 1 500 000 |
| 　　　应付职工薪酬 | | 400 000 |
| 　　　累计摊销 | | 100 000 |
| 　　　银行存款 | | 240 000 |

② 20×1年12月20日

| | | |
|---|---|---|
| 借：管理费用 | 640 000 | |
| 　　无形资产 | 1 600 000 | |

贷：研发支出——费用化支出　　640 000
　　　　　　——资本化支出　　1 600 000

对于“一揽子”购入的无形资产，其成本通常应按该无形资产和其他资产的公允价值相对比例确定。但要注意，采用公允价值相对比例来确定与其他资产一同购入的无形资产的成本，须以该无形资产的相对价值是否较大为前提。如果相对价值较小，则无须单独核算，可以计入其他资产的成本，视为其他资产的组成部分核算；反之，则需要单独核算。比如，只是作为计算机必不可少的附件随机购入的、金额相对较小的软件，就不必单独核算；但如果是连同一组计算机购入、金额也相对较大（甚至占主要部分）的管理系统软件，则应单独核算。

最后，需要注意的是，无形资产入账后，为确保该无形资产能够给企业带来预定的经济利益，可能还会发生一些后续支出，比如相关的宣传活动支出等。由于这些支出仅是为了确保已确认的无形资产能够为企业带来预定的经济利益，因而应在发生当期确认为费用，而不增加无形资产的账面价值。

### 10.2.2　无形资产的摊销

无形资产与固定资产一样，其价值随生产经营等活动而逐渐减少以至消失，因此也应当遵循配比原则在无形资产的有效使用年限内体现价值的损耗过程。使用寿命确定的无形资产，应在其预计的使用寿命内采用系统合理的方法对其应摊销金额进行摊销，即无形资产摊销。无形资产摊销主要涉及无形资产成本、摊销开始月份、摊销方法、摊销年限、残值等因素。要确定无形资产在使用过程中的累计摊销额，基础是估计其使用寿命。使用寿命有限的无形资产才需要在估计使用寿命内采用系统合理的方法进行摊销，对于使用寿命不确定的无形资产则不需要摊销。

#### 10.2.2.1　无形资产成本

用于摊销的无形资产成本即为无形资产入账价值。通常情况下，无形资产的残值应假定为零。但是，如果有第三方承诺在无形资产使用寿命结束时购买该无形资产，那么应将其承诺的付款额作为预计的残值。如果无形资产计提了减值准备，那么其随后期间的应摊销额还应扣除已计提的减值准备。

#### 10.2.2.2 无形资产的摊销期限

通常情况下，无形资产成本应在其预计使用年限内摊销。在确定无形资产的预计使用年限时，企业应注意考虑多种因素。比如，企业对该无形资产的预期使用情况、根据该无形资产生产的产品的寿命周期、相关技术和工艺的发展情况、与该无形资产相配套的其他资产的预计使用年限等。

某些无形资产的取得源自合同性权利或其他法定权利，其使用寿命不应超过合同性权利或其他法定权利的期限。但如果企业使用资产的预期期限短于合同性权利或其他法定权利规定的期限的，应当按照企业预期使用的期限确定其使用寿命。例如，企业取得一项专利技术，法律保护期间为 20 年，企业预计运用该专利生产的产品在未来 10 年内会为企业带来经济利益，同时第三方向企业承诺在 5 年以其取得之日公允价值的 60% 购买该专利权，从企业管理层目前的持有计划来看，准备在 5 年内将其出售给第三方。因此，该项专利权的实际寿命是 5 年，应以 5 年作为该无形资产的摊销期限。

但是，当预计使用年限超过了相关合同规定的受益年限或法律规定的有效年限时，我国会计准则要求按如下顺序确定摊销年限：①法律法规有规定期限的，通常应以法律法规规定的期限为基础，将其认定为使用寿命有限的无形资产。例如，发明专利权的期限为 20 年，实用新型专利权和外观设计专利权的期限为 10 年，自申请日起计算；注册商标的有效期为 10 年，自核准注册之日起计算；等等。②无法律法规规定的，看相关合同是否有规定年限，如果企业签订的具有法律效力的合同有规定期限的，应据此将其认定为使用寿命有限的无形资产。如企业签订了一项特许权受让合同，合同规定对该特许权的使用期限为 5 年，则这项特许权就是使用寿命有限的无形资产。

由于无形资产的使用寿命依赖于会计人员的分析和判断，因此，企业至少应当于每年年度终了，对使用寿命有限的无形资产的使用寿命进行复核。无形资产摊销年限一经确定，不能随意变更。因为客观经济环境改变确实需要变更摊销年限的，应将变更作为会计估计变更处理，并在未来期间改变其摊销期限；否则，应视作滥用会计估计变更，按重大会计差错处理。

#### 10.2.2.3 无形资产的摊销方法

理论上讲，无形资产的摊销方法应反映企业消耗无形资产内含经济利益的方式；或者说，应反映无形资产为企业带来经济利益的方式，并一致地运用于不同会计期间。因而无形资产的摊销方法可以有多种，比如，直接法、产量法（比如对公路经营权采用车流量法）、加速折旧法等。我国会计准则规定，无形资产的成本应自取得当月起在预计使用年限内分期摊销。受技术陈旧因素影响较大的专利权和专有技术等无形资产，可采用类似固定资产加速折旧的方法进行摊销；有特定产量限制的特许经营权或专利权，应采用产量法进行摊销；无法可靠确定其预期实现方式的，应当采用直线法进行摊销。

某项无形资产包含的经济利益通过所生产的产品或其他资产实现的，其摊销金额应当计入相关资产的成本。即按无形资产的使用对象，将其每期摊销额计入“管理费用”“制造费用”等账户，并设置“累计摊销”账户，对无形资产的账面价值进行抵减。

【例 10-3】承【例 10-1】。该项专利权法律规定的有效年限为 20 年，合同规定的受益年限为 15 年，企业预计运用该专利技术生产的产品在未来 10 年内会为企业带来经济利益。该企业采用年限平均法对无形资产按年摊销，预计净残值为 0。

根据以上资料，应按 10 年对该专利权进行摊销，年摊销额为 610 000/10=61 000（元）

相关账务处理如下：

借：制造费用　　61 000

　贷：累计摊销　　61 000

#### 10.2.2.4　无形资产的减值

在每个会计期末对无形资产进行摊销后，还应对其进行减值测试。如果出现减值迹象，应对无形资产的可收回金额进行估计。可收回金额应根据无形资产的公允价值减去处置费用后的净额与无形资产预计未来现金流量的现值两者之间较高者确定。若无形资产的可收回金额低于其账面价值的，应当将无形资产的账面价值减记至可收回金额，借记“资产减值损失”科目，贷记“无形资产减值准备”科目。

无形资产减值损失确认后，减值无形资产的摊销费用应当在未来期间做相应调整，以使该无形资产在剩余使用寿命内，系统地分摊调整后的无形资产账面价值。与固定资产一样，无形资产减值损失一经确认，在以后会计期间不得转回。

### 10.2.3　无形资产的处置

无形资产的处置，主要是指无形资产出售、对外出租，或是无法为企业带来经济利益时，应予转销并终止确认等。

### 10.2.3.1 无形资产出售

无形资产出售是指企业转让无形资产的所有权，无形资产的所有权是指企业在法律规定的范围内对无形资产所享有的占有、使用、收益和处置等权利。我国会计准则规定，企业出售无形资产时，应将所得价款与该无形资产的账面摊余价值之间的差额计入当期损益。按出售无形资产所得价款，借记“银行存款”等科目，按累计摊销额，借记“累计摊销”科目，按已计提的减值准备，借记“无形资产减值准备”科目，按无形资产的初始入账价值，贷记“无形资产”科目，按应缴纳的税费，贷记“应交税费”科目，按其差额贷记“营业外收入”或借记“营业外支出”科目。

【例 10-4】承【例 10-1】和【例 10-3】，20×3 年 1 月东方公司因产品升级，将该专利技术出售，收取价款 54 万元，应交增值税 3.24 万元，同时用银行存款支付相关费用 0.3 万元。该无形资产未计提减值准备。

根据以上资料，该无形资产已提摊销为 12.2 万元。

相关账务处理如下：

| | | |
|---|---|---|
| 借：银行存款 | 540 000 | |
| 　　累计摊销 | 122 000 | |
| 　贷：无形资产 | | 610 000 |
| 　　　应交税费——应交增值税 | | 32 400 |
| 　　　银行存款 | | 3 000 |
| 　　　营业外收入 | | 16 600 |

### 10.2.3.2 无形资产出租

无形资产出租是指将无形资产的使用权让渡给他人，企业仍保留对该无形资产的所有权。企业出租无形资产取得的收入，应作为其他业务收入处理。取得收入时，应借记“银行存款”等科目，贷记“其他业务收入”科目。企业在出租无形资产的过程中，还可能支付律师费、咨询费等相关费用，这些费用也应由取得的收入来补偿，摊销时，应借记“其他业务成本”科目，贷记“银行存款”等科目。

企业出租无形资产后，对无形资产的摊销，按照不同情况，一般有以下几种方法：①全部计入其他业务成本，由取得的收入来补偿。如果企业在出租无形资产以后，自己不再使用该项无形资产，则其摊销价值应全部计入其他业务成本，而不应再计入管理费用。摊销时，应借记“其他业务成本”科目，贷记“累计摊销”科目。②一部分计入其他业务成本，由取得的收入来补偿；另一部分计入管理费用或制造费用等。如果企业在出租无形资产以后，自己也继续使用该项无形资产，则其摊销价值应按一定标准进行分配，一部分计入其他业务成本，由其他业务收入来补偿；另一部分仍按原来的无形资产摊销来处理。③全部计入管理费用或制造费用。如果企业出租无形资产取得的收入所占比例不大，按照重要性原则，可以将无形资产的摊销价值全部计入管理费用或制造费用。

【例 10-5】东方公司20×1年1月将一项用于甲产品生产的专利权出租给华强公司，收取当月租金8万元，该项专利权的初始成本为200万元，预计生产产品的产量为40万件，采用产量法进行摊销。20×1 年 1 月东方公司生产甲产品 1 000 件,N 公司生产产品 2 000 件。不考虑其他税费。

单位产量摊销额 = 2 000 000 ÷ 400 000 = 5（元）

自用专利权应负担摊销额 = 5 × 1 000 = 5 000（元）

出租专利权应负担摊销额 = 5 × 2 000 = 10 000（元）

相关账务处理如下：

| | | |
|---|---|---|
| 借：银行存款 | 80 000 | |
| 　贷：其他业务收入 | | 80 000 |
| 借：制造费用 | 5 000 | |
| 　　其他业务成本 | 10 000 | |
| 　贷：累计摊销 | | 15 000 |

### 10.2.3.3 无形资产报废

无形资产报废是指无形资产由于已被其他新技术所代替或不再受法律保护等原因，预期不能为企业带来未来经济利益而进行的处置。无形资产报废时，应按其累计摊销额和计提的减值准备，借记“累计摊销”“无形资产减值准备”科目，按照无形资产的原始价值，贷记“无形资产”科目，最后再按其差额确认转销损失（借记“营业外支出”科目）。

## 10.3 其他资产

除了长期股权投资、固定资产和无形资产外，企业还有一些其他形式的长期资产，常见的一项长期资产是长期待摊费用[1]。

长期待摊费用，是指企业已经发生但应由本期和以后各期负担的分摊期限在1年以上的各项费用，如以经营租赁方式租入的固定资产发生的改良支出、股票发行费用等。企业发生的长期待摊费用，借记“长期待摊费用”科目，贷记“银行存款”“原材料”等科目。摊销长期待摊费用，借记“管理费用”“销售费用”等科目，贷记“长期待摊费用”科目。

长期待摊费用，从本质上说是一种递延资产，即不能全部计入当年损益，而需要在若干毗连会计期间内，把它的价值进行摊销，或计入制造费用或计入当期损益的资产。从定义可以看出，递延资产尽管作为资产列示于资产负债表中，但其本质却是费用。为了更深刻地理解递延资产，将其与其他长期资产项目分开，我们有必要介绍递延资产另外的特点：①递延资产的出现，是会计核算遵循配比原则，运用权责发生制对部分费用支出进行递延的结果。②递延资产在企业资产重估时一般不会出现增值。③目前企业按收入与费用配比的原则确定收益，对收入和费用进行处理时，先要满足配比的要求，以保证利润表的可靠性。这样，基于递延支出所产生的一些借方余额账户，即使不符合资产的本质含义，也放在资产负债表的资产方反映，而未在当期将其支出金额全部费用化。

**【本章小结】**

无形资产是不具实物形态的可辨认非货币性资产，它往往反映了企业的“软实力”，在有些企业中，其占比甚至超过了有形的资产。无形资产按照不同的标准有许多分类，常见的有按取得方式分类、按有无使用寿命分类和按经济内容分类。不同的取得方式下，无形资产的初始确认和计量方法也有不同；对有确定使用寿命的无形资产应进行摊销，对没有确定使用寿命的无形资产则应于每个会计期末进行减值测试；无形资产通常按经济内容来设置明细科目。

企业除了长期股权投资、固定资产和无形资产外，还有一些其他形式的长期资产。

[1] 在2006年颁布的企业会计准则中，将原来作为长期资产核算的开办费（指企业在筹建期内，除应计入有关财产物资价值的支出外，所发生的其他支出）直接列入管理费用，在发生当期计入损益，不再进行摊销。

这些长期资产从本质上说是一种递延资产，即不能全部计入当年损益，而需要在若干毗连会计期间内，把它的价值进行摊销的资产。

【学习目标小结】

1.了解无形资产的特征和分类

无形资产是由企业拥有或者控制并能为其带来未来经济利益的资源，它不具实物形态，具有可辨认性，且属于非货币资产。按取得方式的不同，可以将无形资产分为外部取得无形资产和内部自创无形资产两大类；按照经济寿命期限分类，无形资产分为使用寿命有限的无形资产和使用寿命不确定的无形资产；按照经济内容分类，无形资产可以分为：专利权、非专利技术、商标权、著作权、特许权和土地使用权。

2.掌握不同方式无形资产取得的会计处理

对于外购的无形资产，应以包括购买价款、相关税费以及直接归属于使该项资产达到预定用途所发生的其他支出作为初始确认成本。对于投资者投入的无形资产，应当按照投资合同或协议约定的价值确定，但合同或协议约定价值不公允的除外。对于企业内部研发的专利权、非专利技术等，如果其符合无形资产定义并满足无形资产的确认条件，就应当考虑将其确认为一项无形资产。在我国现行会计实务中，企业应将研发过程分为研究阶段和开发阶段两个部分：对于研究阶段发生的支出，全部作费用化处理，计入当期损益；对于开发阶段发生的支出，在符合一定条件的情况下，确认为无形资产，否则也作费用化处理。

3.掌握无形资产摊销、处置的会计处理

对于使用寿命确定的无形资产，应在其预计的使用寿命内采用系统合理的方法对其应摊销金额进行摊销；对于使用寿命不确定的无形资产则不需要摊销，每期对其使用寿命进行复核，寿命确定时作会计估计变更，并且在每个会计期末进行减值测试。无形资产的处置，主要是指无形资产出售、对外出租，或是无法为企业带来经济利益时，应予转销并终止确认等。企业出售无形资产时，应将所得价款与该无形资产的账面摊余价值之间的差额计入当期损益；企业出租无形资产取得的收入，应作为其他业务收入处理；无形资产报废时，应分别结转无形资产的原始价值和无形资产的累计摊销额及其计提的减值准备，最后再按其差额确认转销损失。

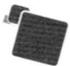

**4.了解其他长期资产的核算**

除了长期股权投资、固定资产和无形资产外，企业还有一些其他形式的长期资产，常见的一项长期资产是长期待摊费用，是指企业已经发生但应由本期和以后各期负担的分摊期限在 1 年以上的各项费用。企业发生长期待摊费用时，在“长期待摊费用”的借方确认，并通过“管理费用”“销售费用”等科目，摊销长期待摊费用。

**【关键术语】**

无形资产（intangible assets），是指企业拥有或者控制的没有实物形态的可辨认非货币性资产。

研究开发成本（research & development cost），无形资产的研究开发成本，包括研究阶段和开发阶段的所有支出。对于研究阶段发生的支出，全部作费用化处理，计入当期损益；对于开发阶段发生的支出，在符合一定条件的情况下，确认为无形资产，否则也作费用化处理；无法区分研究阶段和开发阶段的支出，应当在发生时作为管理费用，全部计入当期损益。

摊销（amortization），使用寿命确定的无形资产，应在其预计的使用寿命内采用系统合理的方法对其应摊销金额进行摊销。

长期待摊费用（long-term deferred expenses），是指企业已经发生但应由本期和以后各期负担的分摊期限在 1 年以上的各项费用，如以经营租赁方式租入的固定资产发生的改良支出、股票发行费用等。

递延资产（deferred assets or deferral charges），是指不能全部计入当年损益，而需要在若干毗连会计期间内，把它的价值进行摊销，或计入制造费用或计入当期损益的资产。

## 练习题

**【简答题】**

1. 什么叫无形资产？它具有哪些特征？
2. 简述无形资产的分类。
3. 企业内部开发阶段相关支出资本化的条件是什么？

【业务题】

## 习题一

1. 目的

练习自创无形资产的确认。

2. 资料

甲公司自行研究、开发一项技术，截至 20×0 年 12 月 31 日，发生研发支出合计 1 000 000 元，经测试该项研发活动完成了研究阶段，从 20×1 年 1 月 1 日开始进入开发阶段。20×1 年发生开发支出 200 000 元，假定符合《企业会计准则第 6 号——无形资产》规定的开发支出资本化条件。20×1 年 6 月 30 日，该项研发活动结束，最终开发出一项非专利技术。

3. 要求

编制上述有关会计分录。

## 习题二

1. 目的

练习无形资产处置的核算。

2. 资料

20×1 年 1 月 1 日，B 公司拥有某项专利技术的成本为 1 000 万元，已摊销金额为 500 万元，已计提的减值准备为 20 万元。该公司于 20×2 年 1 月 3 日将该项专利技术出售给 C 公司，取得出售收入 600 万元，应交纳的增值税等相关税费为 36 万元。

3. 要求

根据上述资料，编制 B 公司处置该项专利技术的有关分录。

## 习题三

**1. 目的**

练习出租无形资产的核算。

**2. 资料**

20×1 年 1 月 1 日，A 企业将一项商标权出租给 B 企业使用，该商标权账面余额为 500 万元，摊销期限为 10 年，出租合同规定，承租方每销售一件与该商标权有关的产品，必须付给出租方 10 万元商标使用费。假定承租方当年销售该产品 10 件（不考虑相关税费）。

**3. 要求**

编制 A 企业有关会计分录。

# 第11章　负债

**【学习目标】**

1. 理解负债、流动负债与非流动负债的性质和分类。
2. 掌握流动负债主要项目的会计核算。
3. 掌握非流动负债主要项目的会计核算。
4. 理解借款费用资本化的原则和会计核算。
5. 了解或有事项、预计负债和或有负债的概念。

**【引导案例】**

格力电器2019年财务报表中的负债项目

合并资产负债表（部分）

2019 年 12 月 31 日

编制单位：珠海格力电器股份有限公司　　　　单位：元

| 项目 | 期末余额 | 期初余额 |
|---|---|---|
| 流动资产合计 | 213 364 040 964.83 | 199 525 333 430.22 |
| 非流动资产合计 | 69 608 116 450.45 | 51 591 157 040.76 |
| 资产总计 | 282 972 157 415.28 | 251 116 490 470.98 |
| 流动负债： | | |
| 短期借款 | 15 944 176 463.01 | 22 197 899 406.88 |
| 吸收存款及同业存放 | 352 512 311.72 | 319 477 242.91 |
| 拆入资金 | 1 000 446 666.67 | |
| 交易性金融负债 | | |
| 衍生金融负债 | | 257 364 882.07 |
| 卖出回购金融资产款 | 2 074 500 000.00 | |
| 应付票据 | 25 285 207 843.86 | 10 835 428 282.29 |
| 应付账款 | 41 656 815 752.46 | 38 987 371 471.02 |

续表

| 项目 | 期末余额 | 期初余额 |
| --- | --- | --- |
| 预收款项 | 8 225 707 662.42 | 9 792 041 417.16 |
| 应付职工薪酬 | 3 430 968 964.33 | 2 473 204 451.69 |
| 应交税费 | 3 703 779 716.33 | 4 848 347 673.70 |
| 其他应付款 | 2 712 692 973.66 | 3 084 011 741.38 |
| 一年内到期的非流动负债 | | |
| 其他流动负债 | 65 181 491 855.14 | 64 890 979 418.62 |
| 流动负债合计 | 169 568 300 209.60 | 157 686 125 987.72 |
| 非流动负债： | | |
| 长期借款 | 46 885 882.86 | |
| 应付债券 | | |
| 长期应付款 | | |
| 长期应付职工薪酬 | 141 021 228.00 | 130 840 170.00 |
| 预计负债 | | |
| 递延收益 | 240 504 270.47 | 166 293 620.03 |
| 递延所得税负债 | 927 789 301.27 | 536 185 771.60 |
| 其他非流动负债 | | |
| 非流动负债合计 | 1 356 200 682.60 | 833 319 561.63 |
| 负债合计 | 170 924 500 892.20 | 158 519 445 549.35 |
| 所有者权益合计 | 112 047 656 523.08 | 92 597 044 921.63 |
| 负债和所有者权益总计 | 282 972 157 415.28 | 251 116 490 470.98 |

资料来源：珠海格力电器股份有限公司 2019 年年度报告

负债是企业不可缺少的一项资金来源，企业的资产负债表详细列示了企业所要承担的负债项目，并且根据偿还期限的不同将其分为流动负债和非流动负债两大部分。从格力电器 2019 年的合并资产负债表可以看到，该公司 2019 年年末的负债合计为 170 924 500 892.20 元，占到资产总额的 60.4%；而负债中流动负债合计为 169 568 300 209.60 元，占到负债总额的 99.2%；流动负债中应付票据、应付账款和其他流动负债的金额分别为 25 285 207 843.86 元、41 656 815 752.46 元和 65 181 491 855.14 元，这三项共占到流动负债总额的 77.9%。通过一些负债项目的比例和财务比率指标，会计信息使用者会对企业的负债状况、偿债能力等方面进行判断，同时还会结合财务报表的其他项目、报表附注以及其他信息，对企业的财务状况、盈利能力、融资成本等进行全面的评价。

## 11.1 负债的性质与分类

企业有两种基本的融资来源：负债和所有者权益。在会计基本等式“资产 = 负债 + 所有者权益”中，左边是归企业所有的一系列资产；右边是对应这些财产的一系列权益，一是以投资者的身份向企业投入资产而形成的权益，称为所有者权益；二是以债权人的身份向企业提供资产而形成的权益，称为债权人权益或负债。

所有负债都要偿还，负债应偿还的日期被称为到期日，而所有者权益没有到期日。根据到期日不同，负债划分为流动负债和非流动负债，企业主要负债的到期日是判断企业偿债能力的因素之一。

### 11.1.1 负债的性质

我国《企业会计准则——基本准则》对负债（liabilities）的定义是：“负债是指企业过去的交易或者事项形成的、预期会导致经济利益流出企业的现时义务。”负债通常具有以下特征。

（1）负债是由过去的交易或事项产生的

过去的交易或事项是指已经完成的经济业务。只有过去的交易或者事项才形成负债。企业将在未来发生的承诺、签订的合同等交易或者事项，不形成负债。例如，企业已经购进商品但尚未付款，在这种情况下，企业就有偿付货款的义务，这就是企业的负债。如果企业只是制订商品采购计划，而尚未进行采购，就不能形成企业的负债。

（2）负债是企业承担的现时义务

现时义务是指企业在现行条件下已承担的义务：未来发生的交易或者事项形成的义务，不属于现时义务，不应当确认为负债。现时义务可以是法定义务，也可以是推定义务。其中法定义务是指具有约束力的合同或者法律法规规定的义务，通常在法律意义上需要强制执行。推定义务是指根据企业多年来的习惯做法、公开的承诺或者公开宣布的政策而导致企业将承担的责任。例如，某企业多年来制定有一项销售政策，对于售出商品提供一定期限内的售后保修服务，预期将为售出商品提供的保修服务就属于推定义务，应当将其确认为一项负债。

（3）负债的清偿会导致企业未来经济利益的流出

负债的清偿可以采用若干方式，一般有：①支付现金；②转让资产；③提供劳务；④以另一项义务替换该项义务；⑤将义务转为权益。无论是哪种方式，都表明负债的偿还是以牺牲企业的经济利益为代价的。

（4）负债是能用货币计量或合理估计的

大多数负债通常都有一个到期要偿还的可确定金额，有的负债可能暂时没有确切的金额，但通过合理估计后，就可以确定一个比较正确和客观的金额。比如，企业对其售出的商品承诺提供保修、保退、保换服务所构成的负债，这项负债的金额，通常需要企业根据担保的内容和期限等做出合理的估计。

### 11.1.2　负债的分类

负债按偿还期限，可分为流动负债和非流动负债两大类。流动负债（current liabilities）是指将在一年（含一年）或者超过一年的一个营业周期内偿还的债务，包括短期借款、应付账款、预收账款等。非流动负债（non-current liabilities）是指偿还期在一年或者超过一年的一个营业周期以上的债务，包括长期借款、应付债券、长期应付款等。这种分类与资产的分类相似，其目的是便于分析企业的财务状况和偿债能力。比如，用流动资产和流动负债的相对比例，反映企业的短期偿债能力；通过可用于支付的流动资产（包括库存现金、银行存款等）与近期需支付的流动负债（包括短期借款、应付账款等）的比例，了解企业短期内的清偿能力。

## 11.2　流动负债

### 11.2.1　流动负债的性质与分类

流动负债是指将在一年或超过一年的一个营业周期内偿还的债务，它的最大特点是偿还期短。流动负债按照债权人的不同，可以分为：①对银行或其他贷款人的负债，如短期借款、应付利息等；②对供应商的负债，如应付票据、应付账款等；③对客户的负债，如预收账款等；④对职工的负债，如应付职工薪酬等；⑤对税务部门的负债，如应交税费等；⑥对所有者的负债，如应付股利等；⑦其他的流动负债，如其他应付款和一年内到期的非流动负债等。

## 11.2.2 流动负债具体项目的会计核算

### 11.2.2.1 对银行或其他贷款人的负债

企业向银行或其他金融机构借入的期限在一年以下的各种借款通过“短期借款”账户来核算，专门用来核算企业借入期限在一年或一个营业周期以内的各种借款。该账户贷方登记借入的各种短期借款额；借方登记归还的借款额；期末余额在贷方，表示尚未归还的短期借款数额。企业归还借款时，除了归还债权人本金，还应支付相应的利息，由于借款利息属于企业的筹资成本，应该记入“财务费用”账户，最终转入当期损益。如果借款利息是按季、按半年支付，或者到期一次还本付息且利息数额较大，为了正确计算各期的盈亏，通常采用预先提取的办法进行会计处理，即设置“应付利息”账户，通过这个账户记录企业已经发生但是尚未支付的利息费用。在预提各期的借款利息时，借记“财务费用”账户，贷记“应付利息”账户；实际支付时，按已经预提的利息金额借记“应付利息”账户，按实际支付的利息金额贷记“银行存款”账户，按实际支付的利息金额与预提数的差额（尚未提取的部分）借记“财务费用”账户。

短期借款一般按以下三个时点来进行会计处理：①取得短期借款的处理；②短期借款利息的处理；③归还短期借款的处理。

【例 11-1】东方公司于20×1年1月1日从银行取得短期借款20万元，年利率6%，期限为12个月，根据相关协议，利息于每月末支付，本金年末到期归还，相关账务处理如下：

①1月1日，借入款项

借：银行存款　　200 000

　贷：短期借款　　200 000

②每月末（即1月31日、2月28日……12月31日）支付利息1 000元（200 000 × 6% ÷ 12）

借：财务费用　　1 000

　贷：银行存款　　1 000

③12月31日，归还借款本金

借：短期借款　　200 000

　贷：银行存款　　200 000

【例 11-2】承【例 11-1】，如果该笔借款的利息于每季末支付，则相关账务处理如下：

①1 月 1 日，借入款项

借：银行存款　　200 000

　贷：短期借款　　200 000

②根据权责发生制，每月末（即 1 月 31 日、2 月 28 日……12 月 31 日）预提利息费用 1 000 元（200 000 × 6% ÷ 12）

借：财务费用　　1 000

　贷：应付利息　　1 000

③每季度末（即 3 月 31 日、6 月 30 日、9 月 30 日、12 月 31 日）支付利息 3 000 元（1 000 × 3）

借：应付利息　　3 000

　贷：银行存款　　3 000

④ 12 月 31 日，归还借款本金

借：短期借款　　200 000

　贷：银行存款　　200 000

【例 11-3】承【例 11-1】，如果该笔借款的利息于年末借款到期时一次性支付，相关账务处理如下：

①1 月 1 日，借入款项

借：银行存款　　200 000

　贷：短期借款　　200 000

②根据权责发生制，每月末（即 1 月 31 日、2 月 28 日……12 月 31 日）预提利息费用 1 000 元（200 000 × 6% ÷ 12）

借：财务费用　　1 000

　贷：应付利息　　1 000

③ 12 月 31 日，归还借款本金、一次性支付全部利息

借：应付利息　　12 000

　　短期借款　　200 000

　贷：银行存款　　212 000

### 11.2.2.2 对供应商的负债

企业的供应商是指向企业提供商品或劳务的组织，企业因购买材料、商品或接受劳务供应等业务而应支付给供应商的款项，通过“应付账款”账户核算。企业开出商业票据与供应商进行款项结算的，通过“应付票据”账户核算。

（1）应付账款

为了及时而准确地记录和报告因购买材料、商品或接受劳务供应等而发生的债务及其偿还情况等方面的信息，企业应设置“应付账款”账户和相关的明细账户。贷方登记应付账款的发生额，借方登记应付账款的偿还和抵减额，期末余额一般在贷方，表示尚未偿还的应付账款。

【例 11-4】东方公司从万盛公司购入材料一批，材料价款为 10 000 元，适用的增值税税率为 13%。相关账务处理如下：

①购货时

借：在途物资　　10 000

　　应交税费——应交增值税（进项税额）　　1 300

　贷：应付账款——万盛公司　　11 300

②材料验收入库时

借：原材料　　10 000

　贷：在途物资　　10 000

③支付货款时

借：应付账款——万盛公司　　11 300

　贷：银行存款　　11 300

应付账款一般在较短期限内支付，但有时由于债权单位撤销或其他原因而使应付账款无法清偿。企业应将确实无法支付的应付账款予以转销，按其账面余额计入营业外收入，借记“应付账款”科目，贷记“营业外收入”科目。

【例 11-5】20×1 年 12 月 31 日，东方公司确定一笔应付账款 3 000 元为无法支付的款项，应予转销。相关账务处理如下：

借：应付账款　　3 000

贷：营业外收入　　　　　　　　　　　　　　　　　　　　　3 000

随着企业间竞争的加剧，企业为了吸引顾客，往往采用赊销等方式。按照国际惯例，企业赊销商品时通常约定信用期限为30天。但为了鼓励买方尽早付款，卖方通常还提供一个比信用期限更短的折扣期限，通常称为现金折扣。现金折扣的条件可以表达为“2/10，*N*/30”等，即买方若在发票日起10天内付款，可享受2%的现金折扣，只需付98%的现款；若放弃这个折扣，须在开出发票的30天内付清全部货款，否则视为拖欠货款。

对于现金折扣的会计处理方法主要有总价法和净价法。我国目前采用总价法处理，在此只对总价法进行介绍。在总价法下，“在途物资”和“应付账款”账户按照扣除现金折扣前的发票价格入账。采用这种方法，如在折扣期内付款而享受折扣，应该按照发票价格借记“应付账款”账户，按照实付金额贷记“银行存款”账户，两者之间的差额被视为企业有效理财而形成的一项收益，贷记“财务费用”账户。

【例11-6】东方公司于20×1年4月2日购入一批原材料，价款为200 000元，相应的付款条件是“2/10，*N*/30”，适用的增值税税率为13%。按照总价法，相关账务处理如下：

①购入原材料时

借：在途物资　　　　　　　　　　　　　　　　200 000

　　应交税费——应交增值税（进项税额）　　　 26 000

　贷：应付账款　　　　　　　　　　　　　　　　　　226 000

②原材料验收入库时

借：原材料　　　　　　　　　　　　　　　　　200 000

　贷：在途物资　　　　　　　　　　　　　　　　　　200 000

③ 10天内付款，可得到货款的2%的折扣

借：应付账款　　　　　　　　　　　　　　　　226 000

　贷：银行存款　　　　　　　　　　　　　　　　　　221 480

　　　财务费用　　　　　　　　　　　　　　　　　　　4 520

④如超过10天的折扣期限后付款

借：应付账款　　　　　　　　　　　　　　　　226 000

　贷：银行存款　　　　　　　　　　　　　　　　　　226 000

（2）应付票据

应付票据是在经济往来活动中由于采用商业汇票结算方式而发生的，由出票人签发，承兑人承兑的票据。按照《支付结算办法》的规定，在银行开立存款账户的法人及其他组织之间，具有真实的交易关系或债权债务关系，才可使用商业汇票。签发票据的原因一般是卖方对买方的资信程度不太了解，或买方的资信程度较低，或信用期限较长，双方交易金额较大等。通常，票据的偿付金额和付款日都相当明确。根据有关规定，商业汇票的付款期限最长不超过6个月。因此，应付票据应归入流动负债来进行管理和核算。

为了反映因签发票据而承担的负债及其归还情况，企业应该设置“应付票据”账户。该账户属于负债类账户，贷方登记企业开出的承兑汇票金额，借方登记实际支付票据的金额，期末余额在贷方，表示尚未归还的票据金额。

应付票据经过承兑以后，企业应按票据的面值借记“在途物资”“应交税费——应交增值税”等账户，贷记“应付票据”账户；不带息票据到期支付款项时，按支付的票据面值借记“应付票据”账户，贷记“银行存款”账户。带息票据按支付的票据面值借记“应付票据”账户，利息借记“财务费用”账户，支付的票据本金及利息贷记“银行存款”账户。

如果应付商业承兑汇票到期，企业无力支付款项，应按票据面值借记“应付票据”账户，贷记“应付账款”账户。如果企业签发票据经过银行承兑，在企业到期无力支付的情况下，承兑银行一方面向持票人无条件付款，另一方面将出票人欠付的汇票金额转作逾期贷款处理，并根据逾期付款金额和逾期天数，按一定比率计算逾期付款赔偿金。企业应借记“应付票据”账户，贷记“短期借款”账户，对计收的逾期付款赔偿金，按短期借款利息的处理办法确认和记录。

【例11-7】东方公司赊购一批原材料，不含税价格为15 000元，增值税税率13%，东方公司开出一张等值的4个月期限的不带息商业承兑汇票，相关账务处理如下：

①购货时

| | | |
|---|---|---|
| 借：在途物资 | 15 000 | |
| 　　应交税费——应交增值税（进项税额） | 1 950 | |
| 　贷：应付票据 | | 16 950 |

②原材料验收入库时

| | | |
|---|---|---|
| 借：原材料 | 15 000 | |
| 　贷：在途物资 | | 15 000 |

③到期付款时

借：应付票据　　16 950

　贷：银行存款　　16 950

④假如该票据到期，东方公司无力支付这笔款项，则应将其转为应付账款

借：应付票据　　16 950

　贷：应付账款　　16 950

⑤假如该票据为银行承兑汇票，东方公司到期不能支付这笔款项，则应由银行先行支付，作为对东方公司的短期借款

借：应付票据　　16 950

　贷：短期借款　　16 950

### 11.2.2.3　对客户的负债

企业在经营中所发生的对客户的负债主要是预收客户的订金或货款。企业在收到款项后，应在合同规定的期限内给购货单位发出货物或提供劳务；否则，必须如数退还预收的款项。预收账款的偿还一般不需要支出货币资金，而是用商品或劳务来偿付。预收账款代表了未实现的营业收入，它只有通过发送商品或提供劳务后才能转化为真正实现的收入。

企业通常单独设置“预收账款”账户，收到预收货款时记入该账户的贷方，待企业以商品或劳务偿还后，再记入该账户的借方。这种核算方法能完整地反映这项流动负债的发生及偿付情况，并便于填报会计报表。也有企业将预收的货款直接作为应收账款的减项，记入“应收账款”账户的贷方，偿付债务时，再记入“应收账款”账户的借方。这种方法也能完整地反映购货方预付货款的发生和结算情况，但在编制资产负债表时，预收账款项目需根据“应收账款”账户的明细账户分析填列。

【例 11-8】东方公司为增值税一般纳税人。20×1 年 6 月 3 日，东方公司与万盛公司签订供货合同，向万盛公司出售一批产品，货款金额共计 100 000 元，应交增值税 13 000 元。根据购货合同的规定，万盛公司在购货合同签订后一周内，应当向东方公司预付货款 60 000 元，剩余货款在交货后付清。20×1 年 6 月 9 日，东方公司收到万盛公司预付货款 60 000 元存入银行，6 月 19 日东方公司将货物发运到万盛公司并开具增值税专用发票，万盛公司验收货物后付清了剩余货款 53 000 元。东方公司应做如下账务处理：

①收到万盛公司预付的货款

借：银行存款　　　60 000

　贷：预收账款——万盛公司　　　60 000

②向万盛公司发出货物

借：预收账款——万盛公司　　　113 000

　贷：主营业务收入　　　100 000

　　　应交税费——应交增值税（销项税额）　　　13 000

③收到万盛公司补付的货款

借：银行存款　　　53 000

　贷：预收账款——万盛公司　　　53 000

### 11.2.2.4　对职工的负债

企业对职工的负债主要是指应付职工薪酬。职工薪酬是指企业为获得职工提供的服务或解除劳动关系而给予的各种形式的报酬或补偿。职工薪酬的范畴很广，主要包括：①短期薪酬，具体包括职工工资、奖金、津贴和补贴；职工福利费；医疗保险费、工伤保险费和生育保险费等社会保险费；住房公积金；工会经费和职工教育经费；短期带薪缺勤；短期利润分享计划等；②离职后福利，是指企业为获得职工提供的服务而在职工退休或与企业解除劳动关系后，提供的各种形式的报酬和福利，短期薪酬和辞退福利除外；③辞退福利，是指企业在职工劳动合同到期之前解除与职工的劳动关系，或者为鼓励职工自愿接受裁减而给予职工的补偿；④其他长期职工福利，是指除短期薪酬、离职后福利、辞退福利之外所有的职工薪酬，包括长期带薪缺勤、长期残疾福利、长期利润分享计划等。

企业应当设置“应付职工薪酬”科目，核算应付职工薪酬的计提、结算、使用等情况。该科目的贷方登记已分配计入有关成本费用项目的职工薪酬的数额，借方登记实际发放职工薪酬的数额，包括扣还的款项等；该科目期末贷方余额，反映企业应付未付的职工薪酬。“应付职工薪酬”科目应当按照“工资”“职工福利费”“非货币性福利”“社会保险费”“住房公积金”“工会经费和职工教育经费”“带薪缺勤”“利润分享计划”“设定提存计划”“设定受益计划义务”“辞退福利”等职工薪酬项目设置明细账进行明细核算。

企业应当在职工为其提供服务的会计期间，将实际发生的职工薪酬确认为负债，计入“应付职工薪酬”的贷方，同时根据职工提供服务的受益对象不同，分别计入企业的成本费用或有关资产的成本，即对于生产工人的职工薪酬，计入“生产成本”账户的借方；车间管理人员的职工薪酬，计入“制造费用”账户的借方；行政管理人员的职工薪酬，计入“管理费用”账户的借方；销售人员的职工薪酬，计入“销售费用”账户的借方；在建工程人员的职工薪酬，计入“在建工程”账户的借方；无形资产研发人员的职工薪酬，计入“研发支出”账户的借方。

【例11-9】东方公司20×1年5月份应付职工薪酬总额694 100元，“职工薪酬分配汇总表”中列示的产品生产人员薪酬为460 000元，车间管理人员薪酬为115 100元，企业行政管理人员薪酬为100 500元，专设销售机构人员薪酬为18 500元。东方公司相关账务处理如下：

借：生产成本——基本生产成本　　460 000
　　——制造费用　　115 100
　　——管理费用　　100 500
　　——销售费用　　18 500
　贷：应付职工薪酬——工资　　694 100

实务中，企业一般在每月发放工资前，根据“职工薪酬分配汇总表”中的“实发金额”栏的合计数，通过开户银行支付给职工或从开户银行提取现金，然后再向职工发放。企业按照有关规定向职工支付的工资等，借记“应付职工薪酬——工资”科目，贷记“银行存款”“库存现金”等科目。企业从应付职工薪酬中扣还的各种款项（代垫的家属药费、个人所得税等），借记“应付职工薪酬”科目，贷记“银行存款”“库存现金”“其他应收款”“应交税费——应交个人所得税”等科目。

【例11-10】承【例11-9】，东方公司根据“职工薪酬分配汇总表”结算本月应付职工薪酬总额694 100元，其中企业代垫职工房租28 000元，实发工资666 100元。东方公司相关账务处理如下：

①向银行提取现金

借：库存现金　　666 100
　贷：银行存款　　666 100

②用现金发放工资

借：应付职工薪酬——工资　　666 100
　贷：库存现金　　666 100

注：如果通过银行发放工资，该企业应编制如下会计分录：

借：应付职工薪酬——工资　666 100

　贷：银行存款　666 100

③结转代垫款项

借：应付职工薪酬——工资　28 000

　贷：其他应收款——职工房租　28 000

对于国家规定了计提基础和计提比例的医疗保险费、工伤保险费、生育保险费等社会保险费和住房公积金，以及按规定提取的工会经费和职工教育经费，企业应当在职工为其提供服务的会计期间，根据规定的计提基础和计提比例计算确定相应的职工薪酬金额，并确认相关负债，按照受益对象计入当期损益或相关资产成本，借记“生产成本”“制造费用”“管理费用”等科目，贷记“应付职工薪酬”科目。

【例 11-11】承【例 11-9】，20×1 年 5 月，东方公司根据相关规定，分别按照职工工资总额的 2% 和 1.5% 的计提标准，确认应付工会经费和职工教育经费。东方公司账务处理如下：

借：生产成本——基本生产成本　16 100

　　　　——制造费用　4 028.5

　　　　——管理费用　3 517.5

　　　　——销售费用　647.5

　贷：应付职工薪酬——工会经费　13 882

　　　　　　——职工教育经费　10 411.5

本例中，应确认的应付职工薪酬 =694 100 ×（2% +1.5%）= 24 293.5（元），其中，工会经费为 13 882 元。应记入“生产成本”科目的金额 = 460 000 ×（2% +1.5%）= 16 100（元）；应记入“制造费用”科目的金额 = 115 100 ×（2% +1.5%）= 4 028.5（元）；应记入“管理费用”科目的金额 = 100 500 ×（2% +1.5%）= 3 517.5（元）；应记入“销售费用”科目的金额 =18 500 ×（2% +1.5%）= 647.5（元）。

### 11.2.2.5　对税务部门的负债

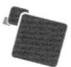

企业应按照法律规定向国家缴纳各种税费。在企业发生纳税义务时，应该按照权责发生制的要求，将有关税费计入费用。这些税费在缴纳之前暂时留在企业，就等同

于借用了政府一笔无息资金，从而形成企业对税务部门的负债。

企业根据税法规定应交纳的各种税费包括：增值税、消费税、城市维护建设税、教育费附加、企业所得税、土地增值税、土地使用税、房产税、车船税、印花税等。

为了反映各种税费的计算和缴纳情况，企业应设置“应交税费”账户，并在该账户下设置有关明细账户进行核算。该账户的贷方登记应缴纳的各种税费，借方登记已缴纳或应抵扣的各种税费，期末贷方余额为欠缴税费。企业代扣代交的个人所得税等，也通过“应交税费”科目核算，而企业交纳的印花税、耕地占用税等不需要预计应交数的税金，不通过“应交税费”科目核算。

（1）应交增值税

增值税是以商品（含应税劳务）在流转过程中产生的增值额作为计税依据而征收的一种流转税。增值税的纳税人是在我国境内销售货物、进口货物，或提供加工、修理修配劳务的企业单位和个人。按照纳税人的经营规模及会计核算的健全程度，增值税纳税人分为一般纳税人和小规模纳税人。一般纳税人应纳增值税税额，根据当期销项税额减去当期进项税额计算确定；小规模纳税人应纳增值税税额，按照销售额和规定的征收率计算确定。

2008 年，我国修订了《中华人民共和国增值税暂行条例》自 2009 年 1 月 1 日起在全国范围内实施。2012 年起，我国部分地区实施了营业税改征增值税试点方案，交通运输业和部分现代服务业营业税改征增值税，增值税的征收范围进一步扩大。2017 年 11 月 19 日中华人民共和国国务院令第 691 号公布，国务院决定废止《中华人民共和国营业税暂行条例》，同时对《中华人民共和国增值税暂行条例》作修改。2017 年 10 月 30 日，国务院第 191 次常务会议通过《修改〈中华人民共和国增值税暂行条例〉的决定》。自此，原来实行营业税的服务业领域已统一征收增值税，实质上我国全面取消了实施 60 多年的营业税。

按照《中华人民共和国增值税暂行条例》规定，企业购入货物或接受应税劳务支付的增值税（即进项税额），可从销售货物或提供应税劳务支付的增值税（即销项税额）中抵扣。准予从销项税额中抵扣的进项税额通常包括：①从销售方取得的增值税专用发票上注明的增值税税额；②从海关取得的完税凭证上注明的增值税税额。

为了核算企业应交增值税的发生、抵扣、交纳、退税及转出等情况，增值税一般纳税人应在“应交税费”科目下设置“应交增值税”明细科目，并在“应交增值税”明细账内设置“进项税额”“已交税金”“销项税额”“出口退税”“进行税额转出”等专栏。

企业从国内采购商品或接受应税劳务等，根据增值税专用发票上记载的应计入采购成本或应计入加工、修理修配等物资成本的金额，借记“固定资产”“材料采购”“在途物资”“原材料”“库存商品”或“生产成本”“制造费用”“委托加工物资”“管理费用”等科目，根据增值税专用发票上注明的可抵扣的增值税税额，借记“应交税费——应交增值税（进项税额）”科目，按照应付或实际支付的总额，贷记“应付账款”“应付票据”“银行存款”等科目。购入货物发生的退货，做相反的会计分录。

按照增值税暂行条例，购进或者销售货物以及在生产经营过程中支付运输费用的，按照运输费用结算单据上注明的运输费用金额和规定的扣除率计算进项税额。

按照增值税暂行条例，企业购入免征增值税货物，一般不能抵扣增值税销项税额。但是对于购入的免税农产品，可以按照买价和规定的扣除率计算进项税额，并准予从企业的销项税额中抵扣。

企业购入免税农产品，按照买价和规定的扣除率计算进项税额，借记“应交税费——应交增值税（进项税额）”科目，按买价扣除按规定计算的进项税额后的差额，借记“材料采购”“在途物资”“原材料”“商品采购”“库存商品”等科目，按照应付或实际支付的价款，贷记“应付账款”“银行存款”等科目。

【例 11-12】东方公司为增值税一般纳税人，适用的增值税税率为 13%，原材料按实际成本核算，销售商品价格为不含增值税的公允价格。20×1 年 7 月发生的部分经济交易或事项以及相关的账务处理如下：

① 5 日购入原材料一批，增值税专用发票上注明货款 100 000 元，增值税税额 13 000 元，货物尚未到达，货款和进项税额已用银行存款支付。用银行存款支付运输公司的运输费用 5 000 元，运输费用的进项税额为 450 元。

| | | |
|---|---|---|
| 借：在途物资 | 105 000 | |
| 应交税费——应交增值税（进项税额） | 13 450 | |
| 贷：银行存款 | | 118 450 |

本例中，进项税额 = 13 000 + 5 000 × 9 % = 13 450（元）

材料成本 =100 000 + 5 000 =105 000（元）

② 15 日，购入不需要安装设备一台，价款为 150 000 元，增值税专用发票上注明的增值税税额 19 500 元，款项尚未支付。

| | | |
|---|---|---|
| 借：固定资产 | 150 000 | |
| 应交税费——应交增值税（进项税额） | 19 500 | |
| 贷：应付账款 | | 169 500 |

根据增值税暂行条例，企业购进生产型固定资产所支付的增值税税额 19 500 元，

允许在购置当期全部一次性扣除。

③ 20 日，购入免税农产品一批，价款 100 000 元，规定的扣除率为 13%，货物尚未到达，货款已用银行存款支付。

借：在途物资　　87 000

　　应交税费——应交增值税（进项税额）　　13 000

　贷：银行存款　　100 000

进项税额 = 购买价款 × 扣除率 =100 000 × 13% = 13 000（元）

企业交纳的增值税，借记“应交税费——应交增值税（已交税金）”科目，贷记“银行存款”科目。“应交税费——应交增值税”科目的贷方余额，表示企业应交纳的增值税。

【例 11-13】20×1 年 7 月东方公司发生销项税额合计 147 000 元，进项税额合计 80 650 元。东方公司当月应交增值税 =147 000-80 650=66 350（元），用银行存款交纳增值税，东方公司应编制如下会计分录：

借：应交税费——应交增值税（已交税金）　　66 350

　贷：银行存款　　66 350

需要说明的是，企业购入材料不能取得增值税专用发票的，发生的增值税额应计入材料采购成本，借记“材料采购”或“在途物资”等科目，贷记“银行存款”等科目。

小规模纳税企业应当按照不含税销售额和规定的增值税征收率计算交纳增值税，销售货物或提供应税劳务时只能开具普通发票，不能开具增值税专用发票。小规模纳税企业不享有进项税额的抵扣权，其购进货物或接受应税劳务支付的增值税直接计入有关货物或劳务的成本。因此，小规模纳税企业只需在“应交税费”科目下设置“应交增值税”明细科目，不需要在“应交增值税”明细科目中设置专栏。“应交税费——应交增值税”科目贷方登记应交纳的增值税，借方登记已交纳的增值税；期末贷方余额反映尚未交纳的增值税，借方余额反映多交纳的增值税。

小规模纳税企业购进货物和接受应税劳务时支付的增值税，直接计入有关货物和劳务的成本，借记“材料采购”或“在途物资”等科目，贷记“应交税费——应交增值税”科目。

【例 11-14】西北公司为增值税小规模纳税人，适用增值税税率为 3%，原材料按实际成本核算。该企业发生经济交易如下：购入原材料一批，已验收入库，取得的专用发票中注明货款15 000元，增值税1 950元，款项以银行存款支付，材料验收入库。销售产品一批，所开出的普通发票中注明的货款（含税）为51 500元，款项已存入银行。用银行存款交纳增值税。西北公司账务处理如下：

①购入原材料时，小规模纳税人不能抵扣增值税。

借：原材料　　16 950

　贷：银行存款　　16 950

②销售产品时，按征收率计算应纳增值税金额。

借：银行存款　　51 500

　贷：主营业务收入　　50 000

　　　应交税费——应交增值税　　1 500

不含税销售额＝含税销售额 ÷（1+征收率）=51 500÷（1+3%）=50 000（元）

应纳增值税＝不含税销售额 × 征收率 =50 000 × 3 %＝1 500（元）

③交纳增值税。

借：应交税费——应交增值税　　1 500

　贷：银行存款　　1 500

（2）应交消费税

消费税是指在我国境内生产、委托加工和进口应税消费品的单位和个人，按其流转额交纳的一种税。消费税有从价定率和从量定额两种征收方法。采取从价定率方法征收的消费税，以不含增值税的销售额为税基，按照税法规定的税率计算。企业的销售收入包含增值税的，应将其换算为不含增值税的销售额。采取从量定额计征的消费税，根据按税法确定的企业应税消费品的数量和单位应税消费品应缴纳的消费税计算确定。

企业应在“应交税费”科目下设置“应交消费税”明细科目，核算应交消费税的发生、交纳情况。该科目贷方登记应交纳的消费税，借方登记已交纳的消费税；期末贷方余额反映企业尚未交纳的消费税，借方余额反映企业多交纳的消费税。企业销售应税消费品应交的消费税，应借记“税金及附加”科目，贷记“应交税费——应交消费税”科目。

【例11-15】东方公司销售所生产的化妆品，价款2 000 000元（不含增值税），适用的消费税税率为30%，不考虑其他相关税费。东方公司账务处理如下：

借：税金及附加　　　　　　　　　　　　　　　　600 000

　贷：应交税费——应交消费税　　　　　　　　　　　600 000

应纳消费税 =2 000 000 × 30% = 600 000（元）

企业将生产的应税消费品用于在建工程等非生产机构时，按规定应交纳的消费税，借记“在建工程”等科目，贷记“应交税费——应交消费税”科目。

【例 11-16】万盛公司在建工程领用自产柴油成本为 100 000 元，应纳消费税 12 000。不考虑其他相关税费。万盛公司账务处理如下：

借：在建工程　　　　　　　　　　　　　　　　112 000

　贷：库存商品　　　　　　　　　　　　　　　　　100 000

　　　应交税费——应交消费税　　　　　　　　　　　12 000

（3）应交城市维护建设税

城市维护建设税（简称城建税）是以增值税、消费税为计税依据征收的一种税。其纳税人为交纳增值税、消费税的单位和个人，以纳税人实际缴纳的增值税、消费税税额为计税依据，并分别与两项税金同时缴纳。税率因纳税人所在地不同从 1% ～ 7% 不等。公式为：

应纳税额=（应交增值税+应交消费税）× 适用税率

企业按规定计算出应交纳的城市维护建设税，借记“税金及附加”等科目，贷记“应交税费——应交城市维护建设税”科目。交纳城市维护建设税，借记“应交税费——应交城市维护建设税”科目，贷记“银行存款”科目。

【例 11-17】东方公司本期实际应交增值税 480 000 元、消费税 250 000 元，适用的城市维护建设税税率为 7 %。东方公司账务处理如下：

①计算应交城市维护建设税。

借：税金及附加　　　　　　　　　　　　　　　　51 100

　贷：应交税费——应交城市维护建设税　　　　　　　51 100

应交的城市维护建设税 =（480 000 + 250 000）×7%=51 100（元）

②用银行存款上交城市维护建设税。

借：应交税费——应交城市维护建设税　　　　　　51 100

　贷：银行存款　　　　　　　　　　　　　　　　　51 100

### 11.2.2.6 对所有者的负债

企业作为独立核算的经济实体，对其实现的经营成果除了按照税法及有关法规规定缴纳所得税外，还必须对投资者给予一定的回报，即向投资者分配股利或利润。企业分配给投资者的现金股利或利润，在实际支付给投资者之前，便形成了一笔对所有者的负债。

股利是股份公司股东对公司净利润的分享。在我国，股利的支付通常有两种基本形式，即现金股利和股票股利。所谓现金股利，是企业以现金形式向股东派发的股利；而股票股利则是企业用增发的股票向股东派发的股利。当作股利发放的股票，又称红股，俗称送股。当企业经股东大会或类似机构决议确定分配现金股利时，自宣告之日起，应付的股利就构成企业的一项流动负债；如果股东大会决议确定发放股票股利，则并不构成企业的负债，因为它只是从未分配利润转增股本，是企业权益内部的一种变化，不会引起任何经济利益的流出。

按现行制度规定，企业应设置“应付股利”账户，用于核算现金股利的分配和支付情况。该账户属于负债类账户，其贷方登记应分配给投资者的现金股利或利润，借方登记实际支付的现金股利或利润，期末如有余额在贷方，反映尚未支付的现金股利或利润。

通常，企业分配现金股利需经历两个步骤或阶段，首先是股东大会或类似机构决议确定并宣告股利分配方案，这时，按应支付的现金股利，借记“利润分配——应付股利”账户，贷记“应付股利”账户。然后，企业如数拨出一笔现款存入受托的证券公司或银行，用于实际支付股东的现金股利，此时，借记“应付股利”账户，贷记“银行存款”等账户。

【例 11-18】东方公司股东大会根据 2014 年盈利情况，决定股利分配方案为：每 10 股普通股派发 0.6 元的现金股利，共计 600 000 元。相关账务处理如下：

①计算应付现金股利时

| | | |
|---|---|---|
| 借：利润分配——应付现金股利 | 600 000 | |
| 贷：应付股利——现金股利 | | 600 000 |

②支付现金股利时

| | | |
|---|---|---|
| 借：应付股利——现金股利 | 600 000 | |
| 贷：银行存款 | | 600 000 |

#### 11.2.2.7 其他流动负债

在企业资产负债表中，除了上述六类比较常见的流动负债以外，还有一些其他原因形成的流动负债，如其他应付款等。

其他应付款是指除了应付票据、应付账款、应付职工薪酬等以外与企业经营活动直接或间接相关的其他各种应付和暂收款项，包括暂收租入包装物的押金、存入保证金，以及计算薪酬过程中的各种代扣应付款项。这些暂收、应付或代扣的款项也构成了企业的流动负债，在我国会计实务中，通过设置“其他应付款”账户对其进行核算。

【例 11-19】东方公司 20×1 年 4 月收到购货客户租用周转包装物的押金 4 000 元存入银行。相关账务处理如下：

①收到包装物押金时

借：银行存款　　4 000

　贷：其他应付款——存入保证金　　4 000

②收回包装物，退还押金时

借：其他应付款——存入保证金　　4 000

　贷：银行存款　　4 000

## 11.3 非流动负债

### 11.3.1 非流动负债的性质与分类

非流动负债是指偿还期限在一年或者超过一年的一个营业周期以上的负债，它是企业向债权人筹集的可供长期使用的资金。与流动负债相比，非流动负债具有偿还期限较长、债务金额较大、偿还本息的方式多样化等特点。非流动负债可分为长期借款、应付债券和长期应付款。如果一项非流动负债将在一年或一个经营周期内到期，并且计划用流动资产来偿还，则应视为一项流动负债，以“一年内到期的非流动负债”项目列示在资产负债表的流动负债部分，但不需做任何账务处理。

## 11.3.2 长期借款

### 11.3.2.1 长期借款的日常核算

长期借款是指企业向银行或其他金融机构借入的期限在1年以上（不含1年）的各项借款。就长期借款的用途来讲，企业一般用于固定资产的购建、改扩建工程、大修理工程、对外投资以及为了保持长期经营能力等方面的需要。与短期借款相比，长期借款除数额大、偿还期限较长外，其借款费用需要根据权责发生制的要求，按期预提计入所构建资产的成本或直接计入当期财务费用。由于长期借款的期限较长，至少是在1年以上，因此，在资产负债表非流动负债项目中列示。

为了核算长期借款的取得、计息和归还情况，企业应设置“长期借款”账户。该账户属于负债类账户，贷方登记取得的长期借款本金及利息，借方登记归还的本金及利息，期末余额在贷方，反映尚未归还的借款本金及利息。该账户可按照贷款单位和贷款种类设置明细账，分别“本金”“利息调整”等进行明细核算。

对长期借款的利息费用等，应根据《企业会计准则第17号——借款费用》的规定的要求，按期预提计入所构建资产的成本即资本化，或直接计入当期损益即费用化。因此，企业取得长期借款时，应借记“银行存款”账户，贷记“长期借款”账户；计算利息时应借记“在建工程”“财务费用”等账户，贷记“长期借款”账户；偿还借款、支付利息时应借记“长期借款”账户，贷记“银行存款”账户。

（1）长期借款取得与使用

企业借入长期借款，应按实际收到的金额，借记“银行存款”科目，贷记“长期借款——本金”科目；如存在差额，还应借记“长期借款——利息调整”科目。

【例11-20】东方公司为增值税一般纳税人，于20×1年11月30日从银行借入资金2 000 000元，借款期限为3年，借款年利率为6.9%，到期一次还本付息，不计复利，所借款项存入银行。东方公司用该借款于当日购买不需安装的设备一台，价款1 200 000元，增值税税额156 000元，另支付保险等费用17 000元，设备于当日投入使用。东方公司账务处理如下：

取得长期借款时

借：银行存款　　　　2 000 000

贷：长期借款——本金　　2 000 000

支付设备款及保险费

借：固定资产　　1 217 000

应交税费——应交增值税（进项税额）　　156 000

贷：银行存款　　1 373 000

（2）长期借款利息的确认

长期借款利息费用应当在资产负债表日按照实际利率法计算确定，实际利率与合同利率差异较小的，也可以采用合同利率计算确定利息费用。长期借款按合同利率计算确定的应付未付利息，如果属于分期付款的，计入“应付利息”科目，如果属于到期一次还本付息的，计入“长期借款——应计利息”科目。

长期借款计算确定的利息费用，应根据《企业会计准则第17号——借款费用》的规定：如果长期借款用于购建固定资产等符合资本化条件的资产，在资产尚未达到预定可使用状态前，所发生的利息支出数应当资本化，计入在建工程等相关资产成本；资产达到预定可使用状态后发生的利息支出，以及按规定不予资本化的利息支出，计入财务费用。账务处理方法为借记“在建工程”“制造费用”“财务费用”“研发支出”等科目，贷记“应付利息”或“长期借款——应计利息”科目。

【例11-21】承【例11-20】，东方公司于20×1年12月31日计提长期借款利息。相关账务处理如下：

借：财务费用　　11 500

贷：长期借款——应计利息　　11 500

20×1年12月31日计提的长期借款利息=2 000 000 × 6.9 % ÷ 12 = 11 500（元）

20×2年1月至20×4年10月每月末预提利息分录同上。

（3）长期借款归还

企业归还长期借款的本金时，应按归还的金额，借记“长期借款——本金”科目，贷记“银行存款”科目；按归还的利息，借记“应付利息”或“长期借款——应计利息”科目，贷记“银行存款”科目。

【例11-22】承【例11-20】和【例11-21】，东方公司于20×4年11月30日偿还该笔银行借款本息。东方公司财务处理如下：

借：财务费用　　11 500

　　长期借款——本金　　2 000 000

　　　　　　——应计利息　　402 500

　贷：银行存款　　2 414 000

应计利息 =2 000 000 × 6.9% ÷ 12 × 35 = 402 500（元）

以上举例是以长期借款单利计息的方式来说明问题的。在实际工作中，长期借款也可以采用复利计息的方法。在长期借款复利计息的情况下，尽管长期借款的本金、利率和偿还期限可能都相同，但在不同的偿付条件下（到期一次还本付息、分期偿还本息和分期付息到期还本三种方式），企业实际真正使用长期借款的时间是不同的，所支付的利息费用也有所不同。

### 11.3.2.2　借款费用

借款费用（borrowing costs）是指企业因借款而发生的利息、折价或溢价的摊销和辅助费用，以及因外币借款而发生的汇兑差额。因借款而发生的辅助费用包括手续费等。对借款费用的会计处理有两种方法可供选择：一是在发生时直接计入当期费用，二是予以资本化。所谓“借款费用的资本化”，是指企业将借款费用作为所购建的某项资产的历史成本的一部分。

我国《企业会计准则第 17 号——借款费用》规定：企业发生的借款费用，可直接归属于符合资本化条件的资产的购建或者生产的，应当予以资本化，计入相关资产成本；其他借款费用，应当在发生时根据其发生额确认为费用，计入当期损益。所谓“符合资本化条件的资产”，是指需要经过相当长时间的购建或者生产活动才能达到预定可使用或者可销售状态的固定资产、投资性房地产和存货等资产。这里的“存货”主要是指房地产开发企业开发的用于出售的房地产开发产品、机械制造企业制造的用于对外出售的大型机械设备等。

借款通常包括专门借款和一般借款。专门借款是指为购建或者生产符合资本化条件的资产而专门借入的款项。专门借款通常有明确的用途，并通常应当具有标明该用途的借款合同。一般借款是指除专门借款之外的借款，在借入时，其用途通常没有特指用于符合资本化条件的资产的购建或者生产。

专门借款发生的辅助费用，在所购建或者生产的符合资本化条件的资产达到预定可使用或者可销售状态之前发生的，应当在发生时根据其发生额予以资本化，计入符合资本化条件的资产的成本；在所购建或者生产的符合资本化条件的资产达到预定可使用或者可销售状态之后发生的，应当在发生时根据其发生额确认为费用，计入当期损益。

一般借款发生的辅助费用，应当在发生时根据其发生额确认为费用，计入当期损益。

当同时满足以下3个条件时，企业发生的借款费用应当开始资本化：①资产支出已经发生，资产支出包括为购建或者生产符合资本化条件的资产而以支付现金、转移非现金资产或者承担带息债务形式发生的支出；②借款费用已经发生；③为使资产达到预定可使用或者可销售状态所必要的购建或者生产活动已经开始。

应当注意的是，在资本化期间内，每一会计期间的利息资本化金额，不应当超过当期相关借款实际发生的利息金额。

符合资本化条件的资产在购建或者生产过程中发生非正常中断，并且中断时间连续超过3个月的，应当暂停借款费用的资本化。在中断期间发生的借款费用应当确认为费用，计入当期损益，直至资产的购建或者生产活动重新开始。如果中断是所购建或者生产的符合资本化条件的资产达到预定可使用或者可销售状态必要的程序，则借款费用的资本化应当继续进行。

【例11-23】东方公司为购建一条新的生产线（工期两年），于20×1年1月1日向某金融机构取得期限为3年的人民币借款5 000 000元，并当即将该资金投入生产线的购建工程中，20×2年12月31日该生产线达到预定可使用状态。该借款年利率为6%，合同规定到期一次还本付息，单利计息。相关账务处理如下：

①取得借款时

借：银行存款　　　　　　　　　　　　5 000 000

　贷：长期借款——本金　　　　　　　　　　5 000 000

② 20×1年、20×2年，借款利息为每月25 000元（5 000 000 × 6%÷12），符合资本化条件，应计入在建工程

借：在建工程　　　　　　　　　　　　25 000

　贷：长期借款——应计利息　　　　　　　　25 000

③ 20×3年，借款利息为每月25 000元（5 000 000 × 6%÷12），因为工程已经完工不符合借款费用资本化条件，应计入财务费用

借：财务费用　　　　　　　　　　　　25 000

　贷：长期借款——应计利息　　　　　　　　25 000

④ 20×3 年年末，全部偿还该笔借款的本金和利息时

借：长期借款——本金　　5 000 000

　　长期借款——应计利息　　900 000

　贷：银行存款　　5 900 000

### 11.3.3 应付债券

应付债券（bonds payable）是企业依照法定程序发行，约定在一定期限内还本付息的有价证券，是企业为筹集（长期）资金而发行的债券。通过发行债券取得的资金，构成了企业一项非流动负债，企业会在未来某一特定日期按债券所记载的利率、期限等约定还本付息。根据不同的标准，债券可以分为以下几类：①按债券发行有无担保，可分为有担保债券和无担保债券。有担保债券又称抵押债券，是指以特定的资产作抵押，以保证其还本付息的债券。一旦债券发行人违约，信托公司就可变卖处置抵押品，以偿还积欠债券持有人的款项。无担保债券又称信用债券，是指没有抵押物作为保证的债券，其发行完全基于发行者的信用。这种债券风险较大，所以利率较高。②按债券到期日，可分为定期偿还债券和分期偿还债券。同期发行的全部债券在相同的到期日一次偿还的债券，称为定期偿还债券；若同期发行的债券分为不同的到期日分次偿还，则称为分期偿还债券。③按特殊偿还方式，可分为可赎回债券和可转换债券。发行公司有权于债券到期前，按特定价格赎回的债券，称为可赎回债券。发行一定时间后，可以按一定价格转换成发行公司股票的债券，称为可转换债券。

债券发行有面值发行、溢价发行和折价发行三种情况，这通常取决于债券票面利率和市场实际利率的关系。债券票面利率是企业在筹划期间制定的，并事先印刷在债券票面上，不管资金市场的行情如何，发行者都必须按照这种利率支付利息；而债券发行日资金市场的利率则称为市场实际利率。当市场利率等于债券票面利率时，债券就会按其面值价格发行，称为面值发行。当市场利率低于债券票面利率时，债券就会以高于债券面值的价格发行，称为溢价发行，因为企业要按高于市场利率的票面利率支付债权人利息，所以溢价发行是对未来多付利息所作的事先补偿。当市场利率高于债券票面利率时，债券就会以低于债券面值的价格发行，称为折价发行，因为当债券票面利率低于市场利率时，潜在投资者会把资金投向其他高利率的项目，这时债券就应以低于票面价值的价格发行以吸引投资者。因此债券溢价或折价不是债券发行企业的收益或损失，而是发行债券企业在债券存续期内对利息费用的一种调整，这一调整

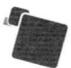

在应付债券的会计处理中有所体现。

企业应通过设置“应付债券”科目，核算应付债券发行、计提利息、还本付息等情况。该科目贷方登记应付债券的本金和利息；借方登记归还的债券本金和利息；期末贷方余额表示企业尚未偿还的长期债券。本科目可按“面值”“利息调整”“应计利息”等设置明细科目进行明细核算。

企业应当设置“企业债券备查簿”，详细登记每一企业债券的票面金额、债券票面利率、还本付息期限与方式、发行总额、发行日期和编号、委托代售单位、转换股份等资料。企业债券到期结清时，应当在备查簿内逐笔注销。

#### 11.3.3.1 面值发行

（1）发行债券

企业按面值发行债券时，应按实际收到的金额，借记“银行存款”等科目，按债券票面金额，贷记“应付债券——面值”科目。

【例 11-24】东方公司于 20×1 年 1 月 1 日发行 3 年期，面值为 20 000 000 元的债券，票面利率为 8%，债券每年 12 月 31 日支付利息，最后一次支付本金。假定市场利率等于票面利率，该债券按面值发行。东方公司账务处理如下：

借：银行存款　　20 000 000

　贷：应付债券——面值　　20 000 000

（2）债券利息的确认

发行长期债券的企业，应按期计提利息：对于按面值发行的债券，在每期采用票面利率计算计提利息时，应当按照与长期借款相一致的原则计入有关成本费用，借记“在建工程”“制造费用”“财务费用”“研发支出”等科目；其中，对于分期付息、到期一次还本的债券，其按票面利率计算确定的应付未付利息通过“应付利息”科目核算；对于一次还本付息的债券，其按票面利率计算确定的应付未付利息通过“应付债券——应计利息”科目核算，应付债券按实际利率（实际利率与票面利率差异较小时也可按票面利率）计算确定的利息费用，应按照与长期借款相一致的原则计入有关成本、费用。

【例 11-25】承【例 11-24】，东方公司发行债券所筹资金于当日用于建造固定资产，该在建工程于20×1年12月31日完工，因此本年计提的应付债券利息应按照《企业会计准则第17号——借款费用》的规定预计资本化，即作为在建工程成本。东方公司账务处理如下：

借：在建工程　　1 600 000

　贷：应付利息　　1 600 000

本例中，至20×1年12月31日，企业债券发行在外的时间为一年，该年应计的债券利息为：20 000 000 × 8%=1 600 000（元）。由于该长期债券为分期付息、到期一次还本的债券，因此利息1 600 000元应记入“应付利息”科目，支付该利息时：

借：应付利息　　1 600 000

　贷：银行存款　　1 600 000

20×2年12月31日，由于固定资产已经完工，东方公司计提的应付债券利息不再计入在建工程。该公司确认实际利息、支付票面利息的分录如下：

借：财务费用　　1 600 000

　贷：应付利息　　1 600 000

借：应付利息　　1 600 000

　贷：银行存款　　1 600 000

（3）债券还本付息

长期债券到期，企业支付债券本息时，借记“应付债券——面值”和“应付债券——应计利息”等科目，贷记“银行存款”等科目。

【例11-26】承【例11-24】和【例11-25】，20×3年12月31日，东方公司确认实际利息、支付票面利息和偿还债券本金。相关财务处理如下：

借：财务费用　　1 600 000

　贷：应付利息　　1 600 000

借：应付利息　　1 600 000

　贷：银行存款　　1 600 000

借：应付债券——面值　　20 000 000

　贷：银行存款　　20 000 000

### 11.3.3.2　溢折价发行

【例11-27】承【例11-24】，如果票面利率仍为8%，而市场利率为6%，则债券的发行价格计算如下：

发行价格＝债券面值×（*PV*，*i*，*n*）+各期利息×（*PA*，*i*，*n*）

＝20 000 000×（*PV*，6%，3）+1 600 000×（*PA*，6%，3）

＝20 000 000×0.840+1 600 000×2.673

＝21 076 800（元）

其中，*PV*表示复利现值系数，*PA*表示年金现值系数，*i*表示实际利率，*n*表示计息次数。从计算结果看，由于票面利率高于市场利率，故债券溢价发行。

按实际利率法进行摊销，则可编制利息费用表，如表11-1所示。

表11-1　债券溢价摊销表（实际利率法）

单位：元

| 计息日期 | 应付利息 | 利息费用 | 摊销的利息调整 | 未摊销的利息调整 | 债券的摊余成本 |
|---|---|---|---|---|---|
| | （1）=面值×票面利率 | （2）=上一期（5）×实际利率 | （3）=（1）-（2） | （4）=上一期（4）-（3） | （5）=上一期（5）-（3） |
| 20×1年1月1日 | | | | 1 076 800 | 21 076 800 |
| 20×1年12月31日 | 1 600 000 | 1 264 608 | 335 392 | 741 408 | 20 741 408 |
| 20×2年12月31日 | 1 600 000 | 1 244 484 | 355 516 | 385 892 | 20 385 892 |
| 20×3年12月31日 | 1 600 000 | 1 214 108 | 385 892 | 0 | 20 000 000 |
| 合计 | 4 800 000 | 3 723 200 | 1 076 800 | — | — |

各年的会计分录如下：

（1）20×1年1月1日，溢价发行债券

借：银行存款　　21 076 800

　贷：应付债券——面值　　20 000 000

　　　　　　——利息调整　　1 076 800

（2）20×1 年 12 月 31 日，确认实际利息（符合借款费用资本化条件）、支付票面利息

借：在建工程　　1 264 608
　　应付债券——利息调整　　335 392
　贷：应付利息　　1 600 000
借：应付利息　　1 600 000
　贷：银行存款　　1 600 000

（3）20×2 年 12 月 31 日，确认实际利息（不符合借款费用资本化条件）、支付票面利息

借：财务费用　　1 244 484
　　应付债券——利息调整　　355 516
　贷：应付利息　　1 600 000
借：应付利息　　1 600 000
　贷：银行存款　　1 600 000

（4）20×3 年 12 月 31 日，确认实际利息（不符合借款费用资本化条件）、支付票面利息和偿还债券本金

借：财务费用　　1 214 108
　　应付债券——利息调整　　385 892
　贷：应付利息　　1 600 000
借：应付利息　　1 600 000
　贷：银行存款　　1 600 000
借：应付债券——面值　　20 000 000
　贷：银行存款　　20 000 000

【例 11-28】承【例 11-24】，如果票面利率仍为 8%，市场利率为 10%，其他条件不变，则债券发行价格可计算如下：

发行价格 = 20 000 000 ×（*PV*，10%，3）+ 1 600 000 ×（*PA*，10%，3）
　　　　= 20 000 000 × 0.751 + 1 600 000 × 2.487
　　　　= 18 999 200（元）

这表明债券折价发行。仍采用实际利率法，则可编制债券折价摊销表，如表 11-2 所示。

表11-2　债券折价摊销表（实际利率法）

单位：元

| 计息日期 | 应付利息 | 利息费用 | 摊销的利息调整 | 未摊销的利息调整 | 债券的摊余成本 |
|---|---|---|---|---|---|
| | ①=面值×票面利率 | ②=上一期⑤×实际利率 | ③=②-① | ④=上一期④-③ | ⑤=上一期⑤+③ |
| 20×1年1月1日 | | | | 1 000 800 | 18 999 200 |
| 20×1年12月31日 | 1 600 000 | 1 899 920 | 299 920 | 700 880 | 19 299 120 |
| 20×2年12月31日 | 1 600 000 | 1 929 912 | 329 912 | 370 968 | 19 629 032 |
| 20×3年12月31日 | 1 600 000 | 1 970 968 | 370 968 | 0 | 20 000 000 |
| 合计 | 4 800 000 | 5 800 800 | 1 000 800 | — | — |

各年会计分录如下：

①20×1年1月1日，折价发行债券

借：银行存款　　18 999 200

　　应付债券——利息调整　　1 000 800

　贷：应付债券——面值　　20 000 000

②20×1年12月31日，确认实际利息（符合借款费用资本化条件）、支付票面利息

借：在建工程　　1 899 920

　贷：应付利息　　1 600 000

　　　应付债券——利息调整　　299 920

借：应付利息　　1 600 000

　贷：银行存款　　1 600 000

③20×2年12月31日，确认实际利息（不符合借款费用资本化条件）、支付票面利息

借：财务费用　　1 929 912

　贷：应付利息　　1 600 000

　　　应付债券——利息调整　　329 912

借：应付利息　　　　　　　　　　　　　　　　　　1 600 000
　贷：银行存款　　　　　　　　　　　　　　　　　　1 600 000

④ 20×3 年 12 月 31 日，确认实际利息（不符合借款费用资本化条件）、支付票面利息和偿还债券本金

借：财务费用　　　　　　　　　　　　　　　　　　1 970 968
　贷：应付利息　　　　　　　　　　　　　　　　　　1 600 000
　　　应付债券——利息调整　　　　　　　　　　　　　370 968
借：应付利息　　　　　　　　　　　　　　　　　　1 600 000
　贷：银行存款　　　　　　　　　　　　　　　　　　1 600 000
借：应付债券——面值　　　　　　　　　　　　　　20 000 000
　贷：银行存款　　　　　　　　　　　　　　　　　20 000 000

### 11.3.4 或有事项、预计负债与或有负债

#### 11.3.4.1 或有事项

或有事项（contingencies），是指过去的交易或者事项形成的，其结果须由某些未来事项的发生或不发生才能决定的不确定事项。例如，企业因违反有关环境保护的规章制度而被起诉，如无特殊情况，企业很可能会败诉。但是，在诉讼成立时，该企业因败诉将支出多少金额，或支出发生在何时，是难以确知的，只能由未来的判决结果来确定。这就是一种典型的或有事项。常见的或有事项包括：未决诉讼或未决仲裁、债务担保、产品质量保证（含产品安全保证）、亏损合同、重组义务、承诺、环境污染整治等。

#### 11.3.4.2 预计负债的确认

如果与或有事项相关的义务同时符合以下条件，企业应将其确认为负债：

①该义务是企业承担的现时义务而非潜在的义务。例如，甲公司因违反生产安全条例造成严重生产事故，为此，甲公司将要承担赔偿义务。违规事项发生后，甲公司随即承担的是一项现时义务。再如，甲公司与乙公司发生经济纠纷，调解无效，甲公司向法院提起诉讼。至会计年度末法院尚未做出判决，但法庭调查表明，乙公司的行为违反了国家的有关经济法规。这种情况表明，对乙公司而言，一项现时义务已经

产生。

②该义务的金额能够可靠地计量。即因或有事项产生的现时义务的金额能够合理估计。由于或有事项具有不确定性，因此，因或有事项产生的现时义务的金额也具有不确定性，需要估计。比如，甲企业（被告）涉及一桩诉讼案。根据以往的审判案例推断，甲企业很可能要败诉，相关的赔偿金额也可以估算出一个范围。在这种情况下，可以认为甲企业因未决诉讼承担的现时义务的金额能够可靠地估计，从而应对未决诉讼确认一项负债。但是，如果没有以往的案例可与甲企业涉及的诉讼案作比照，而相关的法律条文又没有明确解释，那么即使甲企业可能败诉，在判决以前通常也不能推断现时义务的金额能够可靠估计，对此，甲企业不应对未决诉讼确认一项负债。

③该义务的履行很可能导致经济利益流出企业。比如，丙企业与丁企业签订协议，承诺为丁企业的两年期银行借款提供全额担保。丙企业由于担保事项而承担了一项现时义务。这项义务的履行是否很可能导致经济利益流出企业，需依据丁企业的经营情况和财务状况等因素来定。假定丁企业财务状况良好，如果没有其他特殊情况，一般可以认定丁企业不会违约，从而丙企业履行承担的现时义务不是很可能导致经济利益流出。假定丁企业的财务状况恶化，且没有迹象表明可能发生好转。此种情况出现，表明丁企业很可能违约，从而丙企业履行承担的现时义务将很可能导致经济利益流出企业。

根据《企业会计准则》的规定，各种可能性及其对应的概率如表 11–3 所示。

表11–3　义务履行导致经济利益流出企业的可能性

| 结果的可能性 | 对应的概率区间 |
| --- | --- |
| 基本确定 | 大于 95% 但小于 100% |
| 很可能 | 大于 50% 但小于或等于 95% |
| 可能 | 大于 5% 但小于或等于 50% |
| 极小可能 | 大于 0 但小于或等于 5% |

企业因或有事项而履行现时义务时，导致经济利益流出企业的可能性超过 50% 以上，而且其损失金额可以合理估计的，则必须确认为一项负债，计入“预计负债”账户，该负债应在资产负债表中单项列示；如果或有负债实际发生的可能性超过 50% 以上，但是相关的金额无法可靠估计，则企业应以附注加以披露，披露的内容包括或有负债的形成原因、产生的影响、金额无法估计的理由等；企业因义务的履行而导致经济利益流出企业的可能性介于 0 ～ 5% 之间，且对财务和经营影响较大的，或可能性介于 5% ～ 50% 之间的或有损失，均应以附注形式加以披露。

### 11.3.4.3 预计负债的计量

根据《企业会计准则》的规定，当与或有事项有关的义务符合确认为负债的条件时，应当将其确认为预计负债，预计负债应当按照履行相关现时义务所需支出的最佳估计数进行初始计量。其中，最佳估计数的确定应分以下两种情况考虑。

（1）所需支出存在一个金额范围

如果所需支出存在一个金额范围，则最佳估计数应该按该范围的上、下限金额的平均数确定。例如甲公司认为很可能赔偿的金额在50万元至70万元，则按其中间值确定预计负债60万元。

（2）所需支出不存在一个金额范围

如果所需支出不存在一个金额范围，则最佳估计数应按以下方法确定：

①或有事项涉及单个项目时，最佳估计数按最可能发生金额确定。所谓“涉及单个项目”，是指或有事项涉及的项目只有一个，比如一项未决诉讼、一项未决仲裁或一项债务担保等。例如，根据专业人士的判断，甲公司在案件中胜诉的可能性为40%，败诉的可能性为60%。如果败诉，将要赔偿90万元，则甲公司应确认的负债金额（最佳估计数）为最可能发生的金额90万元。

②或有事项涉及多个项目时，最佳估计数按各种可能发生额及其概率计算确定。例如，在产品质量保证中，可能有许多客户提出产品保修要求，企业对这些客户负有保修义务。例如，甲公司20×1年销售产品4万件，销售额为2.4亿元。根据公司的产品质量保证条款，在产品售出后的1年内，公司将免费修理有正常质量问题的产品。根据以往的经验，质量问题较小的，修理费一般为销售额的1%；发生较大质量问题的，则修理费一般为销售额的2%。另据估计，本年度所售产品中有85%将不会发生质量问题，有10%将发生较小的质量问题，有5%将发生较大的质量问题。则该公司年末应确认的负债金额（最佳估计数）为48万元[（2.4亿元 × 1%）× 10% +（2.4亿元 × 2%）× 5%]。

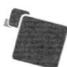

在某些情况下，企业清偿因或有事项而确认的负债所需支出的全部或部分预期可以得到第三方或其他方的补偿。比如，发生交通事故时，企业可以从保险公司获得合理补偿；又如，在某些索赔诉讼中，企业可以通过反诉讼的方式对索赔人或第三方另行提出赔偿要求。当企业预期的补偿金额基本确定能收到时，则可以作为一项资产单独确认，且确认的补偿金额不能超过所确认负债的账面价值。所谓“基本确定”，是指预期获得补偿的可能性大于95%但小于100%的情形。这里有两点需要说明：一是企

业应将基本确定能收到的金额单独确认为一项资产。比如，某公司因或有事项确认了一项负债 60 万元；同时，又因该或有事项，公司可以从其他单位获得 35 万元的赔偿，且这项金额基本确定能收到。这时，该公司应分别确认一项负债 60 万元和一项资产 35 万元，而不能只确认一项金额为 25 万元（60-35）的负债。二是确认的补偿金额不应超过所确认负债的账面价值（本例中为 60 万元）。

【例 11-29】20×1 年 11 月，东方公司因违约被万盛公司起诉，要求其赔偿损失共计人民币 150 万元。直到 20×1 年 12 月 31 日，该案仍在审理中。根据东方公司法律顾问的意见，东方公司败诉的可能性为 60%，胜诉的可能性为 40%。如果败诉，估计需要赔偿 135 万元（含诉讼费 5 万元）。

由于东方公司败诉的可能性为 60%（很可能），其最可能赔偿的金额也是确定的，因此，东方公司应确认一项负债，并在报表附注中披露。其会计分录为：

| | | |
|---|---|---|
| 借：管理费用——诉讼费 | 50 000 | |
| 　　营业外支出——赔偿支出 | 1 300 000 | |
| 　贷：预计负债——未决诉讼 | | 1 350 000 |

### 11.3.4.4 预计负债的披露

在资产负债表中，因或有事项确认的负债应与其他负债项目区别开来，单独反映；同时，还应在财务报表附注中对各项预计负债形成的原因及金额做相应的披露，以使报表使用者获得充分、详细的有关或有事项的信息。同时需要说明的是，如果企业因多项或有事项确认了预计负债，则在资产负债表中一般只需通过“预计负债”项目进行总括反映。在对或有事项确认负债的同时，应确认一项支出或费用。这项支出或费用在利润表中应与其他费用支出项目，如管理费用、销售费用等合并反映，而不需单独列项反映。如果企业基本确定能获得补偿，那么，企业在利润表中反映因或有事项确认的费用或支出时，应将这些补偿金额预先抵减。例如，某公司因违约而确认了 4 万元的一项负债和一项支出，同时又基本确定可以从第三方获得金额为 1.5 万元的补偿。这时，该公司应在利润表中确认损失 2.5 万元，该项损失在利润表中应并入“营业外支出”项目。

企业还应当在附注中披露以下信息：①预计负债的种类、形成原因以及经济利益流出不确定性的说明。②各类预计负债的期初、期末余额和本期变动情况。③与预计负债有关的预期补偿金额和本期已确认的预期补偿金额。

### 11.3.4.5 或有负债

或有事项还可能形成或有负债。或有负债是指企业由于已发生的交易引起的一种潜在债务，其存在需通过未来不确定事项的发生或不发生予以证实；或过去的交易或事项形成的现时义务，履行该义务不是很可能导致经济利益流出企业，或该义务的金额不能可靠地计量。这类负债无论作为潜在义务还是现时义务，均不符合负债确认的条件，因而不予确认。

对极小可能导致经济利益流出企业的或有负债一般不予披露，但是，对某些经常发生或对企业财务状况和经营成果有较大影响的或有负债，即使其导致经济利益流出企业的可能性极小，也应予以充分披露，以确保会计信息使用者获得足够充分和详细的信息。

根据《企业会计准则》的规定，企业应在财务报表附注中披露或有负债的相关信息，例如：①或有负债的种类及其形成原因，包括已贴现商业承兑汇票、未决诉讼、未决仲裁、对外提供担保等形成的或有负债。②经济利益流出不确定性的说明。③或有负债预计产生的财务影响，以及获得补偿的可能性；无法预计的，应当说明原因。

**【本章小结】**

企业融资有两种基本来源：负债和所有者权益。纵观本章，我们已经学习了绝大多数大型企业常见的流动负债和非流动负债。流动负债方面，我们从不同类型债权人的角度，分别学习了短期借款、应付利息、应付票据、应付账款等流动负债的会计处理方法；非流动负债方面，我们主要学习了长期借款、借款费用和应付债券的会计处理方法。

通过负债的性质，我们已经知道负债在几个方面不同于所有者权益，其中最明显的区别是，所有负债最终都会到期。在随后的一章中，我们将注意力转向所有者权益，详细了解所有者权益的重要组成部分。

**【学习目标小结】**

**1.理解负债、流动负债与非流动负债的性质和分类**

负债是指企业过去的交易或者事项形成的、预期会导致经济利益流出企业的现时义务；流动负债是指将在一年（含一年）或者超过一年的一个营业周期内偿还的债务，包括短期借款、应付账款、预收账款等；非流动负债是指偿还期在一年或者超过一年的一个营业周期以上的债务，包括长期借款、应付债券、长期应付款项等。

**2.掌握流动负债主要项目的会计核算**

本章主要以下几个角度学习了流动负债主要项目的核算：①对银行或其他贷款人的负债，如短期借款、应付利息等；②对供应商的负债，如应付票据、应付账款等；③对客户的负债，如预收账款等；④对职工的负债，如应付职工薪酬等；⑤对税务部门的负债，如应交税费等；⑥对所有者的负债，如应付股利等；⑦其他的流动负债，如其他应付款等。

**3.掌握非流动负债主要项目的会计核算**

本章主要学习了长期借款、借款费用和应付债券三个会计科目的核算。

**4.理解借款费用资本化的原则和会计核算**

根据《企业会计准则第 17 号——借款费用》规定：企业发生的借款费用，可直接归属于符合资本化条件的资产的购建或者生产的，应当予以资本化，计入相关资产成本；其他借款费用，应当在发生时根据其发生额确认为费用，计入当期损益。

当同时满足以下 3 个条件时，企业发生的借款费用应当开始资本化：①资产支出已经发生，资产支出包括为购建或者生产符合资本化条件的资产而以支付现金、转移非现金资产或者承担带息债务形式发生的支出；②借款费用已经发生；③为使资产达到预订可使用或者可销售状态所必要的购建或者生产活动已经开始。

**5.了解或有事项、预计负债和或有负债的概念**

或有事项是指过去的交易或者事项形成的，其结果须由某些未来事项的发生或不发生才能决定的不确定事项；或有负债是指企业由于已发生的交易引起的一种潜在债务，其存在需通过未来不确定事项的发生或不发生予以证实，或过去的交易或事项形成的现时义务，履行该义务不一定导致经济利益流出企业，或该义务的金额不能可靠地计量；当或有负债满足下列 3 个条件则应确认为预计负债：①该义务是企业承担的现时义务而非潜在的义务。②该义务的金额能够可靠地计量。③该义务的履行很可能导致经济利益流出企业。

【关键术语】

负债（liabilities）是指企业过去的交易或者事项形成的、预期会导致经济利益流出企业的现时义务。

流动负债（current liabilities）是指将在一年（含一年）或者超过一年的一个营业周期内偿还的债务，包括短期借款、应付账款、预收账款等。

非流动负债（non-current liabilities）是指偿还期在一年或者超过一年的一个营业周期以上的债务，包括长期借款、应付债券、长期应付款项等。

借款费用（borrowing costs）是指企业因借款而发生的利息、折价或溢价的摊销和辅助费用，以及因外币借款而发生的汇兑差额。

应付债券（bonds payable）是企业依照法定程序发行，约定在一定期限内还本付息的有价证券，是企业为筹集（长期）资金而发行的债券。

或有事项（contingencies）是指过去的交易或者事项形成的，其结果须由某些未来事项的发生或不发生才能决定的不确定事项。

## 练习题

【简答题】

1. 何谓负债？负债具有哪些特征？
2. 流动负债与非流动负债有何区别？各包括哪些内容？
3. 短期借款的利息与长期借款的利息在账务处理上有何不同？
4. 如何计算应交增值税、应交消费税、应交城建税？
5. 或有事项有哪些特征？请举几个例子。
6. 或有负债和预计负债有何区别？

【业务题】

### 习题一

1. 目的

练习应付票据的会计处理。

**2. 资料**

20×1年11月1日，华强公司购入一批原材料，价值为35 500元。用银行存款支付5 500元，剩余货款开出一张面值为30 000元、期限为3个月的商业票据。假设：①票据为带息票据，利率为6%；②票据为不带息票据。

**3. 要求**

分别按照两种假设，编制20×1年11月至20×2年1月底有关的会计分录。

## 习题二

**1. 目的**

练习应付账款的会计处理。

**2. 资料**

华强公司20×1年6月发生部分经济业务如下：

（1）6月1日，赊购材料10 000元，付款条件为2/10、N/30。

（2）6月6日，赊购材料50 000元，付款条件为5/10、2/20、N/30。

（3）6月9日，以银行存款支付6月1日的购货款。

（4）6月12日，以银行存款支付6月6日货款的一半。

（5）6月25日，以银行存款支付6月6日的剩余货款。

（6）6月28日，开出一张面值为40 000元3个月期的带息票据，利率为6%，以偿付上月30日购料款（上月赊购材料40 000元，付款条件为2/10、N/30）。

**3. 要求**

根据上述资料，请按总价法编制会计分录。

## 习题三

**1. 目的**

练习长期借款的处理。

**2. 资料**

华强公司为购建一栋新的办公大楼，于20×1年1月1日从银行借入资金1 000万元，借款期限为3年，年利率为10%，合同规定到期一次还本付息，单利计息。该项借款当月立即被用于办公大楼的构建，20×2年12月31日该办公大楼竣工决算，达到预定可使用状态。

**3. 要求**

根据上述资料，编制20×1年至20×3年有关会计分录。

## 习题四

**1. 目的**

练习应付债券的会计处理。

**2. 资料**

华强公司于20×1年1月1日发行面值为1 000 000元的债券，期限为5年，票面利率为6%，利息在每年的12月31日支付。假设：

（1）债券发行日的市场利率为6%，债券发行价为1 000 000元。

（2）债券发行日的市场利率为7%，债券发行价为958 998元。

（3）债券发行日的市场利率为5%，债券发行价为1 043 294元。

**3. 要求**

根据以上3种假设，分别编制20×1年至20×5年的有关债券发行、确认实际利息、支付票面利息和偿还债券本金的会计分录。

## 习题五

**1. 目的**

练习或有事项的处理。

**2. 资料**

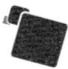

华强公司20×1年11月因多次违规排放污染物而遭到附近居民的起诉，要求赔偿

有关损失共计 600 000 元。截至当年 12 月 31 日，该案正在审理之中。该公司的法律顾问估计，公司有 75% 的可能会败诉，败诉后将支付 40 000 元的诉讼费，赔偿的金额可能在 300 000 ～ 500 000 元。

### 3. 要求

请问该公司对这一或有事项应该怎样进行会计处理？如果公司败诉的可能性是 40%，公司又应该如何处理？

### 【案例讨论题】

东方股份有限公司准备建造一条新的生产流水线，需要筹集资金 1 000 000 元，公司正考虑是通过举借长期负债还是通过发行股票来筹措资金。公司现在没有任何长期负债，该公司最近一期资产负债表的有关数据摘录如下（见表 11-4）：

表11-4　东方公司资产负债表

20×1 年 12 月 31 日　　单位：元

| 资产 | | 负债和所有者权益 | |
|---|---|---|---|
| 流动资产 | 200 000 | 流动负债 | 146 000 |
| 非流动资产 | 3 000 000 | 股本 | 500 000 |
| | | 资本公积 | 500 000 |
| | | 未分配利润 | 2 054 000 |
| 资产合计 | 3 200 000 | 权益合计 | 3 200 000 |

**讨论：**

东方公司如果举借长期负债筹资，会对企业的资本结构，未来的经营业绩、现金流量产生哪些影响？东方公司如果发行股票来筹资，会对企业的资本结构，未来的经营业绩、现金流量产生哪些影响？这两种不同的筹资方式各有什么优缺点？

# 第12章　所有者权益

## 【学习目标】

1. 了解所有者权益的性质与分类。
2. 掌握不同组织形式下所有者投入资本的会计处理。
3. 熟悉资本公积的来源及会计处理。
4. 掌握留存收益的组成及会计处理。
5. 了解其他综合收益的内容及会计处理。
6. 了解弥补亏损的会计处理。

## 【引导案例】

### 格力电器的实际控制人与公司之间的产权关系

格力电器（交易代码000651），公司股票发行与上市情况：

（1）公司发行股票情况

依据中国证监会证监许可〔2011〕1500号《关于核准珠海格力电器股份有限公司增发股票的批复》，2012年公司公开发行189 976 689股，发行价格为17.16元/股，募集资金总额3 259 999 983.24元，扣除发行费用64 712 976.37元，募集资金净额3 195 287 006.87元。经深圳证券交易所批准，公司本次增发的新股共计189 976 689股，于2012年2月3日上市。

（2）公司没有内部职工股

（3）公司股东情况报告

期末股东总数308 228家，年度报告披露日前上一月末普通股股东总数496 265家。第一大股东持股比例（%）与报告期末持股数量：珠海格力集团有限公司（国有法人）18.22%；报告期内增减变动情况0；质押或冻结股份数量43 632 750。

（4）公司控股股东情况

法定代表人/单位负责人为董明珠，控股股东为珠海格力集团有限公司。

格力集团是珠海市国企目前规模最大、实力最强的企业集团之一。2019 年 12 月 31 日公司与实际控制人之间的产权及控制关系如图 12-1 所示。

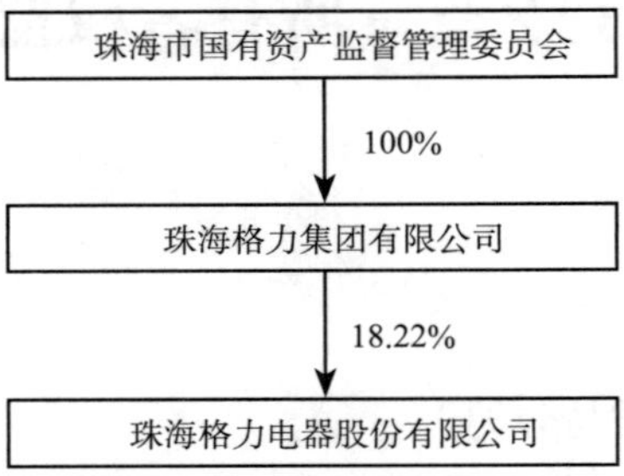


**图12-1　公司与实际控制人之间的产权及控制关系方框图**

2019 年年末公司资本公积余额 93 379 500.71 元，其中股本溢价 26 979 063.83 元，其他资本公积 66 400 436.88 元；其他综合收益 6 260 291 981.13 元；盈余公积余额 3 499 671 556.59 元，其中法定盈余公积 2 530 583 291.14 元，任意盈余公积 969 088 265.45 元。期末未分配利润 93 794 643 539.49 元。

经 2019 年 1 月 16 日临时股东大会及 2019 年 6 月 26 日股东大会决议，本公司向全体股东派发现金股利，分别为每 10 股派发现金人民币 6.00 元（含税）及每 10 股派发现金人民币 15.00 元（含税），按照已发行股份 6 015 730 878 股计算，本年实际发放现金股利 12 633 034 843.80 元。

资料来源：根据格力电器 2019 年年报资料整理

我们在案例资料中看到，实收资本、资本公积、其他综合收益、盈余公积和未分配利润均属于所有者权益，这些报表项目的具体含义是什么，它们相互之间是否有关系等问题，是本章将要学习的。

## 12.1　所有者权益的性质与分类

### 12.1.1　所有者权益的性质

所有者权益又称净资产，是企业全部资产扣除全部负债后，由所有者享有的剩余权益。所有者权益反映了所有者对企业净资产的要求权，它可以通过对基本会计等式“资产 = 负债 + 所有者权益”的转换推导而得出，即资产 − 负债 = 所有者权益，其金额为企业全部资产减去全部负债后的余额。所有者权益包括投入资本和留存收益等。

企业从事生产经营活动所需的全部资产来自两个渠道：一是负债，二是投资者的投资及其增值。因此，债权人和投资者对企业的资产均拥有要求权，都反映在资产负债表的右方，负债和所有者权益的合计总额等于资产总额。负债（债权人权益）和所有者权益（投资人权益）统称为权益，但是，负债和所有者权益之间主要有以下区别。

（1）性质不同

所有者权益是投资者享有的对投入资本及其运用所产生盈余（或亏损）的权利；负债是在经营或其他活动中所发生的债务，是债权人要求企业清偿的权利。

（2）享受的权利不同

所有者可通过股东大会或董事会，对企业生产经营及盈利分配等政策施加影响。享有参与收益分配、参与经营管理等多项权利，但对企业资产的要求权在顺序上置于债权人之后，即只享有对剩余资产的要求权；债权人无权过问企业的重大生产经营政策，也无权分享企业的盈利，只享有到期收回本金及利息的权利，在企业清算时，有优先获取资产赔偿的要求权。

（3）偿还期限不同

所有者权益一般只有在企业解散清算时（按法律程序减资等除外），或在破产清算时才可能将剩余的权益返还给投资者，即不存在约定的偿还日期，因而是企业的一项可以长期使用的资金；负债必须于一定时期（特定日期或确定的日期）偿还。为了保证债权人的利益不受侵害，法律规定债权人对企业资产的要求权优先于投资者，因此债权又称为第一要求权。投资者具有对剩余财产的要求权，故又称剩余权益。

（4）风险不同

所有者能够获得多少收益具有不确定性，需视企业的盈利水平及经营政策而定，风险较大；债权人获取的收益是按一定利率计算的利息，一般预先可以确定固定数额，无论盈亏，债务人都要按期付息，风险相对较小。

企业的组织形式不同所有者权益的表现形式也不同：①独资企业。所有者权益以“业主权益”的形式出现，所有者权益由一人独享。②合伙制企业。所有者权益由合伙人分享，所有者权益表现为“合伙人权益”。③公司制企业。包括有限责任公司和股份有限公司。采用公司组织形式的企业，所有者权益就是股东权益。

无论规模大小，公司制是许多企业选择的组织形式。企业采用公司制的原因很多。其中，最重要的原因有两个：一是有限的股东责任；二是所有权的可转让性。

不同组织形式的企业，对于资产、负债、收入、费用和利润的会计核算大同小异，但对所有者权益核算却存在一定差别，公司制企业，尤其是股份有限公司对所有者权益的核算比其他类型企业更为复杂和详细。

### 12.1.2 所有者权益的分类

所有者权益按形成的来源不同，可分为投入资本、直接计入所有者权益的利得和损失、留存收益，如图 12-2 所示；为了反映所有者权益的构成情况，便于会计信息使用者了解企业所有者权益的来源及其变动情况，在会计实务中，会计核算和财务报表上将所有者权益划分为实收资本（股本）、资本公积、其他综合收益、盈余公积、未分配利润 5 个部分，需要分别设置总账（或明细账）进行核算，在资产负债表中单列项目予以反映；所有者权益各项目的变动情况，则在“所有者权益变动表”中予以反映；至于各种投资主体的资本构成，可在会计报表附注中予以说明。

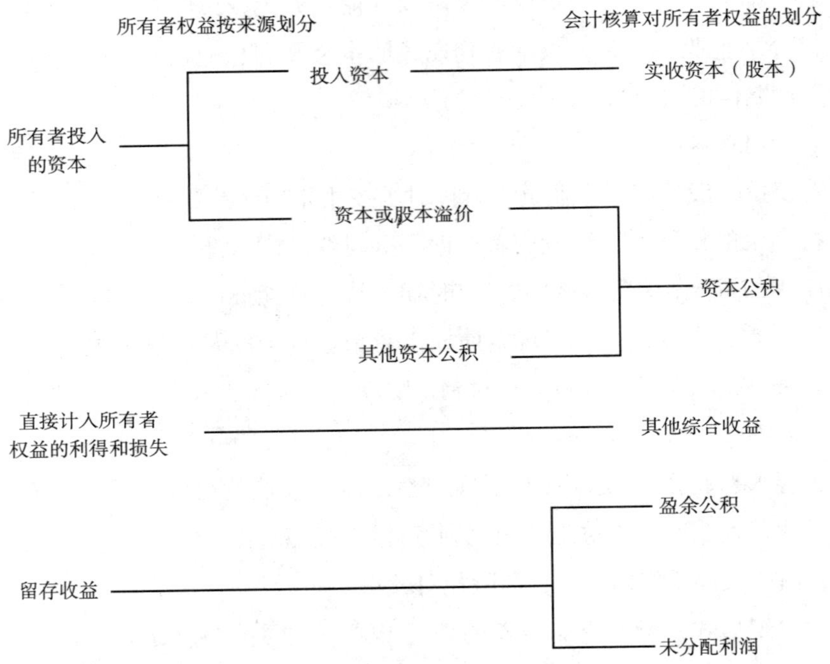


图12-2 所有者权益两种分类的关系

目前，我国的企业组织形式有公司制、合伙制企业、个人独资企业等。由于企业的特性和法律规范的不同，其所有者权益的构成也有所不同。由于股份有限公司最能够体现所有者权益的特征，其会计处理也最为复杂和最具代表性，本章将主要以公司制企业为例阐述所有者权益的核算。

其他综合收益的内容与核算过程相对复杂，本章略。

# 12.2 投入资本

## 12.2.1 投入资本的性质

投入资本是指投资者投入企业的各种资产的价值，包括实收资本（或股本）和资本公积。实收资本是投资者作为资本投入企业的各种财产的价值，是企业注册登记的法定资本总额的来源，它表明所有者对企业的基本产权关系。是企业正常运行所必需的资金，企业在一般情况下无须偿还，可以长期周转使用。在股份制企业，实收资本称为股本。

《中华人民共和国公司法》(以下简称《公司法》) 所称的公司，是指依法在中国境内设立的有限责任公司和股份有限公司。《公司法》第六条规定：“设立公司，应当依法向公司登记机关申请设立登记。符合本法规定的设立条件的，由公司登记机关分别登记为有限责任公司或者股份有限公司。”第七条规定：“依法设立的公司，由公司登记机关发给公司营业执照，如图 12-3 所示。公司营业执照签发日期为公司成立日期。”

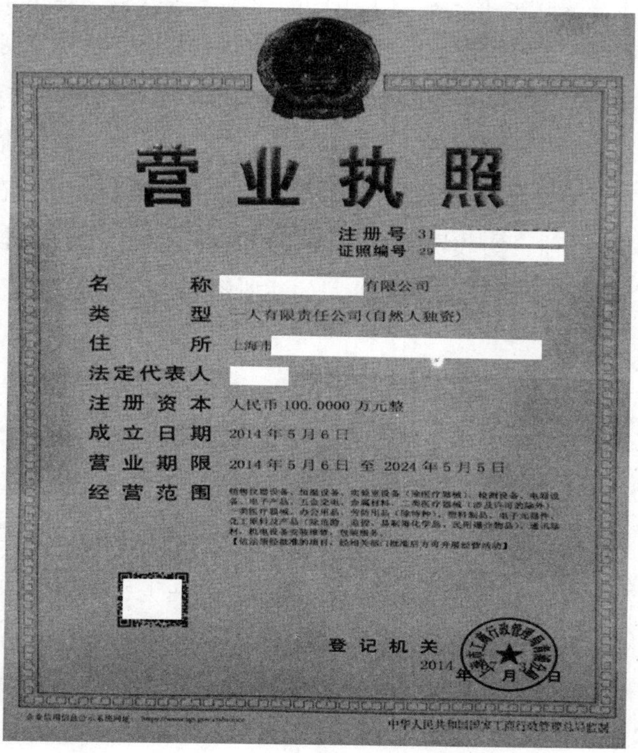


图12-3 企业法人营业执照

【延伸知识】

2014年，国务院发布的20号文件要求，由工商总局、中央编办牵头负责，简化手续，缩短时限，鼓励探索实行工商营业执照、组织机构代码证和税务登记证“三证合一”登记制度。根据国家工商总局的部署，2015年将在全国范围全面推行“三证合一”登记制度改革。“三证合一”方便企业，能降低交易成本，提高交易透明度，鼓励投资兴业，是“健全社会诚信的一项好制度”。

资料来源：国发〔2014〕20号文件《国务院关于促进市场公平竞争维护市场正常秩序的若干意见》

按照我国《公司法》第二十三条规定，设立有限责任公司，必须有符合公司章程规定的全体股东认缴的出资额；第七十六条规定，设立股份有限公司，必须有符合公司章程规定的全体发起人认购的股本总额或者募集的实收股本总额。因此，投资者设立企业必须具有投资者投入并依法登记的注册资本等条件。

我国实行的是注册资本制度，要求企业的实收资本与其注册资本一致。

“注册资本”与“实收资本”是两个不同的概念。实收资本是指企业投资者按照企业章程规定或合同、协议的约定，实际投入企业的资本。按照《公司法》第二十六条规定，有限责任公司的注册资本为企业在工商机关依法登记的全体股东认缴的出资额。由于我国《公司法》允许分期出资，因此，有限责任公司有时是分阶段收到股东的出资额的。“实收资本”是全体股东实际交付并经公司登记机关依法登记的出资额。在股东尚未缴齐注册资本以前，实收资本在某段时间内可能少于注册资本；在股东缴齐了注册资本后，实收资本等于注册资本。公司的注册资本与实收资本最终应当一致。

【延伸知识】

2014年3月1日实施的《公司法》在放宽公司注册资本登记条件方面的修改内容：

（1）放宽了注册资本登记条件，取消了公司注册资本最低限额制度。①将第二十三条有限责任公司设立条件中的“股东出资达到法定资本最低限额”修改为“有符合章程规定的全体股东认缴的出资额”；②删去第五十九条第一款、第二十六条第二款和第八十一条第三款中有关公司注册资本最低限额的规定；③将第七十七条股份有限公司设立条件中的“发起人认购和募集的股本达到法定资本最低限额”修改为“有符合章程规定的全体发起人认购的股本总额或者募集的实收股本总额”；④删去第一百七十八条第三款有关公司减资后注册资本不得低于法定的最低限额的规定。

如此，除了法律行政法规以及国务院决定对公司注册资本最低限额另有规定的情况之外，取消了有限责任公司最低注册资本3万元，一人有限责任公司最低注册资本10万元，股份有限公司最低注册资本500万元的限制。

（2）不再限制公司设立时股东的首次出资比例，也不再限制股东的货币出资比例缴足出资期限。①删去第二十六条第一款和第八十一条第一款中有关公司全体股东（发起人）的首次出资比例的规定；②将第八十四条第一款中的“一次缴纳的发起人应即缴纳全部出资，分期缴纳的发起人应即缴纳首期出资”修改为“并按照章程规定缴纳出资”。

资料来源：根据《公司法》整理

实收资本的构成比例，即投资者的出资比例或股东的股份比例，通常是确定所有者在企业所有者权益中所占的份额和参与企业经营决策的基础，也是企业进行利润分配或股利分配的主要依据，同时还是企业清算时确定所有者对净资产的要求权的依据。

### 12.2.2 所有者投入资本的核算

为了全面反映企业投入资本的形成过程和结果，在会计核算上，股份有限公司需要设置“股本”账户，其他类型企业对所有者投入的资本，设置“实收资本”账户来总括反映其增减变动情况。“实收资本”（或股本）账户应按投资者设置明细账，进行明细核算。

《公司法》第二十七条规定“股东可以用货币出资，也可以用实物、知识产权、土地使用权等可以用货币估价并可以依法转让的非货币财产作价出资”，即投资者可以用现金投资，也可以用房屋、建筑物、机器设备、原材料和库存商品等有形资产投资，符合国家规定的还可以用专利权、商标、土地使用权等无形资产投资。企业应当对作为出资的非货币财产评估作价，核实财产，不得高估或者低估作价。法律、行政法规对评估作价有规定的，从其规定。股东应当按期足额缴纳公司章程中规定的各自所认缴的出资额。以货币出资的，应当将货币出资足额存入公司在银行开设的账户；以非货币出资的，应当依法办理其财产权的转移手续。

不同组织形式的企业，所有者投入资本的会计处理方法也有所不同。

#### 12.2.2.1 非股份制企业投入资本的核算

非股份制企业是指除股份有限公司以外的企业，如有限责任公司、个人独资企业、合伙企业。由于个人独资企业、合伙企业会计核算具有特殊性，本章不介绍其投入资本的会计处理。

《中华人民共和国公司法》第二十四条规定："有限责任公司由五十个以下股东出资设立。"所以，有限责任公司的股东人数有一定的限制，股东以各自的出资额对公司承担有限财产责任，其全部资本不分为等额股份，公司向股东签发出资证明而不发行股票；有限责任公司转让出资，须经股东会讨论通过，公司规模可大可小，适应性强，设立程序简单，组织机构灵活；与有限责任公司不同，股份有限公司股东人数有下限，一般情况下，发起人为 2 人以上、200 人以下，其中须有半数以上在中国境内有住所，其全部资本划分为等额股份，以发行股票方式筹集资本；股票可以交易或转让，一般规模较大，是典型的合资企业，在设立程序上也比较复杂。

企业为全面反映非股份制企业投入资本的形成过程和结果，在会计上需要设立"实收资本"账户，并按投资机构的名称（或投资者个人的姓名）设置明细账户进行明细核算。有限责任公司应当置备股东名册，记载于股东名册的股东，可以依股东名册主张行使股东权利。"实收资本"账户属所有者权益类账户，核算企业实际收到投资人投入的资本。企业实际收到投资者投入的资本或将资本公积、盈余公积转增资本时，借记"银行存款""资本公积""盈余公积"账户，贷记"实收资本"账户。按规定减少投资时登记在该账户的借方，该账户的期末贷方余额反映企业实际拥有的并经由公司登记机关依法登记的资本数额。下面分别以现金方式和非现金方式投资的会计核算进行说明。

（1）现金投资的核算

【例 12-1】20×0 年 1 月 18 日东方公司成立时，接受甲公司投入现金 900 000 元，并存入银行。公司应根据银行通知单编制会计分录如下：

借：银行存款　　900 000

　贷：实收资本——甲公司　　900 000

（2）非现金资产投资的核算

投资者以房屋、建筑物、机器设备等固定资产对企业进行投资时，可按投资合同或协议约定的价值，借记"固定资产"账户，按投资合同或协议约定的在企业注册资本中所占份额的部分贷记"实收资本"账户，投资合同或协议约定的价值（约定价值不公允的除外）超过在企业注册资本中所占份额的部分，贷记"资本公积——资本溢价"账户。

【例 12-2】20×1 年 12 月 9 日东方公司接受丙投资者投入大型设备一台，该设备的账面价值为 300 000 元，已提折旧 40 000 元，投资合同约定该设备的价值为 260 000 元，假定合同约定的该设备的价值与公允价值相符。丙投资者投入的资产占企业注册资本 6 000 000 元的 4%，该大型设备已验收。东方公司应编制的会计分录如下：

| | | |
|---|---|---|
| 借：固定资产 | 260 000 | |
| 贷：实收资本——丙投资者 | | 240 000 |
| 资本公积——资本溢价 | | 20 000 |

### 12.2.2.2 股份有限公司投入资本的核算

股份有限公司，简称股份公司，是指其全部资本划分为等额股份，股东以其所持股份为限对公司承担责任，公司以其全部资产对公司的债务承担责任的企业法人。

股份有限公司与有限责任公司相比具有以下不同的特点。

（1）股份有限公司的全部资本划分为等额股份，每股金额相等，由发起人或股东认购并持有

股份作为公司资本的基本单位，是股份有限公司最重要的特征；股份有限公司股东对公司的责任仅以其所持股份为限，公司则以其全部资产对外承担责任。这与有限责任公司的股东所负的有限责任是同样的。

（2）开放性与社会性

股份有限公司可以通过对外公开发行股票，向社会募集资金。任何投资者都可以通过购买股票而成为股份有限公司的股东，从而使股份有限公司具有了最广泛的社会性。股东可以自由转让其持有的公司股份。并且，为了便于投资者的决策及有利于对公司的法律监管，法律规定了股份有限公司的信息披露制度。所以，股份有限公司也被称为开放性公司。

股份公司的股份按照股东权利不同可以分为普通股和优先股。

普通股是一种最普遍、最重要的形式。我国股份有限公司目前发行的主要是普通股。普通股股东具有以下权利：①投票表决权，即有权参与股份有限公司的重大经营决策和财务决策，一股一投票权；②收益分配权，即对公司实现的税后利润有权按其持股比例予以分享，股息是不固定的，由公司赢利状况及其分配政策决定，普通股股东必须在优先股股东取得固定股息之后才有权享受股息分配权；③优先认股权，即如果公司需要扩张而增发普通股股票时，公司往往赋予普通股股东按其持股比例优先认购新增发行股票的权利，从而保持其对企业所有权的原有比例；④剩余财产要求权，

即在公司歇业清算时，拍卖资产所得收入在偿还债务及优先股股东的投资以后，如果还有剩余资产，将按普通股股东的持股比例进行分配。

优先股是相对于普通股而言的，是指优先于普通股股东分配公司收益和剩余资产的股份。其性质介于公司债券和普通股之间。优先股股东的权利体现在以下方面：①在分派给普通股股东股利之前，采取固定股息率或固定的金额，优先分得股息；②在公司终止营业清算解散时，清偿了公司全部债务后，先于普通股股东分得剩余财产；③优先股的权利范围小，优先股股东对公司日常经营管理的一般事项没有表决权，仅在股东大会表决与优先股股东自身利益直接相关的特定事项时，优先股股东才有投票权。

公司发行优先股主要出于以下考虑：①清偿公司债务；②帮助公司渡过财政难关；③欲增加公司资产，又不影响普通股股东的控制权。

【延伸知识】

在我国，发行优先股的公司除按《国务院关于开展优先股试点的指导意见》制定章程有关条款外，还应当按《优先股试点管理办法》在章程中明确优先股股东的有关权利和义务。

（1）在利润分配上。优先股股东按照约定的票面股息率，优先于普通股股东分配公司利润。公司应当以现金的形式向优先股股东支付利息，在完全支付约定的利息之前，不得向普通股股东分配利润。优先股股东的利润分配优先权也可以采取多种形式，应当在公司章程中作出明确规定。公司应当在公司章程中明确以下事项：①优先股股息率是采用固定股息率还是浮动股息率，并相应明确固定股息率水平或浮动股息率计算方法。②公司在可分配税后利润的情况下是否必须分配利润。③如果公司因本会计年度可分配利润不足而未向优先股股东足额派发股息、差额部分是否累积到下一个会计年度。④优先股股东按照约定的股息率分配股息后，是否有权同普通股股东一起参加剩余利润分配。⑤优先股利润分配涉及的其他事项。

（2）在优先分配剩余财产上。当公司因解散、破产等原因进行清算时，公司财产在按照公司法和破产法有关规定进行清偿后的剩余财产，应当优先向优先股股东支付未派发的股息和公司章程约定的清算金额，不足以支付的按照优先股股东持股比例分配。

（3）优先股股东不出席股东大会。出现以下情况之一的，公司召开股东大会会议应通知优先股股东，并遵循《公司法》及公司章程通知普通股股东的规定程序。优先股股东有权出席股东大会会议，就以下事项与普通股股东分类表决，其所持每一优先股有一表决权，但公司持有的本公司优先股没有表决权：①修改公司章程中与优先股相关的内容；②一次或累计减少公司注册资本超过百分之十；③公司合并、分立、解散或变更公司形式；④发行优先股；⑤公司章程规定的其他情形。此外，如果公司累计3个会计年度或连续2个会计年度未按约定支付优先股股息的，优先股股东有权出席股东大会，每股优先股股份享有公司章程规定的表决权。对于股息可累积到下一个年度的优先股，表决权恢复直至公司全额支付所欠股息。对于股息不可累积的优先股，表决权恢复直至公司全额支付当年股息。当然公司章程可规定优先股表决权恢复的其他情形。

（4）优先股转股回购的规定。公司还可以在公司章程中规定优先股转为普通股、发行人回购优先股的条件、价格和比例。

资料来源：2014年3月21日中国证券监督管理委员会【第97号令】《优先股试点管理办法》

股份公司的投入资本在进行会计处理时，设置“股本”账户核算其股东投入企业的股本。在“股本”账户下应按股份的类别及股东单位或姓名设置明细账，提供企业股份的构成情况。此外，还可以设置股本备查簿，详细记录企业核定的股本总额、股份总数及每股面值等情况。“股本”账户属所有者权益类账户。该账户贷方登记企业已发行的股票面值或实际收到的投资者投入的股本数；借方登记企业按法定程序报经批准减少的注册资本数，该账户的期末贷方余额，反映的是股份有限公司实有的股本总额。企业实际收到投资者投入的资本或将资本公积、盈余公积转增资本时，借记“银行存款”“资本公积”“盈余公积”账户，贷记“股本”账户。

股份有限公司应根据不同的设立方式，选择不同的会计处理方法。

（1）股份有限公司设立方式

股份有限公司可以采取发起设立或者募集设立的方式。

①发起设立，是指由发起人认购公司应发行的全部股份而设立的公司。按照《公司法》第八十条规定，股份有限公司采取发起设立方式设立的，注册资本为在公司登记机关登记的全体发起人认购的股本总额。在发起人认购的股份缴足前，不得向他人募集股份。发起设立方式的特点是：公司的全部股份全部由发起人认购，不向发起人之外的任何人募集股份，一般不会发生设立公司失败的情况，因此，其筹资风险小；采用发起式筹集资本，因为股东是固定的，所以无须聘请证券商向社会广泛募集资金。在一般情况下，其筹集费用很低，仅发生一些股权证印刷费之类的小额费用，可以直接计入管理费用。

②募集设立，是指由发起人认购公司应发行股份的一部分，其余股份向社会公开

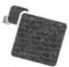

募集或者向特定对象募集而设立公司。按照《公司法》第八十条规定，股份有限公司采取募集方式设立的，注册资本为在公司登记机关登记的实收股本总额。募集设立方式的特点是：公司股份由发起人认购的股份不得少于公司发行股份总数的35%，其余部分可以采用向其他法人或自然人以发行股票的方式进行募集，其筹资对象广泛，在资本市场不景气或股票的发行价格不恰当的情况下，有发行失败（即股票未被全部认购）的可能，按照有关规定发行失败损失由发起人承担，其筹资风险大，因此，企业往往需要委托第三方（券商）发行股票。由于募集过程中从投资者认购到实际缴纳股款要经过大量工作并发生比较多的费用，所以，支付给证券商的发行费一般比较高。发行费在会计上的处理方法是：如果该公司的股票是溢价发行，则可以从溢价金额中扣除发行费等费用，冲减"资本公积——股本溢价"，溢价不足抵扣的，冲减盈余公积和未分配利润；如果是无溢价发行股票或者溢价金额不足以抵扣的，那么其不足抵扣的部分可冲减盈余公积、未分配利润。

（2）公司发行股票筹集资金的核算

股份有限公司不同于其他企业最显著的特点就是将企业的全部资本划分为等额股份，并通过发行股票方式来筹集资本。股本就是股票的面值与股份总数的乘积，股本应等于企业的注册资本。按照国家有关规定，股份有限公司的股本应在核定的股本总额及核定的股份总额范围内通过发行股票取得，企业发行股票取得的实际收入与股本总额往往不一致。公司发行股票取得的收入大于股本总额的，称为溢价发行；小于股本总额的，称为折价发行；等于股本总额的，称为面值发行。按照《公司法》的有关规定，我国不允许公司折价发行股票。无论是面值发行还是溢价发行，记入"股本"账户的金额必须是股票面值。因此，在溢价发行的情况下，企业应将相当于股票面值的部分记入"股本"账户，发行价格超过面值的部分在扣除发行手续费、佣金等发行费以后记入"资本公积"账户。

【例12-3】20×1年5月29日东方股份有限公司委托某证券公司代理发行普通股1 000万股，每股面值1元，发行价格每股为2.5元。假定股票发行成功，股款已全部收到。在股票发行过程中发生了发行费用100 000元，从发行收入中扣除。东方公司应计入"股本"的金额是1 000万元。应计入"资本公积"的金额是：1 000×2.5−1 000−10=1 490（万元），应作如下会计分录：

| | | |
|---|---|---|
| 借：银行存款 | 24 900 000 | |
| 贷：股本——普通股 | | 10 000 000 |
| 资本公积——股本溢价 | | 14 900 000 |

### 12.2.3 实收资本（或股本）的增减变动

一般情况下，企业的实收资本应相对固定不变，但在某些特定情况下，实收资本或股本也可能发生增减变化，我国《企业法人登记管理条例实施细则》规定，除国家另有规定外，企业的注册资金应当与实收资本相一致，当实收资本比原注册资金增加或减少超过20%时，应持资金使用证明或者验资证明，向原登记主管机关申请变更登记。如擅自改变注册资本或抽逃资金，要受到工商行政管理部门的处罚。

#### 12.2.3.1 实收资本（或股本）的增加

一般企业增加资本主要有3个途径：接受投资者追加投资，资本公积转增资本和盈余公积转增资本。

企业按规定接受投资者追加投资时，其核算方法与投资者初次投入资本时相同。

企业采用资本公积或盈余公积转增资本时，应按转增的资本金确认实收资本或（股本）。用资本公积转增资本时，借记“资本公积——资本溢价（股本溢价）”账户，贷记“实收资本”（或股本）账户。用盈余公积转增资本时，借记“盈余公积”账户，贷记“实收资本”（或股本）账户。

需要注意的是，由于资本公积和盈余公积均属于所有者权益，用其转增资本时，独资企业直接结转即可。有限责任公司或股份有限公司应该按照原投资者各自出资比例相应增加各自投资者的出资额。

#### 12.2.3.2 实收资本（或股本）的减少

企业按法定程序报经批准减少注册资本的，按减少的注册资本金额减少实收资本。股份有限公司采用收购本公司股票方式减资的，通过“库存股”账户核算回购股份的金额。减资时，按股票面值和注销股数计算的股票面值总额，借记“股本”账户，按注销库存股的账面余额，贷记“库存股”账户，按其差额，借记“资本公积——股本溢价”账户，股本溢价不足冲减的，应借记“盈余公积”“利润分配——未分配利润”账户。如果回购股票支付的价款低于面值总额的，应按股票面值总额，借记“股本”账户，按所注销的库存股账面余额，贷记“库存股”账户，按其差额，贷记“资本公积——股本溢价”账户。

## 12.3 资本公积

### 12.3.1 资本公积的来源

资本公积是企业收到投资者出资超过其在注册资本（或股本）中所占份额的部分，以及其他资本公积等。资本公积包括资本溢价（或股本溢价）和其他资本公积等。

形成资本溢价（或股本溢价）的原因有溢价发行股票、投资者超额缴入资本等。企业在吸收新的投资者时，因企业经营了一段时期后，其资本利润会高于初创阶段，因此，相同数量的投资由于其出资时间不同，其对企业的影响程度也不完全一样。所以新加入的投资者应比原投资者付出更多的投资额，才能拥有相同的出资比例，并享有其权利。出资额超过出资比例的部分应计入“资本公积——资本溢价”账户。

股本溢价是股份公司溢价发行股票时，股票发行价格超过股票面值（即股本）的溢价额。会计处理时，计入“股本”账户的只能按面值计价，超过股票面值的部分在扣除有关股票发行的手续费、佣金后的差额计入“资本公积——股本溢价”账户。

其他资本公积是指除资本溢价（或股本溢价）、净损益、其他综合收益和利润分配以及所有者权益的其他变动。比如，企业的长期股权投资采用权益法核算时，因被投资单位除净损益、其他综合收益以及利润分配以外的所有者权益的其他变动（主要包括被投资单位接受其他股东的资本性投入、被投资单位发行可分离交易的可转债中包含的权益成分、以权益结算的股份支付、其他股东对被投资单位增资导致投资方持股比例变动等），投资企业按应享有份额而增加或减少的资本公积，直接计入投资方所有者权益（资本公积——其他资本公积）。

资本公积的核算包括资本溢价（或股本溢价）的核算、其他资本公积的核算和资本公积转增资本核算等内容。

由上述可见，实收资本或股本是投资者为谋求价值增值而对公司的一种原始投资，从法律上讲属于公司的法定资本。所有者投入资本需要分别在“实收资本”或“股本”和“资本公积”账户进行核算。

资本公积是归所有者所共有的、非收益转化而形成的资本，是由投资人在投入资本过程中所发生的与投入资本有直接关系，但又不能构成实收资本的积存资金，以及从其他特定来源取得属于所有者共同享有的资金。主要由发行股票时的溢价收入和其他资本公积等构成。从会计上来讲，资本公积是投入资本的一部分，与上述实收资本并无区分的必要，但从法律上来讲，实收资本（法定资本或股本）不得任意减少，而资本公积则是一定条件下可以减少的资本，如以资本公积转增资本或股本等，所以两者必须区别处理。

企业应设置“资本公积”账户核算资本公积的增减变动情况。该账户属所有者权益类账户。其贷方登记资本公积金的增加数；借方登记资本公积金的减少数；期末贷方余额，表示企业资本公积金的实际结存数额。“资本公积”应设置“资本溢价”“股本溢价”“其他资本公积”等明细账户。

### 12.3.2 资本公积的用途

资本公积的主要用途是转增资本（或股本）。企业用资本公积转增资本需经股东大会或类似机构决议并向原登记机关办理有关法律手续，用资本公积转增资本时，借记“资本公积——资本溢价或股本溢价”账户，贷记“实收资本”（或“股本”）账户。

## 12.4 留存收益

### 12.4.1 留存收益的性质与形成

留存收益是企业从历年实现的净利润中提取或形成的留存于企业的内部积累，包括计提的盈余公积和未分配利润两类。

企业缴纳所得税后的利润（净利润）可以股利形式分派给股东，也可以提取盈余公积作为积累资金，以满足扩大生产规模、弥补亏损等需要。税后利润尚未分配的部分形成未分配利润。这种分类方法既有助于清晰地反映企业所有者权益的形成原因，为保护债权人利益提供重要的信息；又利于投资者考核企业管理当局的管理效率。

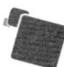

企业要生存和发展壮大就必须通过生产经营活动获取利润。企业利润总额扣除按国家规定上缴的所得税后，称为税后利润或净利润。税后利润可以按照法规、协议、合同、公司章程等有关规定进行分配。在分配税后利润时，一方面，应按照国家的规

定提取盈余公积（包括法定盈余公积金、任意盈余公积金），将当年实现的利润留存于企业，形成内部积累，成为留存收益的组成部分；另一方面，向投资者分配利润或股利，分配利润或股利后的剩余部分作为未分配利润。未分配利润是留待以后年度分配的利润，可用于企业扩大生产经营活动的资金需要，可用于弥补以后年度亏损，还可以留待以后年度向投资者分配利润或股利。未分配利润同样成为企业留存收益的组成部分，如图 12-4 所示。

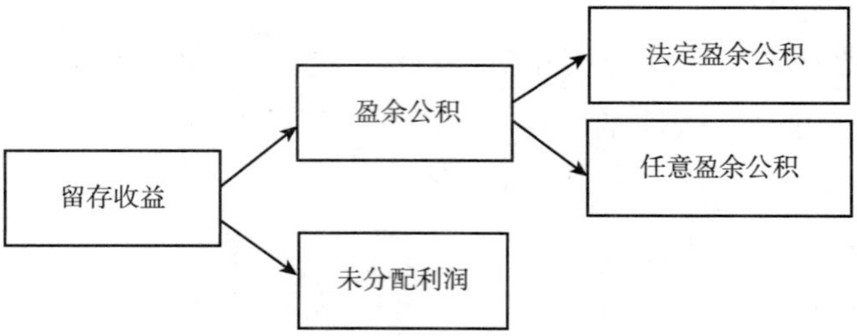


图12-4　留存收益的构成

根据《中华人民共和国公司法》第一百六十六条的规定，企业当年实现的净利润，一般应按照下列内容、顺序和金额进行分配：①公司分配当年税后利润时，应当提取税后利润的百分之十列入公司法定公积金。公司法定公积金累计额为公司注册资本的百分之五十以上的，可以不再提取。②公司的法定公积金不足以弥补以前年度亏损的，在依照前款规定提取法定公积金之前，应当先用当年利润弥补亏损。③公司从税后利润中提取法定公积金后，经股东会或者股东大会决议，还可以从税后利润中提取任意公积金。④公司弥补亏损和提取公积金后所余税后利润，有限责任公司股东按照实缴的出资比例分取红利；公司新增资本时，股东有权优先按照实缴的出资比例认缴出资。但是，全体股东约定不按照出资比例分取红利或者不按照出资比例优先认缴出资的除外；股份有限公司按照股东持有的股份比例分配，但股份有限公司章程规定不按持股比例分配的除外。⑤股东会、股东大会或者董事会违反前款规定，在公司弥补亏损和提取法定公积金之前向股东分配利润的，股东必须将违反规定分配的利润退还公司。⑥公司持有的本公司股份不得分配利润。

企业发生的年度亏损，可以用下一年度实现的税前利润弥补；下一年度税前利润不足弥补的，可以在 5 年内延续弥补；5 年内不足弥补的，应当用税后利润弥补。企业发生的年度亏损以及超过用税前利润抵补期限的亏损也可以用以前年度提取的盈余公积金弥补。

### 12.4.2 盈余公积

（1）盈余公积的来源

盈余公积是企业按照规定从税后利润中提取的各种积累资金。提取盈余公积的主要目的是限制股利的过量分派，即向投资者表明，税后利润所代表的资产应提取一部分，以满足将来扩大企业生产规模、弥补日后发生亏损等的需要，而不能全部以股利的形式分派给投资者。

盈余公积金按其提取的依据和用途不同可分为法定盈余公积金和任意盈余公积金两种。法定盈余公积按照税后利润的 10% 提取，法定盈余公积累计额已达注册资本的 50% 时可以不再提取。任意盈余公积金是指提足法定盈余公积金后，企业按照公司章程规定或股东大会决议自行决定提取的盈余公积金。法定盈余公积和任意盈余公积的区别在于其各自计提的依据不同，前者以国家的法律或行政规章为依据提取，后者则由公司自行决定提取。

为了反映盈余公积的增减变动情况，企业应设置“盈余公积”账户。该账户贷方登记企业按照规定从净利润中提取而形成的盈余公积，借方登记企业将盈余公积用于弥补亏损、转增资本数额，以及分配现金股利或利润而减少的数额，期末余额一般在贷方，反映企业提取的尚未使用的盈余公积结余额。本账户应下设“法定盈余公积”和“任意盈余公积”明细账户。

【例 12-4】东方公司 20×1 年度实现税后利润 5 000 000 元，即“本年利润”账户的年末贷方余额为 5 000 000 元，按规定提取 10% 的法定盈余公积，股东大会决议提取 4% 的任意盈余公积。东方公司应编制的会计分录如下：

①结转本年税后利润（净利润）。

| | | |
|---|---|---|
| 借：本年利润 | 5 000 000 | |
| 　贷：利润分配——未分配利润 | | 5 000 000 |

②提取盈余公积。

| | | |
|---|---|---|
| 借：利润分配——提取法定盈余公积 | 500 000 | |
| 　　　　　　——提取任意盈余公积 | 200 000 | |
| 　贷：盈余公积——法定盈余公积 | | 500 000 |
| 　　　　　　　——任意盈余公积 | | 200 000 |

③将利润分配各明细账户余额结转至未分配利润明细账户。

借：利润分配——未分配利润　　700 000

　贷：利润分配——提取法定盈余公积　　500 000

　　　　　　　——提取任意盈余公积　　200 000

（2）盈余公积的用途

盈余公积是企业专门用于维持和发展企业生产经营的准备金，其主要用途为：弥补亏损、转增资本。

①弥补亏损。按照现行税法规定，企业某年度发生的亏损，在其后五年内可以用实现的税前利润来弥补，从第六年开始，只能用税后利润弥补。如果企业发生的亏损用税后利润仍不足弥补的，则可以用发生亏损以前所提取的盈余公积来加以弥补。用盈余公积弥补亏损时，应当由董事会提议，并经股东大会批准，或者由类似的机构批准方可进行。

【例12-5】20×1年12月31日，某公司以前年度累计未弥补亏损为300 000元，按照规定，已超过了以税前利润弥补亏损的期限。本年度由公司董事会决议，并经股东大会批准用提取的法定盈余公积金弥补亏损。账务处理如下：

借：盈余公积——法定盈余公积金　　300 000

　贷：利润分配——未分配利润　　300 000

②转增资本。当企业提取的盈余公积累积额较大时，可以将盈余公积转增资本，在实际将盈余公积转增资本时，必须经投资人同意或股东大会决议批准并办理相应的增资手续，按照投资人原持股比例予以转增。用盈余公积转增资本后，留存的盈余公积数额不得少于转增前公司注册资本的25%。

企业将盈余公积转增资本时，应当按照转增资本前的资本结构比例，将盈余公积转增资本的数额记入"实收资本"（或"股本"）账户下各所有者的明细账，相应增加各所有者对企业的资本投资。

【例12-6】20×1年12月31日，经股东大会表决，东方公司在本期将盈余公积500 000元转增资本。该企业账务处理如下：

借：盈余公积　　500 000

　贷：实收资本（或股本）　　500 000

这里需要说明的是：用盈余公积弥补亏损或转增资本，只是在所有者权益内部不同项目之间转换，这种转换表明其指定用途的金额发生变化，如企业以盈余公积弥补亏损时，实际是减少盈余公积留存的数额，以此抵补未弥补亏损的数额，并不引起企业所有者权益总额的变动；企业以盈余公积转增资本时，也只是减少盈余公积结存的数额，但同时增加企业实收资本或股本的数额，但并不影响所有者权益总额的增减变动。

盈余公积的提取实际上是企业当期实现的净利润向投资者分配利润的一种限制。提取盈余公积本身就属于利润分配的一部分，一经提取形成盈余公积后相对应的金额，在一般情况下不得用于向投资者分配利润或股利。提取盈余公积并非将这部分资金从企业资金周转过程中单独抽出并留置起来。至于企业盈余公积的结存数，实际只表现企业所有者权益的组成部分，表明企业生产经营资金的一个来源而已，其形成的资金可能表现为一定的货币资金，也可能表现为一定的实物资产，如存货和固定资产等，随同企业的其他来源所形成的资金进行循环周转。

### 12.4.3 未分配利润

未分配利润就是企业经过弥补亏损、提取盈余公积以及分配股利或利润之后，留待以后年度进行分配的结存利润。从数量上来说，未分配利润是期初未分配利润，加上本期实现的税后利润，减去提取的各种盈余公积和已分配出去的利润后的余额，即历年积存的未分配利润。未分配利润有两层含义：一是这部分税后利润没有分给投资者，留待以后年度处理；二是这部分税后利润未指定特定用途。这部分留待以后年度分配的利润，可用于满足企业扩大生产经营活动的资金需要，也可用于弥补以后年度的亏损，还可以留待以后年度向投资者分配。相对于所有者权益的其他部分而言，企业对未分配利润的使用有较大的自主权。

企业一般通过“利润分配——未分配利润”账户对未分配利润进行核算。“利润分配——未分配利润”是所有者权益账户。在会计期末，公司将本期实现的各项收入全部转入“本年利润”账户的贷方，将本期发生的各项成本费用全部转入“本年利润”账户的借方，从而计算出本期的经营成果，然后将“本年利润”借贷方的差额转入“利润分配——未分配利润”账户，期末结存于该账户的贷方余额即为未分配利润，如果出现借方余额则为未弥补亏损。

应注意“利润分配——未分配利润”明细账户的余额反映的是企业历年累积未分配利润或累积未弥补亏损额，而不仅仅是一个会计年度的结果。现举例说明如下。

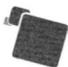

【例 12-7】某企业 20×1 年年初的未分配利润为 30 万元，本年实现净利润 200 万元，经股东大会批准的利润分配方案为本年提取法定盈余公积 20 万元，提取任意盈余公积 5 万元，向投资者分配现金股利 45 万元。年度终了，企业的账务处理如下：

①结转本年实现的净利润时。

借：本年利润　　2 000 000

　贷：利润分配——未分配利润　　2 000 000

②按规定进行利润分配时。

借：利润分配——提取法定盈余公积　　200 000

　　　　　　——提取任意盈余公积　　50 000

　　　　　　——应付现金股利　　450 000

　贷：盈余公积——法定盈余公积　　200 000

　　　　　　——任意盈余公积　　50 000

　　应付股利　　450 000

③派发现金股利时。

借：应付股利　　450 000

　贷：银行存款　　450 000

④将利润分配各明细账户余额结转至未分配利润明细账户时。

借：利润分配——未分配利润　　700 000

　贷：利润分配——提取法定盈余公积　　200 000

　　　　　　——提取任意盈余公积　　50 000

　　　　　　——应付现金股利　　450 000

经过上述分配处理，“利润分配——未分配利润”账户的贷方余额为 160（30+200−20−5−45）万元，即为该企业 20×1 年年末未分配利润的数额。

### 12.4.4　弥补亏损

企业在生产经营过程中既可能发生盈利，也可能出现亏损。企业在当年发生亏损的情况下，与实现利润的情况相同，应当将本年发生的亏损自“本年利润”账户的贷方转入“利润分配——未分配利润”账户的借方，即借记“利润分配——未分配利润”账户，贷记“本年利润”账户。结转后，“利润分配”账户的借方余额，即为未弥补亏损的数额。同时，还应通过“利润分配”账户反映有关亏损的弥补情况。

企业发生亏损，可由企业税前利润、税后利润及盈余公积等来弥补。用盈余公积弥补亏损的处理，在盈余公积的用途中已阐述，此处不再赘述。

公司用当年实现的利润弥补以前年度结转的未弥补亏损时不必专门作会计分录，只需在年末结账时，将实现的利润自“本年利润”账户结转至“利润分配——未分配利润”账户贷方，结转后自然抵减了借方的未弥补的亏损。

由于未弥补亏损形成的时间长短不一等原因，用利润弥补亏损，无论是税前利润补亏，还是税后利润补亏，会计处理方法均相同，区别在于纳税申报时，税法规定准予税前利润补亏的，可以作为应税利润减少的调整数；而准予税后利润补亏的，不能调整减少应税利润。

## 12.5 资本公积与实收资本、留存收益、其他综合收益的区别

### 12.5.1 资本公积与实收资本（或股本）的区别

（1）从来源和性质看

实收资本（或股本）是指投资者按照企业章程或合同、协议的约定，实际投入企业并依法进行注册的资本，它体现了企业所有者对企业的基本产权关系。资本公积是投资者的出资额超过其在注册资本中所占份额的部分（即资本溢价或股本溢价），以及其他资本公积，它不直接表明所有者对企业的基本产权关系。

（2）从用途看

实收资本（或股本）的构成比例是确定所有者参与企业财务经营决策的基础，也是企业进行利润分配或股利分配的依据，同时还是企业清算时确定所有者对净资产的要求权的依据。资本公积的用途主要是用来转增资本（或股本）。资本公积不体现各所有者的占有比例，也不能作为所有者参与企业财务经营决策或进行利润分配（或股利分配）的依据。

### 12.5.2 资本公积与留存收益的区别

资本公积的来源不是企业实现的利润，而主要来自资本溢价（或股本溢价）等。留存收益是企业从历年实现的净利润中提取或形成的留存于企业的内部积累，来源于企业生产经营活动所实现的净利润。

### 12.5.3 资本公积与其他综合收益的区别

其他综合收益是指企业根据企业会计准则规定未在当期损益中确认的各项利得和损失。资本公积和其他综合收益都会引起企业所有者权益发生增减变动，但资本公积不会影响企业的损益，而部分其他综合收益项目则在满足企业会计准则规定的条件时，可以重分类进损益，从而成为企业利润的一部分。

**【本章小结】**

所有者权益也称净资产，是资产与负债的净额。本章讨论了所有者权益的性质与分类，所有者权益按形成的来源不同分为投入资本、留存收益以及直接计入所有者权益的利得和损失。我们比较了负债和所有者权益之间的主要区别。

所有者权益主要来源于投入资本。有限责任公司的注册资本是企业在工商行政管理部门登记的全体股东认缴的出资额。而股份有限公司的注册资本需要根据不同的设立方式分别处理进行。

股份公司的普通股和优先股股东具有不同权利。主要体现在投票表决权、收益分配权、优先认股权、剩余财产要求权方面。

所有者权益的另一个重要来源是为满足企业扩张等其他目标而留存的以前年度的收益累积，即留存收益。

虽然缴入资本和留存收益是股东权益的两个不同方面，但它们紧密相关，因而不可能完全独立地讨论其中一种。为此，本章也涉及了留存收益。同样，在第 8 章投资与第 14 章利润中也会看到在本章讲述的与股东权益等相关内容。将本章与第 8 章和第 14 章内容结合起来，就可以对股东权益及其与资产、负债共同构建的资产负债表有全面的了解。

**【学习目标小结】**

**1. 了解所有者权益的性质与分类**

所有者权益是所有者对企业净资产的要求权。所有者可通过股东大会或董事会，对企业生产经营及盈利分配等政策施加影响并享有参与收益分配、参与经营管理的权利。所有者权益不存在约定的偿还日期，是企业的一项可以长期使用的资金。所有者权益按形成的来源不同，可分为投入资本、直接计入所有者权益的利得和损失、留存收益；为了反映所有者权益的构成情况，便于会计信息使用者了解企业所有者权益的来源及其变动情况，在会计实务中，会计核算和财务报表上将所有者权益划分为实收资本（股本）、资本公积、其他综合收益、盈余公积、未分配利润 5 个部分。

**2. 掌握不同组织形式下所有者投入资本的会计处理**

公司制是许多企业选择的组织形式。不同组织形式的企业，所有者投入资本的会计处理方法也有所不同。为了全面反映企业投入资本的形成过程和结果，在会计核算上，股份有限公司需要设置“股本”账户，其余企业对所有者投入的资本，设置“实收资本”账户来总括反映其增减变动情况。“实收资本”（或“股本”）账户应按投资者设置明细账，进行明细核算。

**3. 熟悉资本公积的来源及会计处理**

资本公积是由投资人在投入资本过程中所发生的与投入资本有直接关系，但又不能构成实收资本的积存资金，以及从其他特定来源取得属于所有者共同享有的资金。主要来源于资本溢价、股本溢价等明细项目。其主要用途是转增资本（或“股本”）。

**4. 掌握留存收益的组织及会计处理**

留存收益是企业从历年实现的净利润中提取或形成的留存于企业内部的积累，是由企业内部所形成的资本。它是来源于公司的生产经营活动所实现的净利润，来源于企业的资本增值。留存收益项目在我国对应的是盈余公积和未分配利润。其主要用途是弥补亏损、转增资本和扩大企业生产经营。盈余公积是有特定用途的累积盈余，未分配利润是没有指定用途的累积盈余，留待以后年度处理或这部分税后利润未指定特定用途。这部分留待以后年度分配的利润，可用于满足企业扩大生产经营活动的资金需要，也可用于弥补以后年度的亏损，还可以留待以后年度向投资者分配。相对于所有者权益的其他部分而言，企业对未分配利润的使用有较大的自主权。

**5. 了解其他综合收益的内容及会计处理**

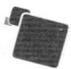

其他综合收益，泛指直接计入所有者权益的利得和损失。也就是说，所有未计入当期收益（即未纳入利润表中予以反映）的利得和损失，是未作为当期损益确认的那部分损益。会计上设置“其他综合收益”总账科目，该科目借方登记应计入其他综合收益的损失及满足条件后重新分类进损益的利得，贷方登记应计入其他综合收益的利得及满足条件后重新分类进损益的损失。该总账科目下应按不同项目设置明细科目进

行明细核算。

### 6. 了解弥补亏损的会计处理

企业发生亏损，可由企业税前利润、税后利润及盈余公积等来弥补。公司用当年实现的利润弥补以前年度结转的未弥补亏损时不必专门作会计分录，只需在年末结账时，将实现的利润自“本年利润”账户转至“利润分配——未分配利润”账户贷方，结转后自然抵减了“利润分配——未分配利润”借方的未弥补的亏损。用利润弥补亏损，无论是税前利润补亏，还是税后利润补亏，会计处理方法均相同。

## 【关键术语】

所有者权益（owner's equity）所有者权益又称净资产，是企业全部资产扣除全部负债后，由所有者享有的剩余权益。

投入资本（invested capital）是指所有者在企业注册资本的范围内实际投入的资本，是指出资人作为资本实际投入企业的资金数额，进一步划分为投入资本与资本公积。

实收资本（paid-in capital）是指投资者按照企业章程，或合同、协议的约定，实际投入企业的资本。

股本（capital stock）是指经公司章程授权、代表公司所有权的全部股份，既包括普通股也包括优先股，为构成公司股东权益的两个组成部分之一。

资本公积（capital reserve）是指由投资人在投入资本过程中所发生的与投入资本有直接关系，但又不能构成实收资本的积存资金，以及从其他特定来源取得属于所有者共同享有的资金。

其他资本公积（other capital reserve）是指除资本溢价或股本溢价项目以外所形成的资本公积。

其他综合收益（other comprehensive income，OCI）是指企业根据企业会计准则规定未在损益中确认的各项利得和损失扣除所得税影响后的净额。

留存收益（retained earnings）是指公司在经营过程中所创造的，但由于公司经营发展的需要或法定的原因等，没有分配给所有者而留存在公司的盈利。

盈余公积（surplus reserves）是指企业从税后利润中提取形成的、存留于企业内部、具有特定用途的收益积累。

未分配利润（undistributed profits）是指企业未做分配的利润。它在以后年度可继续进行分配，在未进行分配之前，属于所有者权益的组成部分。

# 练习题

## 【简答题】

1. 简述所有者权益的构成。

2. 简述所有者权益与负债之间的联系。

3. 什么是实收资本？企业资本金的来源有哪些？

4. 解释为何将股东权益分为投入资本和留存收益两部分。

5. 留存收益包括哪些内容？各有何用途？如何进行核算？

6. 阐述股份制公司和有限责任公司会计核算的主要区别。

7. 解释何谓企业所有权，为何是企业投资者而不是债权人拥有企业所有权。

## 【业务题】

### 习题一

**1. 目的**

掌握所有者权益相关会计分录。

**2. 资料**

M公司在20×1年发生了以下交易事项，具体交易情况如下：

（1）按法定程序办完增资手续后增发普通股400万股，每股面值1元，发行价为7元。按2%支付证券公司手续费。

（2）用任意盈余公积80万元来弥补以前年度亏损。

（3）经股东大会同意并按规定办完增资手续后，将1 200万元法定盈余公积用于增加资本。

（4）M公司的税后净收益为500万元，分别按10%、8%提取法定盈余公积、任意盈余公积。

（5）收到股东投入资本100 000元，款项存入银行。

（6）将200 000元盈余公积转增资本。

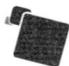

3. 要求

根据上述交易事项，编写相关会计分录。

## 习题二

1. 目的

掌握所有者权益相关会计分录。

2. 资料

甲股份有限公司委托某证券公司代理发行普通股 1 000 万股，每股面值 1 元，每股发行价格 4 元。假定根据约定，甲公司按发行收入的 1% 向证券公司支付发行费用。假设发行收入已全部收到，发行费用已全部支付，不考虑其他因素。

3. 要求

编制甲公司有关的会计分录。

## 习题三

1. 目的

掌握增资时与所有者权益相关会计分录。

2. 资料

乙公司原本由投资者 A 和投资者 B 共同出资成立，每人出资 200 000 元，各占 50% 的股份。经营两年后，投资者 A 和投资者 B 决定增加公司资本，此时有一新的投资者 C 要加入乙公司。经有关部门批准后，乙公司实施增资，将实收资本增加到 900 000 元。经三方协商，一致同意，完成下述投入后，三方投资者各拥有乙公司 300 000 元实收资本，并各占乙公司 1/3 的股份。各投资者的出资情况如下：

（1）投资者 A 以一台设备投入乙公司作为增资，该设备原价 180 000 元，已提折旧 95 000 元，评估确认原价 180 000 元，评估确认净值 126 000 元。

（2）投资者 B 以一批原材料投入乙公司作为增资，该批材料账面价值 105 000 元，评估确认价值 110 000 元，税务部门认定应交增值税额为 18 700 元。投资者 B 已开具了增值税专用发票。

（3）投资者 C 以银行存款投入乙公司 390 000 元。

**3. 要求**

根据以上资料，分别编制乙公司接受投资者 A、投资者 B 增资时以及投资者 C 出资时的会计分录。

## 习题四

**1. 目的**

掌握所有者权益相关会计分录。

**2. 资料**

丙公司 20×1 年年初未分配利润为 250 000 元，本年实现净利润为 1 500 000 元。本年提取法定盈余公积金 150 000 元，支付现金股利 400 000 元。因扩大经营规模的需要，经批准，丙公司决定将资本公积 100 000 元和盈余公积 200 000 元转增资本。

**3. 要求**

（1）编制丙公司上述业务的会计分录。

（2）计算丙公司 2007 年年末"利润分配——未分配利润"科目的期末余额。

**【案例讨论题】**

新华公司 20×1 年 12 月 31 日资产负债表上的股东权益部分如下：

股本（1 000 000 股）1 000 000 元

资本公积（股本溢价）600 000 元

盈余公积 800 000 元

未分配利润 500 000 元

股东权益 2 900 000 元

新华公司在过去的 3 年中，每年每股发放现金股利 0.18 元。公司考虑今后的现金需要，董事会宣告并发放股票股利 200 000 股。在股票股利发放后不久，公司又宣告发放现金股利每股 0.15 元。

业余证券投资者张平在几年前曾以每股 30 元购得该公司普通股 1 000 股。

**思考：**

（1）新华公司发放股票股利前后的净资产是否有变化？为什么？

（2）张平今年收到的现金股利与以前年度收到的现金股利是否一样？

（3）在发放股票股利的当天，股票的每股市价从 30 元跌至 25 元，请分析张平是否有损失。

# 第三篇

# 收入费用利润篇

# 第13章　营业收入

**【学习目标】**

1. 掌握收入的性质及其分类。
2. 掌握收入确认的原则和收入确认的前提条件。
3. 了解收入确认和计量的步骤。
4. 掌握一般销售商品业务收入的账务处理。
5. 了解企业按合同发出商品但不能确认收入的会计处理。
6. 了解在某一时段内履行履约义务确认收入的会计处理。

**【引导案例】**

### 格力电器营业收入持续增长

格力电器2018年业绩再创新高，首次突破2 000亿元，营业总收入达2 000.23亿元。格力电器虽然业绩持续增长，但2018年营收和净利增速有所放缓。2018年全年实现营业总收入2 000.24亿元，同比增长33.33%，较上年营收增长的36.24%，下降了2.91个百分点；实现归母的净利润262.03亿元，同比增长16.97%，较上年同比增长的44.87%，下降了27.9个百分点；公司销售毛利率为30.23%，同比下降2.63%；销售净利率为13.31%，同比下滑1.87%。

格力电器《2019年年度报告》报告显示，2019年全年公司实现营业总收入2 005.08亿元，同比增长0.24%；实现归母的净利润246.97亿元，同比下降5.75%。格力电器利润率连续下滑的主要原因有原材料成本上涨及管理研发费用开支上升和行业整体增速放缓等方面。这是格力电器加入2 000亿"俱乐部"的第2年。受房地产宏观调控等外在因素影响，2019年家电行业承压明显。在市场整体下滑的背景下，格力电器全年整体业绩稳健抗压，空调主业继续保持领跑地位，并在生活电器领域实现连年平均50%的增长幅度，彰显了企业逆势破局的实力和突出的品牌韧性。

格力电器《2019年年度报告》中，空调和生活电器在营业收入的占比变化同样引人瞩目，前者从 2018 年的 78.58% 降至 69.98%，后者则从 1.91% 增长到了 2.81%。换言之，格力生活电器发展迅速，2019 年实现了 46.96% 的增长。而参考格力电器近三年的年度报告可见，生活电器在 2017 年增长 33.95%，2018 年增长 64.9%，2019 年增长 46.96%，近三年来连续高增长，平均连续增幅接近 50%。收入结构持续优化，意味着格力电器的多元化战略正稳步推进。

资料来源：格力电器《2019 年年度报告》整理

从案例资料中我们看到，格力电器的营业收入屡创新高，这是市场对格力产品的认同。格力公司是采用预收款方式销售商品，有些公司则采用赊销方式销售商品，许多劳务服务公司是提供劳务的同时收到现金。公司采用不同的销售方式，在营业收入的确认上是否有差异呢？本章我们将主要学习营业收入的确认与计量。

## 13.1 收入的确认与计量

### 13.1.1 收入的定义与分类

#### 13.1.1.1 收入的定义

根据《企业会计准则第 14 号——收入》（2018）第二条，收入是指企业在日常活动中形成的，会导致所有者权益增加的，与所有者投入资本无关的经济利益的总流入。

会计准则中所提及的“收入”是指狭义的收入。企业要开展业务，就必须到工商行政管理部门办理登记并领取营业执照，某些特殊经营项目或特殊行业还必须预先办理相应的许可证（如工业企业产品生产许可证、药品经营许可证、食盐专营许可证等）。企业的营业执照上面注有“经营范围”信息，这些信息与企业章程和企业制定的管理制度中的信息一致。企业依照营业执照上面列示的营业范围从事经营活动所得的收入在会计学中被称为“营业收入”。通俗地说，营业收入就是企业开展常规业务所获取的收入。

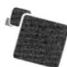

企业的有些活动属于为完成其经营目标所从事的经常性活动，如工业企业制造并销售产品、商业企业购进和销售商品、租赁企业出租资产、商业银行对外贷款、保险公司签发保单、咨询公司提供咨询服务、软件企业为客户开发软件、安装公司提供安装服务、广告商提供广告策划服务等，由此产生的经济利益的总流入构成收入；企业还有一些活动属于与经常性活动相关的活动，如工业企业转让无形资产使用权、出售

企业不需用的原材料等，由此产生的经济利益的总流入也构成收入。

收入具有以下特征：

①收入从企业的日常生产经营活动中产生，而不是从偶发的交易或事项中产生。有些交易或事项也能为企业带来经济利益，但不属于企业的日常活动，其流入的经济利益是利得，而不是营业收入。例如，出售固定资产，因固定资产是为使用而不是为出售而购入的，将固定资产出售并不是企业的经营目标，也不属于企业的日常活动，出售固定资产取得的收益不作为营业收入。

此外，收入是企业通过其自身的生产经营活动所获得的收入，所以，它也有别于从投资活动中获得的投资收入。当然，这是就一般企业而言的，若企业本身为投资公司，投资收入是其主要经营活动的收入，构成营业收入。

②收入可能表现为企业资产的增加，如增加银行存款、应收账款等；也可能表现为企业负债的减少，如以商品或劳务抵偿债务；或者两者兼而有之。例如，商品销售的货款中部分抵偿债务，部分收取现款。这里所指的以商品或劳务抵债，不包括债务重组中的以商品抵债。

③收入能导致企业所有者权益的增加。如上所述，营业收入能增加资产或减少负债，或两者兼而有之。因此，根据“资产－负债＝所有者权益”公式，企业取得收入会增加所有者权益。收入扣除相关成本费用后的净额，则可能增加所有者权益，也可能减少所有者权益。

④收入只包括本企业经济利益的流入，不包括为第三方或客户代收的款项，如企业代税务机关收取的税款、代收利息等。代收的款项一方面增加企业的资产，另一方面增加企业的负债，因此，不增加企业的所有者权益，也不属于本企业的经济利益，不能作为本企业的收入。

**【延伸知识】**

关于收入、收益与利得的关系。收入是企业在日常活动中形成的，利得源于企业日常活动以外的活动，收入与利得共同构成收益。实务中，区分收入和利得时需要注意以下3点：

（1）利得是企业边缘性或偶发性交易或事项的结果，如出售无形资产所有权、处置固定资产所产生的收益。

（2）利得属于那种不经过经营过程就能取得或不曾期望获得的收益，如政府补贴收入、因其他单位违约所收取的违约金等。

（3）利得在利润表中通常以净额反映。

#### 13.1.1.2 收入的分类

（1）按照交易性质分类

收入按交易性质，可以分为销售商品收入、提供劳务收入和让渡资产使用权收入，如表13-1所示。

表13-1 营业收入的主要形式

| 收入形式 | 示例说明 |
|---|---|
| 销售商品收入 | 工业企业生产并销售产品、商业企业销售商品的收入 |
| 提供劳务收入 | 咨询公司提供咨询服务、软件公司为客户开发软件、安装公司提供安装服务、商业银行对外贷款、保险公司签发保单、租赁公司出租资产等的收入 |
| 让渡资产使用权收入 | 企业对外转让无形资产使用权实现的收入 |

（2）按照在企业经营业务的主次划分

按照企业经营业务的主次划分，可以分为主营业务收入和其他业务收入。

通常情况下，无论是工业、农业还是商业企业，商品的销售总被视为是企业的主要经济活动，相应地，商品的销售收入就被视为是企业的主营业务收入。与商品销售业务相比，企业出租固定资产、出租无形资产、出租包装物和商品及销售材料等业务，相对地居于次要地位，因此，此类业务所产生的收入一般被认为是企业的其他业务收入。

就具体企业而言，一项收入是列为主营业务收入还是列为其他业务收入，应视企业具体情况而定。作为生产型企业，产品修理收入应列为其他业务收入；而对修理商店来说，此项业务则应列为主营业务收入。划分主营业务收入和其他业务收入，一般是将营业执照上注明的主营业务所取得的收入，作为主营业务收入；将营业执照上注明的兼营业务所取得的收入，作为其他业务收入。但是，在实际工作中，如果营业执照上注明的兼营业务量较大，并且是经常性发生的收入，也可归为主营业务收入。

当然，主营业务与兼营业务的区分并没有统一的标准。对于一家企业而言的主营业务与兼营业务，对于另一家企业而言可能恰恰是相反的。因此，会计准则中只好以工商企业为常规情形对会计科目的用法给出了例示。企业在实际工作中需根据管理需要自行确定所适用的会计科目。

显然，不同的行业其收入的含义不同。本章主要以工商企业为例来讲解收入的会计处理。

## 13.1.2 收入的确认与计量

### 13.1.2.1 收入确认的原则与前提条件

（1）收入确认的原则

企业应当在履行了合同中的履约义务，即在客户取得了相关商品控制权时确认收入。取得相关商品控制权，是指客户能够主导该商品的使用并从中获得几乎全部经济利益，也包括有能力阻止其他方主导该商品的使用并从中获得经济利益。取得商品控制权包括 3 个要素：一是客户必须拥有现时权利，能够主导该商品的使用并从中获得几乎全部经济利益。如果客户只能在未来的某一期间主导该商品的使用并从中获益，则表明其尚未取得商品的控制权。二是客户有能力主导该商品的使用，即客户在其活动中有权使用该商品，或者能够允许或阻止其他方使用该商品。三是客户能够获得商品几乎全部的经济利益。商品的经济利益是指商品的潜在现金流量，既包括现金流入的增加，也包括现金流出的减少。客户可以通过使用、消耗、出售、处置、交换、抵押或持有等多种方式直接或间接地获得商品的经济利益。

需要说明的是，本章所称的客户是指与企业订立合同以向该企业购买其日常活动产出的商品并支付对价的一方；所称的商品包括商品和服务。本章的收入不涉及企业对外进行债权投资收取的利息、进行股权投资取得的现金股利以及保费收入等。

（2）收入确认的前提条件（合同属性）

企业与客户之间的合同同时满足下列 5 项条件的，企业应当在客户取得相关商品控制权时确认收入：①合同各方已批准该合同并承诺将履行各自义务；②该合同明确了合同各方与所转让商品相关的权利和义务；③该合同拥有明确的与所转让商品相关的支付条款；④该合同具有商业实质，即履行该合同将改变企业未来现金流量的风险、时间分布或金额；⑤企业因向客户转让商品而有权取得的对价很可能收回。

### 13.1.2.2 收入确认和计量的步骤

收入的获取是各种相互联系、相互协调的经济活动（如销货、筹资、购货、生产管理等）的综合结果。每一项经济活动都有助于营业收入的实现，因此，营业收入实际上是逐渐实现的。为了及时提供信息，需要假定企业持续不断的经营活动可以划分为不同的期间，因此，收入是指归属于某一会计期间的收入，这样，就出现了在哪个期间确认收入的问题。

确认收入应解决两个问题：一是何时确认，就是确定收入实现的时刻，划清本期收入和前期、后期收入的界限；二是如何计量，就是确定所实现的收入的金额。企业确认收入的方式应当反映其向客户转让商品或提供服务的模式，而确认的金额应反映企业预计因交付这些商品或服务而有权获得的对价。

《企业会计准则第 14 号——收入》(2018)，设定了收入确认和计量大致分为 5 步，如图 13-1 所示。

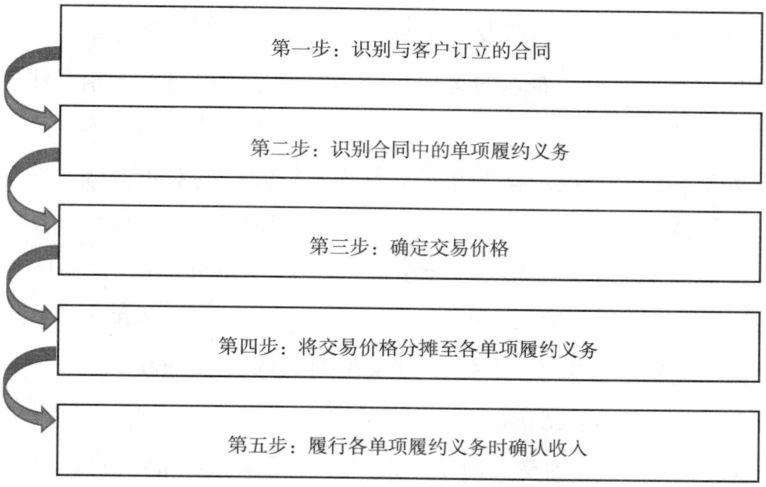


图13-1　收入的确认流程

第一步，识别与客户订立的合同。合同是指双方或多方之间订立有法律约束力的权利义务的协议。合同有书面形式、口头形式以及其他形式。合同的存在是企业确认客户合同收入的前提，企业与客户之间的合同一经签订，企业即享有从客户取得与转移商品和服务对价的权利，同时负有向客户转移商品和服务的履约义务。

第二步，识别合同中的单项履约义务。履约义务是指合同中企业向客户转让可明确区分商品或服务的承诺。企业应当将向客户转让可明确区分商品（或者商品的组合）的承诺以及向客户转让一系列实质相同且转让模式相同的、可明确区分商品的承诺作为单项履约义务。例如，企业与客户签订合同，向其销售商品并提供安装服务，该安装服务简单，除该企业外其他供应商也可以提供此类安装服务，该合同中销售商品和提供安装服务为两项单项履约义务。若该安装服务复杂，且商品需要按客户定制要求修改，则合同中销售商品和提供安装服务合并为单项履约义务。

第三步，确定交易价格。确定交易价格是指企业应向客户转让商品而预期有权收取的对价金额，不包括企业代第三方收取的款项（如增值税）以及企业预期将退还给客户的款项。合同条款所承诺的对价，可能是固定金额、可变金额或两者皆有。例如，甲公司与客户签订合同为其建造一栋厂房，约定的价格为 100 万元，4 个月完工，交易价格就是固定金额 100 万元；加入合同中约定若提前一个月完工，客户将额外奖励甲公司 10 万元，甲公司对合同估计工程提前 1 个月完工的概率为 95%，则甲公司预计有权收取的对价为 110 万元，因此交易价格包括固定金额 100 万元和可变金额 10 万元，总计为 110 万元。

第四步，将交易价格分摊至各单项履约义务。当合同中包含两项或多项履约义务时，需要将交易价格分摊至各单项履约义务，分摊的方法是在合同开始日，按照各单项履约义务所承诺商品的单独售价（企业向客户单独销售商品的价格）的相对比例，将交易价格分摊至各单项履约义务。通过分摊交易价格，使企业分摊至各单项履约义务的交易价格能够反映其因向客户转让已承诺的相关商品而有权收取的对价金额。例如，企业与客户签订合同，向其销售 A、B、C 三件产品，不含增值税的合同总价款为 10 000 元。A、B、C 产品的不含增值税单独售价分别为 5 000 元、3 500 元和 7 500 元，合计 16 000 元。按照交易价格分摊原则，A 产品应当分摊的交易价格为 3 125 元（$5\,000 \div 16\,000 \times 10\,000$），B 产品应当分摊的交易价格为 2 187.5 元（$3\,500 \div 16\,000 \times 10\,000$），C 产品应当分摊的交易价格为 4 687.5 元（$7\,500 \div 16\,000 \times 10\,000$）。

第五步，履行各单项履约义务时确认收入。当企业将商品转移给客户，客户取得了相关商品的控制权，意味着企业履行了合同履约义务，此时，企业应确认收入。企业将商品控制权转移给客户，可能是在某一阶段内（即履行履约义务的过程中）发生，也可能在某一时点（即履约义务完成时）发生。企业应当根据实际情况首先判断履约义务是否满足在某一时段内履行的条件，如不满足，则该履约义务属于在某一时点履行的履约义务。

收入确认和计量 5 个步骤中，第一步、第二步和第五步主要与收入的确认有关，第三步和第四步主要与收入的计量有关。

需要说明的是，一般而言，确认和计量任何一项合同收入应考虑全部的 5 个步骤。但履行某些合同义务确认收入不一定都经过 5 个步骤，如企业按照第二步确定某项合同仅为单项履约义务时，可以从第三步直接进入第五步确认收入，不需要第四步（分摊交易价格）。

## 13.2 在某一时点履行履约义务确认收入的会计处理

### 13.2.1 控制权转移的判断

对于在某一时点履行的履约义务，企业应当在客户取得相关商品控制权时点确认收入。在判断控制权是否转移时，企业应当综合考虑以下迹象：

①企业就该商品享有收款权利，即客户就该商品负有现时付款义务。例如，甲公司与客户签订销售商品合同，约定客户有权定价且在收到商品无误后10日内付款。在客户收到甲企业开具的发票、商品验收入库后，客户能够自主确定商品的销售价格或商品的使用情况，此时甲企业享有收款权利，客户负有现时付款义务。

②企业已将该商品的法定所有权转移给客户，即客户已拥有该商品的法定所有权。例如，房地产企业向客户销售商品房，在客户付款后取得房屋产权证时，表明企业已将该商品房的法定所有权转移给客户。

③企业已将该商品实物转移给客户，即客户已占有该商品实物。例如，企业与客户签订交款提货合同，在企业销售商品并送到客户指定地点，客户验收合格并付款，表明企业已将该商品实物转移给客户，即客户已占有该商品实物。

④企业已将该商品所有权上的主要风险和报酬转移给客户，即客户已取得该商品所有权上的主要风险和报酬。例如，甲企业与客户签订商品销售合同，商品已发出并已收到客户支付的货款。该商品价格上涨或下跌带来的利益或损失全部属于客户，表明客户已取得该商品所有权上的主要风险和报酬。

⑤客户已接受该商品。例如，企业向客户销售为其定制的生产节能设备，客户收到并验收合格后办理入库手续，表明客户已接受该商品。

⑥其他表明客户已取得商品控制权的迹象。

根据配比原则，与同一销售相关的收入和成本应在同一会计期间予以确认。因此，如果成本不能可靠地计量，相关的收入也不能予以确认。

### 13.2.2 通常情况下商品销售收入的账务处理

企业在销售商品时，在符合以上6个条件时，按已收或应收的合同或协议价款，加上应收取的增值税销项税额，借记“银行存款”“应收账款”或“应收票据”等账户，按确定的金额，贷记“主营业务收入”账户，按应收取的增值税销项税额，贷记“应交税费——应交增值税”账户；同时或在资产负债表日按已销商品的账面价值结转销售成本，借记“主营业务成本”账户，贷记“库存商品”账户。

【例 13-1】东方公司是增值税一般纳税人，20×1 年 11 月 18 日向甲公司销售一批 A 产品。A 产品的生产成本为 40 000 元，合同约定的销售价格为 50 000 元，增值税税额为 6 500 元。东方公司开出发票账单并按合同约定的品种和质量发出 A 产品，甲公司收到 A 产品并验收入库。根据合同约定，甲公司须于 30 天内付款。

在这项交易中，东方公司已按照合同约定的品种和质量发出产品，甲公司收到 A 产品并验收入库。表明 A 产品所有权上的主要风险和报酬已转移给甲公司，东方公司既没有保留与所有权相联系的继续管理权。也不再对该批售出商品实施控制；虽然甲公司尚未付款，但并无证据表明甲公司会不按照合同约定支付货款；收入可以按照合同约定的销售价格计量，该项销售商品的收入已经实现，东方公司应确认销售收入，产品的实际成本已确定，因此，按照收入确认的条件，该项销售商品收入已经实现，东方公司应确认销售收入，并结转销售成本。东方公司的会计处理如下：

①确认收入时。

| | | |
|---|---|---|
| 借：应收账款——甲公司 | 56 500 | |
| 贷：主营业务收入 | | 50 000 |
| 应交税费——应交增值税（销项税额） | | 6 500 |

②结转销售成本时。

| | | |
|---|---|---|
| 借：主营业务成本 | 40 000 | |
| 贷：库存商品 | | 40 000 |

### 13.2.3 已经发出商品但不能确认收入的账务处理

企业按照合同约定发出产品，合同约定客户只有在商品售出取得价款后才支付货款。企业向客户转让商品的对价未达到“很可能”收入确认条件。在发出商品时，企业不应确认收入，将发出商品的成本记入“发出商品”科目，贷记“库存商品”科目。对已发出的商品被客户退回，应编制相反的会计分录。“发出商品”科目核算企业商品已发出但客户没有取得商品的控制权的商品成本。当收到货款或取得收取货款权利时，确认收入，借记“银行存款”科目，贷记“主营业务收入”科目，贷记“应交税费——应交增值税（销项税额）”科目，同时结转已销商品成本，借记“主营业务收入”科目，贷记“发出商品”科目。

【例 13-2】东方公司 20×1 年 2 月 9 日向甲公司销售一批 B 商品，开出的增值税专用发票上注明的销售价款为 70 000 元，增值税额为 9 100 元，B 商品的生产成本为 50 000 元。东方公司在销售时已知悉甲公司资金周转发生困难，近期内难以收到货款，但为了减少库存积压以及考虑到与甲公司长期的业务往来关系，仍将 B 商品发运给甲公司并开出发票账单。20×1 年 5 月 19 日，甲公司给东方公司开出一张面值为 70 100 元的 6 个月期限的银行承兑汇票。20×1 年 11 月 19 日东方公司收回票款，应编制会计分录如下：

① 20×1 年 2 月 9 日，发出商品时。

借：发出商品——B 商品　　50 000
　贷：库存商品——B 商品　　50 000
借：应收账款——甲公司　　9 100
　贷：应交税费——应交增值税（销项税额）　　9 100

② 20×1 年 5 月 19 日，东方公司收到银行承兑汇票，东方公司据以确认 B 商品的销售收入时。

借：应收票据——甲公司　　79 100
　贷：主营业务收入　　70 000
　　　应收账款——甲公司　　9 100
借：主营业务成本　　50 000
　贷：发出商品——B 商品　　50 000

### 13.2.4 销售折让与销售退回的会计处理

（1）销售折让

销售折让，是指在销售过程中，企业售出的商品质量不合格、品种或规格与所签订合同不符等原因而在售价上给予购买方的减让。销售折让可能发生在销货方确认收入之前，也可能发生在销货方确认收入之后。如果销售折让发生在企业确认收入之前，则销货方应直接从原定的销售价格中扣除给予购货方的销售折让作为实际销售价格，确认收入；如果销售折让发生在企业确认收入之后，销货方应直接从原定的销售价格中扣除给予购货方的销售折让冲减当期的销售收入；如果按规定允许冲减当期销项税额的，还要同时冲减相应税项。销售折让属于资产负债表日后事项的，应当按照资产负债表日后事项的相关规定进行处理。

【例 13-3】东方公司 20×1 年 5 月 29 日向北方实业公司销售一批商品，产品生产成本为 30 000 元，假定合同约定交款提货，东方公司已于北方实业公司付款后开具提货单和发票，增值税专用发票上注明的销售价款为 50 000 元，增值税额为 6 500 元。20×1 年 6 月 5 日北方实业公司在验收过程中发现商品质量不合格，要求在价格上给予 10% 的折让，东方公司同意给予折让。应编制会计分录如下：

① 20×1 年 5 月 29 日收到货款向北方实业公司开具发票并交付提货单时。

| | | |
|---|---|---|
| 借：银行存款 | 56 500 | |
| 贷：主营业务收入 | | 50 000 |
| 应交税费——应交增值税（销项税额） | | 6 500 |
| 借：主营业务成本 | 30 000 | |
| 贷：库存商品 | | 30 000 |

② 20×1 年 6 月 5 日发生销售折让时。

| | | |
|---|---|---|
| 借：主营业务收入 | 5 000 | |
| 贷：银行存款 | | 5 650 |
| 应交税费——应交增值税（销项税额） | | （6 50） |

（2）销售退回

企业出售的商品，由于质量、品种不符合要求等原因而发生退货，称为销售退回。如果销售退回发生在收入确认之前，应减少发出商品的数量，收入的确认额为销售价款中扣除了退回货物价值的金额。如果销售退回发生在收入确认之后，则应当视以下具体情况分别处理：

①发生销售退回时，企业尚未确认销售收入。对于未确认收入的售出商品发生销售退回的，应将已计入“发出商品”等科目的商品成本转回到“库存商品”科目。借记“库存商品”科目，贷记“发出商品”科目。采用计划成本或售价核算的，应按计划成本或售价计入“库存商品”科目，同时计算产品成本差异或商品进销差价。

②发生销售退回时，企业已经确认销售收入。销售退回如果发生在企业确认收入之后，则不论是本年销售本年退回，还是以前年度销售本年退回，除属于资产负债表日后事项的销售退回外，均应冲减退回当月的销售收入；如果已经结转了销售成本，还应同时冲减退回当月的销售成本；如该项销售退回已发生现金折扣的，应同时调整相关财务费用的金额；如该项销售退回允许扣减增值税税额的，还应同时调整“应交

税费——应交增值税（销项税额）”科目的相应金额。如果已确认收入的售出商品发生的销售退回属于资产负债表日后事项的，企业应按《企业会计准则第 29 号——资产负债表日后事项》的相关规定进行处理。通过“以前年度损益调整”账户进行处理。

## 13.3 在某一时段内履行履约义务确认的收入

### 13.3.1 在某一时段内履行履约义务的收入确认条件

对于在某一时段内履行的履约义务，企业应当在该段时间内按照履约进度确认收入，履约进度不能合理确定的除外。满足下列条件之一的，属于在某一时段内履行履约义务，相关收入应当在该履约义务履行的期间内确认：

①客户在企业履约的同时即取得并消耗企业履约所带来的经济利益。企业在履约过程中是持续地向客户转移该服务的控制权的，该履约义务属于在某一时段内履行的履约义务，企业应当在提供该服务的期间内确认收入。例如，就保洁服务等服务类合同而言，企业在履行履约义务（即提供保洁服务）的同时，客户即取得并消耗了企业履约所带来的经济利益。

②客户能够控制企业履约过程中在建的商品。企业在履约过程中创建的商品包括在产品、在建工程、尚未完成的研发项目、正在进行的服务等，如果客户在企业创建该商品的过程中就能够控制这些商品，应当认为企业提供该商品的履约义务属于在某一时段内履行的履约义务。

③企业履约过程中所产出的商品具有不可替代用途，且该企业在整个合同期间内有权就累计至今已完成的履约部分收取款项。

### 13.3.2 在某一时段内履行履约义务的收入确认方法

企业应当考虑商品的性质，采用产出法或投入法确定恰当的履约进度，在确定履约进度时，应当扣除那些控制权尚未转移客户的商品和服务。

（1）产出法

产出法主要是根据已转移给客户的商品对于客户的价值确定履约进度，主要包括企业按照实际测量的完工进度、评估已实现的结果、已达到的里程碑、时间进度、已完工或交付的产品等产出指标，确定恰当的履约进度。产出法是直接计量已完成的产出，一般能够客观地反映履约进度。当产出法所需要的信息可能无法直接通过观察获得，或者为获得这些信息需要花费很高的成本，可采用投入法。

（2）投入法

投入法主要是根据企业履行履约义务的投入确定履约进度，主要包括以投入的材料数量、花费的人工工时或机器工时、发生的成本和时间进度等投入指标确定恰当的履约进度。

对于每一项履约义务，企业只能采用一种方法来确定其履约进度，并加以一贯运用。对于类似情况下的类似履约义务，企业应当采用相同的方法确定履约进度。

① 当履约进度能合理确定时，资产负债表日：

本期应确认的收入=合同的交易价格总额×履约进度-以前会计期间累计已确认的收入

本期应确认的费用=合同预计总成本×履约进度-以前会计期间累计已确认的费用

本期应确认的毛利=本期应确认的收入-本期应确认的费用

②当履约进度不能合理确定时，企业已经发生的成本预计能够得到补偿的，应当按照已经发生的成本金额确认收入，直到履约进度能够合理确定为止。

每一资产负债表日，企业应当对履约进度进行重新估计，当客观环境发生变化时，企业也需要重新评估履约进度是否发生变化，以确保履约进度能够反映履约情况的变化，该变化应当作为会计估计变更进行会计处理。

【例 13-4】20×0 年 12 月 1 日，联华装修公司与 A 公司签订了一项为期 3 个月的装修合同，合同约定的安装费总额为 500 000 元，增值税额为 45 000 元，装修费用每月末按完工进度支付。20×0 年 12 月 31 日，经专业测量师测量后，确定该项劳务的完工程度为 25%；A 公司按完工进度支付价款及相应的增值税。截至 20×0 年 12 月 31 日，联华实业股份有限公司为完成该合同累计发生劳务成本 100 000 元（支付装修人员薪酬）。估计还将发生劳务成本 300 000 元。假定该业务由联华装修公司自行完成；该装修服务构成单项履约义务，并属于在某一时段内履行的履约义务；联华装修公司按照实际测量的完工进度确定履约进度。联华装修公司会计处理如下：

①实际发生劳务成本时。

借：合同履约成本　　　　100 000

　贷：应付职工薪酬等　　　　100 000

② 12 月 31 日确认劳务收入并结转劳务成本时。

借：银行存款　　　　136 250

　贷：主营业务收入　　　　125 000

应交税费——应交增值税（销项税额）　　11 250

说明：20×0 年 12 月 31 日确认的劳务收入 =500 000×25%-0=125 000（元）

借：主营业务成本　　100 000

　贷：合同履约成本　　100 000

20×1 年 12 月 31 日，经专业测量师测量后，确定该项劳务的完工程度为 70%；A 公司按完工进度支付价款及相应的增值税。20×1 年 1 月，为完成该合同发生劳务成本 160 000元（假定均为装修人员薪酬），为完成该合同估计还将发生劳务成本 120 000 元。联华装修公司会计处理如下：

①实际发生劳务成本时。

借：合同履约成本　　160 000

　贷：应付职工薪酬等　　160 000

② 20×1 年 1 月 31 日确认劳务收入并结转劳务成本时。

借：银行存款　　245 250

　贷：主营业务收入　　225 000

　　应交税费——应交增值税（销项税额）　　20 250

说明：20×1 年 1 月 31 日确认的劳务收入 =500 000×75%-125 000=225 000（元）

借：主营业务成本　　160 000

　贷：合同履约成本　　160 000

20×1 年 2 月 28 日，装修完工；A 公司验收合格，按完成进度支付对应的增值税款。20×1 年 2 月，为完成合同发生劳务成本 125 000 元（假定均为装修人员薪酬）。联华装修公司会计处理如下：

①实际发生劳务成本时。

借：合同履约成本　　120 000

　贷：应付职工薪酬等　　120 000

② 20×1 年 2 月 28 日确认劳务收入并结转劳务成本时。

借：银行存款　　163 500

　贷：主营业务收入　　150 000

　　应交税费——应交增值税（销项税额）　　13 500

说明：20×1 年 2 月 28 日确认的劳务收入 =500 000-125 000-225 000=150 000（元）

借：主营业务成本　　125 000

　贷：合同履约成本　　125 000

## 13.4　其他业务收入的会计处理

### 13.4.1　销售材料等存货的会计处理

企业在日常经营活动中会发生对外销售不需用的原材料、随同商品对外销售单独计价的包装物等业务。企业销售原材料、包装物等存货取得收入的确认与计量原则比照商品销售。企业销售原材料、包装物等存货确认的收入作为其他业务收入处理，结转的相关成本作为其他业务成本处理。

企业应当设置“其他业务收入”科目核算企业确认的除主营业务活动以外的其他经营活动实现的收入，包括出租固定资产、无形资产、出租包装物和商品，销售材料、用材料进行非货币交换或债务重组等实现的收入。该科目贷方登记企业其他业务活动实现的收入，借方登记期末转入“本年利润”科目的其他业务收入，结转后该科目应无余额。该科目可按其他业务的种类进行明细核算。企业还应当设置“其他业务成本”科目核算企业确认的除主营业务活动以外的其他经营活动形成的成本，包括出租固定资产的折旧额、出租无形资产的摊销额、出租包装物的成本或摊销额、销售材料的成本等。该科目借方登记企业应结转的其他业务成本，贷方登记期末转入“本年利润”科目的其他业务成本，结转后该科目应无余额。该科目可按其他业务的种类进行明细核算。

【例 13-5】东方有限公司 20×1 年 10 月 15 日向乙公司销售一批 A 原材料，开具增值税专用发票上注明售价 800 000 元，增值税税额为 104 000 元；乙公司支付的款项已收存银行；该批原材料的实际成本为 700 000 元，乙公司收到 A 原材料并验收入库。东方有限公司账务处理如下：

①确认收入时。

| | | |
|---|---|---|
| 借：银行存款 | 904 000 | |
| 　贷：其他业务收入 | | 800 000 |
| 　　　应交税费——应交增值税（销项税额） | | 104 000 |

②结转原材料成本时。

| | | |
|---|---|---|
| 借：其他业务成本 | 700 000 | |
| 　贷：原材料 | | 700 000 |

### 13.4.2 让渡资产使用权收入

企业的有些交易活动并不转移资产的所有权，而只让渡资产的使用权，由此取得的收入，即为让渡资产使用权收入。主要包括利息收入和使用费收入等。

利息收入，是指金融企业存、贷款形成的利息收入，以及同行业之间发生往来形成的利息收入。利息收入，应按让渡现金使用权的时间和适用利率计算确定。

使用费收入，是指他人使用本企业的固定资产和无形资产（如商标权、专利权、专营权、软件、版权等）而形成的使用费收入。使用费收入，应按有关合同或协议规定的收费时间和方法计算确定。不同的使用费收入，收费时间和方法各不相同。有一次收取一笔固定金额的，如一次收取 10 年的场地使用费；有在合同或协议规定的有效期内分期等额收取的，如合同或协议规定在使用期内每期收取一笔固定的金额；也有分期不等额收取的，如合同或协议规定按资产使用方每期的百分比收取使用费。

【例 13-6】宏润股份有限公司 20×1 年 1 月 15 日向常青公司转让了自有品牌“宏美香水”的商标使用权，使用期限为 10 年。合同约定常青公司每年年末按销售收入的 10% 向宏润公司支付使用费。20×1 年常青公司实现销售收入 1 000 000 元。20×2 年常青公司实现销售收入 1 500 000 元，增值税税率 6%。宏润股份有限公司每年年末均收到了使用费，其账务处理如下：

①第一年年末确认使用费收入时。

| | | |
|---|---|---|
| 借：银行存款 | 106 000 | |
| 贷：其他业务收入 | | 100 000 |
| 应交税费——应交增值税（销项税额） | | 6 000 |

②第二年年末确认使用费收入时。

| | | |
|---|---|---|
| 借：银行存款 | 159 000 | |
| 贷：其他业务收入 | | 150 000 |
| 应交税费——应交增值税（销项税额） | | 9 000 |

**【本章小结】**

收入是指企业在日常活动中形成的，会导致所有者权益增加的，与所有者投入资本无关的经济利益的总流入。

收入确认和计量大致分为五步，即第一步，识别与客户订立的合同。第二步，识别合同中的单项履约义务。第三步，确定交易价格。第四步，将交易价格分摊至各单项履约义务。第五步，履行各单项履约义务时确认收入。

收入的会计处理需要区分在某一时点履行履约义务确认收入和在某一时段履行履约义务确认收入。对于在某一时点履行的履约义务，企业应当在客户取得相关商品控制权时点确认收入。在判断控制权是否转移时，企业应当综合考虑下列迹象：①企业就该商品享有现时收款权利，即客户就该商品负有现时付款义务。②企业已将该商品的法定所有权转移给客户，即客户已拥有该商品的法定所有权。③企业已将该商品实物转移给客户，即客户已占有该商品实物。④企业已将该商品所有权上的主要风险和报酬转移给客户，即客户已取得该商品所有权上的主要风险和报酬。⑤客户已接受该商品。⑥其他表明客户已取得商品控制权的迹象；在某一时段内履行的履约义务的收入确认方法包括产出法和投入法。

“营业收入”是指企业在日常活动中形成的、会导致所有者权益增加的、与所有者投入资本无关的经济利益的总流入。营业收入不是从偶发的交易或事项中产生。营业收入只包括本企业经济利益的流入，不包括为第三方或客户代收的款项。不同的行业其营业收入的含义不同。

按照营业收入的性质分为销售商品收入、提供劳务收入、让渡资产使用权收入、建造合同收入；按照企业经营业务主次分类，可以分为主营业务收入和其他业务收入。一项营业收入是列为主营业务收入还是其他业务收入，应视企业具体情况而定。

销售折让，是企业售出的商品质量不合格等原因而在售价上给予购买方一定的减让。通常情况下，销售折让发生时应直接冲减当期的商品销售收入；如果按规定允许冲减当期销项税额的，还要同时冲减相应税项。

企业委托其他单位代销本公司的产品，通常有视同买断和收取手续费两种方式。委托方只能在受托方将商品卖出并收到其代销清单时，才能确认收入。

其他营业收入包括提供劳务收入和让渡资产使用权收入。劳务收入应当根据在资产负债表提供劳务交易的结果是否能够可靠地估计，分别采用不同的方法予以确认和计量。让渡资产使用权收入，主要包括利息收入和使用费收入。

【学习目标小结】

### 1. 掌握收入的性质及其分类

收入是从企业的日常生产经营活动中产生，会导致所有者权益增加的、只包括本企业经济利益的流入。营业收入按照性质分为销售商品收入、提供劳务收入、让渡资产使用权收入、建造合同收入；按照按企业经营业务主次分类，可以分为主营业务收入和其他业务收入。

**2. 掌握收入确认的前提条件**

收入确认的前提条件（合同属性）。企业与客户之间的合同同时满足下列五项条件的，企业应当在客户取得相关商品控制权时确认收入：①合同各方已批准该合同并承诺将履行各自义务；②该合同明确了合同各方与所转让商品相关的权利和义务；③该合同拥有明确的与所转让商品相关的支付条款；④该合同具有商业实质，即履行该合同将改变企业未来现金流量的风险、时间分布或金额；⑤企业因向客户转让商品而有权取得的对价很可能收回。

**3. 了解收入确认和计量的步骤**

收入确认和计量大致分为 5 步：①识别与客户订立的合同；②识别合同中的单项履约义务；③确定交易价格；④将交易价格分摊至各单项履约义务；⑤履行各单项履约义务时确认收入。

**4. 掌握商品销售收入会计处理方法**

企业在销售商品时，在同时满足以上 5 个条件时，按已收或应收的合同或协议价款，加上应收取的增值税销项税额，借记“银行存款”“应收账款”或“应收票据”等，按确定的金额，贷记“主营业务收入”等，按应收取的增值税销项税额，贷记“应交税费——应交增值税”；同时或在资产负债表日按已销商品的账面价值结转销售成本，借记“主营业务成本”等，贷记“库存商品”等。

**5. 了解提供劳务和让渡资产使用权等不同形式收入的确认条件**

企业在销售商品时，应同时满足 5 个条件，才能确认为收入：①企业已将商品所有权上的主要风险和报酬转移给购货方；②企业既没有保留通常与所有权相联系的继续管理权，也没有对已售出的商品实施有效控制；③收入的金额能够可靠地计量；收入的金额能够可靠地计量；④相关的经济利益很可能流入企业；⑤相关的已发生或将发生的成本能够可靠地计量。劳务收入应当根据在资产负债表提供劳务交易的结果是否能够可靠地估计，分别采用不同的方法予以确认和计量。

**6. 了解企业按合同发出商品但不能确认收入会计处理**

企业按照合同约定发出产品，合同约定客户只有在商品售出取得价款后才支付货款。在发出商品时，企业不应确认收入，将发出商品的成本记入“发出商品”科目，贷记“库存商品”科目。

**7. 了解在某一时段内履行履约义务确认收入的会计处理**

对于在某一时段内履行的履约义务，企业应当在该段时间内按照履约进度确认收入，履约进度不能合理确定的除外。在某一时段内履行履约义务的收入确认方法一般有产出法和投入法。

**【关键术语】**

收入（income）是指企业在日常活动中形成的，会导致所有者权益增加的，与所有者投入资本无关的经济利益的总流入。

营业收入（operating receipt）是指从事主营业务或其他业务所取得的收入。

商品销售收入（commodity sales revenue）是指企业从事商品交易，卖出商品所得到的收入。

交易价格（transaction price）是指企业因向客户转让商品而预期有权收取的对价金额。

履约义务（burden of contract）是指合同中企业向客户转让可明确区分商品的承诺。

销售折让（sales allowance）是指在销售过程中，企业售出的商品质量不合格、品种或规格与所签订合同不符等原因而在售价上给予购买方一定的减让。

销售退回（sales returns）是指因错发商品或商品质量不合格等原因而发生的退货。

提供劳务收入（income from providing labor services）是指企业通过提供劳务实现的收入，如咨询公司提供咨询服务、软件开发企业为客户开发软件、安装公司提供安装服务等实现的收入。

让渡资产使用权收入（the abalienating of right to use assets）是指资产的所有权仍然是归属于原持有者，但使用权归属使用者，使用者给所有者支付使用费的行为。

## 练习题

**【简答题】**

1. 简述收入的概念以及特征。
2. 简述营业收入的确认原则。

3. 劳务收入的确认条件有哪些?

4. 请简述商品销售收入确认的条件有哪些。

5. 简述销售折让以及销售退回的区别。

6. 营业外收入和营业外支出包括哪些主要内容?

【业务题】

## 习题一

1. 目的

掌握与营业收入业务相关的会计分录。

2. 资料

甲公司在 20×1 年 12 月发生了如下业务，具体业务情况如下：

（1）转让一项技术专利的使用权，取得的转让收入为 100 000 元，存入银行，该企业当月摊销此专利权为 1 000 元。

（2）出租一项固定资产，收到租金 20 000 元，已经存入银行，计提租出固定资产折旧为 1 2000 元。

（3）采用支票结算方式，销售产品一批，不含增值税的价款为 100 万元，销项税为 17 万元，货款已经收到并存入银行，该批商品实际成本为 70 万元。

（4）向 D 公司销售一批 a 产品。合同约定的销售价格为 80 000 元，增值税税率为 13%。a 产品的生产成本为 65 000 元，甲公司按合同约定发出 a 产品并开出发票账单，D 公司已收到 a 产品并验收入库。根据合同约定，D 公司须于 60 天内付款。

3. 要求

编制甲公司与上述业务有关的会计分录。

## 习题二

1. 目的

掌握销售、退货以及销售折让相关的会计分录。

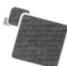

2. 资料

A股份有限公司（以下简称甲公司）为增值税一般纳税企业，适用的增值税税率为17%。A公司在20×1年12月发生了以下销售业务以及退货业务，具体业务情况如下：

（1）上年度售出的产品因质量问题发生退货。产品售价为40 000元，增值税为6 800元，成本为售价的70%，退回产品已经入库，并开出支票退回货款和增值税。

（2）向甲企业销售材料一批，价款700 000元，增值税为119 000，该批材料的成本为500 000元，货款与增值税尚未收到。

（3）销售一批商品，增值税发票上的售价600 000元，增值税为102 000元，款项未收，货到后买方发现商品质量不合格，要求在价格上给予3%的折让。

（4）销售甲商品60 000元，增值税为10 200元，已按照总价法入账。买方在10天以后，20天以内付款，按合同条款享受1%的现金折扣（假设计算折扣时不考虑增值税），实际付款69 600元。

3. 要求

编制A公司与上述业务有关的会计分录。

## 习题三

1. 目的

掌握营业收入相关会计分录。

2. 资料

甲股份有限公司（以下简称甲公司）为增值税一般纳税企业，适用的增值税税率为17%。商品销售价格除特别注明外均不含增值税额，所有劳务均属于工业性劳务。销售实现时结转销售成本。甲公司销售商品和提供劳务均为主营业务。20×1年12月，甲公司销售商品和提供劳务的资料如下：

（1）12月1日，对A公司销售商品一批，增值税专用发票上注明销售价格为300万元，增值税额为51万元。提货单和增值税专用发票已交A公司，A公司已承诺付款。为及时收回货款，给予A公司的现金折扣条件如下：2/10，1/20，$n$/30（假定计算现金折扣时不考虑增值税因素）。该批商品的实际成本为200万元。12月19日，收到A

公司支付的、扣除所享受现金折扣金额后的款项，并存入银行。

（2）12月2日，收到B公司来函，要求对当年11月10日所购商品在价格上给予20%的折让（甲公司在该批商品售出时确认销售收入100万元，未收款）。经查核，该批商品外观存在质量问题。甲公司同意了B公司提出的折让要求。当日，收到B公司交来的税务机关开具的折让证明单，并开具红字增值税专用发票。

（3）甲公司经营以旧换新业务，12月31日销售W产品2件，单价为23.4万元（含税价格），单位销售成本为16万元；同时收回2件同类旧商品，每件回收价为0.5万元（不考虑增值税）。甲公司收到扣除旧商品的款项存入银行。

（4）12月31日，收到A公司退回的当月1日所购商品的20%。经查核，该批商品存在质量问题，甲公司同意了A公司的退货要求。当日，收到A公司交来的税务机关开具的进货退出证明单，并开具红字增值税专用发票和支付退货款项。

3. 要求

（1）编制甲公司12月发生的上述经济业务的会计分录。

（2）计算甲公司12月主营业务收入和主营业务成本。

【案例讨论题】

华兴公司为境内上市公司，主要从事电子设备的生产、设计和安装业务。该公司系增值税一般纳税企业，适用的增值税率为17%。注册会计师在对该公司20×1年度会计报表进行审计过程中发现以下事实：

（1）20×1年10月10日，该公司向其全资子公司乙企业销售B电子设备60台，每台销售价格为400万元。B电子设备每台的销售成本为250万元。该公司已将60台发送乙企业。乙企业在对该B电子设备进行验收后已如数将货款通过银行汇至该公司。该公司在20×1年度以每台400万元的价格确认销售收入，并相应结转销售成本。B电子设备全部通过乙企业对外销售，不向其他公司销售。

（2）20×1年10月15日，该公司与丙企业签订销售安装C设备1台的合同，合同总价款为800万元。合同规定，该公司向丙企业销售C设备1台并承担安装调式任务；丙企业在合同签订的次日付价款700万元；C设备安装调试并试运行正常，且经丙企业验收合格后一次性支付余款100万元。至12月31日，该公司已将C设备运抵丙企业，安装工作尚未开始。C设备的销售成本为每台500万元。该公司在20×1年度按800万元确认销售C设备的销售收入，并按500万元结转销售成本。

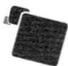

（3）20×1年10月18日，该公司与丁企业签订一项电子设备的设计合同，合同总

价款为240万元。该公司自11月1日起开始该电子设备设计工作，至12月31日已完成设计工作量的30%，发生设计费用60万元；按当时的进度估计，20×2年3月30日将全部完工，预计将再发生费用40万元。丁企业按合同已于12月1日一次性支付全部设计费用240万元。该公司在20×1年将收到的240万元全部确认为收入，并将已发生的设计费用结转为成本。

（4）12月20日，该公司与W企业签订销售合同。合同规定，该公司向W企业销售D电子设备50台，每台销售价格为400万元。12月22日，该公司又与W企业就该D电子设备签订补充合同。该补充合同规定，该公司应在20×2年3月20日前以每台408万元的价格将D电子设备全部购回。该公司已于12月25日收到D电子设备的销售价款；在20×1年度已按每台400万元的销售价格确认相应的销售收入，并相应结转成本。

**思考：**

分析判断华兴公司上述有关收入的确认是否正确。

# 第14章　费用与利润

【学习目标】

1. 了解费用的确认原则与分类。
2. 理解产品成本的概念与分类。
3. 掌握产品成本的核算程序。
4. 掌握期间费用的内容与会计处理。
5. 掌握利润的构成及会计处理。
6. 理解所得税费用的概念与会计处理。

【引导案例】

格力电器的营业成本与期间费用

格力电器2019年年报显示公司发生的营业成本构成，如表14-1所示。

表14-1　格力电器2019年营业成本构成

| 行业分类 | 项目 | 2019年 | | 2018年 | | 同比增减 |
|---|---|---|---|---|---|---|
| | | 金额 | 占营业成本比重 | 金额 | 占营业成本比重 | |
| 家电制造 | 原材料 | 88 126 710 086.12 | 86.66% | 95 511 355 520.45 | 87.23% | −7.73% |
| | 人工工资 | 4 943 375 465.37 | 4.86% | 4 988 975 648.45 | 4.56% | −0.91% |
| | 折旧 | 1 565 803 533.57 | 1.54% | 1 456 650 827.31 | 1.33% | 7.49% |
| | 能源 | 836 728 653.04 | 0.82% | 872 173 883.95 | 0.80% | −4.06% |

格力电器2019年年报显示公司发生的期间费用如下：

销售费用2019年为18 309 812 188.35元，2018年为18 899 578 046.25元，降低3.12%。2019年度的销售费用主要为安装维修费、运输及仓储装卸费、销售返利及宣传推广费，占销售费用总额比例超过80%；管理费用2019年为3 795 645 600.08元，

2018年为4 365 850 083.19元，降低13.06%。2019年度，管理费用主要为职工薪酬、物料、折旧及摊销，占管理费用总额比例超过80%；财务费用2019年为-2 426 643 429.91元，2018年为-948 201 396.74元，降低155.92%。主要是利息收入及汇兑收益增加所致。利息费用中包括长、短期借款利息及票据终止确认时立即确认的票据贴现利息费用。利息收入，均为资金收益。研发费用2019年为5 891 219 715.90元，2018年为6 988 368 285.92元，降低15.70%。

资料来源：根据格力电器2019年年度报告整理

从案例资料中，我们看到格力电器2019年的营业成本和期间费用额。除了营业成本和期间费用，公司还有税金及附加、所得税等费用等，如何确认这些费用、如何核算这些费用等是本章我们将要学习的内容。

## 14.1 费用的确认与分类

### 14.1.1 费用特征与确认原则

#### 14.1.1.1 费用的概念及特征

费用是指企业在日常活动中发生的、会导致所有者权益减少的、与向所有者分配利润无关的经济利益的总流出。根据费用的定义，费用具有以下特征：

（1）费用是企业在日常活动中形成的

企业的日常活动是指企业为完成其经营目标所从事的经常性活动以及与之相关的活动。在不同的企业，其日常活动的内容是有较大差别的。例如，工业企业制造并销售产品、商业企业销售商品、安装公司提供安装服务、租赁公司出租资产等，均属于企业的日常活动。企业因日常活动所产生的费用通常包括营业成本（如销售成本）和期间费用等。

（2）费用会导致所有者权益的减少

与费用相关的经济利益的流出应当会导致所有者权益的减少，不会导致所有者权益减少的经济利益的流出不符合费用的定义，不应确认为费用。对于费用的发生最终会使企业的所有者权益减少并不难理解，因为一般说来，费用的增加往往是对企业实现收入的一种抵销，会减少企业的利润，而企业实现的利润是属于所有者的，因而，费用的增加最终会减少企业的所有者权益。需要注意的是，企业在生产经营过程中发生的资产的减少并非都会引起企业所有者权益的减少。例如，企业以银行存款偿付一项债务本金，只是一项资产和一项负债的等额减少，不会对企业的所有者权益产生影响，因此，不应确认为企业的费用。

（3）费用导致的经济利益总流出与向所有者分配利润无关

费用的发生应当会导致经济利益的流出，从而导致资产的减少或者负债的增加（最终也会导致资产的减少）。其表现形式包括现金或者现金等价物的流出，存货、固定资产和无形资产等的流出或者消耗等。企业向所有者分配利润也会导致经济利益的流出，但该经济利益的流出属于投资者投资回报的分配，是所有者权益的直接抵减项目，不应确认为费用，应当将其排除在费用的定义之外。

### 14.1.1.2 费用的确认原则

费用的确认除了应符合定义外，也应至少符合以下 3 个条件：

（1）与费用相关的经济利益应当很可能流出企业

费用的确认应当与经济利益流出的不确定性程度的判断结合起来。如果有确凿证据表明，有关的经济利益很可能流出企业，就应当将其作为费用予以确认；反之，导致经济利益流出企业的可能性若已不复存在，就不符合费用的确认条件，不应将其作为费用予以确认。

（2）经济利益流出企业的结果会导致资产的减少或者负债的增加

因为一般说来，费用的增加往往是对企业资产的消耗，会引起企业资产的减少。这种减少可具体表现为企业现实的现金支出或非现金支出，也可以是过去的或预期的现金支出或非现金支出。例如，企业在产品销售中用现金或银行存款支付应由企业负担的运输费、装卸费、广告费等销售费用，就属于现金支出，会导致企业资产的直接减少。而企业将库存商品销售给顾客，则属于企业库存商品这种资产的直接减少；经济利益流出企业的结果有时也会导致负债的增加。例如，企业在一定会计期末计算确定的当期应当负担但无须当期实际支付的短期借款利息，一方面应计入当期的财务费用，反映当期费用的增加，另一方面应确认为企业的负债，反映当期负债的增加。

（3）经济利益的流出额能够可靠计量

对于与费用有关的经济利益流出金额，通常可以根据合同或者法律规定的金额予以确定。

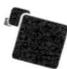

### 14.1.2　费用分类

费用可以按照不同的标准进行分类。

#### 14.1.2.1　费用按经济内容（或性质）分类

按照这种分类方法，一般可将费用分为以下 8 类：

①外购材料费用，是指企业为进行生产经营管理而耗用的从外部购入材料物资所发生的费用，包括购买原材料、半成品、辅助材料、包装物、修理用备件和低值易耗品等发生的支出。

②外购燃料费用，是指企业为进行生产经营管理而耗用的从外部购入燃料所发生的费用，如购买煤炭、油料等发生的支出。

③外购动力费用，是指企业为进行生产经营管理而耗用的从外部购入动力所发生的费用，如购入电力等发生的支出。

④薪酬费用，是指企业为获得职工提供的服务或解除劳动关系而给予的各种形式的报酬或补偿。职工薪酬包括短期薪酬、离职后福利、辞退福利和其他长期职工福利。企业提供给职工配偶、子女、受赡养人、已故员工遗属及其他受益人等的福利，也属于职工薪酬。

⑤折旧费用，是指企业按照选用的折旧方法和确定的折旧率计算提取，并计入成本和费用的固定资产折旧额。

⑥利息费用，是指企业应计入成本费用的利息支出减去利息收入后的净额，包括短期借款利息费用、发行企业债券应付利息费用，以及利用借款进行项目建设所发生的借款费用等。

⑦税费，是指企业应计入成本和费用的各种税金及有关费用，包括税金及附加和所得税费用等。

⑧其他费用，是指除以上费用内容以外的其他各种费用支出，包括销售费用和财务费用等。

费用按经济内容分类可以反映企业在一定时期内发生了哪些生产费用、金额各是多少，以便于分析企业各个时期各种要素费用占整个费用的比重，进而分析企业各个时期各种要素费用支出的水平，有利于考核费用计划的执行情况。

### 14.1.2.2 费用按经济用途分类

费用按经济用途，可以分为生产费用和期间费用两个部分，如图 14-1 所示。生产费用是指产品生产过程中发生的，应计入各该产品成本对象的各种费用。这些费用按计入成本的方法可分为直接费用和间接费用。

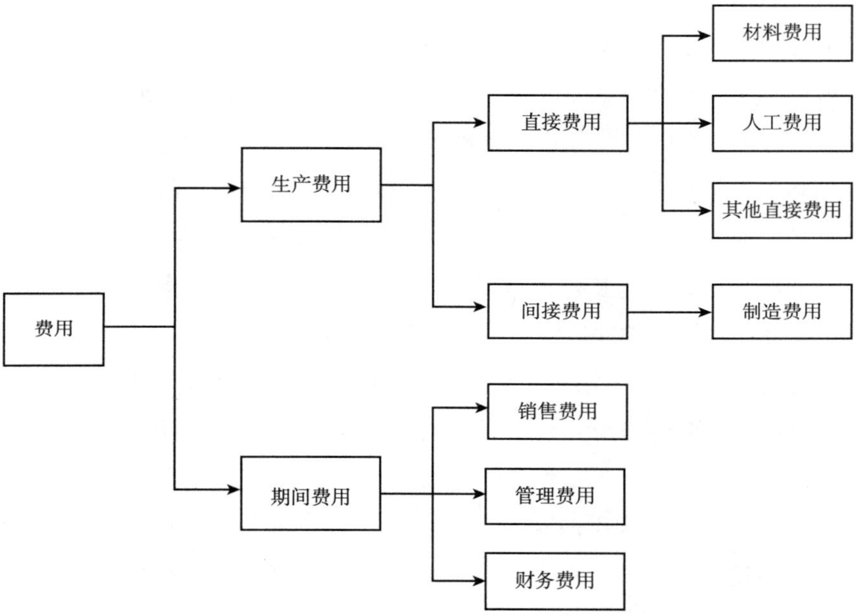


**图14-1　费用按经济用途分类**

（1）直接费用

是指为生产某一成本计算对象所消耗的可直接计入其成本的费用，主要包括直接材料、直接人工和其他直接费用。

直接材料，是指直接用于产品生产，构成产品实体的原料，主要材料，外购半成品，有助于产品形成的辅助材料和其他直接材料。

直接人工，是指从事产品生产的工人的职工薪酬。

《企业会计准则第 9 号——职工薪酬》规定职工薪酬，是指企业为获得职工提供的服务或解除劳动关系而给予的各种形式的报酬或补偿。

职工薪酬包括短期薪酬、离职后福利、辞退福利和其他长期职工福利。企业提供给职工配偶、子女、受赡养人、已故员工遗属及其他受益人等的福利，也属于职工薪酬。

短期薪酬，是指企业在职工提供相关服务的年度报告期间结束后十二个月内需要全部予以支付的职工薪酬，因解除与职工的劳动关系给予的补偿除外。短期薪酬具体包括：职工工资、奖金、津贴和补贴，职工福利费，医疗保险费、工伤保险费和生育保险费等社会保险费，住房公积金，工会经费和职工教育经费，短期带薪缺勤，短期利润分享计划，非货币性福利以及其他短期薪酬。

带薪缺勤，是指企业支付工资或提供补偿的职工缺勤，包括年休假、病假、短期伤残、婚假、产假、丧假、探亲假等。利润分享计划，是指因职工提供服务而与职工达成的基于利润或其他经营成果提供薪酬的协议。

离职后福利，是指企业为获得职工提供的服务而在职工退休或与企业解除劳动关系后，提供的各种形式的报酬和福利，短期薪酬和辞退福利除外。

辞退福利，是指企业在职工劳动合同到期之前解除与职工的劳动关系，或者为鼓励职工自愿接受裁减而给予职工的补偿。

其他长期职工福利，是指除短期薪酬、离职后福利、辞退福利之外所有的职工薪酬，包括长期带薪缺勤、长期残疾福利、长期利润分享计划等。

其他直接费用，是指企业发生的除直接材料费用和直接人工费用以外的，与生产某一成本计算对象有关的费用，如所消耗的直接燃料及动力等费用。

（2）间接费用

指内部生产经营单位为组织和管理生产经营活动而发生的共同费用和不能直接计入产品成本的各项费用，如多种产品共同消耗的材料等，这些费用发生后应按一定标准分配计入生产经营成本。一般通过制造费用项目归集企业各个生产单位为组织和管理生产而发生的应由产品生产成本负担的，不能直接计入各产品成本各项的间接费用。具体包括生产车间管理人员的工资等职工薪酬，物料耗损，办公费，水电费，折旧费，发生季节性的停工损失等。

对于只生产一种产品的企业来说，所有产品生产过程中发生的费用都是直接费用。

费用按经济用途进行分类，能够明确反映直接用于产品生产的材料费用、工人工资以及耗用于组织和管理生产经营活动上的各项支出各是多少，从而有助于企业了解费用计划、定额、预算等的执行情况，控制成本费用支出，加强成本管理和成本分析。

# 14.2 生产成本

## 14.2.1 生产成本概述

生产成本也称制造成本，是指企业在一定会计期间生产某种产品所发生的直接费用和间接费用的总和。

生产费用，是指企业在一定会计期间产品生产过程中消耗的生产资料的价值和支付的劳动报酬之和。

生产成本与生产费用是两个既有联系也有区别的概念。生产成本是对象化了的生产费用，只有当生产费用实际计入了某种产品的成本时才被称为生产成本，即生产成本是相对于一定的产品而言所发生的费用，它是按照产品品种等成本核算对象对当期发生的费用进行归集所形成的。由此可见，生产费用的对象化就构成产品成本，也就是说生产费用是构成产品成本的基础，生产费用的发生过程同时也是产品成本的形成过程，生产成本就是由生产费用转化而来的。由于产品的生产成本是在产品的制造过程中发生的，并且与产品价值的形成有着直接关系，因而也被称为制造成本。

生产费用在计入产品成本时，不仅要按照一定的产品品种等核算对象归集，而且要按照生产费用的组成内容确定产品生产成本的项目，这些项目在会计上称为成本项目。成本项目，一般包括直接材料、直接人工和制造费用等项目。

## 14.2.2 生产成本核算程序

成本核算程序，是指对企业在生产经营过程中发生的各项生产费用和期间费用，按照成本核算的要求，逐步进行归集和分配，最后计算出各种产品的生产成本和各项期间费用的基本过程，如图 14-2 所示。

第一步，对企业的各项支出、费用进行严格的审核，并按照成本核算制度确定其应否计入生产费用、期间费用，以及应计入生产费用还是期间费用。

第二步，根据生产特点和成本管理的要求，确定成本核算对象。成本核算对象是指为计算产品成本而确定的生产费用归类和分配的范围。

第三步，确定成本项目，将应计入本月产品的各项生产费用，在各种产品之间按照成本项目进行分配和归集，计算出按成本项目反映的各种产品的成本。

第四步，对于月末既有完工产品又有在产品的产品，将该种产品的生产费用（月初在产品生产费用与本月生产费用之和），在完工产品与月末在产品之间进行分配，计算出该种产品的完工产品成本和月末在产品成本。

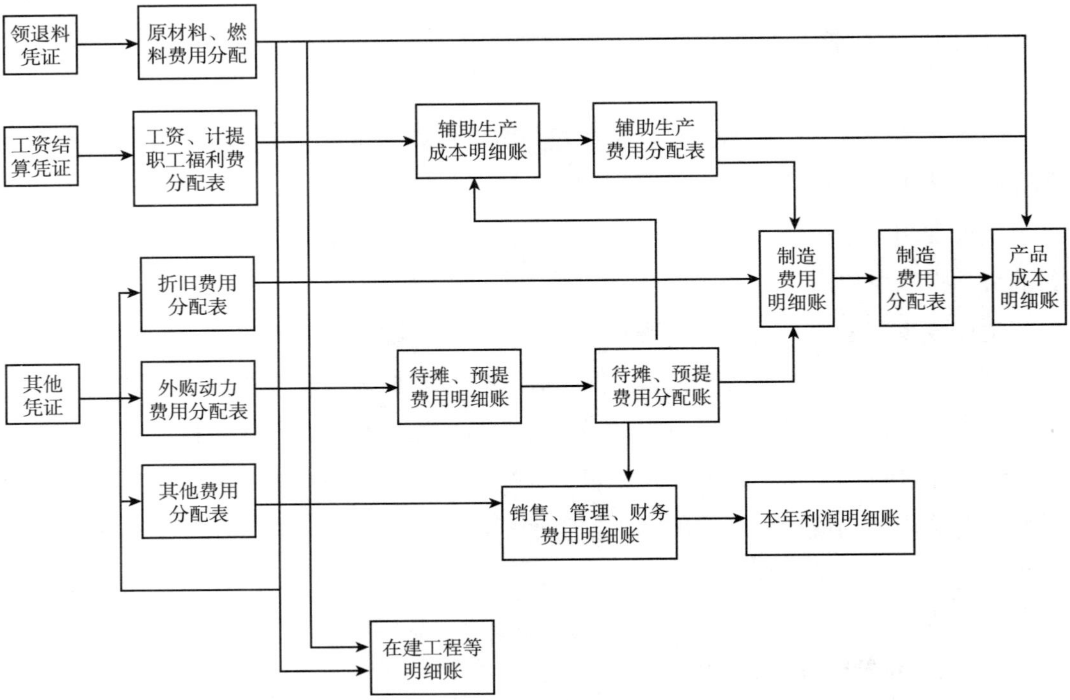


图14-2　生产成本核算程序图

### 14.2.3　生产成本核算的账户设置及其记录方法

企业为了核算各种产品的成本，应设置“生产成本”和“制造费用”两个账户。

（1）“生产成本”账户

“生产成本”属于成本类账户，核算企业进行工业性生产发生的各项生产成本，该账户借方反映企业发生的各种直接材料、直接人工和制造费用；贷方反映期末按实际成本计价的、生产完工入库的工业产品、自制半成品的成本；期末余额一般在借方，表示期末尚未加工完成的在产品成本。“生产成本”应当分别按照生产车间和成本核算对象（产品的品种、类别、订单、批别、生产阶段等）设置明细账（或成本计算单），账内按产品成本项目分设专栏或专行，如图 14-3 所示。

企业还可以根据自身生产特点和管理要求，将“生产成本”分为“基本生产成本”和“辅助生产成本”两个明细账。辅助生产较多的企业，也可将“基本生产成本”和

“辅助生产成本”作为总账。

（2）“制造费用”账户

企业设置“制造费用”账户核算企业为生产产品和提供劳务而发生的各项间接费用。“制造费用”属于成本类账户，该账户的借方反映实际发生的各项制造费用；贷方反映期末按照一定的分配标准和分配方法分配计入各成本核算对象分配转出的制造费用；该账户月末一般无余额。“制造费用”账户，通常按车间、部门设置明细分类账，账内按费用项目设立专栏进行明细登记。

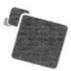

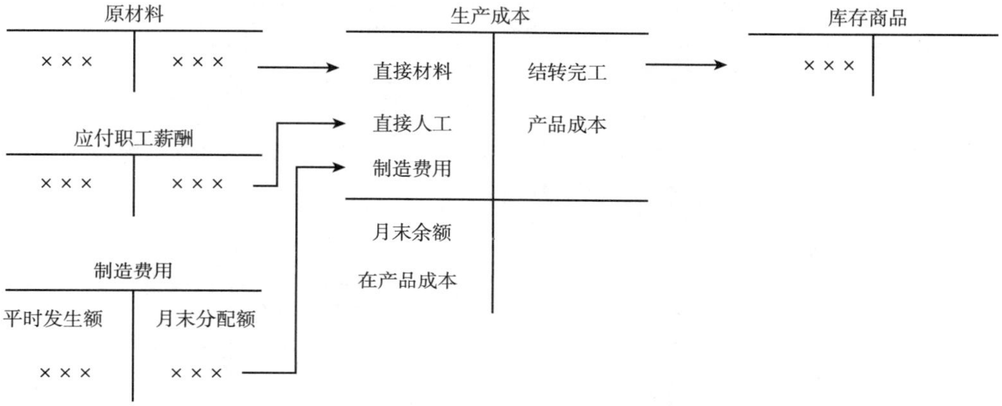


图14-3　生产成本账务处理基本程序图

## 14.3　主营业务成本和其他业务成本

### 14.3.1　主营业务成本

主营业务成本是指企业为了销售产品、提供劳务等经常性活动所发生的成本。企业一般在确认销售商品、提供服务等主营业务收入时，或在月末，将已销商品、已提供服务的成本转入主营业务成本。

工商企业设“主营业务成本”账户核算与本期所取得的主营业务收入直接相关的营业成本（税金及附加除外，另设科目进行核算）。该账户属于损益类科目，借方反映结转已销商品的实际成本，贷方登记结转至“本年利润”账户借方的数额。该账户可按主营业务的种类进行明细核算。会计期末（如月末）结转营业成本时，企业应根据本月已销售的各种商品、提供的各种劳务等的实际成本，计算应结转主营业务成本，借记“主营业务成本”账户，贷记“库存商品”“劳务成本”等账户。会计期末结账时，企业应根据该账户的本期借方发生额合计数，借记“本年利润”账户、贷记“主营业务成本”账户，结转后该账户应无余额。

【例 14-1】20×1 年 9 月 26 日，东方公司向甲公司销售一批 A 产品，开具的增值税专用发票上注明的价款为 100 000 元，增值税税额为 13 000 元；东方公司已将提货单送交甲公司，并收到了甲公司支付的款项 113 000 元；该批 A 产品的成本为 80 000 元。该项销售业务属于某一时点履行的履约义务。东方公司的账务处理如下：

①销售实现时

| | | |
|---|---|---|
| 借：银行存款 | 113 000 | |
| 贷：主营业务收入 | | 100 000 |
| 应交税费——应交增值税（销项税额） | | 13 000 |

②结转已售商品成本时

| | | |
|---|---|---|
| 借：主营业务成本 | 80 000 | |
| 贷：库存商品 | | 80 000 |

### 14.3.2 其他业务成本

其他业务成本是指企业确认的除主营业务活动以外的其他日常经营活动所发生的支出。其他业务成本包括销售多余材料的成本、出租固定资产的累计折旧额、出租无形资产的累计摊销额、出租包装物的成本或摊销额等。

企业应当设置“其他业务成本”账户核算除主营业务以外的其他销售或者其他业务所发生的支出，该账户属于损益类账户，可按其他业务成本的种类进行明细核算。该账户借方反映本期各项其他业务支出的发生额，贷方反映期末转入“本年利润”账户借方的数额。会计期末结账时，企业应根据该账户的本期借方发生额合计数，借记“本年利润”账户、贷记“其他业务成本”账户，结转后该账户应无余额。

企业记录发生的其他业务成本时，借记“其他业务成本”账户，贷记“原材料”“累计折旧”“累计摊销”“应付职工薪酬”“银行存款”等账户。

【例 14-2】东方公司是增值税一般纳税人，20×1 年 8 月 16 日向甲公司销售一批不需用的 D 原材料，不含增值税的售价为 120 000 元，增值税税额为 15 600 元，款项已由银行收妥。D 原材料的账面成本为 100 000 元。该项销售业务属于某一时点履行的履约义务。东方公司的账务处理如下：

①销售实现时

借：银行存款　　135 600

　贷：其他业务收入　　120 000

　　　应交税费——应交增值税（销项税额）　　15 600

②结转该批原材料成本时

借：其他业务成本　　100 000

　贷：原材料　　100 000

【例 14-3】东方公司将 20×0 年 1 月以 20 万购入一项专利技术，按十年平均摊销该无形资产的成本，20×1 年 1 月将该项专利技术出租给 M 公司。东方公司根据有关凭证做账务处理如下：

① 20×0 年对该无形资产进行摊销时

借：管理费用　　20 000

　贷：累计摊销　　20 000

② 20×1 年对该无形资产进行摊销时

借：其他业务成本　　20 000

　贷：累计摊销　　20 000

## 14.4　税金及附加

税金及附加是指企业主要经营活动应负担的相关税费。包括消费税、城市维护建设税、教育费附加、资源税、环境保护税、土地增值税、房产税、城镇土地使用税、车船税、印花税、耕地占用税、契税、车辆购置税等。

城市维护建设税和教育费附加属于附加税，纳税人是实际缴纳增值税、消费税的单位和个人。应纳税额是按企业当期实际缴纳的增值税、消费税相加的税额的一定比例计算。

企业应当设置“税金及附加”账户，该科目属于损益类账户，核算企业经营活动发生的消费税、城市维护建设税、教育费附加、资源税、房产税、城镇土地使用税、车船税、环境保护税、印花税等相关税费。其中，按规定计算确定的与经营活动相关的消费税、城市维护建设税、教育费附加、资源税、房产税、城镇土地使用税、车船税、环境保护税等税费，企业应借记“税金及附加”账户，贷记“应交税费”账户。

会计期末，将“税金及附加”账户本期借方发生额合计数，转入“本年利润”账户，借记“本年利润”账户、贷记“税金及附加”账户，结转后，“税金及附加”账户无余额。

企业缴纳的印花税，不会发生应付未付税款的情况，不需要预计应纳税金额，也不存在与税务机关结算或者清算的问题。因此，企业缴纳的印花税，于购买印花税票时，直接借记“税金及附加”账户，贷记“银行存款”账户。

耕地占用税、契税、车辆购置税等发生时直接借记“税金及附加”账户，贷记“银行存款”账户，也不通过“应交税费”账户核算。

【例 14-4】东方公司 20×1 年 12 月按照规定计算的当月实际应交车船税 48 000 元，应交城镇土地使用税 100 000 元。东方公司根据有关凭证做账务处理如下：

①计算当月实际应交车船税、城镇土地使用税时

借：税金及附加　　148 000

　贷：应交税费——应交车船税　　48 000

　　　　　　——应交城镇土地使用税　　100 000

②实际缴纳车船税、城镇土地使用税时

借：应交税费——应交车船税　　48 000

　　　　　——应交城镇土地使用税　　100 000

　贷：银行存款　　148 000

【例 14-5】东方公司 20×1 年 11 月份实际缴纳的增值税为 550 000 元，消费税为 250 000 元，企业适用的城市维护建设税税率为 7%，教育费附加征收率为 3%。东方公司根据有关凭证做账务处理如下：

①计算应交城市维护建设税和教育费附加时

城市维护建设税 =（550 000+250 000）×7%=56 000（元）

教育费附加 =（550 000+250 000）×3%=24 000（元）

借：税金及附加　　80 000

　贷：应交税费——应交城市维护建设税　　56 000

　　　　　　——应交教育费附加　　24 000

②实际缴纳城市维护建设税、教育费附加时

借：应交税费——应交城市维护建设税　　56 000

　　　　　——应交教育费附加　　24 000

　贷：银行存款　　80 000

**【延伸知识】**

## 关于营业税改征增值税

营业税，是对在中国境内提供应税劳务、转让无形资产或销售不动产的单位和个人，就其所取得的营业额征收的一种税。增值税是对销售货物或者提供加工、修理修配劳务以及进口货物的单位和个人就其实现的增值额征收的一个税种。

2016年5月1日全面推开营业税改征增值税实施方案，有助于增值税体系的完善以及增值税收入的增加；有利于社会专业化分工，降低企业税收成本，增强服务型企业的发展能力，优化投资、消费和出口结构；提高分工和专业化，同时减轻相关行业消费者负担，可以刺激需求，对试点行业是有利的政策；可以促进我国服务行业的发展，调整产业发展结构；营业税改征增值税，消除重复征税，社会再生产各个环节的税负下降，企业成本下降，引起物价降低，从而降低通货膨胀水平。

按照国家税务总局“营业税改征增值税试点实施办法”规定，“实施办法”第一条规定，在中华人民共和国境内（以下称境内）销售服务、无形资产或者不动产（以下称应税行为）的单位和个人，为增值税纳税人，应当按照本办法缴纳增值税，不缴纳营业税。第十五条规定，增值税税率：（一）纳税人发生应税行为，除本条第（二）项、第（三）项、第（四）项规定外，税率为6%。（二）提供交通运输、邮政、基础电信、建筑、不动产租赁服务，销售不动产，转让土地使用权，税率为11%。（三）提供有形动产租赁服务，税率为17%。（四）境内单位和个人发生的跨境应税行为，税率为零。具体范围由财政部和国家税务总局另行规定。第十六条增值税征收率为3%，财政部和国家税务总局另有规定的除外。第五十一条规定，营业税改征的增值税，由国家税务总局负责征收。纳税人销售取得的不动产和其他个人出租不动产的增值税，国家税务总局暂委托地方税务局代为征收。

（1）销售服务，是指提供交通运输服务、邮政服务、电信服务、建筑服务、金融服务、现代服务、生活服务。

（2）销售无形资产，是指转让无形资产所有权或者使用权的业务活动。无形资产，是指不具实物形态，但能带来经济利益的资产，包括技术、商标、著作权、商誉、自然资源使用权和其他权益性无形资产。

技术，包括专利技术和非专利技术。

自然资源使用权，包括土地使用权、海域使用权、探矿权、采矿权、取水权和其他自然资源使用权。

其他权益性无形资产，包括基础设施资产经营权、公共事业特许权、配额、经营权（包括特许经营权、连锁经营权、其他经营权）、经销权、分销权、代理权、会员权、席位权、网络游戏虚拟道具、域名、名称权、肖像权、冠名权、转会费等。

（3）销售不动产，是指转让不动产所有权的业务活动。不动产，是指不能移动或者移动后会引起性质、形状改变的财产，包括建筑物、构筑物等。

转让建筑物有限产权或者永久使用权的，转让在建的建筑物或者构筑物所有权的，以及在转让建筑物或者构筑物时一并转让其所占土地的使用权的，按照销售不动产缴纳增值税。

资料来源：2016 年 3 月 23 日，财政部、国家税务总局发布的《营业税改征增值税试点实施办法》

## 14.5 期间费用

期间费用是指企业日常活动发生的不能计入特定核算对象的成本，而应计入发生当期损益的费用。

期间费用是企业日常活动发生的经济利益的流出，通常不计入特定的成本核算对象，是因为期间费用是企业为组织和管理整个经营活动所发生的费用，与可以确定特定成本核算对象的材料采购、产成品生产等没有直接关系，因而期间费用不计入有关核算对象的成本，而是直接计入当期损益。

企业的期间费用包括销售费用、管理费用和财务费用。

### 14.5.1 销售费用

企业一般设“销售费用”账户核算其在销售产品、自制半成品和提供劳务等过程中发生的各项费用。包括由企业负担的包装费、运输费、广告费、装卸费、保险费、委托代销手续费、展览费、租赁费（不含融资租赁费）和销售服务费、销售部门人员的职工薪酬、差旅费、折旧费、修理费、物料消耗、低值易耗品摊销以及其他经费等。该账户可按照费用项目进行明细核算。该账户属于损益类账户，其借方反映本期销售产品、自制半成品和提供劳务等过程中发生的各项费用额，贷方反映期末转入“本年利润”账户借方的各项销售费用。会计期末结账时，企业应根据该账户的本期借方发生额合计数，借记“本年利润”账户、贷记“销售费用”账户，结转后该账户应无余额。

应予以注意的是：销售费用是与企业销售商品活动等有关的费用，但不包括销售商品本身的成本和劳务成本。已经销售的产品的成本属于企业的“主营业务成本”，提供劳务所发生的成本属于企业的“劳务成本”，均不属于企业的销售费用。

【例 14-6】东方公司 20×1 年 12 月发生的销售费用包括：以银行存款支付广告费 5 000 元；用现金支付应由公司负担的销售甲产品的运费 800 元；本月分配专设销售机构的职工工资 4 000 元，福利费用 560 元。月末将全部销售费用予与结转。东方公司的账务处理如下：

①支付广告费

| | | |
|---|---|---|
| 借：销售费用——广告费 | 5 000 | |
| 贷：银行存款 | | 5 000 |

②支付运输费

| | | |
|---|---|---|
| 借：销售费用——运输费 | 800 | |
| 贷：库存现金 | | 800 |

③分配职工工资及其他工资性费用中属于销售费用的部分

| | | |
|---|---|---|
| 借：销售费用——工资 | 4 000 | |
| 贷：应付职工薪酬——工资 | | 4 000 |
| 借：销售费用——福利费 | 560 | |
| 贷：应付职工薪酬——福利费 | | 560 |

### 14.5.2 管理费用

管理费用是指企业为组织和管理生产经营所发生的各项费用。包括企业在筹建期间内发生的开办费、董事会和行政管理部门在企业的经营管理中发生的或者应由企业统一负担的公司经费（包括行政管理部门职工薪酬、修理费、物料消耗、低值易耗品摊销、办公费和差旅费等）、工会经费、董事会费（包括董事会成员津贴、会议费和差旅费等）、聘请中介机构费、咨询费（含顾问费）、诉讼费、业务招待费、诉讼费、技术转让费、矿产资源补偿费、研究费用和排污费等。企业生产部门（车间）和行政管理部门发生的固定资产修理费用等后续支出也作为管理费用核算。

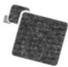

企业应当设置“管理费用”账户核算企业为组织和管理企业生产经营所发生的管理费用，并按照费用项目进行明细核算。该账户属于损益类账户，其借方登记本期企

业为组织和管理企业生产经营所发生的各项管理费用，贷方贷记期末转入“本年利润”账户借方的各项管理费用。会计期末结账时，企业应根据该账户的本期借方发生额合计数，借记“本年利润”账户、贷记“管理费用”账户，结转后该账户应无余额。

应当注意管理费用与制造费用的区别：管理费用一般是为组织和管理企业生产经营活动发生在企业管理部门的各项费用；制造费用一般是为生产产品而在生产车间范围内发生的各项间接费用；尽管管理费用与制造费用的有些费用内容（如办公费和差旅费等）是相同的，但应使用不同的账户组织核算。

【例 14-7】东方公司 20×1 年 12 月根据发生的管理费用进行的账务处理如下：

①应付行政管理部门职工薪酬 200 000 元。

借：管理费用　　200 000

　贷：应付职工薪酬　　200 000

②计提行政管理部门办公大楼折旧费 80 000 元。

借：管理费用　　80 000

　贷：累计折旧　　80 000

③为拓展业务发生招待住宿费用 50 000 元，取得的增值税专用发票上注明的增值税税额 3 000 元。已用银行转账支票支付全部款项。

借：管理费用——业务招待费　　50 000

　贷：应交税费——应交增值税（进项税额）　　3 000

　　　银行存款　　53 000

④以银行存款支付董事会相关费用 5 000 元。

借：管理费用　　5 000

　贷：银行存款　　5 000

⑤计提工会经费 4 000 元。

借：管理费用　　4 000

　贷：其他应付款　　4 000

⑥管理人员报销差旅费 2 800 元。

借：管理费用　　2 800

　贷：其他应收款　　2 800

⑦摊销本月公司管理部门用无形资产成本 2 500 元。

借：管理费用　　2 500

　贷：累计摊销　　2 500

### 14.5.3 财务费用

财务费用是指企业在生产经营过程中为筹集资金等而发生的筹资费用。包括企业生产经营期间发生的利息支出（减利息收入）、汇兑损益、金融机构手续费，企业发生的现金折扣或收到的现金折扣等。但在企业筹建期间发生的利息支出，应计入开办费；为购建或生产满足资本化条件的资产发生的应予以资本化的借款费用，在“在建工程”等账户核算。

企业应当设置“财务费用”账户，核算财务费用的发生和结转情况。该账户属于损益类账户，其借方反映本期发生的利息支出等各项财务费用额，贷方反映本期发生的冲减财务费用的利息收入、汇兑收益，期末计算该账户借方发生额与贷方发生额的差额转入“本年利润”账户借方，结转后该账户应无余额。该账户可按照费用项目进行明细核算。

应予以注意的是：财务费用构成内容有的会增加企业的财务费用，有些则会减少企业的财务费用。如利息支出会增加企业的财务费用，而利息收入则会减少企业的财务费用；企业发生的给予客户的现金折扣会增加企业的财务费用，而从销售方获得的现金折扣则会减少企业的财务费用等。在核算中应注意区分不同的情况，采用不同的处理方法。

【例 14-8】东方公司 20×1 年 12 月根据发生的财务费用进行的账务处理如下：

①东方公司接到银行通知，收到银行存款利息 120 000 元

| | | |
|---|---|---|
| 借：银行存款 | 120 000 | |
| 　贷：财务费用——利息支出 | | 120 000 |

②用银行存款支付短期借款利息 280 000 元

| | | |
|---|---|---|
| 借：财务费用——利息支出 | 280 000 | |
| 　贷：银行存款 | | 280 000 |

【例 14-9】20×1 年 12 月 5 日，东方公司用银行存款支付在银行办理业务的手续费 500 元。

| | | |
|---|---|---|
| 借：财务费用 | 500 | |
| 　贷：银行存款 | | 500 |

以上销售费用、管理费用和财务费用又称为期间费用，即不能直接归属于某个特定产品成本的费用。发生的期间费用直接从企业的当期损益中扣除。它是随着时间推移而发生的与当期产品的管理和产品销售直接相关，而与产品的产量、产品的制造过程无直接关系，即容易确定其发生的期间，而难以判别其所应归属的产品，因而是不能列入产品制造成本，而应在发生的当期直接从损益中扣除。

## 14.6 利润

### 14.6.1 利润的构成

利润是企业在一定会计期间的经营成果，它是企业在一定会计期间内实现的收入与相关费用成本对比后的结果。是衡量企业经济效益高低的一项重要指标，企业在增加产量、提高产品质量、降低产品成本、扩大产品销售、合理使用资金、加速资金周转等方面取得的成效都会综合地反映在利润指标中。利润包括营业利润、利润总额、净利润3个层次。有关计算如下：

营业利润＝营业收入-营业成本-税金及附加-销售费用-管理费用-研发费用-财务费用+其他收益+投资收益（-投资损失）+公允价值变动收益（-公允价值变动损益）-信用减值损失-资产减值损失+资产处置收益（-资产处置损失）

利润总额＝营业利润＋营业外收入－营业外支出

净利润＝利润总额－所得税费用

（1）营业利润

营业利润，是指企业在其日常经营活动的一定会计期间实现的全部收入减去该期间发生的全部相关费用后的差额。它反映了企业进行日常活动创造的业绩，也是企业一定时期获得利润中最主要、最稳定的来源。

营业收入，是指企业日常经营业务所实现的收入总额，包括主营业务收入和其他业务收入。

营业成本，是指企业日常经营业务所发生的实际成本总额，包括主营业务成本和其他业务成本。

其他收益，是2017年5月修订的《企业会计准则第16号——政府补助》新增的一个损益类会计科目和利润表项目。该科目用于核算与企业日常活动相关、但不宜确认收入或冲减成本费用的政府补助，如增值税税收返还等。

投资收益（或损失），是指企业对外投资所取得的利润、股利和债券利息收入等收入减去投资损失后的净收益。

公允价值变动收益（或损失），是指期末以公允价值计量且其变动计入当期损益的交易性金融资产的公允价值变动收益（或损失）。

信用减值损失，是指企业按照《企业会计准则第22号——金融工具确认和计量》（2018）的要求，计提的各项金融工具信用减值准备所确认的信用损失，例如企业对“应收账款”科目所计提的坏账损失。

资产减值损失，是指资产负债表日企业计提各项资产减值准备所形成的损失。

资产处置收益（或损失），是指企业出售划分为持有待售的非流动资产（金融工具、长期股权投资和投资性房地产除外）或处置组（子公司和业务除外）时确认的处置利得或损失，以及处置未划分为持有待售的固定资产、在建工程、生产性生物资产及无形资产而产生的处置利得或损失。债务重组中因处置非流动资产（金融工具、长期股权投资和投资性房地产除外）产生的利得或损失和非货币性资产交换中换出非流动资产（金融工具、长期股权投资和投资性房地产除外）产生的利得或损失也包括在本项目内。是2018年新增的会计科目和利润表项目。发生处置净损失的，借记“资产处置损益”，如为净收益，则贷记“资产处置损益”。

（2）直接计入当期损益的利得和损失

直接计入当期损益的利得或损失，是指企业应当计入当期损益的、会最终引起所有者权益增减变动的、与所有者投入资本或向所有者分配利润无关的利得（营业外收入）和损失（营业外支出）。利得与损失反映的是企业非日常活动的业绩。企业应严格区分收入、费用与利得、损失，以清晰地反映企业经营业绩的构成内容。

“利得”是由企业非日常活动所形成的、会导致所有者权益增加的、与所有者投入资本无关的经济利益的流入，如罚款收入等。

“损失”是指由企业非日常活动所发生的、会导致所有者权益减少的、与向所有者分配利润无关的经济利益的流出，如公益性捐赠支出等。

①直接计入当期损益的利得——营业外收入。营业外收入是指企业发生的与其日常生产经营活动无直接关系的各项利得，主要包括盘盈利得、捐赠利得（企业接受股东或股东的子公司直接或间接的捐赠，经济实质属于股东对企业的资本性投入的除外）、债务重组利得、罚没利得、政府补助、确实无法支付而按规定程序经批准后转作营业外收入的应付款项等。

企业应通过“营业外收入”账户，核算营业外收入的取得及结转情况。该账户属于损益类账户。贷方登记企业确认的各项营业外收入，借方登记期末结转入“本年利润”账户的各项营业外收入。结转后该账户应无余额。该账户应按照营业外收入的项目进行明细核算。

企业确认营业外收入，借记“固定资产清理”“银行存款”“库存现金”“应付账款”等账户，贷记“营业外收入”账户。期末，应将“营业外收入”账户余额转入“本年利润”账户，借记“营业外收入”账户，贷记“本年利润”账户。

【例14-10】东方公司20×1年5月18日转让一项专利技术，该资产账面余额（账面原价）为320 000元，累计摊销60 000元，未曾计提减值准备。转让价格为400 000元。东方公司的账务处理如下：

借：银行存款　　　　400 000
　　累计摊销　　　　60 000
　贷：无形资产　　　　320 000
　　　营业外收入　　　　140 000

②直接计入当期利润的损失——营业外支出。营业外支出是企业发生的与其日常生产经营活动无直接关系的各项损失，主要包括公益性捐赠支出、非常损失、盘亏损失、非流动资产毁损报废损失、非货币性资产交换损失、债务重组损失、罚款支出等。

企业应设置“营业外支出”账户，核算营业外支出的发生及结转情况。该账户可按营业外支出项目进行明细核算。

确认发生各项营业外支出项目时，借记“营业外支出”账户，贷记“银行存款”“固定资产”“待处理财产损益”等账户。

会计期末结账时，应将“营业外支出”账户余额转入“本年利润”账户，借记“本年利润”账户，贷记“营业外支出”账户。结转后本账户应无余额。

【例14-11】东方公司发生原材料意外灾害损失220 000元，经批准全部转作营业外支出，不考虑相关税费。应编制如下会计分录：

①发生原材料意外灾害损失时。

借：待处理财产损益　　　　220 000
　贷：原材料　　　　220 000

②批准处理时。

借：营业外支出　　　　220 000
　贷：待处理财产损益　　　　220 000

【例 14-12】东方公司用银行存款支付税款滞纳金30 000元，应编制如下会计分录：

借：营业外支出　　30 000

　贷：银行存款　　30 000

### 14.6.2 所得税费用

企业所得税是国家对企业生产、经营所得和其他所得依法征收的一种税。

所得税费用是指企业经营利润应交纳的所得税，包括当期所得税和递延所得税两个部分。其中当期所得税是指当期应交所得税，递延所得税包括递延所得税资产和递延所得税负债。递延所得税资产是指以未来期间很可能取得用来抵扣可抵扣暂时性差异的应纳所得税为限确认的一项资产。递延所得税负债是指根据应纳税暂时性差异计算的未来期间应付所得税的金额。所得税费用采用比例税率法计算，实行按纳税年度计算、分月或者分季预缴、年终汇算清缴的办法。

#### 14.6.2.1 所得税核算的一般程序

我国《企业会计准则第 18 号——所得税》，对企业所得税的计算做出了相应规定。中外会计中，企业所得税的核算大多采用资产负债表债务法。采用该法核算企业所得税，企业应于每一资产负债表日进行所得税的核算。发生特殊交易或事项，如企业合并，在确认交易或事项产生的资产、负债时，即应确认相关的所得税影响。采用资产负债表债务法，核算企业所得税一般应遵循以下程序：①确定资产负债表中除递延所得税资产和递延所得税负债以外的其他资产、负债项目的账面价值。这里的资产、负债项目的账面价值，是指企业按照会计准则的规定进行核算后在资产负债表中列示的期末金额。②按照资产和负债计税基础的确定方法，以适用税法为基础，确定资产负债表中有关资产、负债项目的计税基础。③比较资产、负债项目的账面价值与其计税基础，对两者之间存在差异的，分析其性质，分别确认为应纳税暂时性差异与可抵扣暂时性差异（特殊情况除外）。确定本资产负债日与暂时性差异相关的递延所得税负债或递延所得税资产的余额，将其与期初余额相比，确定当期递延所得税资产或递延所得税负债的增加金额或减少（应予转销的）金额。④将会计利润调整为纳税所得额，按照适用税率，计算确定当期的应交所得税。⑤确定当期利润表中的所得税费用。利润表中所得税费用由当期应交所得税和递延所得税两部分组成。

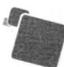

#### 14.6.2.2 应交所得税的计算及账务处理

所得税根据企业的所得额征收，而企业的所得额又可以根据不同的标准分别计算，即会计利润和应纳税所得额。会计利润是企业根据会计准则的要求，采用一定的会计程序与方法确定的所得税税前利润总额，其目的是向财务报告使用者提供企业财务状况和经营成果的会计信息，为其决策提供相关、可靠的依据；应纳税所得额是按照企业所得税法的规定，在企业利润总额的基础上对一些项目进行调整后得出的计税依据。由于会计法规和税收法规是两个不同的经济范畴，两者的适度分离被认为是允许的，实际上它们分别遵循着不同的原则和方法，规范着不同的对象，两者目标上的差异导致了收益确定上的差异。因此，对于同一企业的同一会计期间，按照会计准则计算确定的会计利润与按照税法计算确定的应纳税所得额往往不一致，在计算口径和确认时间方面存在一些差异，即计税差异，一般将这些差异称为纳税调整项目。

如在会计上计算利润总额时所有影响损益的损失和费用都能够扣除，而按照税法的规定并非所有影响损益的费用和损失都能够扣除，比如超过税法规定标准的广告费和业务宣传费、业务招待费、职工福利费、工会经费、职工教育经费以及在税法中规定不允许扣除项目的金额，如滞纳金、行政性罚款等都不能在税前扣除。

应纳税所得额=利润总额+税法规定的调整增加额-税法规定的调整减少额

应交所得税=应纳税所得额×所得税税率（25%）

（符合条件的小微企业所得税率为20%、国家需要重点扶持的高新技术企业所得税率为15%）

#### 14.6.2.3 所得税费用的账务处理

企业根据企业会计准则的规定，计算确定的当期所得税和递延所得税之和，即为应当从利润总额中扣除的所得税费用。即：

所得税费用=当期所得税+递延所得税费用（递延所得税收益）

其中，递延所得税费用（收益）=（递延所得税负债的期末余额-递延所得税负债的期初余额）-（递延所得税资产的期末余额-递延所得税资产的期初余额）

递延所得税资产的发生额也可能在贷方，递延所得税负债的发生额也可能在借方。

企业应通过“所得税费用”科目，核算企业负担的所得税。所得税费用是损益类科目。会计期末，应将“所得税费用”科目的借方发生额转入“本年利润”科目，结转后，“所得税费用”科目应无余额。

【例 14-13】东方公司 20×1 年全年利润总额 1 000 万元，假设没有纳税调整项目、没有递延所得税。按 25% 的所得税率计算所得税税额。应编制如下会计分录：

①计算应交所得税时。

借：所得税费用　　2 500 000

　贷：应交税费——应交所得税　　2 500 000

②结转所得税费用时。

借：本年利润　　2 500 000

　贷：所得税费用　　2 500 000

③上交所得税时。

借：应交税费——应交所得税　　2 500 000

　贷：银行存款　　2 500 000

【例 14-14】20×1 年，甲公司全年利润总额 1 000 万元。递延所得税负债的年初余额为 200 000 元，年末余额为 300 000 元；递延所得税资产的年初余额为 450 000 元，年末余额为 350 000 元。

东方公司所得税费用的计算如下：

递延所得税费用 =（300 000−200 000）−（350 000−450 000）=200 000（元）

所得税费用 =2 500 000+200 000=2 700 000（元）

东方公司应编制如下会计分录：

借：所得税费用　　2 700 000

　贷：应交税费——应交所得税　　2 500 000

　　　递延所得税负债　　100 000

　　　递延所得税资产　　100 000

有关所得税费用的确认与计量问题，详见《中级财务会计学》和《高级财务会计学》中的介绍。

### 14.6.3　利润的结转

利润作为企业在一定会计期间的经营成果，其形成主要通过“本年利润”科目进行核算，企业应设置“本年利润”科目，核算企业当期实现的净利润（或发生的净亏损）。期末应将各损益类科目的金额转入“本年利润”科目，结转后，“本年利润”科目如为贷方余额，表示当年实现的净利润；如为借方余额，表示当年发生的净亏损。年度终了，将本年收入和支出相抵，结出本年实现的净利润（净亏损），并将其转入“利润分配”科目，借记本科目，贷记“利润分配——未分配利润”科目；如为净亏损，则作相反的会计分录。结转后，本科目应无余额。

会计期末，结转本年利润的方法有表结法和账结法两种。

#### 14.6.3.1 账结法

在账结法下，每月月末均需编制转账凭证，将各损益类账户的余额转入“本年利润”账户，结转后，“本年利润”账户的本月合计数反映当月实现的利润或发生的亏损，“本年利润”账户的本年累计数反映本年累计实现的利润或发生的亏损。

在账结法下，各月均可通过“本年利润”账户提供当月及本年累计的利润（或亏损）额，但增加了转账环节和工作量。

【例 14-15】东方公司 20×1 年有关损益类账户的年末余额如表 14-2 所示（该企业采用表结法年末一次结转损益类账户，所得税税率为 25%）。

表14-2 结账前有关损益类账户的余额

| 账户 | 借方（元） | 贷方（元） |
|---|---|---|
| 主营业务收入 | | 6 000 000 |
| 其他业务收入 | | 700 000 |
| 公允价值变动损益 | | 150 000 |
| 投资收益 | | 600 000 |
| 营业外收入 | | 50 000 |
| 主营业务成本 | 4 000 000 | |
| 其他业务成本 | 400 000 | |
| 税金及附加 | 80 000 | |
| 销售费用 | 500 000 | |
| 管理费用 | 770 000 | |
| 财务费用 | 200 000 | |
| 资产减值损失 | 100 000 | |
| 营业外支出 | 250 000 | |

东方公司 20×1 年年末结转本年利润应编制如下会计分录：

（1）将各损益类账户年末余额结转入“本年利润”账户

①结转各项收入、利得类账户。

借：主营业务收入　　6 000 000

　其他业务收入　　700 000

　公允价值变动损益　　150 000

　投资收益　　600 000

　营业外收入　　50 000

　贷：本年利润　　7 500 000

②结转各项费用、损失类账户。

借：本年利润　　6 300 000

　贷：主营业务成本　　4 000 000

　　其他业务成本　　400 000

　　税金及附加　　80 000

　　销售费用　　500 000

　　管理费用　　770 000

　　财务费用　　200 000

　　资产减值损失　　100 000

　　营业外支出　　250 000

（2）经过上述结转后，“本年利润”账户的贷方发生额合计 7 500 000 元减去借方发生额合计 6 300 000 元即为税前会计利润 1 200 000 元

（3）假设东方公司 20×1 年年度不存在所得税纳税调整项目和递延所得税费用

（4）应交所得税＝ 1 200 000 × 25% ＝ 300 000（元）

①确认所得税费用。

借：所得税费用　　300 000

　贷：应交税费——应交所得税　　300 000

②将所得税费用结转入“本年利润”账户。

借：本年利润　　300 000

　贷：所得税费用　　300 000

（5）将“本年利润”账户年末余额 900 000（7 500 000 － 6 300 000 － 300 000）元转入“利润分配——未分配利润”账户

借：本年利润　　900 000

贷：利润分配——未分配利润　　900 000

#### 14.6.3.2 表结法

采用表结法，各损益类账户于每月末只需结计出本月发生额和月末累计余额，不结转到“本年利润”账户，只有在年末时，才将全年累计余额结转入“本年利润”账户。但是，每月月末要将损益类账户的本月发生额合计数填入利润表的本月数栏，同时将本月末累计余额填入利润表的本年累计数栏，通过利润表计算反映各期的利润（或亏损）。

采用表结法，年中损益类账户无须结转入“本年利润”账户，从而减少了转账环节和工作量，同时又不影响利润表的编制及有关损益指标的利用。

表结法只是在年度内 1 ～ 11 月采用，年末最后一个月仍需采用账结法，将各损益类账户的全年累计余额转入“本年利润”账户。因此，采用表结法时，“本年利润”账户平时没有记录，只有年末才有记录。

### 14.6.4 利润的分配

#### 14.6.4.1 利润分配的程序

利润分配是指企业根据国家有关规定和企业章程、投资者协议等，对企业当年可供分配利润进行的分配。

可供分配的利润=当年实现的净利润+年初未分配利润（或-年初未弥补的亏损）

按照有关政策，企业当期实现的利润，与历年分配（或弥补）后的积存余额，为可供分配的利润。

利润分配的顺序依次是：①提取法定盈余公积；②提取任意盈余公积；③向投资者分配利润。

#### 14.6.4.2 利润分配的核算

企业应当设置“利润分配”账户核算利润的分配（或亏损的弥补）和历年分配（或弥补）后的未分配利润（或未弥补亏损）。“利润分配”账户属于所有者权益账户。分别设置“提取法定盈余公积”“提取任意盈余公积”“盈余公积补亏”“应付现金股利”“转作股本的股利”“未分配利润”等明细账进行明细核算。年度终了，企业应将全年实现的净利润或发生的净亏损，自“本年利润”账户转入“利润分配——未分配利润”账户，并将“利润分配”账户所属其他明细科目的余额，转入“未分配利润”明细科目。结转后“利润分配——未分配利润”账户如为贷方余额，表示积累未分配的利润；如为借方余额，则表示累积未弥补的亏损金额。

企业按规定提取盈余公积，借记本账户（提取法定盈余公积、提取任意盈余公积），贷记“盈余公积——法定盈余公积”“盈余公积——任意盈余公积”账户。

企业经股东大会或类似机构决议，分配给股东或投资者的现金或利润时，借记本账户（应付现金股利或利润），贷记“应付股利”账户。

企业经股东大会或类似机构决议，分配给股东或投资者股票股利，应在办理增资手续后，借记本账户（转作股本的股利），贷记“股本”账户。

企业用盈余公积弥补亏损时，借记“盈余公积——法定盈余公积（或任意盈余公积）”账户，贷记本账户（盈余公积补亏）。

年度终了，将“利润分配”账户所属其他明细账户的余额转入本账户的“未分配利润”明细账。结转后，除“未分配利润”明细账外，其他明细账应无余额。“利润分配——未分配利润”账户的年末余额，反映企业历年累积未分配利润（或未弥补亏损）。

利润分配具体核算详见12.4相关内容。

**【本章小结】**

利润是企业在一定会计期间的经营成果，是反映企业经济效益的一个重要指标，正确核算利润的关键，是正确核算企业的各项收入和费用。本章的重点是收入的确认、费用和利润的核算。

费用是指企业在日常活动中发生的、会导致所有者权益减少的、与向所有者分配利润无关的经济利益的总流出。我国费用要素的定义属于狭义的范畴。

生产成本与生产费用是两个既有联系也有区别的概念。

成本核算程序是指从生产费用发生开始，到计算出完工产品总成本和单位成本为止的整个成本计算的步骤。

企业费用的核算主要包括主营业务成本和其他业务成本、税金及附加、销售费用、管理费用和财务费用的核算。

利润是企业在一定会计期间的经营成果，利润包括收入减去费用后的净额、直接计入当期利润的利得或损失。

所得税费用是指企业经营利润应交纳的所得税。企业按照会计准则计算确定的会计利润应当按照税法规定，将会计利润计算调整为应纳税所得额，计算并缴纳企业所得税。

会计期末，结转本年利润的方法有表结法和账结法两种。在账结法下，各月均可通过“本年利润”账户提供当月及本年累计的利润（或亏损）额；在表结法下，各损益类账户于每月末只需结计出本月发生额和月末累计余额，不结转到“本年利润”账户，只有在年末时，才将全年累计余额结转入“本年利润”账户。

利润分配是一项政策性很强的工作，必须严格按照国家法律和公司章程的规定进行。年终结算时，还应正确组织利润及净利润分配的结转。

**【学习目标小结】**

**1. 了解费用的确认原则与分类**

费用的确认除了应符合定义外，还应至少符合以下 3 个条件，即与费用相关的经济利益应当很可能流出企业，经济利益流出企业的结果会导致资产的减少或者负债的增加，经济利益的流出额能够可靠地计量。

**2. 理解产品成本的概念与分类**

费用可以按照不同的标准进行分类。主要可以按照经济内容分类和按照经济用途分类，不同的分类方法作用有所不同。费用按经济内容（或性质分类）分为外购材料费用、外购燃料费用、外购动力费用、折旧费用、利息费用、税费、其他费用。费用按经济内容分类可以反映企业在一定时期内发生了哪些生产费用、金额各是多少，以便于分析企业各个时期各种费用占整个费用的比重，进而分析企业各个时期各种要素费用支出的水平，有利于考核费用计划的执行情况；费用按经济用途分类主要包括直接材料、直接人工和其他直接费用和间接费用。按照经济用途分类更便于计算产品成本。

**3. 掌握产品成本的核算程序**

从生产费用发生开始，到算出完工产品总成本和单位成本为止的整个成本计算的步骤。成本核算程序一般分为以下几个步骤：生产费用支出的审核。确定成本计算对象和成本项目，开设产品成本明细账。进行要素费用的分配。进行综合费用的分配。进行完工产品成本与在产品成本的划分。计算产品的总成本和单位成本。

### 4. 掌握期间费用的内容与会计处理

期间费用是不能直接归属于某个特定产品成本的费用。它是随着时间推移而发生的与当期产品的管理和产品销售直接相关，而与产品的产量、产品的制造过程无直接关系，即容易确定其发生的期间，而难以判别其所应归属的产品，因而是不能列入产品制造成本，而在发生的当期从损益中扣除。期间费用包括直接从企业的当期损益中扣除的销售费用、管理费用和财务费用。

### 5. 掌握利润的构成及会计处理

利润是企业在一定会计期间的经营成果。利润包括收入减去费用后的净额、直接计入当期利润的利得和损失等。

直接计入当期利润的利得和损失，是应当计入当期损益、会导致所有者权益发生增减变动的、与所有者投入资本或者向所有者分配利润无关的利得或者损失。

### 6. 理解所得税费用的概念与会计处理

所得税费用是企业经营利润应交纳的所得税。企业按照会计准则计算确定的会计利润与需要按照税法规定将会计利润计算调整为应纳税所得额，计算并缴纳企业所得税。

## 【关键术语】

费用（expense）是指企业在日常活动中发生的、会导致所有者权益减少的、与向所有者分配利润无关的经济利益的总流出。

生产成本（cost of manufacture）是指企业在一定会计期间生产某种产品所发生的直接费用和间接费用的总和。

生产费用（pre-production expenditures）是指企业在一定会计期间产品生产过程中消耗的生产资料的价值和支付的劳动报酬之和。

主营业务成本（operating costs）是指公司生产和销售与主营业务有关的产品或服务所必须投入的直接成本，主要包括原材料、人工成本（工资）和固定资产折旧等。

其他业务成本（other operating cost）是指企业确认的除主营业务活动以外的其他经营活动所发生的支出。

销售费用（selling expenses）是指企业在销售产品、自制半成品和提供劳务等过程中发生的费用。

管理费用（administrative expenses）是指企业行政管理部门为组织和管理生产经营活动而发生的各项费用。

财务费用（financial expenses）是指企业在生产经营过程中为筹集资金而发生的筹资费用。

所得税费用（income tax expense）是指企业经营利润应交纳的所得税。

营业利润（operating profit）是指企业从事生产经营活动所产生的利润。

利润总额（total profit）是指企业在生产经营过程中各种收入扣除各种耗费后的盈余，反映企业在报告期内实现的盈亏总额。

净利润（net profit）一般也称为税后利润或净利润，是在利润总额中按规定交纳了所得税后公司的利润留成。

## 练习题

**【简答题】**

1. 简述费用的定义与特征。
2. 简述利润的定义以及确认条件。
3. 期间费用与生产费用有什么不同？
4. 简述费用支出成本三者的区别与联系。
5. 企业的费用如何按经济内容进行分类？
6. 什么叫生产成本？生产成本由哪些项目组成？
7. 从广义的角度看，企业的费用主要包括哪些内容？
8. 净利润应按什么程序进行分配？如何进行会计处理？
9. 正确计算产品成本应该正确划清哪些方面的费用界限？

**【业务题】**

### 习题一

**1. 目的**

掌握费用分配与成本结转。

**2. 资料**

兴海公司编制的本月“发出材料汇总表”汇总结果如下：生产A产品耗用材料45 000元，B产品耗用材料38 000元，车间一般性材料消耗3 000元。

3. 要求

编制兴海公司相关会计分录。

### 习题二

1. 目的

掌握费用分配与成本结转。

2. 资料

某公司于20×1年5月发生如下业务：

（1）企业收到客户退回上月售出产品10 000元，增值税税率17%。该笔货款尚未收到。

（2）企业出售积压原材料一批，价款为30 000元，增值税税率17%，货款未收，该批原材料的账面价值为25 000元。编制出售材料及结转出售成本的分录。

（3）企业开出支票支付产品宣传费3 000元。

（4）本月应计短期借款利息500元，应于下月支付。

（5）企业收到客户交来支票一张，支付前次交易违约金50 000元。

（6）企业向希望工程捐款20 000元，款项已汇达对方。

（7）结转本月已销产品成本300 0000元。

（8）开出支票支付管理人员会议费6 000元。

（9）本年利润300 000元结转入利润分配。

3. 要求

根据以上业务，编制企业该月的会计分录。

### 习题三

1. 目的

掌握费用分配与成本结转。

2. 资料

甲公司于20×1年9月发生如下业务：

（1）为宣传新产品发生广告费 80 000 元，均用银行存款付讫。

（2）销售部发生费用 220 000 元，其中，销售人员薪酬 100 000 元，销售部门专用办公设备折旧费 50 000 元，业务费 70 000 元，均用银行存款付讫。

（3）销售一批产品，销售过程发生运输费 5 000 元，装卸费 2 000 元。

（4）为拓展产品市场发生业务招待费 50 000 元，均用银行存款付讫。

（5）就一项产品的设计方案向有关专家进行咨询，以现金支付咨询费 30 000 元。

（6）行政部共发生费用 224 000 元，其中，行政人员薪酬 150 000 元，行政部门办公专用设备折旧费 45 000 元，报销行政人员差旅费 21 000 元（假定报销人员均未预借差旅费），其他办公水电费 8 000 元，均用银行存款付讫。

（7）本月 1 日向银行借入生产经营用短期借款 360 000 元，期限为 6 个月，年利率为 5%，该借款本金到期后一次性归还，利息分月预提，按季支付。

（8）固定资产报废清理的净收益 8 000 元转作营业外收入。

要求：

根据以上业务，编制甲企业 9 月与上述业务相关的会计分录。

**3. 要求**

根据以上业务，编制企业该月的会计分录。

## 习题四

**1. 目的**

掌握费用分配与成本结转。

**2. 资料**

某企业 20×1 年 12 月 31 日结账前除“所得税费用”外的各损益类账户的余额情况如表 14-3 所示。

表14-3　某企业20×1年12月31日损益类账户余额情况

单位：元

| 账户名称 | 借方余额 | 贷方余额 |
| --- | --- | --- |
| 主营业务收入 | | 400 |
| 其他业务收入 | | 200 |

续表

| 账户名称 | 借方余额 | 贷方余额 |
|---|---|---|
| 营业外收入 | | 50 |
| 主营业务成本 | 200 | |
| 其他业务成本 | 100 | |
| 税金及附加 | 10 | |
| 销售费用 | 50 | |
| 管理费用 | 50 | |
| 财务费用 | 20 | |
| 营业外支出 | 10 | |

### 3. 要求

（1）计算 20×1 年度该企业利润总额；

（2）假设该企业 20×1 年度的利润总额与应纳税所得额相等，适用的所得税率为 25%，计算该企业 20×1 年度的应纳所得税金额；

（3）编制该企业确认所得税费用的会计分录；

（4）编制结转各损益类账户余额的会计分录；

（5）编制结转本年度净利润的会计分录。

## 【案例讨论题】

先华公司 20×1 年 9 月发生下列有关经济业务：

（1）5 日，公司购买甲种材料 4 000 千克，每千克 3 元，共计 12 000 元，另外发生外地运杂费 2 000 元，材料已验收入库，款项均已银行存款付讫。

（2）6 日，本月从仓库发出表 14-4 材料用于产品制造和管理一般耗用：

表14-4　材料耗用汇总表

| 用途 | 甲材料 | 乙材料 | 丙材料 | 合计 |
|---|---|---|---|---|
| 产品制造耗用<br>A 产品<br>B 产品 | <br>5 000<br>7 000 | <br>3 000<br>5 000 | <br>200<br>500 | <br>8 200<br>12 500 |
| 小计 | 12 000 | 8 000 | 700 | 20 700 |
| 管理一般耗用 | | 580 | 250 | 830 |
| 合计 | 12 000 | 8 580 | 950 | 21 530 |

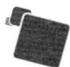

（3）30 日，分配本月应付职工工资。本月工资总额为 20500 元，按其用途汇集如下：

| | |
|---|---|
| 生产工人工资 | 18 000 |
| 其中：制造 A 产品工人工资 | 9 000 |
| 制造 B 产品工人工资 | 9 000 |
| 车间管理人员工资 | 1 500 |
| 企业管理人员工资 | 1 000 |
| 合计： | 20 500 |

（4）30 日，按工资总额的 14% 计提职工福利费。

（5）30 日，按照规定的固定资产折旧率，计提固定资产折旧 2 000 元（其中，车间固定资产折旧 1 200 元，企业管理部门固定资产折旧 800 元）。

（6）15 日，用现金购买办公用品 100 元。

（7）30 日，摊销应由本月负担的预付保险费 650 元。

（8）30 日，按计划预提银行存款借款利息 500 元。

（9）30 日，将本月发生的制造费用总额 700 元分配计入产品的生产成本。假定制造费用按生产工人工资比例进行分配。

（10）30 日，A 产品 100 件和 B 产品 200 件于本月底全部制造完工，并验收入库。

**思考：**

（1）简述品种法核算的基本流程。

（2）根据上述资料计算 A 产品和 B 产品的完工产品成本。

（3）根据上述经济业务编制相关会计分录。

# 第四篇

# 财务报表与分析篇

# 第15章 财务报表

【学习目标】

1. 理解财务报表的目标。
2. 掌握利润表的内容与编制。
3. 掌握资产负债表的内容与编制。
4. 掌握现金流量表和所有者权益变动表的内容。
5. 理解现金流量表和所有者权益变动表的编制。

【引导案例】

格力电器2019年度财务报表简介

我国证监会规定上市公司应当在次年4月30日之前披露公司当年的年度报告。2020年4月，格力电器发布了该公司2019年的年度报告，其中的第十二节是财务报告部分，具体又包括了审计报告、财务报表及附注等内容。根据我国《企业会计准则》的有关规定，财务报表至少应当包括资产负债表、利润表、现金流量表、所有者权益变动表以及附注。通过这些财务报表，可以反映出公司的财务状况、经营成果和现金流量等方面，这是投资者、债权人等会计信息使用者了解公司业绩、做出经济决策的重要依据。

以格力电器2019年的合并财务报表为例，资产负债表显示2019年12月31日的总资产为282 972 157 415.28元，2019年1月1日的总资产为251 116 490 470.98元，总资产有所增加，公司规模略有扩大。利润表显示2019年的营业利润和净利润分别为29 605 107 122.40元和24 827 243 603.97元，2018年的营业利润和净利润分别为30 996 884 691.88元和26 379 029 817.06元，盈利水平有所下降。现金流量表显示2019年经营活动产生的现金流量净额为27 893 714 093.59元，2018年经营活动产生的现金流量净额为26 940 791 542.98元，两者相差不大，但2019年总的现金净流量为−2 399 549 002.85元，2018年总的现金净流量为7 412 504 600.40元，原因主要是2019年的投资和筹资活动有大量的现金净流出。以上的项目数字只是简单直观地反映了格力电器的一些基本财务信息，报表信息使用者还可以结合更多的报表项目、附注内容以及一些财务指标来做更深入的分析。

资料来源：格力电器2019年年报

## 15.1 财务报表概述

### 15.1.1 财务报表的目标

财务会计的目的是通过向企业外部会计信息使用者提供有用的信息，帮助使用者做出相关决策。财务报表正是这一会计信息的重要载体，它是财务会计确认和计量的最终结果，是沟通企业管理层与外部信息使用者之间的桥梁和纽带。财务报表的目标是向会计信息使用者提供与企业财务状况、经营成果和现金流量等有关的会计信息，反映企业管理层受托责任履行情况，有助于会计信息使用者做出正确的经济决策。

会计信息外部使用者主要包括投资者、债权人、政府及其有关部门和社会公众等。满足投资者的信息需要是企业财务报表编制的首要出发点，财务报表所提供的信息应当如实反映企业所拥有或者控制的经济资源、对经济资源的要求权以及经济资源及其要求权的变化情况，如实反映企业的各项收入、费用、利润和损失的金额及其变动情况，如实反映企业各项经营活动、投资活动和筹资活动等所形成的现金流入和现金流出情况等，从而有助于现在的或者潜在的投资者正确、合理地评价企业的资产质量、偿债能力、盈利能力和营运效率，有助于投资者根据相关会计信息做出理性的投资决策，有助于投资者评估与投资有关的未来现金流量的金额、时间和风险等。通常情况下，如果财务报表能够满足投资者的会计信息需求，也就可以满足其他外部使用者的大部分信息需求。

### 15.1.2 财务报表的构成

财务报表（financial statement）是以会计准则为规范编制的，向投资者、债权人、政府及其他有关各方及社会公众等外部反映企业财务状况、经营成果和现金流量的结构性表述。财务报表至少应当包括下列组成部分：资产负债表、利润表、现金流量表、所有者权益（或股东权益）变动表以及附注（“四表一注”）。

①资产负债表（balance sheet）是反映企业在某一特定日期的财务状况的会计报表。企

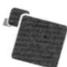

业编制资产负债表的目的是通过如实反映企业的资产、负债和所有者权益金额及其结构情况，从而有助于使用者评价企业资产的质量以及短期偿债能力、长期偿债能力等。

②利润表（income statement）是反映企业在一定会计期间的经营成果和综合收益的会计报表。企业编制利润表的目的是通过如实反映企业实现的收入、发生的费用以及其他综合收益、综合收益等金额及其结构情况，从而有助于使用者分析评价企业的盈利能力及其构成与质量。

③现金流量表（statement of cash flows）是反映企业在一定会计期间的现金和现金等价物流入和流出的会计报表。企业编制现金流量表的目的是通过如实反映企业各项活动的现金流入和现金流出，从而有助于使用者评价企业生产经营过程特别是经营活动中所形成的现金流量和资金周转情况。

④所有者权益变动表（statement of changes in owners' equity）是反映构成企业所有者权益的各组成部分当期的增减变动情况的报表。所有者权益变动表应当全面反映一定时期所有者权益变动的情况，不仅包括所有者权益总量的增减变动，还包括所有者权益增减变动的重要结构性信息，让使用者准确理解所有者权益增减变动的根源。

⑤附注（notes）是对在会计报表中列示项目所作的进一步说明，以及对未能在这些报表中列示项目的说明等。附注由若干附表和对有关项目的文字性说明组成。企业编制附注的目的是通过对报表本身做补充说明，以更加全面、系统地反映企业财务状况、经营成果和现金流量的全貌，从而有助于向使用者提供更为有用的决策信息，帮助其做出更加科学合理的决策。

财务报表可以按照不同的标准进行分类：

①按财务报表编报期间的不同，可以分为中期财务报表和年度财务报表。根据《中华人民共和国会计法》的规定，会计年度自公历 1 月 1 日起至 12 月 31 日止。中期财务报表是以短于一个完整会计年度的报告期间为基础编制的财务报表，包括月报、季报和半年报等。中期财务报表至少应当包括资产负债表、利润表、现金流量表和附注，其中，中期资产负债表、利润表和现金流量表应当是完整报表，其格式和内容应当与年度财务报表相一致。与年度财务报表相比，中期财务报表中的附注披露可适当简略。

②按财务报表编报主体的不同，可以分为个别财务报表和合并财务报表。个别财务报表是由企业在自身会计核算基础上对账簿记录进行加工而编制的财务报表，它主要用以反映企业自身的财务状况、经营成果和现金流量情况。合并财务报表是以母公司和子公司组成的企业集团为会计主体，根据母公司和所属子公司的财务报表，由母公司编制的综合反映企业集团财务状况、经营成果及现金流量的财务报表。

### 15.1.3 财务报表的编制要求

（1）真实可靠

首先，财务报表所提供的数据必须做到真实可靠，能如实反映企业的财务状况、经营成果和现金流量。其次，企业应做好编制财务报表的准备工作，并按照企业会计准则的要求，进行确认、计量和相关的会计账务处理。

（2）全面完整

财务报表应当全面反映企业的财务状况和经营成果，反映企业经营活动的全貌，只有全面反映企业的财务情况，提供完整的会计信息资料，才能满足各方面对财务信息资料的需要。财务报表必须按照国家规定的要求编报，不得漏编漏报。

（3）易于理解

易于理解是指财务报表应清晰易懂，提供的信息可以为使用者所理解。当然这一要求，是建立在报表使用者具有一定理解财务信息能力的基础之上。

（4）相关可比

相关可比是指报表提供的财务信息必须与使用者的决策需要相关并具有可比性。如果财务报表提供的信息资料能够使使用者了解过去、现在或对未来事项的影响及其变化趋势，并为使用者提供有关的可比信息，则可认为会计报表提供的财务信息相关可比。

（5）编报及时

财务报表只有及时编制和报送，才能有利于信息使用者做出正确的决策。否则，即使最真实可靠完整的会计报表，由于编制、报送不及时，对于报表的使用者来说，也是没有任何价值的。企业应根据有关规定，按月、按季、按半年、按年及时对外报送财务报表。

### 15.1.4 财务报表列报的基本要求

（1）以持续经营为基础

持续经营是会计的基本前提，是会计确认、计量及编制财务报表的基础。比如，持续经营假设对资产和负债的分类和计量十分重要，固定资产、无形资产等长期性资产通常使用寿命较长，会计处理上按照成本减去累计折旧或摊销和累计减值来计量，倘若不假设企业持续经营，则长期性资产将不具有长期使用的意义，而应该采用清算价值计量。在编制财务报表的过程中，企业管理层应当全面评估企业的持续经营能力。企业管理层在对企业持续经营能力进行评估时，应当利用其所有可获得的信息，评估涵盖的期间应包括企业自报告期末起至少 12 个月，评估需要考虑的因素包括宏观政策风险、市场经营风险、企业目前或长期的盈利能力、偿债能力、财务弹性以及企业管理层改变经营政策的意向等。评价结果表明对持续经营能力产生重大怀疑的，企业应当在附注中披露导致对持续经营能力产生重大怀疑的影响因素。

（2）以权责发生制为原则

除现金流量表按照收付实现制编制外，企业应当按照权责发生制编制其他财务报表。在采用权责发生制会计的情况下，当项目符合《企业会计准则——基本准则》中财务报表要素的定义和确认标准时，企业应当确认相应的资产、负债、所有者权益、收入和费用。

（3）以会计准则为依据

企业应当根据实际发生的交易和事项，遵循基本准则、各项具体会计准则及解释的规定进行确认和计量，并在此基础上编制财务报表。企业不应以在附注中披露代替对交易和事项的确认和计量，即企业采用的不恰当的会计政策，不得通过在附注中披露等其他形式予以更正，企业应当对交易和事项进行正确的确认和计量。

（4）列报项目的可比性

可比性是会计信息质量的一项重要质量要求，目的是使同一企业不同期间和同一期间不同企业的财务报表相互可比。为此，财务报表项目的列报应当在各个会计期间保持一致，不得随意变更，这一要求不仅只针对财务报表中的项目名称，还包括财务报表项目的分类、排列顺序等方面。

当会计准则要求改变，或者企业经营业务的性质发生重大变化或重大的购买或处置事项等对企业经营影响较大的交易或事项发生后，变更财务报表项目的列报能够提供更可靠、更相关的会计信息时，财务报表项目的列报是可以改变的，此时企业应当按照准则的规定提供编制的比较信息。

企业在列报当期财务报表时，至少应当提供所有列报项目上一可比会计期间的比较数据，以及与理解当期财务报表相关的说明，目的是向报表使用者提供对比数据，提高信息在会计期间的可比性，以反映企业财务状况、经营成果和现金流量的发展趋势，提高报表使用者的判断与决策能力。列报比较信息的这一要求既适用于四张报表，也适用于附注。

（5）列报项目的重要性

财务报表是通过对大量的交易或其他事项进行处理而生成的，这些交易或其他事项按其性质或功能汇总归类而形成财务报表中的项目。项目在财务报表中是单独列报还是合并列报，应当依据重要性原则来判断。总的原则是，如果某项目单个看不具有重要性，则可将其与其他项目合并列报，例如原材料、低值易耗品等项目在性质上类似，均通过生产过程形成企业的产品存货，因此可以合并列报，合并之后的类别统称为“存货”在资产负债表上单独列报；如具有重要性，则应当单独列报，例如存货和固定资产在性质上和功能上都有本质差别，必须分别在资产负债表上单独列报。

重要性是判断项目是否单独列报的重要标准。企业在进行重要性判断时，应当根据所处环境，从项目的性质和金额大小两方面予以判断：一方面，应当考虑该项目的性质是否属于企业日常活动，是否显著影响企业的财务状况、经营成果和现金流量等因素；另一方面，判断项目金额大小的重要性，应当通过单项金额占资产总额、负债总额、所有者权益总额、营业收入总额、营业成本总额、净利润、综合收益总额等直接相关或所属报表单列项目金额的比重加以确定。此外，对于同一项目而言，其重要性的判断标准一经确定，不得随意变更。

（6）列报项目之间不可相互抵销

财务报表项目应当以总额列报，资产和负债、收入和费用、直接计入当期利润的利得项目和损失项目的金额不能相互抵销，即不得以净额列报，但企业会计准则另有规定的除外。这是因为，如果相互抵销，所提供的信息就不完整，信息的可比性大为降低，难以在同一企业不同期间以及同一期间不同企业的财务报表之间实现相互可比，报表使用者难以据此做出判断。比如，企业欠客户的应付款不得与其他客户欠本企业的应收款相抵销，如果相互抵销就掩盖了交易的实质。再如，收入和费用具映了企业投入和产出之间的关系，是企业经营成果的两个方面，为了更好地反映经济交易的实质，考核企业经营管理水平以及预测企业未来现金流量，收入和费用不得相互抵销。

以下三种情况不属于抵销：①一组类似交易形成的利得和损失以净额列示的，不属于抵销。比如汇兑损益，应当以净额列报；又如，为交易目的而持有的金融工具形成的利得和损失，应按净额列报。但是如果这些利得和损失是重要的，则应当单独列报。②资产扣除备抵项目，比如，资产计提的减值准备，实质上意味着资产的价值确实发生了减损，资产项目应当扣除减值准备后的净额列示，这样才反映了资产当时的真实价值，并不属于上面所述的抵销；又如，固定资产扣除累计折旧后的净额列示，也不属于上述的抵销。③非日常活动并非企业主要的业务，且具有偶然性，从重要性来讲，非日常活动产生的损益以收入和费用抵销后的净额列示，对公允反映企业财务状况和经营成果影响不大，抵销后反而更能有利于报表使用者的理解。因此，非日常活动产生的损益应当以同一交易或一组类似交易形成的收入扣减费用后的净额列示，其不属于抵销。例如非流动资产处置形成的利得和损失，应按处置收入扣除该资产的账面金额和相关销售费用后的余额列示。

（7）财务报表的表首信息

财务报表通常与其他信息（如企业年度报告等）一起公布，按照企业会计准则编制的财务报告应当与一起公布的同一文件中的其他信息相区分。财务报表一般分为表首、正表两部分，其中，在表首部分企业应当概括地说明下列基本信息：①编报企业的名称，如果企业名称在所属当期发生变更的，还应明确标明；②对资产负债表而言，须披露资产负债表日，对利润表、现金流量表、所有者权益变动表而言，须披露报表涵盖的会计期间；③货币名称和单位，按照我国《企业会计准则》的规定，企业应当以人民币作为记账本位币列报，并标明金额单位，如人民币元、人民币万元等；④财务报表是合并财务报表的，应当予以标明。

## 15.2 利润表

### 15.2.1 利润表的内容与格式

利润表是指反映企业在一定会计期间的经营成果的报表。通过利润表，可以反映企业在一定会计期间收入、费用、利润（或亏损）的数额和构成情况，帮助财务报表使用者全面了解企业的经营成果，分析企业的获利能力及盈利增长趋势，从而为其做出经济决策提供依据。

当前国际上常用的利润表格式有单步式和多步式两种。单步式是将当期收入总额相加，然后将所有费用总额相加，一次计算出当期收益的方式，其特点是所提供的信息都是原始数据，便于理解；多步式是将各种利润分多步计算求得净利润的方式，便于使用者对企业经营情况和盈利能力进行比较和分析。我国企业的利润表采用多步式格式，如15.2.3中的表15-2所示。

### 15.2.2 利润表的编制与填列

我国企业利润表的主要编制步骤如下：

第一步，以营业收入为基础，减去营业成本、税金及附加、销售费用、管理费用、研发费用、财务费用，加上其他收益、投资收益（或减去投资损失）、公允价值变动收益（或减去公允价值变动损失）、资产减值损失、资产处置收益（或减去资产处置损失），计算出营业利润。即，营业利润＝营业收入－营业成本－税金及附加－销售费用－管理费用－研发费用－财务费用＋其他收益＋投资收益（－投资损失）＋公允价值变动收益（－公允价值变动损益）－信用减值损失－资产减值损失＋资产处置收益（－资产处置损失）。

第二步，以营业利润为基础，加上营业外收入，减去营业外支出，计算出利润总额。即，利润总额＝营业利润＋营业外收入－营业外支出。

第三步，以利润总额为基础，减去所得税费用，计算出净利润（或净亏损）。即，净利润＝利润总额－所得税费用。

第四步，以净利润（或净亏损）为基础，计算每股收益。

第五步，以净利润（或净亏损）和其他综合收益为基础，计算综合收益总额。

利润表分为本期金额和上期金额两栏。“上期金额”栏反映上年实际发生数；如果上期利润表与本期利润表的项目名称和内容不相一致，应对上期利润表项目的名称和数字按本年度的规定进行调整，填入“上期金额”栏；“本期金额”栏反映各项目的本期实际发生数，除“基本每股收益”和“稀释每股收益”项目外，应当按照相关科目的发生额分析填列，具体填列要求如下：

①“一、营业收入”项目，反映企业经营主要业务和其他业务所确认的收入总额。本项目应根据“主营业务收入”和“其他业务收入”科目的发生额分析填列。

②“营业成本”项目，反映企业经营主要业务和其他业务所发生的成本总额。本项目应根据“主营业务成本”和“其他业务成本”科目的发生额分析填列。

③“税金及附加”项目，反映企业经营业务应负担的消费税、城市维护建设税、资源税、土地增值税、印花税和教育费附加等。本项目应根据“税金及附加”科目的发生额分析填列。

④“销售费用”项目，反映企业在销售商品过程中发生的包装费、广告费等费用和为销售本企业商品而专设的销售机构的职工薪酬、业务费等经营费用。本项目应根据“销售费用”科目的发生额分析填列。

⑤“管理费用”项目，反映企业为组织和管理生产经营发生的管理费用。本项目应根据“管理费用”科目的发生额分析填列。

⑥“研发费用”项目，反映企业进行研究与开发过程中发生的费用化支出以及计入管理费用的自行开发无形资产的摊销。本项目应根据“管理费用”科目下的“研发费用”明细科目的发生额以及“管理费用”科目下“无形资产摊销”明细科目的发生额分析填列。

⑦“财务费用”项目，反映企业为筹集生产经营所需资金等而发生的应予费用化的利息支出。本项目应根据“财务费用”科目的相关明细科目发生额分析填列。其中：“利息费用”项目，反映企业为筹集生产经营所需资金等而发生的应予费用化的利息支出，“利息收入”项目，反映企业应冲减财务费用的利息收入。

⑧“其他收益”项目，反映计入其他收益的政府补助，以及其他与日常活动相关但不宜确认收入或冲减成本费用的政府补助。本项目应根据“其他收益”科目的发生额分析填列。

⑨“投资收益”项目，反映企业以各种方式对外投资所取得的收益。本项目应根据“投资收益”科目的发生额分析填列。如为投资损失，本项目以“-”号填列。

⑩“公允价值变动收益”项目，反映企业应当计入当期损益的资产或负债公允价值而变动收益，本项目应根据“公允价值变动损益”科目的发生额分析填列，如为净损失，本项目以“-”号填列。

⑪“信用减值损失”项目，反映企业按照《企业会计准则第22号——金融工具确认和计量》（2018）的要求，计提的各项金融工具信用减值准备所确认的信用损失，例如企业对“应收账款”科目所计提的坏账损失。本项目应根据“信用减值损失”科目的发生额分析填列。

⑫“资产减值损失”项目，反映企业各项资产发生的减值损失。本项目应根据“资产减值损失”科目的发生额分析填列。

⑬“资产处置收益”项目，反映企业出售划分为持有待售的非流动资产（金融工具、长期股权投资和投资性房地产除外）或处置组（子公司和业务除外）时确认的处置利得或损失，以及处置未划分为持有待售的固定资产、在建工程、生产性生物资产及无形资产而产生的处置利得或损失。债务重组中因处置非流动资产（金融工具、长期股权投资和投资性房地产除外）产生的利得或损失和非货币性资产交换中换出非流动资产（金融工具、长期股权投资和投资性房地产除外）产生的利得或损失也包括在本项目内。本项目应根据“资产处置损益”科目的发生额分析填列。如为处置损失，本科目以“-”号填列。

⑭“二、营业利润”项目，反映企业实现的营业利润。如为亏损，本项目以“-”号填列。

⑮“营业外收入”项目，反映企业发生的除营业利润以外的收益，主要包括与企业日常活动无关的政府补助、盘盈利得、捐赠利得（企业接受股东或股东的子公司直接或间接的捐赠，经济实质属于股东对企业的资本性投入的除外）等。本项目应根据“营业外收入”科目的发生额分析填列。

⑯“营业外支出”项目，反映企业发生的除营业利润以外的支出，主要包括公益性捐赠支出、非常损失、盘亏损失、非流动资产毁损报废损失等。本项目应根据“营业外支出”科目的发生额分析填列。

⑰“三、利润总额”项目，反映企业实现的利润。如为亏损，本项目以“-”号填列。

⑱“所得税费用”项目，反映企业应从当期利润总额中扣除的所得税费用。本项目应根据“所得税费用”科目的发生额分析填列。

⑲“四、净利润”项目，反映企业实现的净利润。如为亏损，本项目以“-”号填列。

⑳“五、其他综合收益的税后净额”项目。反映企业根据企业会计准则规定未在损益中确认的各项利得和损失扣除所得税影响后的净额。

㉑“六、综合收益总额”项目，反映企业净利润与其他综合收益（税后净额）的合计金额。

㉒“七、每股收益”项目，包括基本每股收益和稀释每股收益两项指标，反映普通股或潜在普通股已公开交易的企业，以及正处在公开发行普通股或潜在普通股过程中的企业的每股收益信息。其中，基本每股收益 = 归属于普通股股东的当期净利润 ÷ 当期发行在外普通股的加权平均数；稀释每股收益是以基本每股收益为基础，假定企业所有发行在外的稀释性潜在普通股均已转换为普通股而计算出的每股收益。

### 15.2.3 利润表综合举例

东方公司 20×1 年度损益类账户累计发生净额，如表 15-1 所示。

表15-1 东方公司20×1年度损益类账户累计发生净额

单位：元

| 账户名称 | 本期借方发生额 | 本期贷方发生额 | 上期借方发生额 | 上期贷方发生额 |
|---|---|---|---|---|
| 主营业务收入 | | 12 450 000 | | 10 250 000 |
| 其他业务收入 | | 250 000 | | 2 000 000 |
| 投资收益 | | 3 200 000 | | 2 000 000 |
| 营业外收入 | | 2 850 000 | | 800 000 |
| 主营业务成本 | 8 300 000 | | 8 000 000 | |

续表

| 账户名称 | 本期借方发生额 | 本期贷方发生额 | 上期借方发生额 | 上期贷方发生额 |
| --- | --- | --- | --- | --- |
| 其他业务成本 | 170 000 | | 200 000 | |
| 税金及附加 | 550 000 | | 500 000 | |
| 销售费用 | 200 000 | | 180 000 | |
| 管理费用 | 1 030 000 | | 980 000 | |
| 财务费用 | 1 020 000 | | 940 000 | |
| 营业外支出 | 2 000 000 | | 700 000 | |
| 所得税费用 | 1 370 000 | | 1 170 000 | |
| 其他综合收益 | | 0 | | 0 |

东方公司 20×0 年、20×1 年发行在外的普通股股数均为 3 000 000 股，无潜在普通股。根据上列资料，计算各项目内容如下：

①营业收入 = 主营业务收入 + 其他业务收入 =12 450 000+250 000=12 700 000（元）。

②营业成本 = 主营业务成本 + 其他业务成本 =8 300 000+170 000=8 470 000（元）。

③营业利润 = 营业收入 – 营业成本 – 税金及附加 – 销售费用 – 管理费用 – 财务费用 + 投资收益 =12 700 000–8 470 000–550 000–200 000–1 030 000–1 020 000+3 200 000=4 630 000（元）。

④利润总额 = 营业利润 + 营业外收入 – 营业外支出 =4 630 000+2 850 000–2 000 000 = 5 480 000（元）。

⑤净利润 = 利润总额 – 所得税费用 =5 480 000–1 370 000=4 110 000（元）。

⑥基本每股收益 = 归属于普通股股东的当期净利润 ÷ 当期发行在外普通股的加权平均数 =4 110 000 /1 500 000 =2.74（元），其中股数 = 实收资本（股本）/ 面值 = 1 500 000 元 /1 元 =1 500 000 股；由于没有潜在普通股，所以稀释每股收益与基本每股收益相同。根据上述账户发生额，编制利润表的本期金额，如表 15–2 所示。

表15–2　利润表

编制单位：东方公司　　　　20×1 年度　　　　单位：元

| 项目 | 本期金额 | 上期金额 |
| --- | --- | --- |
| 一、营业收入 | 12 700 000 | 12 250 000 |
| 减：营业成本 | 8 470 000 | 8 200 000 |
| 税金及附加 | 550 000 | 500 000 |
| 销售费用 | 200 000 | 180 000 |

续表

| 项目 | 本期金额 | 上期金额 |
|---|---|---|
| 管理费用 | 1 030 000 | 980 000 |
| 研发费用 | | |
| 财务费用 | 1 020 000 | 940 000 |
| 其中：利息费用 | | |
| 利息收入 | | |
| 加：其他收益 | | |
| 投资收益（损失以“-”号填列） | 3 200 000 | 2 000 000 |
| 其中：对联营企业和合营企业的投资收益 | | |
| 公允价值变动收益（损失以“-”号填列） | | |
| 信用减值损失 | | |
| 资产减值损失 | | |
| 资产处置收益（损失以“-”号填列） | | |
| 二、营业利润（亏损以“-”号填列） | 4 630 000 | 3 450 000 |
| 加：营业外收入 | 2 850 000 | 800 000 |
| 减：营业外支出 | 2 000 000 | 700 000 |
| 三、利润总额（亏损总额以“-”号填列） | 5 480 000 | 3 550 000 |
| 减：所得税费用 | 1 370 000 | 1 170 000 |
| 四、净利润（净亏损以“-”号填列） | 4 110 000 | 2 380 000 |
| 五、其他综合收益的税后净额 | | |
| 六、综合收益总额 | 4 110 000 | 2 380 000 |
| 七、每股收益 | | |
| （一）基本每股收益 | 2.74 | 1.58 |
| （二）稀释每股收益 | 2.74 | 1.58 |

## 15.3 资产负债表

### 15.3.1 资产负债表的内容与格式

资产负债表是指反映企业在某一特定日期的财务状况的报表。资产负债表主要反映资产、负债和所有者权益三方面的内容，并满足“资产 = 负债 + 所有者权益”平衡式。资产负债表的表体格式一般有两种：报告式资产负债表和账户式资产负债表。报告式资产负债表是上下结构，上半部分列示资产各项目，下半部分列示负债和所有者权益各项目。账户式资产负债表是左右结构，左边列示资产各项目，反映全部资产的分布及存在状态；右边列示负债和所有者权益各项目，反映全部负债和所有者权益的内容及构成情况。不管采取什么格式，资产各项目的合计一定等于负债和所有者权益各项目的合计。

我国企业的资产负债表采用账户式结构：账户式资产负债表分左右两方，左方为资产项目，大体按资产的流动性大小排列，流动性大的资产如“货币资金”“应收账款”等排在前面，流动性小的资产如“长期股权投资”“固定资产”等排在后面。右方为负债及所有者权益项目，一般按要求清偿时间的先后顺序排列，“短期借款”“应付票据”“应付账款”等需要在一年以内或者长于一年的一个正常营业周期内偿还的流动负债排在前面，“长期借款”等在一年以上才需偿还的非流动负债排在中间，在企业清算之前不需要偿还的所有者权益项目排在后面。所有者权益项目一般分为实收资本、资本公积、盈余公积和利润分配等。

我国企业的资产负债表如15.3.3中表15-4所示，这种列示方式比较清楚地反映企业资产的流动性和负债的变现性，以及所有者权益的构成情况，可用于分析企业的财务状况和偿债能力。

### 15.3.2 资产负债表的编制与填列

资产负债表各项目均需填列“年初余额”和“期末余额”两栏。其中“年初余额”栏内各项数字，应根据上年末资产负债表的“期末余额”，栏内所列数字填列，如果本年度项目的名称和内容与上年度不相一致时，应将上年末的名称和数字按本年度的规定进行调整。“期末余额”栏主要有以下几种填列方法。

（1）根据总账科目余额填列

如“短期借款”“资本公积”等项目，根据“短期借款”“资本公积”各总账科目的余额直接填列；有些项目则需根据几个总账科目的期末余额计算填列，如“货币资金”项目，需根据“库存现金”“银行存款”“其他货币资金”三个总账科目的期末余额的合计数填列。

（2）根据明细账科目余额计算填列

如“应付账款”项目，需要根据“应付账款”和“预付账款”两个科目所属的相关明细科目的期末贷方余额计算填列；“预付账款”项目，需要根据“应付账款”和

“预付账款”两个科目所属的相关明细科目的期末借方余额减去与“预付账款”有关的坏账准备贷方余额计算填列；“应收款项”项目，需要根据“应收账款”科目和“预收账款”科目所属相关明细科目的期末借方余额合计，减去“坏账准备”科目中相关坏账准备期末贷方余额后的金额分析填列；“预收账款”项目，需要根据“应收账款”科目和“预收账款”科目所属相关明细科目的期末贷方余额合计填列；“开发支出”项目，需要根据“研发支出”科目所属的“资本化支出”明细科目期末余额计算填列；“应付职工薪酬”项目，需要根据“应付职工薪酬”科目的明细科目期末余额计算填列；“一年内到期的非流动资产”“一年内到期的非流动负债”项目，需要根据相关非流动资产和非流动负债项目的明细科目余额计算填列。

（3）根据总账科目和明细账科目余额分析计算填列

如“长期借款”项目，需要根据“长期借款”总账科目余额扣除“长期借款”科目所属的明细科目中将在一年内到期且企业不能自主地将清偿义务展期的长期借款后的金额计算填列；“其他非流动资产”项目，应根据有关科目的期末余额减去将于一年内（含一年）收回金额后的差额计算填列；“其他非流动负债”项目，应根据有关科目的期末余额减去将于一年内（含一年）到期偿还金额后的差额计算填列。

（4）根据有关科目余额减去其备抵科目余额后的净额填列

如资产负债表中“应收票据”“应收账款”“长期股权投资”“在建工程”等项目，应当根据“应收票据”“应收账款”“长期股权投资”“在建工程”等科目的期末余额减去“坏账准备”“长期股权投资减值准备”“在建工程减值准备”等备抵科目余额后的净额填列；“投资性房地产”（采用成本模式计量）、“固定资产”项目，应当根据“投资性房地产”“固定资产”科目的期末余额减去“投资性房地产累计折旧”“累计折旧”“投资性房地产减值准备”“固定资产减值准备”等备抵科目的期末余额，以及“固定资产清理”科目期末余额后的净额填列；“无形资产”项目，应当根据“无形资产”科目的期末余额，减去“累计摊销”“无形资产减值准备”等备抵科目余额后的净额填列。

（5）综合运用上述填列方法分析填列

如资产负债表中的“存货”项目，需要根据“原材料”“库存商品”“委托加工物资”“周转材料”“材料采购”“在途物资”“发出商品”“材料成本差异”等总账科目期末余额的分析汇总数，再减去“存货跌价准备”科目余额后的净额填列。

为准确反映企业财务状况，编制资产负债表时须注意报表的各项数额必须核对相符，包括总计数与合计数相加之和相符；合计数与各项目之和相符；资产总计与负债和所有者权益总计相符等；编表期内重要项目的变动，应在附注栏内加以说明。

资产负债表中资产主要项目的填列说明如下：

①“货币资金”项目，反映企业库存现金、银行结算户存款、外埠存款、银行汇票存款、银行本票存款、信用卡存款、信用证保证金存款等的合计数。本项目应根据“库存现金”“银行存款”“其他货币资金”科目期末余额的合计数填列。

②“交易性金融资产”项目，反映资产负债表日企业分类为以公允价值计量且其变动计入当期损益的金融资产，以及企业持有的指定为以公允价值计量且其变动计入当期损益的金融资产的期末账面价值。该项目应根据“交易性金融资产”科目的相关明细科目期末余额分析填列。自资产负债表日起超过一年到期且预期持有超过一年的以公允价值计量且其变动计入当期损益的非流动金融资产的期末账面价值，在“其他非流动金融资产”项目反映。

③“应收票据”项目，反映资产负债表日以摊余成本计量的、企业因销售商品、提供劳务等而收到的商业汇票，包括银行承兑汇票和商业承兑汇票。本项目应根据“应收票据”科目的期末余额，减去“坏账准备”科目中相关坏账准备期末余额后的金额分析填列。

④“应收账款”项目，反映资产负债表日以摊余成本计量的、企业因销售商品、提供劳务等经营活动应收取的款项。本项目应根据“应收账款”和“预收账款”科目所属各明细科目的期末借方余额合计数，减去“坏账准备”科目中有关应收账款计提的坏账准备期末余额后的净额填列。如“应收账款”科目所属明细科目期末有贷方余额的，应在资产负债表“预收款项”项目内填列。

⑤“预付款项”项目，反映企业按照购货合同规定预付给供应单位的款项等。本项目应根据“预付账款”和“应付账款”科目所属各明细科目的期末借方余额合计数填列。如“预付账款”科目所属明细科目期末有贷方余额的，应在资产负债表“应付账款”项目内填列。

⑥“其他应收款”项目，反映企业除应收票据、应收账款、预付账款等经营活动以外的其他各种应收、暂付的款项。本项目应根据“应收股利”“应收利息”和“其他应收款”科目的期末余额合计数，减去“坏账准备”科目中相关坏账准备期末余额后的金额填列。

⑦“存货”项目，反映企业期末在库、在途和在加工中的各种存货的可变现净值或成本（成本与可变现净值孰低）。存货包括各种材料、商品、在产品、半成品、包装物、低值易耗品、发出商品等。本项目应根据“材料采购”“原材料”“库存商品”“周转材料”“委托加工物资”“发出商品”“生产成本”“受托代销商品”等科目的期末余额合计数，减去“受托代销商品款”“存货跌价准备”科目期末余额后的净额填列。材

料采用计划成本核算，以及库存商品采用计划成本核算或售价核算的企业，还应加或减材料成本差异、商品进销差价后的金额填列。

⑧“合同资产”项目，反映企业按照《企业会计准则第14号——收入》(2018)的相关规定，根据本企业履行履约义务与客户付款之间的关系在资产负债表中列示的合同资产。“合同资产”项目应根据“合同资产”科目的相关明细科目期末余额分析填列，同一合同下的合同资产和合同负债应当以净额列示，其中净额为借方余额的，应当根据其流动性在“合同资产”或“其他非流动资产”项目中填列，已计提减值准备的，还应以减去“合同资产减值准备”科目中相关的期末余额后的金额填列；其中净额为贷方余额的，应当根据其流动性在“合同负债”或“其他非流动负债”项目中填列。

⑨“持有待售资产”项目，反映资产负债表日划分为持有待售类别的非流动资产及划分为持有待售类别的处置组中的流动资产和非流动资产的期末账面价值。该项目应根据“持有待售资产”科目的期末余额，减去“持有待售资产减值准备”科目的期末余额后的金额填列。

⑩“一年内到期的非流动资产”项目，反映企业预计自资产负债表日起一年内变现的非流动资产。本项目应根据有关科目的期末余额分析填列。

⑪“长期应收款”项目，反映企业租赁产生的应收款项和采用递延方式分期收款、实质上具有融资性质的销售商品和提供劳务等经营活动产生的应收款项。本项目应根据“长期应收款”科目的期末余额，减去相应的“未实现融资收益”科目和“坏账准备”科目所属相关明细科目期末余额后的金额填列。

⑫“长期股权投资”项目，反映投资方对被投资单位实施控制、重大影响的权益性投资，以及对其合营企业的权益性投资。本项目应根据“长期股权投资”科目的期末余额，减去“长期股权投资减值准备”科目的期末余额后的净额填列。

⑬“固定资产”项目，反映企业各种固定资产原价减去累计折旧和减值准备后的净值。本项目应根据“固定资产”科目的期末余额，减去“累计折旧”和“固定资产减值准备”科目期末余额后的净额填列。

⑭“在建工程”项目，反映资产负债表日企业尚未达到预定可使用状态的在建工程的期末账面价值和企业为在建工程准备的各种物资的期末账面价值。该项目应根据“在建工程”科目的期末余额，减去“在建工程减值准备”科目的期末余额后的金额，以及“工程物资”科目的期末余额，减去“工程物资减值准备”科目的期末余额后的金额填列。

⑮“使用权资产”项目，反映资产负债表日承租人企业持有的使用权资产的期末

账面价值。该项目应根据“使用权资产”科目的期末余额，减去“使用权资产累计折旧”和“使用权资产减值准备”科目的期末余额后的金额填列。

⑯“无形资产”项目，反映企业持有的专利权、非专利技术、商标权、著作权、土地使用权等无形资产的成本减去累计摊销和减值准备后的净值。本项目应根据“无形资产”科目的期末余额，减去“累计摊销”和“无形资产减值准备”科目期末余额后的净额填列。

⑰“开发支出”项目，反映企业开发无形资产过程中能够资本化形成无形资产成本的支出部分。本项目应当根据“研发支出”科目中所属的“资本化支出”明细科目期末余额填列。

⑱“长期待摊费用”项目，反映企业已经发生但应由本期和以后各期负担的分摊期限在一年以上的各项费用。本项目应根据“长期待摊费用”科目的期末余额，减去将于一年内（含一年）摊销的数额后的金额分析填列。但长期待摊费用中的摊销年限只剩一年或不足一年的，或预计在一年内（含一年）进行摊销的部分，不得归类为流动资产，仍在各该非流动资产项目中填列，不转入“一年内到期的非流动资产”项目。

⑲“递延所得税资产”项目，反映企业根据所得税准则确认的可抵扣暂时性差异产生的所得税资产。本项目应根据“递延所得税资产”科目的期末余额填列。

⑳“其他非流动资产”项目，反映企业除上述非流动资产以外的其他非流动资产。本项目应根据有关科目的期末余额填列。

资产负债表中负债主要项目的填列说明如下：

①“短期借款”项目，反映企业向银行或其他金融机构等借入的期限在一年以下（含一年）的各种借款。本项目应根据“短期借款”科目的期末余额填列。

②“交易性金融负债”项目，反映企业资产负债表日承担的交易性金融负债，以及企业持有的直接指定为以公允价值计量且其变动计入当期损益的金融负债的期末账面价值。该项目应根据“交易性金融负债”的相关明细科目期末余额填列。

③“应付票据”项目，反映企业因购买材料、商品和接受劳务供应等而开出、承兑的商业汇票，包括银行承兑汇票和商业承兑汇票。本项目应根据“应付票据”科目的期末余额填列。

④“应付账款”项目，反映企业因购买材料、商品和接受劳务供应等经营活动应支付的款项。本项目应根据“应付账款”和“预付账款”科目所属各明细科目的期末贷方余额合计数填列。如“应付账款”科目所属明细科目期末有借方余额的，应在资产负债表“预付款项”项目内填列。

⑤“预收款项”项目，反映企业按照购货合同规定预收供应单位的款项。本项目

应根据“预收账款”和“应收账款”科目所属各明细科目的期末贷方余额合计数填列。如“预收账款”科目所属明细科目期末有借方余额的，应在资产负债表“应收账款”项目内填列。

⑥“合同负债”项目，反映企业按照《企业会计准则第14号——收入》(2018)的相关规定，根据本企业履行履约义务与客户付款之间的关系在资产负债表中列示的合同负债。“合同负债”项目应根据“合同负债”相关明细科目期末余额分析填列。

⑦“应付职工薪酬”项目，反映企业为获得职工提供的服务或解除劳动关系而给予的各种形式的报酬或补偿。本项目应根据“应付职工薪酬”科目所属各明细科目的期末贷方余额分析填列。外商投资企业按规定从净利润中提取的职工奖励及福利基金，也在本项目列示。

⑧“应交税费”项目，反映企业按照税法规定计算应交纳的各种税费，包括增值税、消费税、企业所得税、资源税、土地增值税、城市维护建设税、房产税、城镇土地使用税、车船税、教育费附加等。企业代扣代缴的个人所得税，也通过本项目列示。企业所交纳的税金不需要预计应交数的，如印花税、耕地占用税等，不在本项目列示。本项目应根据“应交税费”科目的期末贷方余额填列。

⑨“其他应付款”项目，反映企业除应付票据、应付账款、预收账款、应付职工薪酬、应付股利、应付利息、应交税费等经营活动以外的其他各项应付、暂收的款项。本项目应根据“其他应付款”科目的期末余额填列。

⑩“一年内到期的非流动负债”项目，反映企业非流动负债中将于资产负债表日后一年内到期部分的金额，如将于一年内偿还的长期借款。本项目应根据有关科目的期末余额分析填列。

⑪“长期借款”项目，反映企业向银行或其他金融机构借入的期限在一年以上(不含一年)的各项借款。本项目应根据“长期借款”科目的期末余额，扣除“长期借款”科目所属的明细科目中将在资产负债表日起一年内到期且企业不能自主地将清偿义务展期的长期借款后的金额计算填列。

⑫“应付债券”项目，反映企业为筹集长期资金而发行的债券本金(和利息)。本项目应根据“应付债券”科目的期末余额填列。对于资产负债表日企业发行的金融工具，分类为金融负债的，应在本项目填列，对于优先股和永续债还应在本项目下的“优先股”项目和“永续债”项目分别填列。

⑬“租赁负债”项目，反映资产负债表日承租人企业尚未支付的租赁付款额的期末账面价值。该项目应根据“租赁负债”科目的期末余额填列。自资产负债表日起一年内到期应予以清偿的租赁负债的期末账面价值，在“一年内到期的非流动负债”项

目反映。

⑭“长期应付款”项目，应根据“长期应付款”科目的期末余额，减去相关的“未确认融资费用”科目的期末余额后的金额，以及“专项应付款”科目的期末余额填列。

⑮“预计负债”项目，反映企业根据或有事项等相关准则确认的各项预计负债，包括对外提供担保、未决诉讼、产品质量保证、重组义务以及固定资产和矿区权益弃置义务等产生的预计负债。本项目应根据“预计负债”科目的期末余额填列。

⑯“递延收益”项目，反映尚待确认的收入或收益。本项目核算包括企业根据政府补助准则确认的应在以后期间计入当期损益的政府补助金额、售后租回形成融资租赁的售价与资产账面价值差额等其他递延性收入。本项目应根据“递延收益”科目的期末余额填列。本项目中摊销期限只剩一年或不足一年的，或预计在一年内（含一年）进行摊销的部分，不得归类为流动负债，仍在本项目中填列，不转入“一年内到期的非流动负债”项目。

⑰“递延所得税负债”项目，反映企业根据所得税准则确认的应纳税暂时性差异产生的所得税负债。本项目应根据“递延所得税负债”科目的期末余额填列。

⑱“其他非流动负债”项目，反映企业除长期借款、应付债券等项目以外的其他非流动负债。本项目应根据有关科目的期末余额填列。其他非流动负债项目，应根据有关科目期末余额减去将于一年内（含一年）到期偿还数后的余额分析填列。非流动负债各项目中将于一年内（含一年）到期的非流动负债，应在“一年内到期的非流动负债”项目内反映。

资产负债表中所有者权益主要项目的填列说明如下：

①“实收资本（或股本）”项目，反映企业各投资者实际投入的资本（或股本）总额。本项目应根据“实收资本（或股本）”科目的期末余额填列。

②“资本公积”项目，反映企业收到投资者出资超出其在注册资本或股本中所占的份额以及直接计入所有者权益的利得和损失等。本项目应根据“资本公积”科目的期末余额填列。

③“其他综合收益”项目，反映企业其他综合收益的期末余额。本项目应根据“其他综合收益”科目的期末余额填列。

④“盈余公积”项目，反映企业盈余公积的期末余额。本项目应根据“盈余公积”科目的期末余额填列。

⑤“未分配利润”项目，反映企业尚未分配的利润。本项目应根据“本年利润”科目和“利润分配”科目的余额计算填列。未弥补的亏损在本项目内以“-”号填列。

### 15.3.3 资产负债表综合举例

东方公司 20×1 年度资产负债表的有关账户余额，甲公司年末有关账户余额资料，如表 15-3 所示。

表15-3　东方公司20×1年年末有关账户余额表

单位：元

| 账户名称 | 借方余额 | 贷方余额 | 账户名称 | 借方余额 | 贷方余额 |
|---|---|---|---|---|---|
| 库存现金 | 72 000 | | 短期借款 | | 230 000 |
| 银行存款 | 253 000 | | 应付票据 | | 200 000 |
| 其他货币资金 | 200 000 | | 应付账款 | | 500 000 |
| 应收票据 | 40 000 | | 预收账款 | | 25 000 |
| 应收股利 | 30 000 | | 应付职工薪酬 | | 135 000 |
| 交易性金融资产 | 120 000 | | 应付股利 | | 120 000 |
| 应收账款 | 300 000 | | 应交税费 | | 45 000 |
| 坏账准备 | | 5 000 | 其他应付款 | | 35 000 |
| 预付账款 | 60 000 | | 长期借款 | | 500 000 |
| 其他应收款 | 25 000 | | 实收资本 | | 1 500 000 |
| 原材料 | 300 000 | | 资本公积 | | 90 000 |
| 库存商品 | 160 000 | | 盈余公积 | | 260 000 |
| 周转材料 | 50 000 | | 利润分配 | | 125 000 |
| 生产成本 | 180 000 | | | | |
| 长期股权投资 | 400 000 | | | | |
| 长期股权投资减值准备 | | 20 000 | | | |
| 固定资产 | 2 000 000 | | | | |
| 累计折旧 | | 650 000 | | | |
| 在建工程 | 150 000 | | | | |
| 无形资产 | 100 000 | | | | |
| 合计 | 4 440 000 | 675 000 | 合计 | | 3 765 000 |

以上各账户中有 3 个账户，应在列报时按规定予以调整：在“应收账款”账户中有明细账贷方余额 10 000 元；在“应付账款”账户中有明细账借方余额 20 000 元；在“预付账款”账户中有明细账贷方余额 5 000 元。现将上列资料经归纳分析后填入资产负债表如下：

①将“库存现金”“银行存款”“其他货币资金”账户余额合并列入“货币资金”项目，共计 525 000 元（72 000+253 000+200 000）。

②将“坏账准备”项目 5 000 元从“应收账款”项目中减去；将“应收账款”明细账中的贷方余额 10 000 元列入“预收款项”项目。计算结果，“应收账款”项目的余额为 305 000 元（300 000−5 000 + 10 000）；“坏账准备”项目为 0；“ 预收款项”项目为 35 000 元（25 000+10 000）。

③将“应付账款”明细账中的借方余额 20 000 元列入“预付款项”项目；将“预付账款”账户明细账中的贷方余额 5 000 元列入“应付账款”项目。计算结果，“预付款项”项目的余额为 85 000 元（60 000+20 000+5 000），“应付账款”项目的余额为 525 000 元（500 000+20 000+5 000）。

④将“原材料”“库存商品”“周转材料”“生产成本”账户余额合并为“存货”项目，共计 690 000 元（300 000+160 000+50 000+180 000）。

⑤从“长期股权投资”账户中减去“长期股权投资减值准备”20 000 元，“长期股权投资”项目的余额为 380 000 元（400 000−20 000）。

⑥从“固定资产”账户中减去“累计折旧”650 000 元，“固定资产”项目的余额为 1 350 000 元（2 000 000−650 000）。

⑦其余各项目按账户余额表所列数字直接填入报表。

根据上述账户余额表现试编资产负债表，如表 15-4 所示。

表15-4　资产负债表

编制单位：东方公司　　　　20×1 年 12 月 31 日　　　　单位：元

| 资产 | 期末余额 | 期初余额 | 负债和所有者权益 | 期末余额 | 期初余额 |
|---|---|---|---|---|---|
| 流动资产： | | | 流动负债： | | |
| 货币资金 | 525 000 | 450 000 | 短期借款 | 230 000 | 215 000 |
| 交易性金融资产 | 120 000 | 150 000 | 交易性金融负债 | | |
| 应收票据 | 40 000 | 30 000 | 应付票据 | 200 000 | 180 000 |
| 应收账款 | 305 000 | 300 000 | 应付账款 | 525 000 | 450 000 |
| 预付款项 | 85 000 | 45 000 | 预收账款 | 35 000 | 32 000 |

续表

| 资产 | 期末余额 | 期初余额 | 负债和所有者权益 | 期末余额 | 期初余额 |
|---|---|---|---|---|---|
| 应收利息 | | | 合同负债 | | |
| 应收股利 | 30 000 | 20 000 | 应付职工薪酬 | 135 000 | 135 000 |
| 其他应收款 | 25 000 | 30 000 | 应交税费 | 45 000 | 33 000 |
| 存货 | 690 000 | 715 000 | 应付利息 | | |
| 合同资产 | | | 应付股利 | 120 000 | |
| 持有待售资产 | | | 其他应付款 | 35 000 | 30 000 |
| 一年内到期的非流动资产 | | | 持有待售负债 | | |
| 其他流动资产 | | | 一年内到期的非流动负债 | | |
| 流动资产合计 | 1 820 000 | 1 740 000 | 其他流动负债 | | |
| 非流动资产： | | | 流动负债合计 | 1 325 000 | 1 075 000 |
| 债权投资 | | | 非流动负债： | | |
| 其他债权投资 | | | 长期借款 | 500 000 | 480 000 |
| 长期应收款 | | | 应付债券 | | |
| 长期股权投资 | 380 000 | 380 000 | 租赁负债 | | |
| 投资性房地产 | | | 长期应付款 | | |
| 固定资产 | 1 350 000 | 1 200 000 | 预计负债 | | |
| 在建工程 | 150 000 | | 递延收益 | | |
| 生产性生物资产 | | | 递延所得税负债 | | |
| 油气资产 | | | 其他非流动负债 | | |
| 使用权资产 | | | 非流动负债合计 | 500 000 | 480 000 |
| 无形资产 | 100 000 | 100 000 | 负债合计 | 1 825 000 | 1 555 000 |
| 开发支出 | | | 所有者权益： | | |
| 商誉 | | | 实收资本 | 1 500 000 | 1 500 000 |
| 长期待摊费用 | | | 资本公积 | 90 000 | 90 000 |
| 递延所得税资产 | | | 其他综合收益 | | |
| 其他非流动资产 | | | 盈余公积 | 260 000 | 190 000 |
| 非流动资产合计 | 1 980 000 | 1 680 000 | 未分配利润 | 125 000 | 85 000 |
| | | | 所有者权益合计 | 1 975 000 | 1 865 000 |
| 资产总计 | 3 800 000 | 3 420 000 | 负债和所有者权益总计 | 3 800 000 | 3 420 000 |

## 15.4 现金流量表与所有者权益变动表

### 15.4.1 现金流量表

#### 15.4.1.1 现金流量表的内容与格式

现金流量表是反映企业在一定会计期间现金和现金等价物流入和流出的报表。通过现金流量表，可以为报表使用者提供企业一定会计期间内现金和现金等价物流入和流出的信息，便于使用者了解和评价企业获取现金和现金等价物的能力，据以预测企业未来现金流量。

现金是指企业库存现金以及可以随时用于支付的存款，包括库存现金、银行存款和其他货币资金（如外埠存款、银行汇票存款、银行本票存款等）等。不能随时用于支付的存款不属于现金。现金等价物是指企业持有的期限短、流动性强、易于转换为已知金额现金、价值变动风险很小的投资。期限短，一般是指从购买日起三个月内到期。现金等价物通常包括三个月内到期的债券投资等。权益性投资变现的金额通常不确定，因而不属于现金等价物。企业应当根据具体情况，确定现金等价物的范围，一经确定不得随意变更。

企业产生的现金流量分为 3 类。

（1）经营活动产生的现金流量

经营活动（operating activities）是指企业投资活动和筹资活动以外的所有交易和事项。经营活动主要包括销售商品、提供劳务、购买商品、接受劳务、支付职工薪酬和交纳税费等流入和流出现金和现金等价物的活动或事项。

（2）投资活动产生的现金流量

投资活动（investing activities）是指企业长期资产的购建和不包括在现金等价物范围内的投资及其处置活动。投资活动主要包括购建固定资产、处置子公司及其他营业单位等流入和流出现金和现金等价物的活动或事项。

（3）筹资活动产生的现金流量

筹资活动（financing activities）是指导致企业资本及债务规模和构成发生变化的活动。筹资活动主要包括吸收投资、发行股票、分配利润、发行债券、偿还债务等流入和流出现金和现金等价物的活动或事项。偿付应付账款、应付票据等商业应付款属于经营活动，不属于筹资活动。

我国企业现金流量表采用报告式结构，分类反映经营活动产生的现金流量、投资活动产生的现金流量和筹资活动产生的现金流量，最后汇总反映企业某一期间现金及现金等价物的净增加额。我国企业现金流量表的格式如表 15-5 所示。

表15-5　现金流量表

编制单位：　　　　××年××月　　　　单位：元

| 项目 | 本期金额 | 上期金额 |
|---|---|---|
| 一、经营活动产生的现金流量 | | |
| 销售商品、提供劳务收到的现金 | | |
| 收到的税费返还 | | |
| 收到其他与经营活动相关的现金 | | |
| 经营活动现金流入小计 | | |
| 购买商品、接受劳务支付的现金 | | |
| 支付给职工以及为职工支付的现金 | | |
| 支付的各项税费 | | |
| 支付其他与经营活动相关的现金 | | |
| 经营活动现金流出小计 | | |
| 经营活动产生的现金流量净额 | | |
| 二、投资活动产生的现金流量 | | |
| 收回投资收到的现金 | | |
| 取得投资收益收到的现金 | | |
| 处置固定资产、无形资产和其他长期资产收回的现金净额 | | |
| 处置子公司及其他营业单位收到的现金净额 | | |
| 收到其他与投资活动相关的现金 | | |
| 投资活动现金流入小计 | | |
| 购建固定资产、无形资产和其他长期资产支付的现金 | | |
| 投资支付的现金 | | |
| 取得子公司及其他营业单位支付的现金净额 | | |

续表

| 项目 | 本期金额 | 上期金额 |
|---|---|---|
| 支付其他与投资活动相关的现金 | | |
| 投资活动现金流出小计 | | |
| 投资活动产生的现金流量净额 | | |
| 三、筹资活动产生的现金流量 | | |
| 吸收投资收到的现金 | | |
| 取得借款收到的现金 | | |
| 收到其他与筹资活动有关的现金 | | |
| 筹资活动现金流入小计 | | |
| 偿还债务支付的现金 | | |
| 分配股利、利润或偿付利息支付的现金 | | |
| 支付其他与筹资活动有关的现金 | | |
| 筹资活动现金流出小计 | | |
| 筹资活动产生的现金流量净额 | | |
| 四、汇率变动对现金及现金等价物的影响 | | |
| 五、现金及现金等价物净增加额 | | |
| 加：期初现金及现金等价物余额 | | |
| 六、期末现金及现金等价物余额 | | |

#### 15.4.1.2　现金流量表的编制与填列

企业一定期间的现金流量可分为 3 个部分，即经营活动现金流量、投资活动现金流量和筹资活动现金流量。编制现金流量表时，经营活动现金流量的方法有两种，一是直接法，二是间接法。这两种方法通常也称为编制现金流量表的直接法和间接法。直接法和间接法各有特点。

在直接法下，一般是以利润表中的营业收入为起算点，调节与经营活动有关项目的增减变动，然后计算出经营活动产生的现金流量。在间接法下，则是以净利润为起算点，调整不涉及现金的收入、费用、营业外收支等有关项目，剔除投资活动、筹资活动对现金流量的影响，据此计算出经营活动产生的现金流量。相对而言，采用直接法编制的现金流量表，便于分析企业经营活动产生的现金流量的来源和用途，预测企业现金流量的未来前景。而采用间接法不易做到这一点。

企业会计准则规定，企业应当采用直接法列示经营活动产生的现金流量。采用直接法具体编制现金流量表时，可以采用工作底稿法或T形账户法，也可以根据有关科目记录分析填列。

工作底稿法是以工作底稿为手段，以利润表和资产负债表数据为基础，结合有关科目的记录，对现金流量表的每一项目进行分析并编制调整分录，从而编制出现金流量表的一种方法。第一步，将资产负债表项目的年初余额和期末金额过入工作底稿中与之对应项目期初数栏和期末数栏。第二步，对当期业务进行分析并编制调整分录。在调整分录中，有关现金及现金等价物的事项分别计入“经营活动产生的现金流量”“投资活动产生的现金流量”“筹资活动产生的现金流量”等项目，借记表明现金流入，贷记表明现金流出。第三步，将调整分录过入工作底稿中的相应部分。第四步，核对调整分录，借贷合计应当相等，资产负债表项目期初数加减调整分录中的借贷金额以后，应当等于期末数。

现金流量表各项目均需填列“本期金额”和“上期金额”两栏。现金流量表“上期金额”栏内各项数字，应根据上一期间现金流量表“本期金额”栏内所列数字填列。

“一、经营活动产生的现金流量”项目中：

①“销售商品、提供劳务收到的现金”项目，反映企业本期销售商品、提供劳务收到的现金，以及前期销售商品、提供劳务本期收到的现金（包括应向购买者收取的增值税销项税额）和本期预收的款项，减去本期销售本期退回商品和前期销售本期退回商品支付的现金，企业销售材料和代购代销业务收到的现金，也在本项目反映。

②“收到的税费返还”项目，反映企业收到返还的所得税、增值税、营业税、消费税、关税和教育费附加等各种税费返还款。

③“收到其他与经营活动有关的现金”项目，反映企业经营租赁收到的租金等其他与经营活动有关的现金流入，金额较大的应当单独列示。

④“购买商品、接受劳务支付的现金”项目，反映企业本期购买商品、接受劳务实际支付的现金（包括增值税进项税额），以及本期支付前期购买商品、接受劳务的未付款项和本期预付款项，减去本期发生的购货退回收到的现金。企业购买材料和代购代销业务支付的现金，也在本项目反映。

⑤“支付给职工以及为职工支付的现金”项目反映企业实际支付给职工的工资、奖金、各种津贴和补贴等职工薪酬（包括代扣代缴的职工个人所得税）。

⑥“支付的各项税额”项目，反映企业发生并支付、前期发生本期支付以及预交的各项税费，包括所得税、增值税、营业税、消费税、印花税、房产税、土地增值税、

车船税、教育费附加等。

⑦“支付其他与经营活动有关的现金”项目，反映企业经营租赁支付的租金、支付的差旅费、业务招待费、保险费、罚款支出等其他与经营活动有关的现金流出，金额较大的应当单独列示。

“二、投资活动产生的现金流量”项目中：

①“收回投资收到的现金”项目，反映企业出售、转让或到期收回除现金等价物以外的对其他企业长期股权投资等收到的现金，但处置子公司及其他营业单位收到的现金净额除外。

②“取得投资收益收到的现金”项目，反映企业除现金等价物以外的对其他企业的长期股权投资等分回的现金股利和利息等。

③“处置固定资产、无形资产和其他长期资产收回的现金净额”项目，反映企业出售、报废固定资产、无形资产和其他长期资产所取得的现金（包括因资产毁损而收到的保险赔偿收入），减去为处置这些资产而支付的有关费用后的净额。

④“处置子公司及其他营业单位收到的现金净额”项目，反映企业处置子公司及其他营业单位所取得的现金，减去相关处置费用以及子公司及其他营业单位持有的现金和现金等价物后的净额。

⑤“购建固定资产、无形资产和其他长期资产支付的现金”项目，反映企业购买、建造固定资产、取得无形资产和其他长期资产所支付的现金（含增值税款等），以及用现金支付的应由在建工程和无形资产负担的职工薪酬。

⑥“投资支付的现金”项目，反映企业取得除现金等价物以外的对其他企业的长期股权投资等所支付的现金以及支付的佣金、手续费等附加费用，但取得子公司及其他营业单位支付的现金净额除外。

⑦“取得子公司及其他营业单位支付的现金净额”项目，反映企业购买子公司及其他营业单位购买出价中以现金支付的部分，减去子公司及其他营业单位持有的现金和现金等价物后的净额。

⑧“收到其他与投资活动有关的现金”“支付其他与投资活动有关的现金”项目，反映企业除上述①～⑦项目外收到或支付的其他与投资活动有关的现金，金额较大的应当单独列示。

“三、筹资活动产生的现金流量”项目中：

①“吸收投资收到的现金”项目，反映企业以发行股票、债券等方式筹集资金实际收到的款项（发行收入减去支付的佣金等发行费用后的净额）。

②“取得借款收到的现金”项目，反映企业举借各种短期、长期借款而收到的

现金。

③“偿还债务支付的现金”项目，反映企业为偿还债务本金而支付的现金。

④“分配股利、利润或偿付利息支付的现金”项目，反映企业实际支付的现金股利、支付给其他投资单位的利润或用现金支付的借款利息、债券利息。

⑤“收到其他与筹资活动有关的现金”“支付其他与筹资活动有关的现金”项目，反映企业除上述①～④项目外收到或支付的其他与筹资活动有关的现金，金额较大的应当单独列示。

“四、汇率变动对现金及现金等价物的影响”项目，反映下列两个金额之间的差额：

①企业外币现金流量折算为记账本位币时，采用现金流量发生日的即期汇率或按照系统合理的方法确定的、与现金流量发生日即期汇率近似的汇率折算的金额（编制合并现金流量表时折算境外子公司的现金流量，应当比照处理）。

②企业外币现金及现金等价物净增加额按资产负债表日即期汇率折算的金额。

## 15.4.2 所有者权益变动表

### 15.4.2.1 所有者权益变动表的内容与格式

所有者权益变动表是指反映构成所有者权益各组成部分当期增减变动情况的报表。主要包括：实收资本、资本公积、库存股、其他综合收益、盈余公积和未分配利润等项目的当期增减变动情况。所有者权益变动表是一张动态报表，它既可以为报表使用者提供所有者权益总量增减变动的信息，也能为其提供所有者权益增减变动的结构性信息，特别是能够让报表使用者理解所有者权益增减变动的原因。

所有者权益变动表以矩阵的形式列示：一方面，列示导致所有者权益变动的交易或事项，即所有者权益变动的来源对一定时期所有者权益的变动情况进行全面反映；另一方面，按照所有者权益各组成部分（即实收资本、资本公积、其他综合收益、盈余公积和未分配利润）列示交易或事项对所有者权益各部分的影响。我国企业所有者权益变动表的格式如表 15-6 所示。

表15-6　所有者权益变动表

编制单位：　　　　××年××月　　　　单位：元

| 项目 | 本年金额 | | | | | | | 上年金额 | | | | | | |
|---|---|---|---|---|---|---|---|---|---|---|---|---|---|---|
| | 实收资本（或股本） | 资本公积 | 减：库存股 | 其他综合收益 | 盈余公积 | 未分配利润 | 所有者权益合计 | 实收资本（或股本） | 资本公积 | 减：库存股 | 其他综合收益 | 盈余公积 | 未分配利润 | 所有者权益合计 |
| 一、上年年末余额 | | | | | | | | | | | | | | |
| 加：会计政策变更 | | | | | | | | | | | | | | |
| 前期差错更正 | | | | | | | | | | | | | | |
| 二、本年年初余额 | | | | | | | | | | | | | | |
| 三、本年增减变动金额（减少以“-”号填列） | | | | | | | | | | | | | | |
| （一）综合收益总额 | | | | | | | | | | | | | | |
| （二）所有者投入和减少资本 | | | | | | | | | | | | | | |
| 1. 所有者投入资本 | | | | | | | | | | | | | | |
| 2. 其他权益工具持有者投入资本 | | | | | | | | | | | | | | |
| 3. 股份支付计入所有者权益的金额 | | | | | | | | | | | | | | |
| 4. 其他 | | | | | | | | | | | | | | |
| （三）利润分配 | | | | | | | | | | | | | | |
| 1. 提取盈余公积 | | | | | | | | | | | | | | |

续表

| 项目 | 本年金额 | | | | | | | 上年金额 | | | | | | |
|---|---|---|---|---|---|---|---|---|---|---|---|---|---|---|
| | 实收资本（或股本） | 资本公积 | 减：库存股 | 其他综合收益 | 盈余公积 | 未分配利润 | 所有者权益合计 | 实收资本（或股本） | 资本公积 | 减：库存股 | 其他综合收益 | 盈余公积 | 未分配利润 | 所有者权益合计 |
| 2. 对所有者（或股东）的分配 | | | | | | | | | | | | | | |
| 3. 其他 | | | | | | | | | | | | | | |
| （四）所有者权益内部结转 | | | | | | | | | | | | | | |
| 1. 资本公积转增资本（或股本） | | | | | | | | | | | | | | |
| 2. 盈余公积转增资本（或股本） | | | | | | | | | | | | | | |
| 3. 盈余公积弥补亏损 | | | | | | | | | | | | | | |
| 4. 设定受益计划变动额结转留存收益 | | | | | | | | | | | | | | |
| 5. 其他综合收益结转留存收益 | | | | | | | | | | | | | | |
| 6. 其他 | | | | | | | | | | | | | | |
| 四、本年年末余额 | | | | | | | | | | | | | | |

#### 15.4.2.2 所有者权益变动表的编制与填列

首先，从所有者权益变动表的横向项目来看："上年金额"栏内各项数字，应根据上年度所有者权益变动表"本年金额"栏内所列数字填列。上年度所有者权益变动表规定的各个项目的名称和内容同本年度不一致的，应对上年度所有者权益变动表各项目的名称和数字按照本年度的规定进行调整，填入所有者权益变动表的"上年金额"栏内。

"本年金额"栏内各项数字一般应根据"实收资本（或股本）""资本公积""其他综合收益""盈余公积""利润分配""库存股""以前年度损益调整"科目的发生额分析填列。企业的净利润及其分配情况作为所有者权益变动的组成部分，不需要单独编制利润分配表列示。

其次，从所有者权益变动表的纵向项目来看："一、上年年末余额"项目，反映企业上年资产负债表中实收资本（或股本）、资本公积、库存股、其他综合收益、盈余公积、未分配利润的年末余额。

"会计政策变更""前期差错更正"项目，分别反映企业采用追溯调整法处理的会计政策变更的累积影响金额和采用追溯重述法处理的会计差错更正的累积影响金额。

"二、本年年初余额"项目，为"一、上年年末余额"项目加"会计政策变更""前期差错更正"项目的金额。

"三、本年增减变动金额"项目中"（一）综合收益总额"项目，反映净利润和其他综合收益扣除所得税影响后的净额相加后的合计金额。"（二）所有者投入和减少资本"项目，反映企业当年所有者投入的资本和减少的资本。"（三）利润分配"项目，反映企业当年的利润分配金额。"（四）所有者权益内部结转"项目，反映企业构成所有者权益的组成部分之间的增减变动情况。

"四、本年年末余额"项目，为上述项目计算后金额。

**【本章小结】**

本书始终强调会计信息如何成为企业决策的基础。本章全面叙述了资产负债表、利润表、现金流量表和所有者权益变动表四大基本财务报表中的编制填写方法和基本要求。这些财务报表是会计师的主要工作成果，综合反映了企业的经济活动，向投资者、债权人和其他各方提供了有助于决策的相关信息。

本书第 16 章将详细介绍如何利用这些财务报表信息对企业的偿债能力、盈利能力和营运能力等进行财务分析，从而做出有效的决策。

【学习目标小结】

1. 理解财务报表的目标

财务报表的目标是向会计信息使用者提供与企业财务状况、经营成果和现金流量等有关的会计信息，反映企业管理层受托责任履行情况，有助于会计信息使用者做出正确的经济决策。

2. 掌握利润表的内容与编制

利润表是指反映企业在一定会计期间的经营成果的报表。我国企业的利润表采用多步式格式，主要分为营业收入、营业利润、利润总额、净利润、其他综合收益的税后净额、综合收益总额和每股收益 7 步计算构成。

3. 掌握资产负债表的内容与编制

资产负债表是指反映企业在某一特定日期的财务状况的报表。资产负债表主要反映资产、负债和所有者权益 3 方面的内容，并满足“资产 = 负债 + 所有者权益”平衡式。我国企业的资产负债表采用账户式结构：左边记录流动资产、非流动资产和资产总额；右边记录流动负债、非流动负债、负债总额和所有者权益总额，其具体项目分别通过具体计算方法分析填列。

4. 掌握现金流量表和所有者权益变动表的内容

现金流量表反映了企业在一定会计期间的现金和现金等价物流入和流出的情况；所有者权益变动表反映了企业所有者权益的各组成部分当期的增减变动情况。

5. 理解现金流量表和所有者权益变动表的编制

现金流量表主要是从经营活动现金流量、投资活动现金流量和筹资活动现金流量 3 部分计算编制而成的。所有者权益变动表以矩阵的形式列示：一方面，列示导致所有者权益变动的交易或事项；另一方面，按照所有者权益各组成部分（即实收资本、资本公积、其他综合收益、盈余公积、未分配利润和库存股等）列示交易或事项对所有者权益各部分的影响。

【关键术语】

财务报表（financial statement）是指以会计准则为规范编制的，向所有者、债权人、政府及其他有关各方及社会公众等外部反映企业财务状况、经营成果和现金流量的结构性表述。

资产负债表（balance sheet）是指反映企业在某一特定日期的财务状况的会计报表。

利润表（income statement）是指反映企业在一定会计期间的经营成果和综合收益的会计报表。

现金流量表（statement of cash flows）是指反映企业在一定会计期间的现金和现金等价物流入和流出的会计报表。

所有者权益变动表（statement of changes in owners' equity）是指反映构成企业所有者权益的各组成部分当期的增减变动情况的报表。

附注（notes）是指对在会计报表中列示项目所做的进一步说明，以及对未能在这些报表中列示项目的说明等。

经营活动（operating activities）是指企业投资活动和筹资活动以外的所有交易和事项。

投资活动（investing activities）是指企业长期资产的购建和不包括在现金等价物范围的投资及其处置活动。

筹资活动（financing activities）是指导致企业资本及债务规模和构成发生变化的活动。

## 练习题

【简答题】

1. 为什么要编制财务报表？财务报表列报的作用是什么？
2. 财务报表列报有哪些要求？
3. 财务报表的种类是如何划分的？
4. 如何编制利润表？
5. 资产负债表的结构和内容是什么？如何编制？
6. 现金流量表有何作用？其编制的基础是什么？
7. 现金流量表包括哪些具体内容？其结构如何？
8. 所有者权益变动表有何作用以及包括哪些主要内容？

【业务题】

## 习题一

### 1. 目的

练习利润表的编制。

### 2. 资料

万盛企业为一家上市公司，适用企业所得税率为 25%。对其 20×1 年 1 月各损益类账户发生额进行分析，如表 15-7 所示。

表15-7　损益类账户发生额

20×1 年 1 月　　单位：万元

| 账户名称 | 借方发生额 | 贷方发生额 |
| --- | --- | --- |
| 主营业务收入 | | 19 000 |
| 其他业务收入 | | 11 000 |
| 营业外收入 | | 1 000 |
| 主营业务成本 | 6 500 | |
| 税金及附加 | 1 400 | |
| 其他业务成本 | 4 500 | |
| 销售费用 | 1 800 | |
| 管理费用 | 3 800 | |
| 财务费用 | 1 600 | |
| 营业外支出 | 900 | |

### 3. 要求

编制该企业 20×1 年 1 月的利润表。

## 习题二

**1. 目的**

练习资产负债表的编制。

**2. 资料**

万盛公司20×1年12月31日部分会计科目余额如表15-8所示。

表15-8　部分会计科目余额表

20×1年12月31日　　单位：万元

| 总账科目 | | | 所属明细科目 | | |
|---|---|---|---|---|---|
| 科目名称 | 借方余额 | 贷方余额 | 科目名称 | 借方余额 | 贷方余额 |
| 应收账款 | 8 000 | | A公司 | 10 000 | |
| | | | B公司 | | 2 000 |
| 预付账款 | 3 000 | | C公司 | 3 500 | |
| | | | D公司 | | 500 |
| 待摊费用 | 1 000 | | | | |
| 应付账款 | | 7 000 | E公司 | 800 | |
| | | | F公司 | | 7 800 |
| 预收账款 | | 2 500 | G公司 | 300 | |
| | | | H公司 | | 2 800 |
| 预提费用 | 400 | | 修理费 | 400 | |
| 应交税费 | | 700 | | | |
| 应付利润 | | 900 | | | |
| 利润分配 | | 1 000 | 未分配利润 | | 1 000 |
| 本年利润 | | 500 | | | |

**3. 要求**

根据所列资料，计算该月月末资产负债表有关项目（应收账款、预付账款、待摊费用、应付账款、预收账款、预提费用、应交税费、应付利润、利润分配、未分配利润）的金额（不画表格，不必平衡）。

## 习题三

### 1. 目的

练习账务处理和利润表的编制。

### 2. 资料

万盛公司20×1年3月发生下列经济业务：

（1）销售商品一批，售价为80万元。商品已提供，收回货款50万元存入银行，其他款项尚未收回。

（2）销售预收货款的商品一批，售价为100万元。预收货款20万元，其余款项收回存入银行。由于对方违反销售合同，按合同规定同时收回违约金2万元存入银行。

（3）收回应收货款30万元存入银行。

（4）以银行存款5万元支付销售商品的运费。

（5）以银行存款10万元支付管理费用；计提应由管理部门负担的固定资产折旧5万元。

（6）结转商品销售成本110万元。

（7）以现金5万元捐赠灾区。

（8）计算本月应交所得税11万元。

（9）结转本期损益。

### 3. 要求

（1）根据上述经济业务编制会计分录。

（2）根据上述经济业务编制利润表（只需列示出本月数）。

## 习题四

### 1. 目的

练习现金流量的分类和计算。

### 2. 资料

万盛公司20×1年发生下列业务：

（1）采购材料支付货款52 000元；

（2）以银行存款40 000元购入另一家公司的股票作为长期投资；

（3）支付应付票据54 600元；

（4）收到现金股利7 000元；

（5）支付给职工现金11 000元；

（6）应收账款增加5 000元；

（7）发放现金股利10 000元；

（8）发行普通股60 000元，收到现金；

（9）发行普通股40 000元，换取设备；

（10）取得短期借款现金10 000元。

（11）发生折旧费用11 000元。

3. 要求

（1）将上述业务按经营活动、投资活动、筹资活动、不涉及现金的投资和筹资活动进行分类。

（2）计算投资和筹资活动的净现金流量。

【案例讨论题】

1. 邓方先生在20×1年5月成立的光辉实业股份有限公司中担任财务总监。在20×2年1月25日召开的董事会上提交了资产负债表和利润表，董事长对于邓方先生的工作非常不满，主要有以下几点：①编制会计报表前没有编制工作底稿；②年底在编制会计报表前没有存货盘点；③会计报表的实际截止日期是12月25日；④没有报表附注；⑤没有编制现金流量表；⑥利润表与资产负债表的“未分配利润”数字不相符。邓方先生非常不服气。你认为董事会对邓方先生的批评都对吗？为什么？

2. 海立公司自20×1年1月1日成立，至今已有5年。最初的2年，公司均采用现销方式进行销售。为了进一步占领市场，公司于第3年改变销售方式，对客户放宽信用条件。其后的3年中公司的应收账款余额每年以近20%的速度增长，坏账费用相当稳定。

自改变销售方式以来，公司账面上的利润比最初2年有了很大的改观，但是，公司的现金状况却每况愈下，近期已入不敷出，只有通过向银行贷款才能维持公司的经营活动。此外，还发现以下情况：

（1）20×3年，公司购入江南公司普通股30%的股权作为长期投资，并对江南公司有重大影响力，而江南公司每年都有可观的利润实现，但3年来从未支付过现金股利。

（2）过去5年中，公司的存货每年都以接近10%的比例稳定地增长，且每次购货大多以现金交易。尤其是最近2年来，许多原料供应单位都要求在订货时预付货款。

（3）20×5年年初，公司付出现金84 000元，购入一项专利权，该专利权在其15年有效期内摊销。

要求：

针对上述各项产生利润和经营活动现金流量差异的情况，请你加以解释。

# 第16章　财务报表分析

【学习目标】

1. 了解常用的财务报表分析方法。
2. 掌握偿债能力分析。
3. 掌握营运能力分析。
4. 掌握盈利能力分析。
5. 了解财务报表分析的局限性。

【引导案例】

格力电器2019年财务报表简析

上市公司的年度报告披露之后，与财务报表数据相关的各项统计与分析就会展开。第15章的引导案例对格力电器2019年的财务报表进行了简单的描述，但这并不能满足会计信息使用者对公司进行评价、预测并做出合理决策的需求。财务报表分析作为一种专门的方法和技术，以财务报表为主要对象，对公司基本财务状况、偿债能力、盈利能力和营运能力等方面进行分析，是会计信息使用者最常用的分析工具。下面结合两个最常见的财务指标：流动比率和销售净利率，对格力电器2019年的财务报表进行简单分析。

流动比率是流动资产与流动负债的比率，反映了企业的流动资产偿还流动负债的能力。计算公式为：流动比率＝流动资产／流动负债，表示企业每1元流动负债有多少流动资产作为偿还的保证。从表16-1可以看出，格力电器2019年的流动比率为1.17，比2018年的1.20略有下降。

表16-1　格力电器2019年和2018年流动比率计算表

| 时间 | 流动资产 | 流动负债 | 流动比率 |
|---|---|---|---|
| 2019/12/31 | 191 741 346 310.18 | 163 622 323 232.13 | 1.17 |
| 2018/12/31 | 174 793 811 835.16 | 145 351 330 743.00 | 1.20 |

销售净利率是企业的净利润与销售收入净额的比率，反映了每1元销售收入净额给企业带来的利润，计算公式为：销售净利率＝净利润/销售收入净额 ×100%。该指标越大，说明企业经营活动的盈利水平越高。从表16-2可以看出，格力电器2019年的销售净利率为12.53%，比2018年的13.31%略有下降。

表16-2　格力电器2019年和2018年销售净利率计算表

| 时间 | 营业收入 | 净利润 | 销售净利率 |
|---|---|---|---|
| 2019/12/31 | 198 153 027 540.35 | 24 827 243 603.97 | 12.53% |
| 2018/12/31 | 198 123 177 056.84 | 26 379 029 817.06 | 13.31% |

# 16.1　财务报表分析概述

## 16.1.1　财务报表分析的目的

财务报表分析（financial statement analysis），是以企业财务报表为主要对象，采用专门的方法和技术，对企业的基本财务状况、偿债能力、盈利能力和营运能力等方面进行分析，为企业的投资者、债权人和管理当局等会计信息使用者了解过去、分析现状、预测未来，做出正确决策而提供依据的一种科学方法。

财务报表分析目的主要在于：①评价企业已经发生的经济业务。通过对企业财务报表等相关资料的分析，能够基本判断企业过去的财务状况和经营成果，比如分析企业目前的偿债能力、盈利能力和营运能力是否存在问题，找出问题产生的原因，为企业所有者、管理当局、政府部门、投资者和债权人的考评与决策提供一定的参考。②预测企业的未来前景。财务报表分析不仅可以评价过去，而且可以通过对已经发生的经济业务的分析，预测企业的未来发展状况及趋势。通过财务报表的分析，不仅可以评估企业未来的价值及价值创造，还可以为企业未来的财务预测、财务决策指明方向。

财务报表分析是为会计信息使用者做出正确决策服务的，不同会计信息使用者的决策会存在着一定差异。例如，债权人会利用财务报表分析资料，探析企业的偿债能力、资产运转情况及获利能力，从而做出信贷决策；企业投资者利用财务报表分析资料，可以通过分析企业的资产报酬率来评价投资收益，进而做出相应的投资决策；企业管理当局也能充分利用财务报表分析数据，发现目前存在的问题，从而及时采取有效的管理决策。因此财务报表分析并非一成不变的机械计算，它应当结合决策者的具体需要而进行，同时还必须结合社会经济现状、行业发展趋向、企业经营背景等相关情况加以综合分析。

### 16.1.2 财务报表分析的步骤

财务报表分析，一般由以下几个相互联系的步骤所组成：

（1）确定财务报表分析的具体目标，制订分析工作计划

会计信息使用者希望依据财务报表分析做出不同的决策，所以在进行报表分析之前，首要的任务就是要确定分析的具体目标，并制订分析工作计划，以期提供有效的分析信息。

（2）收集财务报表分析所必备的信息数据

目标确定之后就应着手收集相关的会计信息资料，以供分析使用。这些信息资料一般包括对外报送的财务报表及附注等，以及来自审计人员的审计报告，资信部门、证券管理委员会、行业主管部门的信息数据等。

（3）根据分析目的，运用科学的分析方法，深入比较、研究所收集的资料

在报表分析时，应首先选定适用的财务报表分析方法，对资料数据进行深入的比较、研究，并用简明的文字加以解释。

（4）做出分析结论，提出分析报告，为信息使用者提供决策参考

在深入比较、研究的基础上，将分析的结果形成书面报告，向会计信息的使用者提供分析结果，以满足其决策的需求。

### 16.1.3 财务报表分析的基本方法

财务报表分析通常采用结构分析法、趋势分析法、比较分析法、因素分析法及比率分析法等方法进行分析。

（1）结构分析法

结构分析法（method of structured analysis）主要是以企业的资产负债表、利润表、现金流量表等资料为依据，对企业财务状况构成的合理性、利润的构成和现金流量的来源及流向等进行总体的测算与分析。结构分析法通常以财务报表中的某个总体作为100%，再计算出其个组成项目占总体的百分比，从而得出各个项目的结构比例及其对总体的关系大小。这样既可以用于同一公司不同时期财务状况的纵向比较，又可以用

于不同公司的横向比较。同时可以消除不同规模差异的影响，有利于分析公司的财务状况和经营成果。比如以资产总额作为分母，以流动资产、固定资产、无形资产等项目金额分别作为分子，就可以得到企业不同类型资产的结构水平。

（2）趋势分析法

趋势分析法（method of trend analysis）是根据一个企业连续数期的财务报表资料的各个项目进行比较，以求出金额和百分比增减变动的方向和幅度，从而揭示当期财务状况和经营状况增减变化的性质及趋向。趋势分析法可以采用图示方法，即做成统计图表，也可以编制比较财务报表。比如，将一般财务报表的“金额”划分为若干期的金额，以便进行比较，做进一步的了解与研究。或者将财务报表上的某一关键项目的金额当作基数，计算出其他项目对关键项目的百分比，以显示出各个项目的相对地位，然后把连续若干按相对数编制的财务报表合并为比较财务报表，以反映各个项目趋势上的变化。

（3）比较分析法

比较分析法（method of comparative analysis）是利用同一企业的不同时期，或同一时期的不同企业的有关相同性质或类别的指标，进行横向和纵向的对比分析，进而确定差异，分析原因。

比较分析法的主要形式有：①实际指标与计划指标进行对比，以便分析检查计划的完成情况；②本期实际指标与上期实际指标对比，其结果可以提示企业有关指标的变动情况；③本企业实际指标与同行业相应指标的平均水平或先进水平对比，从中可以分析企业的现状，以及其在行业中所处位置，并分析存在的差异及原因，以便采取相应的对策。

在运用比较分析法时，对比的指标可以是绝对数指标，如产品销售收入、利润总额等，也可以是相对数指标，如产品毛利率、资金周转率等。但需要注意的是，无论进行何种指标的对比，其指标的计算口径、计价基础和时间单位都应保持一致，这样才具有可比性，才能保证比较结果的准确性。

（4）因素分析法

因素分析法（method of factor analysis）是用来揭示经济指标变化的原因，测定各个因素对经济指标变动的影响程度的分析方法。它又可具体划分为主次因素分析法、因果分析法及连环替代法等。

①主次因素分析法，也称为ABC分析法，是将影响经济指标的各因素区分为主要因素A、次要因素B、一般因素C，然后对主要因素进行深入分析，对其他因素则花较少时间。

②因果分析法则是将经济指标分解为若干因素，对每个因素再做进一步分析，以揭示经济指标变化的原因。比如，销售毛利率受产品销售收入和毛利润等因素的影响，而产品销售收入的变化主要受销售量和销售价格等因素的影响，因此，可依次对相关因素进行分析，以揭示销售毛利率变动的深层次原因。

③连环替代法是一种因素分析法，它不仅能定性，而且能定量地测定影响经济指标的各个因素对该指标变动差异的影响程度。其方法是将经济指标分解为两个或两个以上的因素，逐一变动各个因素，从数量上测算每一因素变动对经济指标总体的影响。比如，某一个财务指标及有关因素的关系由如下式子构成：实际指标：$Po=Ao\times Bo\times Co$；标准指标：$Ps=As\times Bs\times Cs$；实际与标准的总差异为 $Po-Ps$。$Po-Ps$ 这一总差异同时受到A、B、C三个因素的影响，它们各自的影响程度可分别由以下式子计算求得：

A因素变动的影响：$(Ao-As)\times Bs\times Cs$

B因素变动的影响：$Ao\times(Bo-Bs)\times Cs$

C因素变动的影响：$Ao\times Bo\times(Co-Cs)$

以上三大因素各自的影响数相加就应该等于总差异 $Po-Ps$。

（5）比率分析法

比率分析法（method of Ratio analysis）是以同一期财务报表上若干重要项目的相关数据相互比较，求出比率，用以分析和评价公司的经营活动以及公司目前和历史状况的一种方法，是财务分析最基本的工具。计算出相应的财务比率后，可将该比率与上期比较、与计划比较、与同行业平均水平比较，说明企业的发展情况、计划的完成情况以及与同行业的差距，为会计信息使用者提供决策支持。

比率分析法的比率指标主要有以下几种：①构成比率分析，又称结构比率分析，它以某项经济指标的各个组成部分占总体的比重为依据，分析部分与总体的关系，了解项目结构上的变化。②相关比率分析，以某经济指标与其他经济指标进行对比，求出两者的比率，反映有关经济活动的相互关系。利用相关比率指标，可以深入了解企业的生产经营活动情况。例如，利润与销售收入的比率，反映企业每销售1元所创造的利润。③效率比率分析，通过计算某一项经济活动的所费与所得的比率，反映投入与产出的关系，考察企业的经营成果，评价企业的经济效益。例如，销售成本与销售利润的比率、资金占用额与销售收入的比率等，可以反映企业获利能力的大小。

比率分析法是财务报表分析中的重要方法，我们将在16.2比率分析法的应用中进行详细讲解。

# 16.2 比率分析法的应用

## 16.2.1 偿债能力分析

### 16.2.1.1 短期偿债能力分析

短期偿债能力（short-term solvency）是指企业以流动资产偿还流动负债的能力，它反映企业偿付到期短期债务的能力。企业的流动资产与流动负债的关系以及资产的变现速度是影响短期偿债能力的主要因素。短期债务一般需要以现金偿还，所以，企业的短期偿债能力更注重一定时期的流动资产变现能力的分析。

企业短期偿债能力分析的有关财务比率包括流动比率、速动比率和现金比率。

（1）流动比率

流动比率（current ratio）是流动资产与流动负债的比率，表示企业每1元流动负债有多少流动资产作为偿还的保证，反映了企业的流动资产偿还流动负债的能力。其计算公式为：流动比率 = 流动资产 / 流动负债。

根据本书第15章表15-4东方公司的资产负债表资料：年初流动资产为1 740 000元，流动负债为1 075 000元；年末流动资产为1 820 000元，流动负债为1 325 000元。则流动比率为：

年初流动比率 =1 740 000 / 1 075 000=1.62

年末流动比率 =1 820 000 / 1 325 000=1.37

一般情况下，流动比率越高，反映企业短期偿债能力越强。因为该比率越高，不仅反映企业拥有较多的营运资金抵偿短期债务，而且表明企业可以变现的资产数额较大，债权人的风险越小。但是，对高流动比率要具体分析：流动比率过高，可能表明企业流动资产上占用的资金过多，或许是变现能力较差的存货资金过多，或应收账款过多，这些都反映了企业资产使用效率较低。所以，在分析流动比率时，还需注意分析流动资产的结构、流动资金的周转情况、流动负债的数量与结构以及现金流量的情况。

由于行业性质不同，流动比率的实际标准也不同，如商业和流通领域的企业，一般而言，流动性较强，而机器制造业及电力业的流动性则较弱。所以，在分析流动比率时，应将其与同行业平均流动比率、本企业历史的流动比率进行比较，才能得出合理的结论。

（2）速动比率

速动比率（quick ratio）又称酸性测试比率，是流动资产中速动资产与流动负债的比率，是短期偿债能力指标。其计算公式为：

速动比率=速动资产/流动负债

其中：　　　　　　　　速动资产 = 流动资产 – 存货

或：　　　　　速动资产 = 流动资产 – 存货 – 预付账款 – 待摊费用

计算速动比率时，流动资产中扣除存货，是因为存货在流动资产中的变现速度较慢，有些存货可能滞销，无法变现。至于预付账款和待摊费用，根本不具有变现能力，只是减少企业未来的现金流出量，所以，理论上也应加以剔除，但在实务中，由于它们在流动资产中所占的比重较小，计算速动资产时也可以不扣除。

根据第15章表15-4的资料，东方公司年初的流动资产为1 740 000元，存货为715 000元，流动负债为1 075 000元；年末的流动资产为1 820 000元，存货为690 000元，流动负债为1 325 000元。则速动比率为：

年初速动比率 =（1 740 000 – 715 000）/ 1 075 000 = 0.95

年末速动比率 =（1 820 000 – 690 000）/ 1 325 000 = 0.85

在实际工作中，应考虑到企业的行业性质。例如商品零售行业，由于采用大量现金销售，几乎没有应收账款，速动比率大幅低于1，也是合理的。相反，有些企业虽然速动比率大于1，但速动资产中大部分是应收账款，并不代表企业的偿债能力强，因为应收账款能否收回具有很大的不确定性，所以，在评价速动比率时，还应分析应收账款的质量。

（3）现金比率

现金比率（cash ratio）是企业现金类资产与流动负债的比率，是衡量企业短期偿债能力的一项参考性指标。其计算公式为：

现金比率=现金类资产/流动负债

现金类资产包括企业拥有的货币资金和持有的有价证券，是速动资产扣除应收款项后的余额。因为应收款项存在着坏账及延期收回的可能性，所以，剔除应收款项项目得到的现金比率最能反映企业直接偿付流动负债的能力。现金比率越高，表明企业直接偿付债务的能力越强。但是，在正常情况下，企业不可能也不必要始终保持过多的现金类资产，否则将失去某些获利机会和投资机会。

根据第15章表15-4的资料，东方公司年初的货币资金为450 000元，交易性金融资产为 150 000 元，流动负债为 1 075 000 元；年末的货币资金为 525 000 元，交易性金融资产为 120 000 元，流动负债为 1 325 000 元。则现金比率为：

年初现金比率 =（450 000 + 150 000）/ 1 075 000 = 0.56

年末现金比率 =（525 000 + 120 000）/ 1 325 000 = 0.49

上述 3 个指标是反映企业短期偿债能力的基本指标。在分析一个企业的短期偿债能力时，应将三者结合起来，这样才能比较客观地评价出企业的偿债能力。

#### 16.2.1.2 资本结构和长期偿债能力分析

资本结构是用于评价企业长期风险和预期回报的关键因素。举债经营的前提是资本回报率应大于资本成本率，换言之，杠杆经营既能带来效益，也能产生额外的风险，而且债务和利息优先偿还又在企业遭遇意外冲击时加重企业的负担，甚至可能令企业无力偿债而濒临破产。因此，分析偿债能力往往首先分析资本结构。

（1）资产负债率

资产负债率（debt to assets ratio）又称负债比率，是企业的负债总额与资产总额的比率。它表示企业资产总额中债权人提供资金所占的比重，以及企业资产对债权人权益的保障程度。其计算公式为：

资产负债率=负债总额/资产总额 × 100%

根据第 15 章表 15-4 的资料，东方公司年初资产和负债总额分别为 3 420 000 元和 1 555 000 元，年末资产和负债总额分别为 3 800 000 元和 1 825 000 元，则资产负债率为：

年初资产负债率 =1 555 000 / 3 420 000 × 100% = 45 %

年末资产负债率 =1 825 000 / 3 800 000 × 100% = 48 %

资产负债率的高低对企业的债权人和所有者具有不同的意义。债权人最关心的是提供给企业的贷款本金和利息能否按期收回。如果负债比率高，说明企业总资产中仅有小部分是由股东提供的，而大部分是由债权人提供的，这样，债权人就承担很大的风险。企业负债比率越低，其债权的保障程度越高。

所有者最关心的是投入资本的收益率。企业债权人投入的资金与企业所有者投入的资金发挥着同样的作用，所以，只要企业的总资产收益率高于借款的利息率，举债越多，即负债比率越大，所有者的投资收益就越大。

一般情况下，企业负债经营规模应控制在一个合理的水平，负债比重应掌握在一定的标准内。负债比率过高，企业的经营风险越大，对债权人和所有者都会产生不利的影响。

（2）负债与所有者权益比率

负债与所有者权益比率亦称产权比率（equity ratio），是指负债总额与所有者权益总额的比例关系，是企业财务结构稳健与否的重要标志。其计算公式为：

负债与所有者权益比率=负债总额/所有者权益总额 × 100%

根据表 15-4 的资料，东方公司年初的负债总额为 1 555 000 元，所有者权益总额为 1 865 000 元；年末的负债总额为 1 825 000 元，所有者权益总额为 1 975 000 元。则负债与所有者权益比率为：

年初负债与所有者权益比率 =1 555 000 / 1 865 000 × 100 % = 83%

年末负债与所有者权益比率 =1 825 000 / 1 975 000 × 100 % = 92%

该比率反映了所有者权益对债权人权益的保障程度，即在企业清算时债权人权益的保障程度。对这一比率的解释与资产负债率相同。

（3）负债与有形净资产比率

负债与有形净资产比率是负债总额与有形净资产的比例关系，表示企业有形净资产对债权人权益的保障程度，其计算公式为：

负债与有形净资产比率=负债总额 / 有形净资产总额 × 100%

有形净资产= 所有者权益-无形资产-递延资产

根据第 15 章表 15-4 的资料，东方公司年初的负债总额为 1 555 000 元，所有者权益为 1 865 000 元，无形资产为 100 000 元；年末的负债总额为 1 825 000 元，所有者权益为 1 975 000 元，无形资产为 100 000 元。则负债与有形净资产的比率为：

年初负债与有形净资产比率 = 1 555 000/（1 865 000-100 000）× 100% = 88%

年末负债与有形净资产比率 = 1 825 000/（1 975 000- 100 000）× 100% = 97%

企业的无形资产、递延资产等一般难以用于偿债，将其从净资产中剔除，可以更合理地衡量企业清算时对债权人权益的保障程度。该比率越低，表明企业的长期偿债能力越强。

（4）利息保障倍数

利息保障倍数（interest coverage ratio）又称为已获利息倍数，是企业经营的税息前利润与利息费用的比率，是衡量企业偿付负债利息能力的指标。其计算公式为：

利息保障倍数=税息前利润/利息费用

上式中，利息费用是指本期发生的全部应付利息，包括流动负债的利息费用、长期负债中进入损益的利息费用以及资本化的利息。企业偿还利息的能力关系到负债经营的风险程度。测算利息偿付能力的方法有两个：一是以应计制为基础，二是以现金制为基础。

利息保障倍数（以应计制为基础）=（净利润+ 利息费用+ 所得税）/ 利息费用

利息保障倍数（以现金制为基础）=（经营活动现金流量+ 支付的利息费用+ 支付的所得税）/支付的利息费用

以应计制为基础的利息保障倍数表明偿还 1 元利息有多少收入与之相对应。以现金制为基础的利息保障倍数更能揭示企业的实际付息能力。如果企业有多项债务利息，也可以分别计算各类债务利息保障倍数。

根据第 15 章表 15-2 的资料，东方公司本期的净利润为 4 110 000 元，所得税为 1 370 000 元，财务费用（假设均为利息费用）为 1 020 000 元。则本期的利息保障倍数（以应计制为基础）=（净利润 + 利息费用 + 所得税）/ 利息费用 =（4 110 000+ 1 020 000+1 370 000）/1 020 000=6 500 000/1 020 000= 6.3725。

利息保障倍数越高，说明企业支付利息费用的能力越强；利息保障倍数越低，说明企业难以保证用经营所得及时、足额地支付负债利息。因此，利息保障倍数是企业是否举债经营、衡量其偿债能力强弱的主要指标。

若要合理地确定企业的利息保障倍数，需要将该指标与其他企业特别是同行业平均水平进行比较。根据稳健原则，应以指标最低年份的数据作为参照物。但是，一般情况下，利息保障倍数不能低于 1。低于 1 就表明企业连借款利息的偿还都无法保证，更不用说偿还本金了。所以，利息保障倍数的高低不仅反映了企业偿还利息的能力，而且也反映了企业偿还本金的能力。

### 16.2.2 营运能力分析

营运能力（operation ability）分析是指通过计算企业资金周转的有关指标分析其资产利用的效率，是对企业管理水平和资产运用能力的分析。营运能力大小是影响企业偿债能力和盈利能力大小的主要因素之一。营运能力强，资金周转速度就快，企业就会有足够的现金来偿付流动负债，则短期偿债能力就强。营运能力强，企业就会取得更多的收入和利润，用足够的资金偿还本金和利息，则长期偿债能力就强。

反映企业营运能力大小的指标主要包括以下内容。

（1）应收款项周转率

这里的应收款项仅指因销售而引起的应收账款和应收票据。应收款项周转率（receivables turnover），是一定时期内赊销收入净额与应收款项平均余额的比率，是反映应收款项周转速度的一项指标。其计算公式为：

应收款项周转率（次数）=赊销收入净额 / 应收款项平均余额

其中：

赊销收入净额=销售收入-现销收入-销售退回-销售折让

应收款项平均余额=（期初应收款项+期末应收款项）/ 2

应收款项包括应收账款净额和应收票据等全部赊销账款。应收账款净额是扣除坏账准备后的余额；应收票据如果已向银行办理了贴现手续，则不应包括在应收款项余额内。赊销收入净额在财务报表中一般很少标明，所以，可以采用销售收入净额替代。应收款项平均余额是指年初、年末的应收款项之和除以 2，这是基于全年销售比较均衡的情况。如果企业销售受季节影响波动较大，如此计算将不能如实反映企业的真实状况，最佳的修正方法是采用月平均数作为分母。

应收款项周转天数=计算期天数/应收款项周转次数

=应收款项平均余额 × 计算期天数 / 赊销收入净额

应收款项周转天数比应收款项周转率更为直观，它与同行业其他企业的同类指标相比，可以说明本企业的资产运用效率；与本企业赊账期相比，可以揭示应收款项的收款速度和质量。如果应收款项周转天数与赊账天数相差悬殊，可以结合账龄分析寻找原因。

根据表 15-2、表 15-4 的资料，东方公司 20 × 1 年度的销售收入净额为 12 700 000 元，年初的应收账款净额为 300 000 元，年末的应收账款净额为 305 000 元。则应收账款周转率为：

应收账款周转率（次数）= 12 700 000 / {（300 000 +305 000）/2} =41.98

应收账款周转天数 = 360 / 41.98=8.58（天）

应收款项周转率高，表明企业应收款项的回收速度快，坏账的可能性小，资产流动性强，短期偿债能力强。但是，在评价一个企业的应收款项周转率是否合理时，应与同行业的平均水平相比较而定。

应收款项周转率越大，表示企业收取账款的速度越快，收账能力越强，占用在应收账款上的资金运用效能越高。但需要防止企业采用过严的信用政策造成的高比率，因为信用政策过于保守会严重制约企业的销售规模，减少盈利机会。

应收款项周转率下降可能意味着产品需求或购货方的支付能力下降，企业需要在以下几个方面引起警觉，并做相应调整：①由于存货积压和收款的困难，账面利润可能高估；②从生产计划看，未来需要量可能减少，管理层应调减未来产量；③如果应收款项周转率下降是由于企业销售规模扩大、市场占有率上升引起的，而且预计应收款项收回的可能性极大，则暂时的周转率下降可能预示企业资产具有潜在的偿债能力。

此外，现金流量信息可用于测评盈利是否高估，盈利能力和偿债能力指标也有助于更好地理解应收款项周转率下降的成因。

（2）存货周转率

存货周转率（inventory turnover）也称存货周转次数，是反映存货周转的一个指标，是企业一定时期内的销售成本与存货平均余额的比率。存货周转率是反映企业的存货周转速度和销货能力的一项指标，也是衡量企业生产经营中存货营运效率的一项综合性指标。其计算公式为：

存货周转率（次数）=销货成本/存货平均余额

存货平均余额=（期初存货+期末存货）/2

存货周转天数=计算期天数/存货周转次数=存货平均余额×计算期天数/销售成本

根据表15–2、表15–4的资料，东方公司20×1年度的销货成本为8 470 000元，年初的存货余额为715 000元，年末的存货余额为690 000元，则存货周转率为：

存货周转率（次数）=8 470 000 / {（715 000 + 690 000）/2}=12.06

存货周转天数 = 360 / 12.06 =29.85（天）

存货周转速度不仅反映了企业流动资产变现能力的大小，而且反映了企业经营管理工作的好坏及盈利能力的大小。一般来讲，存货周转率越高，存货管理越有效率。但是，有时相对较高的存货周转率可能是较低的存货量所致，较低的存货量要求企业频繁地进货，这使企业的采购成本上升。反之，较低的存货周转率是企业存货周转速度缓慢或库存商品过时积压的征兆。积压商品不再具有流动性，必须减值冲销。所以，存货周转率只是一个粗略的指标。为了深入了解存货管理中的不足，企业应分类计算存货周转率，一旦发现线索，应调查问题的成因，以更好地提高存货管理的效益。与其他指标一样，该指标必须联系过去、未来的情况加以判断，并与同类企业的相关指标相比较，并剔除存货计价方法不同所产生的影响。

无论是应收款项周转率还是存货周转率等资产周转率指标，它们均不反映盈利能力和偿债能力，然而却是影响经营成果的重要指标。若干年的周转率指标比较和与其他企业同类指标的比较，有助于分析者发现经营中潜在的问题和机会。

（3）固定资产周转率

固定资产周转率（fixed assets turnover）是固定资产周转分析常用的指标，主要用于判断公司管理固定资产的能力。固定资产周转率是企业销售收入净额与固定资产平均净值的比率，其计算公式为：

固定资产周转率= 销售收入净额/固定资产平均净值

固定资产平均净值=（期初固定资产净额+期末固定资产净额）/2

根据表15–2、表15–4的资料，东方公司20×1年度的销售收入净额为12 700 000元，年初固定资产净值为 1 200 000 元，年末固定资产净值为 1 350 000 元，则固定资产周转率为：

固定资产周转率 = 12 700 000 / {（1 200 000 + 1 350 000）/2} = 9.96

一般而言，固定资产周转率高，不仅表明企业有效利用了固定资产，同时也表明企业固定资产投资得当，固定资产结构合理，能够充分发挥其效率；固定资产周转率低，表明固定资产的使用效率不高，企业的营运能力欠佳。

在实际分析该指标时，应剔除某些因素的影响。该比率的水平和趋势取决于销售和固定资产投资。首先，销售增长是持续的，但固定资产投资却是间歇性的，这取决于管理层的决策以及公司或产品生命期的变化。产品的生命期分为开始、成长、成熟和下降四个阶段，在开始阶段，固定资产周转率较低，但固定资产周转率的提升随产品的成长而持续上升，随着产能的饱和，追加投资又使固定资产周转率下降，当产品销售的增长追上产能的增长时，固定资产周转率又得以回升。这样一个过程将周而复始地进行，直至产品成熟阶段，届时销售和产能双双下滑，企业进入下降阶段。

另一个值得考虑的问题是企业资产购买的时间点。两个经营效率相等、生产能力相等、销售水平相等的企业，显示的固定资产周转率却迥然不同，因为它们购入资产的时点不同。固定资产陈旧的企业具有较高的周转率，因为较多的累计折旧使资产的账面价值降低。随着时间的推移，任何公司的折旧费用累计数均会改善固定资产周转率，折旧计提速度越快，比率改善的速度也越快，但与实际效益的改善无关。尽管使用固定资产原值计算该比率可以避免上述缺陷，但在实务工作中，人们很少如此使用。

具有新兴技术的新资产往往更具效益，但相应的购买成本也较昂贵，较高的固定资产账面价值使其周转率下降，这与实际情况相悖。所以，有人建议采用现时价值或重置成本计算周转率，而非历史成本，这样可以将不同时点购买的资产统一到相近的价值上。

最后，固定资产周转率还会受到会计方法和取得方式的影响。租赁和购买、融资租赁和经营租赁以及相关的会计方法均会对固定资产周转率造成不同的影响。

（4）总资产周转率

除了固定资产周转率外，企业还可以计算总资产周转率，以分析全部投资产生收入的能力。总资产周转率（total assets turnover）是企业销售收入净额与资产平均占用额的比率。其计算公式为：

总资产周转率=销售收入净额/资产平均占用额

资产平均占用额=（期初余额+期末余额）/2

根据表 15-2、表 15-4 的资料，东方公司 20×1 年度的销售收入净额为 12 700 000元，年初资产总额为 3 420 000 元，年末资产总额为 3 800 000 元，则总资产周转率为：

总资产周转率 =12 700 000 / {（3 420 000 + 3 800 000）/ 2} = 3.52

总资产周转率反映了企业全部资产的使用效率。总资产周转率高，说明全部资产的经营效率高，取得的收入多；总资产周转率低，说明全部资产的经营效率低，取得的收入少，最终会影响企业的盈利能力。

### 16.2.3 盈利能力分析

盈利能力（profitability）是反映企业赚取利润的能力。对债权人而言，盈利能力也非常重要，因为企业正常经营并产生的利润是偿还债务的前提条件，盈利能力强，偿还债务的能力就强，债权人的风险就小。盈利能力的大小从某个侧面也反映了企业资本的保值增值情况。

反映企业盈利能力大小的常用指标有销售毛利率、销售净利率、总资产收益率、净资产收益率、每股收益、资本保值增值率等。

（1）销售毛利率

销售毛利率（gross profit margin）是销售毛利与销售收入净额之比，其计算公式为：

销售毛利率=销售毛利/销售收入净额 × 100%

=（销售收入净额-销售成本）/销售收入净额 × 100%

根据表 15-2 的资料，东方公司 20 × 1 年度的销售收入净额为 12 700 000 元，销售成本为 8 470 000 元，则销售毛利率为：

销售毛利率 =（12 700 000-8 470 000）/12 700 000 × 100%=33%

销售毛利率指标反映了产品或商品销售的初始获利能力。该指标越高，表示取得同样销售收入的销售成本越低，销售利润越高。

（2）销售净利率

销售净利率（net profit margin）是企业的净利润与销售收入净额的比率。其计算公式为：

销售净利率=净利润/销售收入净额 × 100%

根据利润表的构成，企业的利润分为营业利润、利润总额和净利润。所以，销售净利率指标是许多从销售规模考察盈利能力的指标之一。

根据表 15-2 的资料，东方公司 20 × 1 年度的销售收入为 12 700 000 元，净利润为 4 110 000 元，则：

销售净利率 =4 110 000/ 12 700 000 × 100 % = 32%

销售净利率指标反映了每 1 元销售收入净额给企业带来的利润。该指标越大，说明企业经营活动的盈利水平越高。

在销售毛利率和销售净利率指标分析中，应将企业连续几年的利润率加以比较，并对其盈利能力的趋势作出评价。

（3）总资产收益率

总资产收益率（return on total assets）又称总资产报酬率，是企业从投资规模角度分析盈利水平的一类财务指标，常见的表达方式有：一是企业息税前利润与资产平均余额的比率，二是净利润与资产平均余额的比值，它们均反映企业资产的综合利用效果。其计算公式为：

总资产收益率=息税前利润/资产平均余额

=（利润总额+ 利息费用）/资产平均余额 × 100%

资产平均余额=（期初资产总额+ 期末资产总额）/2

或：

总资产收益率=净利润/资产平均余额 × 100%

根据表 15-2、表 15-4 的资料，东方公司 20 × 1 年度的净利润为 4 110 000 元，年初资产总额为 3 420 000 元，年末资产总额为 3 800 000 元，则：

总资产收益率 =4 110 000 / {（3 420 000 + 3 800 000）/2} × 100% = 114%

总资产收益率越高，表明企业资产利用的效率越好，盈利能力越强。

（4）净资产收益率

净资产收益率（rate of return on common stockholders'equity）亦称所有者权益收益率或股东权益收益率，它是净利润与净资产平均余额的比率。其计算公式为：

净资产收益率=净利润/净资产平均余额 × 100%

净资产平均余额=（期初净资产+ 期末净资产）/2

根据表 15-2、 表 15-4 的资料，东方公司 20 × 1 年度的净利润为 4 110 000 元，年初净资产为 1 865 000 元，年末净资产为 1 975 000 元，则净资产收益率为：

净资产收益率 = 4 110 000 / {（1 865 000 + 1 975 000）/2} × 100% = 214%

净资产收益率是从企业所有者角度分析企业盈利水平的高低。该指标越高，说明所有者投资带来的收益越高。该指标是上市公司必须公开披露的重要信息之一，又是企业综合分析的起点。

（5）每股收益

每股收益（earning per share）用于衡量企业每股投资所产生的净利润，是评价企业经营业绩的常用指标，可用于不同规模企业的相互比较。其计算公式如下：

基本每股收益=归属于普通股股东的当期净利润 / 当期发行在外普通股的加权平均数

根据表 15–2、表 15–4 的资料，东方公司 20×1 年度的净利润为 4 110 000 元，股数为 1 500 000 股（股数 = 实收资本（股本）/ 面值 =1 500 000 元 /1 元），则基本每股收益为：

基本每股收益 =4 110 000 /1 500 000 =2.74（元）

（6）资本保值增值率

资本保值增值率（capital preservation increment rate）是期末所有者权益总额与期初所有者权益总额的比率。其计算公式如下：

资本保值=期末所有者权益总额/期初所有者权益总额

根据表 15–4 的资料，东方公司 20×1 年年初的所有者权益总额为 1 865 000 元，年末所有者权益总额为 1 975 000 元，则资本保值增值率为：

资本保值增值率 =1 975 000/1 865 000=1.06

一般情况下，资本保值增值率大于 1，表明所有者权益增加，企业的增值能力较强。但是，在实际分析时，应考虑企业利润分配情况及通货膨胀因素对其的影响。

## 16.3 财务报表分析的局限性

财务报表分析对于了解企业的财务状况、经营业绩和现金流量，评价企业的偿债能力、盈利能力和营运能力，帮助制定经济决策有着至关重要的作用，但由于种种因素的影响，财务报表分析及其分析方法存在着一定的局限性。正确理解财务报表分析局限性的存在，减少局限性的影响，是财务报表分析中需要特别注意的。

### 16.3.1 财务报表自身的局限性

（1）数据的时滞性

财务报表数据相对于它所反映的经营决策和经营活动具有一定的时滞性。而过去的状况并不能代表企业的未来前景。以反映企业过去情况为主的财务报表数据为基础计算出来的各项指标，对企业做出决策只有参考价值，并非绝对合理。

（2）计量方式的局限性

财务报表中的数据都是能运用货币计量的。而货币计量是建立在货币单位价值不变的基础上的，但在现实中，货币的单位价值不可能长期不变。通货膨胀会使报表的数字与市场价值产生很大的差异，这有可能会使报表使用者产生误解。

（3）非货币化决策信息未在报表中反映

当前，还有不少难以用货币计量但对决策很有用的信息被排除在财务报表甚至财务报告之外。例如，人力资源是企业的巨大财富，但由于计量方面的原因，其真正价值也难在企业资产之中客观地显示出来。但这些内容对决策都具有重大的参考价值。

（4）会计方法的选择

会计方法的选择和会计估计对报告数据的影响更大，甚至通常认为比较“纯净”的经营活动现金流量也会受到会计政策选择的影响。因此，会计方法不一致的企业间的数据和指标往往缺乏可比性。为了更好地解释这些指标，有必要充分理解会计规则，统一会计方法，并结合报表附注消除误差。

### 16.3.2 财务报表分析方法的局限性

（1）趋势分析法的局限性

趋势分析法是指与本企业不同时期指标相比，给分析者提供企业财务状况变动趋势方面的信息，为财务预测、决策提供依据。但是趋势分析法所依据的资料，主要是财务报表的数据，具有一定的局限性；另外，由于通货膨胀或各种偶然因素的影响和会计换算方法的改变。使得不同时期的财务报表可能不具有可比性。

财务报表分析的数据来自传统财务报表，其数据是基于历史成本基础而确定的，而且假设货币价值稳定不变。所以，当物价发生变动时，财务报表数据并没有考虑和调整物价变动的影响。

（2）比较分析法的局限性

比较分析法是指通过经济指标的对比分析。确定指标间差异与趋势的方法。但由于不同地区的价格水平存在差异，各企业业务关系在区域上又不尽相同，其必然导致不同企业指标水平的差异，从而使之缺乏可比性。

采用行业平均值作为参照物是行业内企业分析常用的方法，但是，当整个行业或行业内的大多数企业走弱时，行业平均值作为基准指标，对个案分析来说，往往不足以佐证分析结论；同时，行业平均值在作跨行业比较时的实用性也很弱。

（3）比率分析法的局限性

比率指标的计算一般都是建立在以历史成本、历史数据为基础的财务报表之上的，这使比率指标提供的信息与决策之间的相关性大打折扣。弱化了其为企业决策提供有效服务的能力。而且，比率分析是针对单个指标进行分析，综合程度较低，在某些情况下无法得出令人满意的结论。

此外，比率计算是基于很多固有的假设之上的，而且指标基准的缺乏或不恰当又会影响比率的计算和比较结果，比如业务的时间段、负数和会计方法的差异都会影响比率分析的质量，这些问题在进行比率分析时都需要注意。

【本章小结】

第 15 章已经详细介绍了公司主要财务报表的编制以及信息披露。本章主要以财务报表数据为基础详细介绍了财务分析的目标、方法和应用等，有助于信息使用者从众多的财务报表信息中捕捉对其决策有用的信息，有效评价公司的财务状况和经营成果，进而判断公司的投资价值，或做出贷款决策。

财务报表分析是与企业利害攸关的各个群体根据各自的目的，使用各种技术对企业的财务报表所给的数据进行分析、比较和解释，据以对企业的经营状况做出判断。本章介绍了多种财务分析方法，主要介绍了比率分析法在偿债能力分析、营运能力分析和盈利能力分析中的应用。最后还指出了财务报表分析存在的局限性。

【学习目标小结】

1. 了解常用的财务报表分析方法

财务报表分析通常采用结构分析法、趋势分析法、比较分析法、因素分析法及比率分析法等方法进行分析。

2. 掌握偿债能力分析

偿债能力是指企业用其资产偿还长期债务与短期债务的能力。其中，短期偿债能力分析指标主要有流动比率、速动比率和现金比率等；长期偿债能力指标主要有资产负债率、产权比率、负债与有形净资产比率和利息保障倍率等。

3. 掌握营运能力分析

营运能力分析是指通过计算企业资金周转的有关指标分析其资产利用的效率，是对企业管理水平和资产运用能力的分析。营运能力分析指标主要有应收账款周转率、存货周转率、固定资产周转率和总资产周转率等。

4. 掌握盈利能力分析

盈利能力指企业获取利润的能力，也称为企业的资金或资本增值能力，通常表现为一定时期内企业收益数额的多少及其水平的高低。盈利能力分析指标主要有销售毛利率、销售净利率、总资产收益率、净资产收益率、每股收益和资本保值增值率等。

5. 了解财务报表分析的局限性

财务报表分析的局限性主要表现在以下两个方面：①财务报表自身的局限性，例如，数据的时滞性、计量方式的局限性、非货币化决策信息未在报表中反映和会计方法的选择等；②财务报表分析方法的局限性，例如，趋势分析法的局限性、比较分析法的局限性和比率分析法的局限性等。

【关键术语】

财务报表分析（financial statement analysis）是指以企业财务报表为主要对象，采用专门的方法和技术，对企业的基本财务状况、偿债能力、盈利能力和营运能力等方面进行分析，为企业的投资者、债权人和管理当局等会计信息使用者了解过去、分析现状、预测未来，做出正确决策而提供依据的一种科学方法。

结构分析法（method of structured analysis）主要是指以企业的资产负债表、利润表、现金流量表等资料为依据，对企业财务状况构成的合理性、利润的构成和现金流量的来源及流向等进行总体的测算与分析。

趋势分析法（method of trend analysis）是指根据一个企业连续数期的财务报表资料的各个项目进行比较，以求出金额和百分比增减变动的方向和幅度，从而揭示当期财务状况和经营状况增减变化的性质及趋向。

比较分析法（method of comparative analysis）是指利用同一企业的不同时期，或同一时期的不同企业的有关相同性质或类别的指标，进行横向和纵向的对比分析，进而确定差异，分析原因。

因素分析法（method of factor analysis）是指用来揭示经济指标变化的原因，测定各个因素对经济指标变动的影响程度的分析方法。

比率分析法（method of ratio analysis）是指以同一期财务报表上若干重要项目的相关数据相互比较，求出比率，用以分析和评价公司的经营活动以及公司目前和历史状况的一种方法，是财务分析最基本的工具。

偿债能力（solvency）是指企业用其资产偿还长期债务与短期债务的能力。

流动比率（current ratio）是指流动资产与流动负债的比率，表示企业每 1 元流动负债有多少流动资产作为偿还的保证，反映了企业的流动资产偿还流动负债的能力。

速动比率（quick ratio）又称酸性测试比率，是指流动资产中速动资产与流动负债的比率，是短期偿债能力指标。

现金比率（cash ratio）是企业现金类资产与流动负债的比率，是衡量企业短期偿债能力的一项参考性指标。

资产负债率（debt to assets ratio）又称负债比率，是企业的负债总额与资产总额的比率。它表示企业资产总额中债权人提供资金所占的比重，以及企业资产对债权人权益的保障程度。

负债与所有者权益比率亦称产权比率（equity ratio），是指负债总额与所有者权益总额的比例关系，是企业财务结构稳健与否的重要标志。

利息保障倍数（interest coverage ratio）又称为已获利息倍数，是企业经营的税息前利润与利息费用的比率，是衡量企业偿付负债利息能力的指标。

营运能力（operation ability）是指企业管理水平和资产运用能力，营运能力大小是影响企业偿债能力和盈利能力大小的主要因素之一。

应收款项周转率（receivables turnover），是一定时期内赊销收入净额与应收款项平均余额的比率，是反映应收款项周转速度的一项指标。

存货周转率（inventory turnover）也称存货周转次数，是反映存货周转的一个指标，是企业一定时期内的销售成本与存货平均余额的比率。

固定资产周转率（fixed assets turnover）是固定资产周转分析常用的指标，主要用于判断公司管理固定资产的能力。

总资产周转率（total assets turnover）是企业销售收入净额与资产平均占用额的比率。

盈利能力（profitability）是指企业获取利润的能力，也称为企业的资金或资本增值能力，通常表现为一定时期内企业收益数额的多少及其水平的高低。

销售毛利率（gross profit margin）是销售毛利与销售收入净额之比。

销售净利率（net profit margin）是企业的净利润与销售收入净额的比率。

总资产收益率（return on total assets）又称总资产报酬率，是企业从投资规模角度分析盈利水平的一类财务指标，常见的表达方式：一是企业息税前利润与资产平均余额的比率，二是净利润与资产平均余额的比值，它们均反映企业资产的综合利用效果。

净资产收益率（rate of return on common stockholders'equity）亦称所有者权益收益率或股东权益收益率，它是净利润与净资产平均余额的比率。

每股收益（earning per share）用于衡量企业每股投资所产生的净利润，是评价企业经营业绩的常用指标，可用于不同规模企业的相互比较。基本每股收益 = 归属于普通股股东的当期净利润 / 当期发行在外普通股的加权平均数。

## 练习题

### 【简答题】

1. 财务报表分析一般需要取得哪些必要的资料。
2. 财务报表分析方法有哪些？
3. 请简述结构分析法、比较分析法、趋势分析法和比率分析法。
4. 反映短期偿债能力的财务指标有哪些？请评述。
5. 反映长期偿债能力的财务指标有哪些？请评述。
6. 反映营运能力的财务指标有哪些？请评述。
7. 反映盈利能力的财务指标有哪些？请评述。
8. 为什么有的企业流动比率很好，但又无法偿还到期债务？
9. 应收账款周转率偏低，可能是什么原因造成的？会给企业带来什么后果？
10. 财务报表分析的局限有哪些？

### 【业务题】

#### 习题一

1. 目的

练习财务比率的计算。

2. 资料

万盛公司 20×1 年 12 月 31 日的资产负债表如表 16–3 所示。

表16–3　万盛公司资产负债表

20×1 年 12 月 31 日　　　　单位：万元

| 项目 | 年初数 | 年末数 | 项目 | 年初数 | 年末数 |
|---|---|---|---|---|---|
| 资产 | | | 负债及所有者权益 | | |
| 现金 | 166 | 366 | 应付账款 | 66 | 112 |
| 应收账款净额 | 47 | 51 | 应交税费 | 5 | 17 |
| 存货 | 66 | 72 | 其他流动负债 | 80 | 100 |
| 其他流动资产 | 20 | 25 | 长期负债 | 100 | 123 |

续表

| 项目 | 年初数 | 年末数 | 项目 | 年初数 | 年末数 |
|---|---|---|---|---|---|
| 固定资产 | 685 | 720 | 实收资本 | 750 | 750 |
| 长期股权投资 | 90 | 100 | 盈余公积 | 20 | 70 |
| 无形资产 | 10 | 15 | 未分配利润 | 63 | 177 |
| 资产合计 | 1084 | 1349 | 负债及所有者权益合计 | 1084 | 1349 |

假定该公司 20×1 年的销售收入为 1 600 万元，销售成本为 1 000 万元。

**3. 要求**

根据以上资料，计算 20×1 年的流动比率、速动比率、存货周转率、应收账款周转率。

## 习题二

**1. 目的**

练习财务比率的计算。

**2. 资料**

合源公司 20×1 年年末的资产负债表如表 16-4 所示。

表16-4　合源公司资产负债表

20×1 年 12 月 31 日　　　　单位：元

| 资产 | 金额 | 负债及所有者权益 | 金额 |
|---|---|---|---|
| 流动资产： | | 流动负债： | |
| 现金 | 107 000 | 短期借款 | 50 000 |
| 交易性金融资产 | 150 000 | 应付票据 | 28 200 |
| 应收账款 | 87 400 | 应付账款 | 95 400 |
| 减：坏账准备 | 2 400 | 应付职工薪酬 | 19 000 |
| 存货 | 269 500 | 应交税费 | 104 300 |
| 其他应收款 | 2 500 | 其他应付款 | 13 100 |
| 流动资产合计 | 614 000 | 流动负债合计 | 310 000 |
| 长期股权投资 | 500 000 | 长期负债 | |
| 固定资产 | | 长期借款 | 100 000 |

续表

| 资产 | 金额 | 负债及所有者权益 | 金额 |
|---|---|---|---|
| 固定资产原值 | 1 248 000 | 应付债券 | 200 000 |
| 减：累计折旧 | 362 400 | 长期负债合计 | 300 000 |
| 固定资产净值 | 885 600 | 所有者权益： | |
| 无形资产 | 20 400 | 实收资本 | 1 000 000 |
| | | 资本公积 | 160 000 |
| | | 盈余公积 | 232 000 |
| | | 未分配利润 | 18 000 |
| | | 所有者权益合计 | 1 410 000 |
| 资产合计 | 2 020 000 | 权益总计 | 2 020 000 |

20×1 年的其他财务资料为：

（1）该公司年初存货为 150 500 元。

（2）本年度的利息费用为 38 000 元，销售成本为 630 000 元。

（3）“盈余公积”账户的年初余额为 358 000 元，“未分配利润”账户的年初借方余额为 288 000 元。

（4）本年实现税后利润为 360 000 元（所得税税率为 25%），并分别按税后利润的 15% 计提法定盈余公积。

3. 要求

根据上述资料，计算下列各项指标：

（1）流动比率；

（2）速动比率；

（3）现金比率；

（4）存货周转率；

（5）资产负债率；

（6）已获利息倍数。

## 习题三

1. 目的

练习短期偿债能力指标的计算。

**2. 资料**

尚佳公司 20×1 年的有关资料如下：

（1）年初存货为 12 000 元，应收账款为 36 000 元。

（2）年末流动负债为 30 000 元，流动比率为 2.5。

（3）当年实现销售收入为 160 000 元，销售毛利率为 30% 。

（4）年末有关账户的余额分别为："原材料"账户 7 000 元（借方），"材料成本差异"账户 500 元（贷方），"生产成本"账户 2 000 元（借方），"应收账款——甲公司"账户 21 000 元（借方），"应收账款——乙公司"账户 5 000 元（贷方）。

**3. 要求：**

（1）计算年末流动资产和速动比率。

（2）计算存货周转率和应收账款周转率。

## 习题四

**1. 目的**

练习财务比率的计算。

**2. 资料**

庆安公司 20×1 年的速动比率为 1.4，流动比率为 3.0，存货周转次数为 6 次，流动资产总额为 675 000 元，现金及可交易金融资产为 100 000 元，毛利率为 10%。（一年按 365 天）

**3. 要求**

根据上述资料，计算该公司的年营业额及平均应收账款回收期。

## 习题五

**1. 目的**

练习财务比率的应用。

**2. 资料**

维北公司为生产和推销一种新产品，现着手预测其新的流动资金需求，需要建立一个 20×1 年的资产负债表，预计销售额为 200 万元，该产品生产行业的平均水平的财务比率如下：流动比率 2.2，净资产收益率为 25%，负债对所有者权益比率为 80%，销售利润率为 5%，短期贷款与股本之比为 1 ∶ 2，应收账款与销售额之比为 1 ∶ 10，速动比率为 1.2，资产负债率为 4 ∶ 9，股利支付率为 30%。

**3. 要求**

根据上述资料完成表 16-5 简易的资产负债表（假定该公司维持行业平均水平且不存在无形资产）。

表16-5　资产负债表

单位：万元

| 资产 | 金 额 | 负债与所有者权益 | 金额 |
|---|---|---|---|
| 现金<br>应收账款<br>存货<br>　流动资产合计<br>固定资产 | | 短期流动负债<br>长期负债<br>　　总负债<br><br>股东权益净额 | |
| 总计 | | 总计 | |

### 习题六

**1. 目的**

练习财务比率的计算。

**2. 资料**

青建公司 20×1 年 12 月 31 日的资产负债表摘录如表 16-6 所示。

表16-6 青建公司资产负债表摘录

20×1年12月31日 单位：万元

| 资产 | 年初 | 年末 | 负债及所有者权益 | 年初 | 年末 |
|---|---|---|---|---|---|
| 流动资产： | | | 流动负债： | 225 | 218 |
| 货币资金 | 100 | 95 | | | |
| 应收账款净额 | 135 | 150 | 长期负债 | 290 | 372 |
| 存货 | 160 | 170 | | | |
| 待摊费用 | 30 | 35 | 负债合计 | 510 | 590 |
| 流动资产合计 | 425 | 450 | | | |
| 固定资产净额 | 800 | 860 | 所有者权益： | 715 | 720 |
| 总计 | 1225 | 1310 | 总计 | 1225 | 1310 |

另外，该公司20×1年的销售收入净额为1 014万元（其中赊销收入为570万元），净利润为253.5万元。

3. 要求

根据以上资料：

（1）计算20×1年年末的流动比率、速动比率、产权比率、资产负债率；

（2）计算20×1年的应收账款周转率、固定资产周转率、总资产周转率；

（3）计算20×1年的销售净利率和净资产收益率。

【案例讨论题】

1. 长江公司连续3年的有关资料如表16-7所示。

表16-7 长江公司连续3年账户发生额

单位：元

| 项目 | 20×3年 | 20×2年 | 20×1年 |
|---|---|---|---|
| 销售收入 | 1 000 000 | 920 000 | 800 000 |
| 税后利润 | 250 000 | 180 000 | 140 000 |
| 营运资金 | 360 000 | 620 000 | 910 000 |
| 固定资产净值 | 3 160 000 | 2 450 000 | 1 040 000 |
| 流动比率 | 2 ： 1 | 5 ： 1 | 8 ： 1 |

【要求】

假定你是长江公司的股东，你对该公司的流动比率逐年下跌的情况有何看法？请假设条件加以推测。

2. 黄河公司 20×1 年的资产负债表和利润表如表 16-8、表 16-9 所示。

表16-8　黄河公司资产负债表（20×1年12月31日）

单位：万元

| 资产 | 年初数 | 年末数 | 负债及股东权益 | 年初数 | 年末数 |
|---|---|---|---|---|---|
| 货币资金 | 110 | 116 | 短期借款 | 180 | 200 |
| 交易性金融资产 | 80 | 100 | 应付账款 | 182 | 285 |
| 应收账款 | 350 | 472 | 应付职工薪酬 | 60 | 65 |
| 存货 | 304 | 332 | 应交税款 | 48 | 60 |
| 流动资产合计 | 844 | 1020 | 流动负债合计 | 470 | 610 |
| | | | 长期借款 | 280 | 440 |
| 固定资产 | 470 | 640 | 应付债券 | 140 | 260 |
| 长期股权投资 | 82 | 180 | 长期应付款 | 44 | 50 |
| 无形资产 | 18 | 20 | 负债合计 | 934 | 1360 |
| | | | 股本 | 300 | 300 |
| | | | 资本公积 | 50 | 70 |
| | | | 减：库存股 | | |
| | | | 盈余公积 | 84 | 92 |
| | | | 未分配利润 | 46 | 38 |
| | | | 股东权益合计 | 480 | 500 |
| 资产总计 | 1414 | 1860 | 负债及股东权益总计 | 1414 | 1860 |

表16-9　黄河公司利润表（20×1年度）

单位：万元

| 项目 | 本年累计数 |
|---|---|
| 一、营业收入 | 5800 |
| 减：营业成本 | 3480 |
| 营业税金及附加 | 454 |
| 销售费用 | 486 |
| 管理费用 | 568 |
| 财务费用 | 82 |
| 资产减值损失 | |
| 加：公允价值变动收益（损失以“-”号填列） | |
| 投资收益（损失以“-”号填列） | 54 |
| 其中：对联营企业和合营企业的投资收益 | |
| 二、营业利润（亏损以“-”号填列） | 784 |
| 加：营业外收入 | 32 |
| 减：营业外支出 | 48 |
| 其中：非流动资产处置损失 | |
| 三、利润总额（亏损以“-”号填列） | 768 |
| 减：所得税费用 | 254 |
| 四、净利润（亏损以“-”号填列） | 514 |
| 五、每股收益 | |
| （一）基本每股收益（元） | |
| （二）稀释每股收益（元） | |

其他资料：

（1）该公司 20×1 年年末有一项未决诉讼，如果败诉预计要赔偿对方 50 万元。

（2）20×1 年是该公司享受税收优惠的最后一年，从 20×2 年起不再享受税收优惠政策，预计营业税金的综合税率将从现行的 8% 上升到同行业的平均税率 12%。

（3）该公司所处行业的财务比率平均值如表 16–10 所示。

表16–10　财务比率行业平均值

| 财务比率 | 行业均值 |
|---|---|
| 流动比率 | 2 |
| 速动比率 | 1.2 |
| 资产负债率 | 0.42 |
| 应收账款周转率 | 16 |
| 存货周转率 | 8.5 |
| 总资产周转率 | 2.65 |
| 资产报酬率 | 19.88% |
| 销售净利率 | 7.5% |
| 净资产收益率 | 34.21% |

**要求**

（1）计算该公司 20×1 年年初与年末的流动比率、速度比率和资产负债率，并分析该公司的偿债能力。

（2）计算该公司 20×1 年应收账款周转率、存货周转率和总资产周转率，并分析该公司的营运能力。

（3）计算该公司 20×1 年的资产报酬率、销售净利率和净资产收益率，并分析该公司的盈利能力。

（4）通过以上的计算分析，评价该公司财务状况存在的主要问题，并提出改进意见。